美國的藝伎盟友

重新形塑敵國日本

澀沢尚子·著

目次 CONTENTS

第三章　周日的裕仁皇宮

第四章　大洋彼岸的叛國審判

第五章　神風特攻隊隊員上大學

導讀　藝伎或軍伕？美國與亞洲國家對日本的意象落差——

多年前，日本政治評論家船橋洋一曾經在其名著「漂流同盟」[1]中，把美日同盟關係比喻為兩艘綁在一起漂流在海面上的船，它的隨波逐流、上下擺盪，讓日本感到惶恐不安，深怕一旦繩索鬆綁，失去美國保護的日本，將不知飄向何方。日本猶如一個長不大的小男孩，在美國這個英勇大叔的羽翼下生存。

再把視角轉移到現在，具有商人性格的美國總統川普上台之後，不但把日本視為美日同盟的「既得利益者」，還把日本形容成是美日貿易逆差的「肉食掠奪者」，這讓日本惶惶不可終日，安倍只能使出渾身解數來迎合川普，他不惜動用資產高達十二兆美元的日本「政府退休投資基金」，來投資美國國內的基礎建設，為美國製造七十萬個工作機會。日本就像一個貼心的內將，小心服侍著川普這個挑剔的奧客。

只是，我們不解的是，在二次大戰期間驍勇無比，甚至還偷襲珍珠港的日本，為何在戰後卻是對美國如此地溫馴服從，美國人類學家潘乃德(Ruth Benedict)在《菊與刀》(The Chrysanthemum and the Sword)這本書中給我們了答案，他發現日本人其實具有性格的兩面性：他們愛美而黷武、尚禮而好鬥、喜新而頑固、服從而不馴、自大又有禮。在這種性格的催化下，日本人可以在戰爭時殺人不眨眼，但是看到櫻花凋謝時卻會不自主掉下淚，日本人也可以極度地愛乾淨，常把榻榻米打掃得一塵不染，但是在喝酒之後卻會隨地便溺。也就是這種兩面性格，讓日本人在二次戰後輕易將美國從「敵人」轉換為「盟友」。

然而，美日同盟是一種雙向關係，只有日本人對美國的意象轉變，畢竟是不夠的，我們想知道的是，美國人究竟如何把日本從發動戰爭的敵人，轉化為軍事上的同盟好友？過去大多從國際政治角度來解讀，認為美蘇冷戰的對抗，及韓戰的爆發，讓地理位置處在西太平洋第一島鏈的日本，成為美國對抗共產主義的最佳先鋒，但這只是國家角色的戰略需求，並沒有深入觸及到一般美國人對於日本的意象轉換。

而澀澤直子的《美國的藝伎盟友》(America's Geisha Ally)這本書，正好可以適時填補這樣的空缺，作者從性別意識的角度切入，把美國塑造成威猛陽剛的男性國家，而將日本形容成具有藝伎性格的女性國家，在這種性別認知的轉換下，弱化了過去美國對日本在二戰期間的敵對心態，也不再把日本當成善於偷襲侵略的野蠻人，而是需要美國引領與愛護的附屬物。

而「女性化」日本，則成為美國輿論界的主流，我們看到美國《商業週刊》是如此形容日本舉辦一九六四年東京奧運會，它說：「東京就像一個在物色物件的女士，為了奧運會，手忙腳亂地試圖把自己裝扮得漂亮可人些。」這也難怪「藝伎」會成為美國人對日本意象轉換的最佳替代物。

日本的藝伎是一種經由專門藝術培訓的表演工作者，她不但要能歌善舞，還需要極度的善解人意，常常可以把一般的水茶屋化為高級的料亭，服從、體貼是她的主要特性。而戰後的日本，為了自身的國家生存，對於這種角色轉換，自然也樂此不疲，我們看到日本時時追隨美國的外交政策，把美日同盟當成是兩國的重要基石，更對川普上台後的轉變感到惶惶不可終日，難怪它可以成功地讓美國人從仇恨之心快速轉換為欣賞之情。

作者同時提醒我們，美國對日本意象的「文化逆轉」，其實是一個相當漫長的過程，它必須要有美國盟軍總部對日本的形象再塑造，因此，麥克阿瑟把日本形容成一個十二歲的無知男孩，讓美國人對日本產生憐憫之心；它把發動戰爭的裕仁天皇形容成一個熱愛和平的模範居家男性，讓他躲過了戰犯的審判；它更大肆宣傳「廣島少女」的悲慘處境，讓美國人對於原爆產生莫名的罪惡感。

但是我們也必須承認，就是美國在戰後對日本「女性化」的刻畫下，讓日本失去對戰爭期間的「恥感」，也遺忘了二戰期間它對周邊國家的蹂躪，美國人眼中的婀娜多姿的柔弱「藝伎」，對亞洲國家來說，遲遲不願道歉的日本，仍然是一個兇惡的「軍伕」，而美國與亞洲國家對日本這種截然不同的意象落差，何嘗不是當前日本對美一邊倒政策的寫照，更是日本雖然身處於亞洲，卻無法融入亞洲的主因。

蔡增家　教授
政治大學國際關係研究中心

1 原書名《同盟漂流》，岩波書店，2006。

引言——

一九四一年十二月七日日軍偷襲珍珠港事件使美國人深感震驚和不安。《時代》(TIME)雜誌將這一事件稱為「笑裡藏刀的預謀犯罪」，反映了當時美國民眾普遍的情緒。「數以萬計」毫無防備、仍沉睡夢鄉的美國人被粗暴地驚醒了，大聲叫囂著「這些黃皮膚的雜種！」。美國人在驚訝憤怒於日本空軍如何橫跨太平洋成功發動偷襲的同時，強烈要求採取報復行動。在維吉尼亞諾福克(Norfolk)的新兵徵募中心，第一個前來報名的人宣稱：「我要讓這些日本佬嘗嘗我的拳頭！」；在華盛頓，一位盲目的愛國者由於無法在日本佬身上出氣感到沮喪，於是砍倒了華盛頓蓄潮湖(Tidal Basin)沿岸的四棵日本櫻花樹洩恨。在田納西首府納許維爾，據說當地資源保護部否決了一項申請，該申請要求頒發六百萬個價值二美元的「日本佬」捕獵許可證。資源保護部對該項否決解釋說：「『日本佬』開放狩獵，毋須證件。」[1] 太平洋戰爭釋放了美國人對日本人的種族仇恨，這種仇恨有時近乎種族滅絕，持續存在於衝突的整段過程。[2]

美國人在發動這場「殘酷戰爭」的時候，受到了此前既有的「黃禍論」的影響——美國的日本移民勤儉、善於模仿、精明。日本佬被描述成不可被同化、只靠米飯就能生存、對歐美工人及農民的生計存在破壞威脅的民族。[3] 許多美國人認為「日本佬」讓人琢磨不透，他們用卑鄙的手段獲取不正當的競爭優勢，而珍珠港偷襲事件使得美國人確信日本人的確是一個絕無僅有、奸詐狡猾的民族。由於太多的美國人都認為這種陰險奸詐是日本人固有的民族特性，以至於日本移民和他們在美國出生的孩子也像國內的日本人一樣被歸類為美國的敵人。美國聯邦政府以軍事需要這一虛假偏執的藉口為由，將整個西海岸的日裔美國人——包括嬰兒、孩童、少年以及成年人——都作為潛在的破壞者集中拘禁起來。

二戰接近尾聲時，《時代》、《生活》(LIFE)雜誌的發行人亨利．盧斯(Henry Luce)說：「美國人不得不學著仇恨德國人，但對日本佬的仇恨卻來得很自然——就像曾經與印第安人鬥爭時的仇恨一樣自然。」[4] 對他以及其他上世紀中期的美國人而言，種族仇恨和文化對立是很「自然」，或者說是基本常識。[5] 在他們的眼中，不論是土著印第安人還是日本人都是「野蠻人」，堅守一些奇怪的不合理的信念，而不遵從「文明的」西方傳統規範。日軍對盟軍戰俘的野蠻殘忍行徑以及他們對天皇的所謂自殺式效忠使得美國人認為日本佬是比德國人更殘暴可恥的敵人，也因此太平洋戰爭更為殘酷。因為美國和德國文化上的相似性，致使大部分美國人將「好德國人」與納粹加以區分，但他們卻傾向於將所有日本人都作為效忠「天皇」的狂熱分子加以懲罰。[6]

戰爭結束後，許多美國的公眾人物和普通百姓仍舊視日本人為敵人。實際上一項蓋洛普民意調查顯示大多數美國人都後悔沒在日本多投幾枚原子彈。在慶祝第三艦隊返航舊金山的宴會上，海軍上將小威廉·海爾賽（William Halsey）表明對那些為確保「徹底擊敗冷酷敵人」而忍辱負重和捐軀的美國戰士而言，對日本的「寬大」行為將是對他們的侮辱。[7] 在報紙頭版刊登由前戰俘陳述的有關日軍暴行的證詞同時，海爾賽善用時機表明了觀點，他的觀點得到許多無意對日本人表示善意的美國人的認同。

很明顯，戰後許多美國人仍然厭惡「日本佬」，但由於戰後不久冷戰的加劇，日本成了美國在亞洲最重要的盟國。儘管戰爭期間美國的轟炸機幾乎炸毀了日本所有的城市，但日本仍算是一個擁有金融機構、交通通訊設施和一批具文化、守紀律的勞動力的工業國。日本保留著一個成功的資本主義社會必需的成分，在戰略意義上，它的地理位置遠離亞洲大陸，日本憑藉這種種優勢成為美國在遠東抵禦共產主義的「堡壘」。看到共產主義在亞洲蔓延，美國決策者的憂慮與日俱增，與此同時他們只得將注意力放在對前敵國的經濟復興上，以試圖使日本成為亞洲的資本主義國家典範。[8] 因此美國決策者不得不放棄佔領初期對日的首要政策：即對日進行民主化，以及讓日本對亞洲鄰國發動的侵略戰爭負責。在一九四七年到一九四八年後，盟軍總部（SCAP）這個駐日軍政府走上了一條歷史學家稱為「逆轉路線」（reverse course）的道路。

盟總取消了許多雄心勃勃的改革計畫，例如土地再分配計畫，取消了變日本為民主平等國家的計畫。為了加強日本的經濟復興，美國還停止了日本對亞洲國家的戰敗國賠償，並且強迫亞洲國家再一次成為日本原材料的準殖民供應國。不僅如此，美國還變本加厲地為裕仁天皇辯護，這場破壞性極大的戰爭正是以裕仁的名義發動的，為數百萬的亞洲人民帶來重大傷亡及痛苦，但美國卻拒絕將其作為戰犯審判。[9] 這樣一來，日本這個二戰中亞洲首要的侵略者在隨後的冷戰中卻成了該地區最大的受益國。美國為推進其冷戰目標，對日本經濟的保護和培植為五六〇年代日本的「經濟奇蹟」打下了基礎。[10]

我們瞭解了美國決策者為何在二戰後很快就與日本建立重要的盟友關係，可是對於他們如何在戰後對日政策上獲得美國民眾支持這一點我們知之甚少。就在不久前日本佬還被徹頭徹尾地唾棄為戴著可樂瓶底眼鏡、長著齙牙的類人猿，美國民眾怎麼會這麼快就接受與其結盟了呢？精英決策者可能已決定將日本作為對抗共產主義的堡壘，但美國民眾是如何在戰後不久就接受這項政策的呢？

要理解美國民眾對日態度由憎惡的種族敵人到重要盟國的巨大轉變，我們可以在美國大眾話語中尋找線索。戰後的美國大眾話語中認定兩個「自然的」不爭的等級關係——男性高於女性，成年人高於兒童——並且將這種等級關係比擬在「白種人」和「有色人種」的美日兩國的國家關係上。將日本比喻成女性，這樣日本的政治附庸國的身份就像藝伎附屬於男性客人一樣順理成章；而日本被比作孩童則突出了其成長為「民主」國家的潛能。戰後美國人開始用這種普遍接受的、既有的、對性別和成熟度的思想意識看待美日關係。美國民眾在性別與成熟度這兩個互相強化的概念框架下理解美日雙邊關係，也開始不再將日本人看做野蠻人，而是需要美國引領和愛護的附屬物。換句話說，性別和成熟度的意識形態幫助美國人弱化了對日本的種族敵對。將仇敵女性化或視其為不成熟孩童的做法使美國民眾較容易將「日本佬」人性化，繼而賦予他們以新的角色：他們是美國人的職責。

一如種族和性別，成熟度這種意識形態也有助於合理化權力等級體系。自然生物界的例子很早以前就被用作概念化的比擬，以合理化政界的特權和支配地位。「成熟」象徵著能力、智慧以及自我約束力，在美國人看來，有色人種還不具有這些被認為是賦予白種人以地位和權利的特點。然而與種族和性別不同的是，這兩點是註定不變的，不成熟則只是一個過渡階段。二戰前，美國的決策者們就強調過「不成熟」這一概念隱含著一個民族有可能成長為有「責任感」的民族，還用這種思維解釋說有些民族在還未「準備」好自治之前可以做「臨時」附庸國，但往往操作時卻毫無誠意。二戰後的決策者們卻熱衷於這一觀點，認為有色人種的國家也可以「成長」為現代化的、自由民主的資本主義國家。這一信念為後來所謂的現代化理論奠定了基礎。[11]由於戰後美國強調有色人種國家也有可能朝現代化「發展」，評論家則借題發揮稱，美國表面上拒絕相信生物學上人種差異的存在，但實際上他們卻在繼續推進國際種族等級體系。[12]

種族、性別和成熟度，這些意識形態思想體系疊床架屋，相互扶持。同時它們具有一定的不穩定性，受歷史背景和客觀形勢制約。外交歷史學家麥克·亨特(Michael H. Hunt)對意識形態下了個實用的定義：意識形態是指「一套互相聯繫的信念和觀點組成的體系，能夠將特定的現實化繁為簡，歸納為容易理解的條目並提出應對這一特定現實的適當方法」[13]意識形態既是我們看待世界的方式方法，又為我們提供了在具體時機適合採取的特定對策。在美國歷史的不同時期，美國社會的種族意識形態曾要求貴族階級承擔起「白人的負擔」，也曾宣導過對印第安人的種族滅絕行為。當然並非意識形態中所有的信念和觀點都是經久不變的。十九世紀末的學術研究向美國人宣稱：恒定不變的生物性差異表明，與白人相比，有色人種是劣等人種。到了二十世紀中期，有關變異和「變態」社會心理形成的研究再一次以微妙的方式加強了美國人原有的信念，那就是有色人種是劣等人種。因此要瞭解美國民眾對日本看法觀念的逆轉，我們必須仔細研究這些意識形態起作用的歷史背景。

戰後美國對日本的重建受到兩個方面的影響，一是美國扮演世界領導者這一新角色的方式，另一方面是在原有等級體系面臨挑戰的變動世界裡，美國對民主作用的看法。美國國內兩性關係及種族關係的變化是最為切實的。當時女性已準備好挑戰歐美男性在經濟和政治上的既定統治地位，要求維持二戰期間女性享有的更多權利、機會和待遇。儘管女性有組織的公然對抗的勢頭直到幾十年後才有所增長，但在戰後的話語中，它對瓦解傳統性別等級的作用顯而易見。的確，美國人在冷戰文化中將日本女性描繪成女性典範的做法可被視為是對這一新思想方式的抵抗。而在國外爭取民主的鬥爭不斷勝利的背景下，美洲黑人在爭取社會地位及政治權利平等上組織得更為完備，準備得更為充分。他們的境遇以及美國社會確實存在的種族歧視加強了美國人對民主社會需要「包容」少數族裔這一話題的探討。美國人這種對待少數族裔——包括新近被拘禁的日裔美國人——的方式不是單純出於道德良知，而是美國在尋求將新興的獨立國家爭取納入自己的勢力範圍時，為國家威望考慮而制定的外交政策。[14] 因此日本戰後的形象是美國國內種族及性別關係變化所引起的思想轉型的產物，也是美國開始以世界強國的姿態對抗蘇聯和共產主義集團的戰略產物。當然日本也參與了這一形象改變的過程，試圖向美國人展示日本是個崇尚和平的可靠盟友，但是在此我所關注的，是涉及日本的美國話語和文化以及二十世紀中期從全球視野出發的美國如何理解自己作為世界領導者的責任。

為了在美國大眾話語中重塑日本形象，大範圍的政府及非政府人物都投身其中，包括道格拉斯・麥克阿瑟將軍（Douglas MacArthur）、加州最高法院法官威廉・馬修（William Mathes,）、國家部門的官員們，還有記者、作家、好萊塢製片人以及普通百姓。這一過程中尤為重要的角色是那些在美國佔領期間去過日本的美國人；他們也是美國國內思想變革的先鋒。除了麥克阿瑟將軍和其他盟軍總部官員外，普通士兵休・奧賴利（Hugh O'Reilly）、艾略特・蔡茲（Elliott Chaze）和馬丁・布朗芬布倫納（Martin Bronfenbrenner）也向國內民眾講述了他們的所見所聞。同樣，記者克拉克・李（Clark Lee）、法蘭克・凱利（Frank Kelley）、科尼利厄斯・萊恩（Cornelius Ryan）和約翰・拉瑟爾達（John LaCerda），還有作家和傳記作家露西・赫登・克羅克特（Lucy Herndon Crockett）、海倫・米爾斯（Helen Mears）及馬傑瑞・布朗（Margery Brown）寫了大量在日本被佔領時期他們的經歷。最終描繪的日本新形象成為了冷戰期間解讀美國媒體、電影和學術研究中日本形象的標準。

涉及參與對日話語改變的隊伍十分龐大，但他們的主體可分為戰後自由主義派、共識自由主義派或冷戰自由主義派。儘管他們的社會地位、政治傾向及對日感受和認同程度都不同，但他們是當時的主流聲音，主張繼續廣泛探討種族包容問題以及它對美國為人類自由尊嚴而戰的重要性。戰後自由主義派作為一個群體為種族關係及國際關係所做的鬥爭，對重塑有色日本敵人的形象意義重大。這些佔領區的傳記作家、《星期六文學評論》（Saturday Review of Literature）的作者、《高級學術》（Senior Scholastic）的編輯、好萊塢的製片人，以及法庭的律師和法官比普通美國民眾富有、教育程度高，在美國社會可以說是同一陣線的戰友。而戰後自由主義派由於受到大眾文化傳統的影響，認為善用政府權力不僅可以捍衛個人自由，還可以維護公共利益和「普遍」的人道價值觀。冷戰共識自由主義派相信政治權力、物質財富和教育成就三者結合，能夠建立起抵禦極權主義的充滿活力的民主社會。在他們對美國及美國人民建立捍衛這些東西的能力普遍持樂觀態度的同時，卻常常認為別的國家和人民缺少勝任這項任務的成熟思想。因此，在他們身上不僅有戰後自由主義派為追求國際親善所表現出的開放性和願望，還有美國優越論(American exceptionalism)傲慢自大和自以為是的特點，後者常常削弱他們作為反種族主義者所做出的努力。

隨著日本形象的改變，改變的觀念深刻地影響了許多人。在本書中我們會讀到有關和日本女性結婚的美國大兵、戰後留美的大學生、背負叛國罪的日裔美國人、「廣島少女計畫」和「精神的養子」計畫的報導。所有這些敘述者都超越了感知層面，向我們展示了意識形態對實際生活的影響。同時我們也會看到，所有這些個體——情願或不情願地——都參與到了美國對日話語的改變當中。

將日本敵人轉型為在美國文化上可被接受的盟友是一個複雜而曲折的過程，有時會牽涉到政府的許多部門——可能是以直接的形式，例如盟軍總部對駐日工作人員進行的職前訓練，也可能是以間接的形式，例如通過該部門支援的私有實體的努力而達到目的。基本上，美國政府沒有精心策劃這場戰後民眾對日觀念改變的戲碼。獨立思考的美國民眾有時會不知不覺地傾向於散播有助於達成政府目的的觀念。美國的作家和製片人，協同美國政府官員一同就日本人以及與前敵國日本的適當關係傳達了非常連貫的資訊。儘管這些歷史舞臺上的演員們似乎意識到他們正在參與一場促進美日親善的演出，但並非隨時都清楚他們應該如何去做。因為這些冷戰自由主義者對美國的偉大以及種族、性別和成熟度等意識形態同樣抱著普遍的看法，他們並未有意識地使用性別和成熟度這些意識形態，對他們而言，有關日本人幼稚和天真的描述不證自明。

在文化傳播管道方面，例如期刊、電影和報紙，美國人對日觀念的轉變過程尤為曲折，整個過程毫無規律且時斷時續地朝著納日本為盟友的目標前進。這些文化上的改變未必與國家一級的政治事件步調一致。換句話說，從政策目標指向大眾文化的單向流動極少，實際上，政治目標和大眾文化處於一種相互影響的複雜關係——一種容許差異和矛盾存在的共生合作關係。這意味著美國公眾話語和大眾文化基本上是在幫助證實決策者們所定目標的正確性，但有時也會與他們意見相左，決策者彼此也常會對政策的細枝末節意見不一。並非所有的美國人都接受轉變後的對日觀念。當許多《生活》雜誌的讀者或是好萊塢的觀眾接受種族包容和日本人的同時，許多人也在拒絕接受。直至今日，在美國也能聽到有人坦言仍不相信日本人，也可以聽到有人講他上了年紀的親戚因為珍珠港事件仍舊仇恨日本人。日本負面僵化的形象仍深植於美國文化，隨著政治經濟狀況的變化，這一形象隨時可被啟動。

本書的目的不是研究對日佔領官員如何制定政策，而是講述一段文化歷史，藉以理解美國的意識形態是如何輔助國家的外交政策的。發生在冷戰這幾十年的「文化轉向」的確影響了許多研究美國對外關係的歷史學家，但更多的學者仍在繼續關注政策制定，仍在繼續構建論據，試圖說明一如性別這樣的文化概念如何對政策施以影響。[15] 還有些學者也研究了歐美人眼中日本人的形象，但沒有明確地將這些形象和歐美國家在國內外的政策相聯繫。[16] 不過也有些學者還在努力試圖理解美國文化是如何幫助美國實現了在海外的實力擴張。[17] 在愛德華·薩伊德(Edward Said)的東方學理論中，他向世人展示了表面上溫和無害的歐洲文學文本抑或是學術研究所起的作用。它們通過將遠東殖民地描繪成無能力自制因此無法自治的「東方他者」來維護歐洲帝國主義列強和它們的遠東附屬殖民地之間的不平等或剝削關係。[18] 因此東方學這一意識形態為帝國主義者提供了奴役殖民地人民的合理解釋。可以確信的是，美國從未將資源貧乏的日本作為其殖民地加以剝削，相反美國幫助日本成為了現代化的資本主義國家，用查爾默斯·約翰遜(Chalmers Johnson)的話說，這是「美帝國的最高獎賞」。[19] 儘管如此，薩伊德的理論使得我們認識到一個強國的人民是如何無意識或潛意識地延續國家的外交政策。

除了書名，書的內容和藝伎關係不大。但藝伎這一概念——一種在日本社會非常邊緣化的文化風俗——是戰後美國日本觀的核心。而這一點是如何形成的才是本書的主題。

1 前文所見引用都出自《時代》雜誌，1941年12月15日刊：17-19頁；1941年12月22日刊：12-13頁。

2 約翰．W. 道爾(John W. Dower)，《無情的戰爭：太平洋戰爭中的種族與權力》(War Without Merc: Race and Power in the Pacific War)，紐約：Pantheo, 1986。

3 該觀點的詳細內容，參見科琳．萊(Colleen Lye)，《美國的亞洲：種族形式和美國文學》(America's Asi: Racial Form and American Literature)，Princeto: Princeton University Pres, 2004。

4 《佔領東京之後又該怎樣？》(On to Tokyo and What?")《生活》，1945年5月21日刊，第32頁。

5 麥可．保羅．羅金(Michael Paul Rogin)，《父與子：安德魯．傑克遜與美國印第安人的征服》(Fathers and Children: Andrew Jackson and the Subjugation of the American Indian)，紐約：Knop, 1975年：第7頁，第12頁。

6 道爾，78-79頁。

7 勞倫斯．E. 大衛斯(Lawrence E. Davies)，《哈爾西譴責對日憐憫》(Leniency to Japan Decried by Halsey)，選自《紐約時報》，1945年11月17日刊，第5頁。

8 同時，美國對主要的歐洲敵人採取了同樣的舉措，專注於加強西德的經濟以抵抗歐洲的共產主義威脅。

9 Kazuo Kawa，《日本的美國佔領時期》(Japan's American Interlude)(Chicag: University Of Chicago Pres, 1960)；麥可．沙勒(Michael Schaller)，《美國的對日佔領：亞洲冷戰的起源》(The American Occupation of Japa: The Origins of the Cold War in Asia)紐約：Oxford University Pres, 1985；希歐多爾．科恩(Theodore Cohen)《重建日本：作為新政的美國佔領》(Remaking Japa: The American Occupation as New Deal)，赫伯特．帕辛(Herbert Passin)主編，紐約：Free Pres, 1987；霍華德．舍恩伯格(Howard B. Schonberger)，《戰爭的後果：美國人和日本的重建，1945-1952》(The Aftermath of Wa: Americans and the Remaking of Japa, 1945-1952)，Ken: The Kent State University Pres, 1989；約翰．W. 道爾，《擁抱戰敗：二戰後的日本》(Embracing Defea: Japan in the Wake of World War II)，紐約：W. W. NORTO, 1999；艾奇．泰克梅(Eiji Takemae)，《盟軍統帥部內幕：盟軍的對日佔領及其遺跡》(Inside GH: The Allied Occupation of Japan and Its Legacy)，羅伯特．里克茨、賽巴斯汀．斯旺(Robert Ricketts and Sebastian Swan)編譯，紐約：Continuu, 2002；Yoneyuki Sugit，

《陷阱還是解藥：美國佔領日本的諷刺意義》(Pitfall or Panace: The Irony of US Power in Occupied Japan)，紐約：Routledg, 2003。有關天皇可參見：Masanori Nakamura，《日本的君主政體：大使約瑟夫．格魯和「天皇體制象徵」的塑造，1931-1991》(The Japanese Monarch: Ambassador Joseph Grew and the Making of the "Symbol Emperor System" 1931-1991)，賀伯特．畢克斯、喬納森．貝克貝茨、德里克．鮑恩(Herbert P. Bi, Jonathan Baker-Bate, Derek Bowen)編譯，紐約Armon: M. E. Sharp, 1992；Daikichi Irokaw，《裕仁統治時代：探尋現代日本》(The Age of Hirohit: In Search of Modern Japan)，Mikiso Han, John K. Urda編譯，紐約：Free Pres, 1995；賀伯特．畢克斯(Herbert P. Bix)《昭和天皇：裕仁與近代日本的形成》(Hirohito and the Making of Modern Japan)，紐約：Harper Collin, 2000；肯尼斯．勞夫(Kenneth Rouff)，《人民的天皇：民主與日本君主體制，1945-1995》(The People's Empero: Democracy and the Japanese Monarch, 1945-1995)，Cambridge, Mass.: Harvard University Asia Cente, 2001。

10 阿倫．福斯伯格(Aaron Forsberg)，《美國與日本奇蹟：1950-1960冷戰時期日本戰後的經濟復甦》(America and the Japanese Miracl: The Cold War Context of Japan's Postwar Economic Reviva, 1950-1960)，Chapel Hil: The University of North Carolina Pres, 2000; Sayuri Shimiz，《創造一個富有的民族：美國和日本經濟抉擇》(The United States and Japan's Economic Alternative, 1950-1960)，Ken: The Kent State University Pres, 2001。

11 麥可．雷迅馬(Michael E. Latham)，《作為意識形態的現代化：甘迺迪時代的美國社會科學與對第三世界政策》(Modernization as Ideolog: American Social Science and "「Nation-Building"」in the Kennedy Era)，Chapel Hil: The University of North Carolina Pres, 2000；大衛．恩格曼、尼爾斯．吉爾曼、馬克．黑費爾、麥可．雷迅馬(David C. Engerma, Nils Gilma, Mark H. Haefel, and Michael E. Latham)編著，《階段演變：現代化、發展、冷戰》(Staging Growth: Modernization, Development, and the Global Cold War)，Amhers: University of Massachusetts Pres, 2003；尼爾斯．吉爾曼(Nils Gilman)《未來的亞洲：冷戰時期美國的現代化理論》(Mandarins of the Futur: Modernization Theory in Cold War America)，Baltimor: Johns Hopkins University Pres, 2003。

12 在整個20世紀，美國的決策者們常認為其他民族「太不成熟」，不能掌控民主，並以此為托詞來合理化美國對專制主義者和右翼獨裁主義者的支持，這些專制主義者控制著諸如伊朗、瓜地馬拉、智利、多明尼加共和國和韓國等國家——僅以這幾國為例——不受共產主義的影響，同時保護美國在此的投資。參見大衛・施米茨《感謝上帝他們支持我們：美國和右翼專政》(Thank God They're On Our Sid: The United States and Right-Wing Dictatorship, 1921-1965)，Chapel Hil: The University of North Carolina Pres, 1999。

13 該定義引自文化人類學家柯利弗德・格爾茨。麥可・亨特(Michael H. Hunt)，《意識形態和美國外交政策》(Ideology and U.S. Foreign Policy)，New Have: Yale University Pres, 1987。

14 Mary L. Dudzia，《冷戰時的民權：種族與美國的民主形象》(Cold War Civil Right: Race and the Image of American Democracy)，Princeto: Princeton University Pres, 2000；湯瑪斯・博斯特爾曼(Thomas Borstelmann)，《冷戰和種族分界線：世界範圍內的美國種族關係》(The Cold War and Color Lin: American Race Relations in the Global Arena)，Cambridge, Mass.: Harvard University Press, 2003。

15 諸如：艾米麗・羅森堡(Emily Rosenberg)，《二戰後的外交事務：性別化與國際政治相聯繫》(Foreign Affairs after World Wa: Connecting Sexual and International Politics)，《外交史》18期(1994年冬)：59-70頁；蜜雪兒・馬特(Michelle Marr)，《硬漢和美國冷戰政策：以色列的形象，1948-1960》(Tough Guys and American Cold War Polic: Images of Israe, 1948-1960)，《外交史》20期(1996年夏：357-380頁)；法蘭克・Costigliola(Frank Costigliola)，《滲透肩負的無盡壓力：喬治・肯南的冷戰形成論中的性別、病態和情感》(Unceasing Pressure for Penetratio: Gende, Patholog, and Emotion in George Kennan's Formation of the Cold War)，《美國歷史雜誌》，1997年3月，第83期：1309-1339頁；Costigliol，《核心家庭：西方聯盟中性別和病態的比喻》(The Nuclear Famil: Tropes of Gender and Pathology in the Western Alliance)，《外交史》21期，(1997年春)：163-183；克里斯汀・霍根森(Kristin Hoganson)，《為美國的男性氣概而戰：性別政治如何引發美國與西班牙以及美國與菲律賓之戰》(Fighting for American Manhoo: How Gender Politics Provoked the Spanish-American and Philippine-American Wars)，New Have: Yale University Pres, 1998；安德魯・羅特(Andrew J. Rotter)，《爭執不合的夥伴：美國和印度1947-1964》(Comrades at Odd: The United States and Indi, 1947-1964)Ithac: Cornell University Pres, 2000；羅伯特・迪安(Robert

Dean)，《帝國同盟：性別區分和冷戰政策的形成》(Imperial Brotherhoo: Gender and the Making of Cold War Policy)，Amhers: University of Massachusetts Pres, 2001；佩特羅·戈德(Petra Goedde)，《美國大兵和德國人：文化、性別和外交關係，1945-1949》(GIs and German: Cultur, Gende, and Foreign Relation, 1945-1949)，New Have: Yale University Pres, 2002。

16 讓-皮埃爾·萊曼(Jean-Pierre Lehmann)，《日本的形象：從閉關鎖國的封建社會到世界強國，1850-1905》(The Image of Japa: From Feudal Isolation to World Powe, 1850-1905)，倫敦：George Allen & Unwi, 1978；希拉·詹森(Sheila K. Johnson)，《美國人眼中的日本人》(The Japanese Through American Eyes)，Stanfor: Stanford University Pres, 1988；伊恩·利特爾伍德(Ian Littlewood)，《日本的思想觀念：西方的形象、西方神話》(The Idea of Japa: Western Image, Western Myths)，Chicag: Ivan De, 1996；查理斯·沃德爾(Charles B. Wordell)，《日本在美國的形象》(Japan's Image in Americ, 1800-1941)，東京：山口出版社，1998。對該形象與權力關係記述更為詳細的著作有：入江昭編著，《彼此的形象：論美日關係》(Mutual Image: Essays in American-Japanese Relations)，Cambridge, Mass.: Harvard University Press, 1975；Hiromi Chib，《從敵人走向同盟：美國人對日本的輿論和認識，1945-1950》(From Enemy to All: American Public Opinion and Perception about Japa, 1945-1950)，Ph.D. diss., University of Hawai, 1993；詹姆斯·小希爾吉伯格(James F. Hilgenber, Jr)，《從敵人走向同盟：日本、美國商業媒體和早期的冷戰》(From Enemy to All: Japa, The American Business Pres, and The Early Cold War)，Lanham, Md.: University Press of Americ, 1993；約瑟夫·亨寧(Joseph M. Henning)，《文明的前哨：種族、宗教和美日關係的形成時期》(Outposts of Civilizatio: Rac, Religic, and the Formative Years of American-Japanese Relations)，紐約：New York University Pres, 2000年。還可參見Traise Yamamot，《掩蓋自我，屈從他人：日裔美國女性及其身份和身體》(Masking Selve, Making Subject: Japanese American Wome, Identit, and the Body)，Berkele: University of California Pres, 1999，第一章，主要見第16-22頁。Yamamoto指出幼兒化日本的現象，但未給予進一步的分析。

17 近期對該主題曾有研究的歷史學家和美國研究學者包括：瑪麗·倫德(Mary A. Renda)，《佔領海地：軍事佔領和美帝國主義文化》(Taking Hait: Military Occupation and the Culture of U.S. Imperialism)，Chapel Hil: The University of North Carolina Pres, 2000；梅拉尼・麥卡利斯特(Melani McAlister)，《規模宏大的對決：文化、媒體和美國在中東的利益》(Epic Encounter: Cultur, Medi, and U.S. Interests in the Middle Eas, 1945-2000)，Berkele: University of California Pres, 2001；艾米・卡普蘭(Amy Kaplan)，《美國文化形成過程中帝國的無序狀態》(Anarchy of Empire in the Making of U.S. Culture)，Cambridge, Mass.: Harvard University Press, 2002；克莉絲蒂娜・克萊因(Christina Klein)，《冷戰東方主義：中產階級想像中的亞洲1945-1961》(Cold War Orientalis: Asia in the Middlebrow Imaginatio, 1945-1961)，Berkele: University of California Pres, 2003。

18 愛德華・薩伊德(Edward W. Said)，《東方學》(Orientalism)，紐約：Pantheo, 1978；薩伊德，《文化與帝國主義》(Culture and Imperialism)，紐約：Knop, 1993。

19 查默斯・詹森(Chalmers A. Jonson)，《反彈：美帝國的代價和後果》(Blowbac: The Costs and Consequences of American Empire)，紐約：Metropolitan/Owl Book, 2004版，21頁。

Women and Children Firsty

第一章——

婦女和兒童在前

一九四五年十二月的一天，天灰濛濛的，露西．赫登．克羅克特以紅十字會工作者的身份來到了日本，在佔領區開始了給她指定的工作。露西的對日態度就像那個陰沉的冬日，在她看來，「日本佬」就是一個狂熱而頑固不化的民族，他們罪有應得，就該受到盟軍空軍對他們的徹底打擊，尤其是來自B-29轟炸機的打擊，將整個日本炸成像廣島和長崎一樣的廢墟。從厚木機場坐車前往東京的路上，露西卻驚奇地發現對日本的景物有似曾相識之感。那些瓦片及稻草覆蓋的屋頂、閒置的稻田，還有修剪整齊的灌木，她「以前」在紙扇、瓷器和織物上都看到過。露西後來在佔領區回憶錄裡這樣寫道：「每一處景致都像富士山商標一樣令人熟悉。」[1]

懷著對這似曾相識之感的驚異，露西來到了給她安排的住處：第一宿營區。她把行李卸在大廳，「繃著臉看著這些身材矮小的日本佬腳步匆匆地走著，彼此鞠躬行禮，發出嘶嘶的問候聲。」當時即便不是大部分的美國人，至少也有許多美國人決定，對這個「矮小的民族」採取冷漠的態度。主流媒體的聲明證實了一個普遍的觀點，那就是日本人是註定的與生俱來的敵人；與此相關的言論也隨處可見，例如「對我們美國人來說，仇恨日本佬毫無困難，毋須掙扎」，「對日本佬的仇恨來得很自然——就像曾經與印第安人鬥爭時的仇恨一樣自然」。[2] 戰後，獲釋戰俘的證詞詳述了白人盟軍戰犯在「日本的戰俘集中營」所遭受的慘無人道的野蠻獸行，這更加深了美國人對日本人的種族敵視。一九四五年九月刊的《檀香山廣告報》(Honolulu Advertiser)發表社論稱「自尊自愛的美國人民」在此後很長一段時間中都不會使用「朋友」一詞來稱呼日本人。日本是「一個陰險狡詐、令人不齒的恐怖國度，它的國民幾乎無一例外都如惡魔般殘忍」。[3] 日本平靜溫順地接受了美軍駐軍佔領，這令美國人驚奇於「這個世界上最不可思議的國家和民族」，但佔領區的早期報導警示美國人要保持戒備，以防不測，因為「這些戰敗的日本人仍懷恨在心」。[4]

帶著這些最新報導傳遞的資訊，克羅克特來到日本，決定對夙敵以冷面相待。直到一天早晨一個日本侍女的舉動感動了克羅克特，使她減弱了抵觸情緒。克羅克特回憶說，這個侍女膽怯地敲開了她的門，進門後不停地鞠躬，並且羞澀而恭敬地送給她一瓶花作為「禮部(物)」，她在回憶時模仿著這個侍女的日本口音說：「美國女士們非常好——咦。」克羅克特回憶說：「這樣的好意我除了接受還能怎樣？」「這樣主動真誠的示好能讓最冷漠多疑的陌生人也卸下防備、消除敵意，而且這種對佔領者誠懇的善意體現在方方面面。」[5] 像這位侍女一樣，許多日本婦女展現出的是謙卑而非高傲，關心而非冷酷，忠誠的服務而非奸詐背叛，這對於削弱戰時日本士兵野蠻殘忍的僵化形象很有幫助。在許多美國人看來，這些日本婦女，尤其是從事服務工作的女性，似乎是在替國人贖罪。這些日本女性表現出的謙卑奴性和高度的女性氣質有助美國人轉變對種族敵人的態度，表示友好。

比日本女性還親善的是日本的兒童，克羅克特在書中寫道，這些兒童構成了「消弭佔領者與夙敵之間屏障的最和諧的日本因素」。在佔領初期，美國人遭遇了東京市民的緊張和冷淡，恐懼和幻滅的情緒遍佈日本其他地區。戰敗的日本人認為美國兵不會放過他們，已經做了最壞的打算。[6] 但是美國佔領軍發現他們和日本兒童之間障礙很少。一個海軍中士告訴克羅克特，當他們的軍隊進駐長崎時，居民都躲在家裡，街道上幾乎空無一人。但當他們穿過長崎的街道，卻發現一些好奇的孩子躲在街角偷偷張望，而且很快又發現了更多的孩子。於是軍隊停下來拿出糖果分發，這個中士回憶說：「不知不覺我們已被孩子們圍住了……那些大人們觀察著我們的一舉一動，發現我們並沒用刺刀把他們的孩子四分五裂，反而對孩子們很友善，他們才知道我們並不像他們想像中的魔鬼，很快一扇扇隔板門滑動著打開了。」[7] 一九四五年九月的《新聞週刊》報導說，美國軍人與日本人的友善交往很少，但卻忍不住要分發糖果或食物給那些「非常可愛」的「大眼睛的日本兒童，不像他們那些瞭解戰爭的父母，孩子們對美國大兵一般少有恨意」。[8] 到十二月，克羅克特到達日本的時候，孩子們向美國大兵討要「巧克力」、「口香糖」的場景已成為日本佔領區的典型畫面，所有經歷過的人都記得。[9]

克羅克特發現美國人來日本後最喜歡的閒暇消遣就是購物。令人喜愛的日本婦女和可愛的孩子們有助於引導美國人恢復與戰敗敵人的友善來往，除此之外，消費品也激勵他們重新開始與日本的商業關係。《新聞週刊》的首篇對佔領區美國人的報導名為《美國佬熱購和服，熱衷藝伎風俗》(Yanks Start Kimono Hunt, Learn What Geisha Doesn't)。[10] 美國人對紀念品開始了狂熱的搜索，許多通訊記者和回憶錄作家挖苦道：買些日本特色的東西肯定是「他們佔領日本的首要目的」。克羅克特觀察發現，無論是從華盛頓或是從位於東京的總部到京都的重要任務行動，最終都會變成「狂熱的購物遊」，美國人會購買些「便宜的白色絲綢和服，上面繡著精美華麗的龍紋和花飾……還有白色絲巾、手絹、睡衣和裝飾桌布，上面同樣繡著或畫著富士山、藝伎、櫻花和神社的鳥居」，還會買些其他同為專門製造的「外銷品」[11]。

旅遊業為美國駐軍提供了另一種瞭解日本的途徑。克羅克特說，美國人在佔領區每天的商業活動中「冷靜、有系統地考察」日本，從中尋找樂趣。在克羅克特看來，日本這個綿延一千五百英里、景色優美、有著一千多年文化歷史的島國，似乎為了盟軍人員的方便，已經將它能展現的最美的景致都進行了巧妙的處理包裝。克羅克特承認美國B-29轟炸機給日本帶來的重大損害，將日本滿目瘡痍的國土描述成「一個佈滿傷疤但容貌依舊清秀的女性臉孔」。這些疤痕並沒有過分地減少她或是其他美國人對日本美景的興趣——東方的亭台寶塔、綠油油的稻田、賞心悅目的藝伎，還有背在母親背上的嬰兒。[12] 克羅克特觀察說，美國駐軍在日本拍了很多照片，每個美國兵的「制服」裡必備的不是裝在槍套裡的槍，而是裝在有肩帶的皮匣子裡的柯達相機、萊卡相機或是拍立得相機。[13]

美國佔領軍政府知道，有許多像克羅克特的美國人來日本時仍對這個新樹之敵懷有深深的敵意和懷疑。盟軍總部肩負著這個額外附加的任務，為了將日本納入自由資本主義體系，它必須幫助其內部人員減少敵對情緒。應對這一挑戰，盟軍總部採取的一項策略是強調美國人應承擔的、具有歷史意義的職責使命。《我們在日本的使命》(Our Job in Japan)是美國戰爭部拍攝的教育片，要求駐日本沖繩和朝鮮的士兵都要觀看，片中警告說「現在是我們大獲全勝或是功虧一簣的關鍵時刻」，如果美國人「能解決七千萬日本人」「盲從領袖」的問題，持久的和平就指日可待了。影片還強調，這個問題根源在於日本人的頭腦，而他們的頭腦從生理上來說與美國人的頭腦沒有什麼不同——這意味著盟軍總部反對科學種族主義。畫面轉切到一張全是日本嬰兒的照片，鏡頭聚焦在其中一個，旁白解釋說「出生時，他和別的嬰兒一樣，沒有一個嬰兒是生來就具有危險思想的」。但是日本人已經被「軍國主義者」洗腦扭曲，認為日本可以統治全世界，而盟軍總部的職責就是要對這些日本人進行再教育。現在要教導日本人讓他們去思考、瞭解、講述和傾聽過去的種種愚蠢行為，教導他們擁護「一個我們知道必能帶來和平的政府形式」。[14]

教育片《我們在日本的使命》著重強調了美國在日本所起的教育作用：教化那些剛愎自用的日本學生拋棄「征服全世界」這種青春期愚蠢的夢想，轉而擁抱和平。這就意味著美國大兵們必須意識到「征服者的英雄感是於人於己都不利的」，這也是美軍在士兵的《日本指南手冊》(A Pocket Guide to Japan)中所強調的。軍方在手冊中提醒美國大兵「即使在被佔領的日本，主人的角色也是不恰當的。我們正在試圖教育這些受權威壓制的民眾何謂民主，如果佔領僅僅意味著換了一個逞威者，則毫無意義。我們的職責是讓他們認識到『濫施淫威』是不正常的，是錯誤的」。相關權威部門將會在法庭上審判日本戰犯，所以手冊中，軍方訓誡美國大兵「你們無權『懲罰』日本人，不許憑一時衝動騷擾他們」。美國軍人不應把日本人當作「劣等民族或群體」對待，要「尊重他們獨特的風俗和傳統」。軍方在手冊中還提醒美國大兵，作為佔領部隊的一員，他們就是「代表美國的非正式的外交官」，勸誡他們要像在國內一樣，舉止文明。[15] 在盟軍總部國民資訊教育部頒發的「新進人員指導手冊」中，軍方指出「如果我們不努力瞭解日本社會，就不能指望日本人接受我們帶來的新思想」。因此在手冊中，軍方要求國民資訊教育部的工作人員走出去，試著用富有同情心的觀察和禮貌的詢問多瞭解日本。[16]

同樣，盟軍總部要求美國大兵們也多瞭解日本習俗，希望他們能愛屋及烏，尊重日本人，因為幾個月前記者約翰・拉塞爾達(John LaCerda)寫道，日本人「在軍方宣傳冊中被描述成」

「腳趾開裂的類人猿，應該被血腥屠殺……他們咎由自取」。現在美國士兵都得接受歷時一小時的「作戰科目」指導，例如「插花、焚香、婚俗、服裝、茶藝和鸕鷀捕魚」。[17] 日本手冊不僅界定了美軍駐日的職責是保護一個無抵抗能力的民族，還試圖通過讚美他們的「木雕、漆器、景泰藍等精美手工藝品」，培養美國人對日本人的尊重。手冊簡要描述了日本歷史，給人的印象是日本人雖然在藝術方面具有天賦，但在處世才能和果斷性的男性事務上則顯得危險而無能。所以手冊以兩個穿和服的女孩放風箏為封面也就不足為奇了。[18]

盟軍總部重建美國人眼中日本人形象的策略與佔領人員對日本婦女兒童的親善反應不謀而合。最高統帥部的介紹指導材料極力宣傳一種傳統的觀念，即女性和兒童是脆弱無助的，並要求佔領部隊為他們提供強有力的男性保護、介入和引導。將焦點放在日本人的女性氣質和孩童心理——以及現實生活中的婦女兒童——這一做法使得美國人弱化了一般認定的日本士兵野蠻殘暴的形象，使他們可以對日本表現寬容大量的慈父作風。和殖民地的家長作風不同，這一寬大的慈父作風旨在培養這個「落後的」國家快速成長，朝著民主政治經濟發展。美國自由主義者們將日本看成柔弱無助的婦女兒童，將自己看成是良師益友和保護者，這樣一來就緩和了他們對日本的仇視。在這一思想意識框架下，對日本暫時的保護和教育似乎變得合情合理又有必要。[19] 這一說法聽起來合乎情理，甚至連國內的美國人最終也同意了，儘管有些不情願。

當時在日本的美國人首先接受了這種觀點，將自己良師的身份與享受日本服務及商品化的願望相符合。最高統帥部鼓勵觀光旅遊，認為它能為駐軍人員提供有益的娛樂活動，也能提供一種與日本人友好交往的方式。因為是套在師徒這一概念框架下，毫無疑問這種關係通常是不平等的。由於在戰爭中潰敗，日本人現在成了美國人的學徒。

在講述美國對日看法由種族敵視到冷戰同盟的轉變時，一定要結合當時美國人在日本的見聞，否則整個事件會缺乏完整性。是這些在日本的美國人首先經歷了這一轉變，並將這一資訊傳遞給了國內的讀者。

「日本玩偶」和維多利亞時期的「日本熱」

露西·克羅克特和其他戰後駐日的美國人都驚奇地發現日本是如此的「熟悉」，而他們又如此之快地開始將佔領期日本當作異國情調的旅遊場所和紀念品購物天堂。在征服敵人後，對戰敗國的婦女兒童表示出友好的情感是不足為奇的，但是美國在日本投下了兩枚原子彈，僅僅幾個星期之後，美國人就已開始將這個國家和民族看作令人愉悅的景觀了。早在十九世紀，西方文獻中就強調了日本是一個開滿櫻花的國度，這為美國人將戰後日本看作「一個滿臉傷痕但容貌依舊清秀的女性」埋下了伏筆。無論在遊記、傳教士的記錄還是在富有的歐美遊客的講述中，日本都被描述成了小巧、幼稚、有著女性溫柔的雅致迷人之地，那裡有長著紅潤臉頰的兒童、坐在黃包車裡穿和服的婦女，還有戴著草帽在稻田裡耕作的農夫。十九世紀末二十世紀初，日本的形象更加強了這種看法，當時日本的形象是在國內生產些價值不大的小擺設和其他消費品。大部分駐日的美國人情不自禁——甚至是力求——以十九世紀歐美遊客描述的樣子想像日本：一個觀光遊玩的好去處，一個藝術品和古玩的購物天堂。

二戰期間，美國人對「奸詐危險的敵人發動了一場冷酷無情的戰爭」，但他們對日本人的態度還未完全惡化到種族滅絕或目空一切的程度。受到法國「日本主義」的觸動，美國人在十九世紀的最後二十幾年注意到了日本的藝術文化，他們在發現日本社會「奇特古怪」和落後的同時，也欽慕日本人的美學和藝術。在一八七六年的費城百年世博會、一八九三年的芝加哥世博會，還有一九〇四年的聖路易世博會上，日本的展臺都廣受歡迎，吸引了成千上萬的美國人參觀，這點燃了「日本熱」的火種，熊熊烈火一直燃燒到二十世紀頭十年。這種狂熱是以東方主義視角為基礎的，在這一視角下，西方工業社會已病入膏肓，到處是濃煙滾滾的工廠、大量生產的商品、腐敗的政治、勞資糾紛和傲慢的「新女性」，[20] 而日本則是它的一劑良藥。在這些感情豐富的維多利亞式東方主義者的眼中，日本是一片和諧迷人之地，在那裡稻田翠綠、參天古木中林立著寶塔、小型家庭作坊中靈巧的工匠做著手工藝品、可愛的「小不點」在蹣跚學步，「明眸朱唇的少女」細心周到地端茶送水，輕言細語，令人心情放鬆。[21] 這別具一格的「東方伊甸園」形象在歐美一系列的文學戲劇作品中反覆描繪、一再加強，這類作品數目之大、種類之廣，都令人驚奇，包括旅遊指南、遊記、傳教士的書面報告、雜誌文章、小說、短篇故事、詩歌、歌曲、無聲電影，還有像吉伯特和薩利文（Gilbert and Sullivan）的舞臺劇《天皇》（Mikado），當然還有普契尼的《蝴蝶夫人》。[22] 大部分的西方人——除加州那些仍敵視日本人為「黃禍」的美國人外——喜歡以一種浪漫化的方式看待日本，而且這種觀念根深蒂固，儘管後來有關現代化進程中的日本，有許多更真實準確的資訊廣為流傳，但他們常常固執地拒絕改變原來的看法。[23]

在東方主義的視角下，日本被女性化，處理成「一片紙扇和花的海洋」，「一個現實中的仙境」，這幫助在西方工業化國家開闢了一個逐漸成長的國際化女性消費市場。[24] 美國上流社會及中產階級對日本產生新的知性及文化興趣的同時，幾乎全美國各階層的人都開始購買日本製造的消費品或是其他地方製造的和日本有關的產品。[25] 在歐洲和美國，日本產品以及與日本相關的產品風靡一時，十九世紀的旅行家伊莎貝拉·伯德(Isabella Bird)評論說，這裡的風景人物都讓我想起「盤子、扇子和茶具上的圖畫」，[26] 一九四五年來日的露西·克羅克特也有同感。美國的進口業和其他商業都將女性化日本這一觀念作為行銷手段大力開發——不僅用來銷售家居擺設類的日本商品，還用來向家庭主婦宣傳推銷家用產品。[27] 美國的消費市場大量進口日貨，將國內市場和日本緊密結合，甚至連佩爾肥皂(Pear's Soap)、比塞爾地毯吸塵器(Bissell Carpet Sweepers)、桂格爆米花(Quaker Puffed Rice)這些和日本進口無關的廠家也使用日本女性的形象進行銷售。[28]

手工製作的日本人偶可算是歐美人最常與日本人相聯繫的產品。這些可能是專為女孩製造的玩偶常常被買來或贈送用做閨房的玩物擺設。美國人帶著恩寵的口吻稱它們為「日本玩偶」或「日本娃娃」。在廣告、雜誌圖片、樂譜、明信片以及兒童讀物上，人偶的形象隨處可見。[29] 無處不在的「日本玩偶」使得美國人將真實的日本人也物化成了「玩偶」。例如，《蝴蝶夫人》創作藍本的作者皮耶·羅逖(Pierre Loti)，在他的半自傳體小說中常將日本新娘描寫成「玩偶」，「時下貨架上的陶瓷絲綢玩偶」的真人版。[30] 在這部著名的小說中，西方旅居者花錢買了他喜愛的日本新娘，後來不再喜歡了就拋棄了她。因此將日本女性稱作「玩偶」，不僅把她們客體化為臨時玩玩且容易操縱的玩物，也暗示著她們是天真幼稚的。

這種印象被泛化到整個日本民族，他們相對矮小的身材也使得西方人貶低小看他們的成就與能力。亨利．亞當斯將日本描述成一個「玩具世界」，人們住的玩偶房子是「用紙糊的窗戶和席子鋪的地板」。亞當斯對日本的「玩具」寺廟很是失望，寫信給朋友說「我仍想在這個國家尋找宏偉莊嚴的東西，但希望不大」。[31] 拉迪亞德．吉卜林（Rudyard Kipling）說每每看到日本哨兵穿著不合體的西式制服，背著相對他們的體型來說超大的武器，就覺得滑稽，忍俊不禁。

他強調說，「日本人做得出筆挺的藍色小軍裝，但他們理解不了軍人的職責」，「精美的扇子和茶具與人們對軍營的印象是格格不入的」，吉卜林和亞當斯都將日本人比作在西方銷售的日本產品，堅持認為日本人能力所及的事物是些無關緊要的瑣事。[32] 正如一九四五年九月的《新聞週刊》報導的一樣，許多戰後駐日的美國人剛到時都有同感，他們驚奇於日本的一切，包括「城市和工廠的斷壁殘垣」，都給人一種像迷你世界裡「玩具的印象」。看著慘敗的日本，許多美國人不禁要問「這樣的民族竟然敢壯起膽來轟炸珍珠港」[33]，他們是怎麼辦到的？這樣的日本士兵是如何橫掃東亞的？英國記者昂納．特雷西（Honor Tracy）感歎說，「他們體型太小了，真讓人驚異於他們的膽大妄為。」[34]

二十世紀的西方人同樣秉持著維多利亞時期人們的看法，用性別和成熟度這兩個相互套疊的概念框架為參照來解釋日本人的民族性。在這些概念框架下，這些西方人自以為是地判定著日本人所具有的能力、可得到的豁免以及美日之間的關係。和過去一樣，美國人情不自禁地會將面積狹小的日本和它身材矮小的國民，和能力及權利這樣的概念聯繫在一起考慮。在他們看來，日本人妄圖建立亞太帝國的做法——就好像小孩拿著玩具槍參戰打仗一樣——簡直就是目空一切，自信過頭。

戰前，西方人認為日本人的幼稚會是種持久的狀態，會永遠住在「玩具王國」，但經過這場血腥野蠻、危害巨大的戰爭後，美國人不會再對日本人的纖弱小巧有浪漫的美化了。戰後評論家說日本憑藉著其崛起的軍事力量和工業力量，發動了這場駭人聽聞的惡戰，以前那個尚未現代化的質樸的日本已蕩然無存了。為弱化這一想法，美國決策者們借用先前有關日本的成熟度這一概念框架來重新描繪日本，將其描述為一個需要政治教育的國家，而美國則是這個日本小學生的民主之師。一九四五年九月中旬，《高級學術》刊文向美國高中生解釋說，戰士山姆大叔現在是「山姆校長」了，擔負著重任，要對「七千三百萬難以駕馭的學生——即整個日本民族進行再教育」。或者像《美國先聲論壇》(New York Herald Tribune)的法蘭克．凱利和《時代》雜誌的科尼利厄斯．萊恩所說：「日本人要從頭學起，從蹣跚學步、牙牙學語到學著思考做事。不管我們喜歡與否，教導他們是聯合國的職責。他們可能成為世界和平的重要因素，也可能成為新一輪可怕的核戰爭的溫床。」[35]

借助這些通俗易懂的比喻和關聯，記者和其他輿論導向說明美國民眾解讀了最高盟軍統帥部關於將日本重新納入以美國為首的民主資本主義勢力範圍的決策。美國設定其佔領日本的目標是教育這個「世界上最大的少年管教所」的問題學生，這樣就使得美國的行為顯得順理成章了，即對日本這個學生應該嚴格耐心地教導，而不能一味懲罰報復。同時，重新將日本人視為優秀的僕人而非殘暴的敵人，這一視角的轉換也有助於美國人善待日本人。《時代》、《生活》雜誌的記者諾埃勒．布克（Noel Busch）解釋說，美國人在戰後能如此快地與仇敵融洽相處，得益於日常接觸中美日之間的「主僕關係」。一位上尉的夫人曾發誓說決不允許「日本妞」碰她的孩子，後來卻發現在日本的生活就像「度假」，住著寬敞，配備齊全的房子，有四個溫順的僕人服侍，還有許多消遣娛樂活動。[36] 敗者為寇，雖然戰敗使得日本人處於卑微的奴僕地位，但在和美國人接觸中，他們仍表現得誠懇、熱情，這一事實也在美國國內被大加宣傳。[37]

美國國內媒體通過強調日本的婦女和兒童來推廣一個更溫柔天真的日本形象。[38] 儘管美國戰時出版物的封面將日本女性也描繪成和「盲目狂熱」的日本男性一樣，但是在像類人猿、臭蟲或是四眼齙牙的士兵這些普遍的男性化的戰時形象中，女性的臉孔是很少出現的。戰後，美國的雜誌和新聞編輯以及後來的電影製片人在急切地考察日本社會時，都傾向於特別關注日本的女性。當然他們刊登了許多天皇、東條英機還有其他日本領導人的照片，但在表現佔領期日本的日常生活時，編輯們對女性特別鍾愛。誠然，自開戰以來美國編輯們開始對日本婦女和兒童有了前所未有的新的瞭解，還有日本男性人口在戰爭期間銳減了一百三十萬，但這並不能完全解釋大眾傳媒中日本成人男性形象嚴重缺失的原因。

幾十年後，《時代》、《生活》雜誌的通訊記者謝莉．邁丹斯（Shelley Mydans）解釋了這一焦點轉換現象。美軍駐日期間，她住在東京，而她做攝影記者的丈夫卡爾，率領著亨利．盧斯時代有限公司也在日本工作。《生活》雜誌是當時最受歡迎的期刊之一，當謝莉．邁丹斯被問及該雜誌中日本成人形象女多男少，比例嚴重失調時，她否認了這一點，並且提到她丈夫出版的一部佔領期日本的攝影集，其中男性和女性形象都得到了同等的表現。但是當時《生活》雜誌的編輯的確否決了許多照片，後來他將這些照片收入了一九五五年度卷，為那個時代提供了一個更平均和諧的描繪。但是謝莉．邁丹斯強調說，對某些圖片的偏好僅僅是出於攝影文學規律的需要：「一個好的圖片新聞（就像文本中的文章）目的在於盡可能以有趣的吸引人的方式展現攝影者的所見或理解。」她用一個假設的場景來說明這一點，例如一個編輯在為靖國神社選取遠景配圖，擺在他面前有三張圖片可選：一張展現的是兩個身穿西褲、頭戴軍帽的男性，另一張是兩個身穿和服的女性，第三張展現的兩個人物是身穿民族服裝的婦女和兒童。謝莉認為，比起男性，第二張圖片中的女性形象出現在神社巨大的鳥居前，能讓「畫面更吸引人」，但是第三張圖片才是最佳選擇，她解釋說，儘管男性以及他們的制服能夠凸顯神廟「莊嚴肅穆」的氣氛，但女性和孩子的形象卻能豐富畫面的色彩，同時還能與神廟的氣氛形成對比，增添反差效果。[39]

靖國神社因安置日本戰爭亡魂而聞名，它的聲名或許有助於我們理解謝莉的想法。戰時美國人視日本人為「長著齙牙的四眼黃皮野獸」，[40]戰後新聞工作者們意識到有必要削弱人們的這種僵化印象。要達到這一目的，衣著鮮豔的婦女和兒童出現在靖國神社前，肯定比頭戴軍帽的男性更合理。在日本戰後，男性戴軍帽以及女性穿著勞動褲（mompei pants）或馬褲都很普遍。在邁丹斯假設的場景中，豔麗的和服其實是奢侈品。戰時以及戰後，許多東京居民被逼無奈，只能用珍藏的和服向郊區的農民換取食物。尤其所提到的戰後頭兩年，漂亮的和服非常少見。美國記者們在「展示」他們的所見所聞時，出於審美的考慮，同時也無意識地認定女性和兒童是天真幼稚的，因此選用的是特殊的圖片形象，而不是更普遍常見的。

自海軍上將培里首次闖入江戶灣，美國人就開始瞭解日本並形成了一種對日觀念，因此性別與成熟度這兩個互為強化的概念便成為了這種觀念的一部分。儘管二十世紀日本的情況有了很大的變化，美國人還是以十九世紀既有的框架看待日本。美國人又恢復了被戰爭短暫中斷的做法——購買日貨、欣賞美景、接受服侍。但相對於戰前，美國政府開始正式地自封為日本的監護人，以確保日本不會危及其鄰國或受到蘇聯那種與西方對立的「生活方式」的影響。這一做法直接導致許多駐日的美國人將其與日本人的個人聯繫視為具有更大的國際重要性，甚至是具有地緣政治性。美國人通過以婦女和兒童這種可接受的形式來學著應對所厭惡的種族敵人，美國人相信他們因此正在使自己完善為更好的世界領導者。

「美國大兵『爸爸』受到他的幸福『家庭』的歡迎」

《檀香山廣告報》的一位通訊記者預言說，鑒於美日之間在「語言及習俗上的巨大差異」所造成的「天然屏障」，戰後美國大兵們在對待日本時，應該不難堅持對日非親善準則。[41] 然而他低估了日本兒童對佔領者的吸引力。一位曾在佔領初期服役的軍隊護士吐露：「孩子們很可愛，不由自主地就被他們吸引了。」馬克·蓋恩(Mark Gayn)也承認不忍在「這些穿著灰色和服、像瓷娃娃一樣的小孩」面前耀武揚威。

這些絕對友善的孩子們似乎很喜歡美國人。哈樂德·諾布林(Harold Noble)在《星期六晚報》

(Saturday Evening Post)中寫道，「在日本不論走到哪，孩子們都會揮手致意，歡呼著跟在身後叫嚷著，『你好』、『再見』，還有『呼哈呼哈』」這一美國大兵中流行的感歎用語。孩子們常常會在地上找到美國大兵從呼嘯而過的吉普車上扔下的糖果，如果有人停下分發糖果，很快就會被二十幾個面帶笑容的孩子團團圍住，都爭著渴望得到一塊。[42] 在佔領初期的幾個星期裡，孩子們討要糖果的場面隨處可見，以至於如果一個地方沒有孩子們叫嚷著要「巧克力」或「香煙」，就可以肯定這是美軍還未抵達的地方。[43]

孩子們通常都很友好，喜歡圍在美國大兵的周圍，對美國大兵而言，他們也享受孩子們的喜愛和尊敬。[44] 美國紅十字會發現孩子們的愛戴對美國軍人的自我價值有提升作用，於是開始為這些思念家鄉的美國兵們安排廣受歡迎的「兒童聯歡會」[45] 於是對日佔領還不到半年，美國大兵和日本兒童就「忙著反復上演軍人與孩子這個有趣而又古老的喜劇」，《紐約時報》報導說：「這是種無人可擋的自然友愛的情感——也沒人想要阻擋。」因為沒什麼人阻攔，美國大兵可隨意地給孩子們分發食物，用美國軍用吉普車拉他們兜風，教他們打棒球，甚至在盟軍總部確立了非親善準則後，情況仍舊如此。[46]

最終盟軍總部開始支持美國大兵們對日本孩童的慈善博愛之舉，尤其是在節日期間，以此鼓勵軍人們的關懷寬容之心——這一舉措對來自布朗克斯的軍士長休·奧賴利起到了非凡的功效。一九四九年十二月，像其他所有駐守在大阪的軍部一樣，第二十五步兵師的二十七團接到命令去該區孤兒院分發玩具。作為「獵狼犬」二十七團的一員，軍士長奧賴利對他和戰友們看到的一切深感震撼：三個草棚就是神聖之家孤兒院。這一天寒氣徹骨，四十多個孩子圍擠著一個火盆，蜷縮在漏雨的草棚中一個乾燥的角落。這個草棚塌陷的屋頂用紙板拼湊著，草棚隔壁就是跑馬場。當奧賴利發現精心餵養的賽馬住在供暖的馬廄，而神聖之家的孩子們卻在髒亂不堪的草棚中幾近凍死，很可能每天都吃不飽時，他非常憤怒，認為必須做些什麼幫助孩子們，於是他說服了獵狼犬二十七團「收養」了這些日本孤兒。47

這對奧賴利是一個驚人的轉變，珍珠港事件爆發後，作為一名陸軍退役軍人，他沒有重新入伍陸軍軍隊，而是參加了海軍陸戰隊，就是不想被困著做軍事操練，失去「痛殺日本佬」的好機會。戰後他返回了陸軍，令他不快的是，在一九四九年七月，他被派往佔領區日本。在出發去日本前，他開玩笑說會「踢日本小孩的頭」，但看到這些小至六個月，大的也才十四歲的孤兒們飽受戰爭蹂躪、生活條件極端惡劣，奧賴利被深深地觸動了。他說服獵狼犬團部募款，從團裡撥糧及醫療用品，捐贈國內親朋好友寄來的物品，盡他們所能——包括每週兩次的軍醫探訪——幫助神聖之家孤兒院的孩子們和為之服務的聖文森·德·保羅(St. Vincent de Paul)慈善會的修女們。大部分其他贊助孤兒的美國部隊在耶誕節期間也給孩子們送玩具，開聯歡會，但是奧賴利告訴《基督教世界》(Catholic World)的一位撰稿人，他使得獵狼犬團部通過了「領薪日，聖誕日」的口號。

每個領薪日，該團的捐款平均有三千至四千美元，相當於團部每人捐出　美元。奧賴利用團部首輪十四個月的捐款為孩子們建造了結實的西班牙式房屋。即使在一九五〇年七月，該團部被調往朝鮮作戰後，他們仍在繼續捐助孤兒們，一些像美國援外合作署這樣的機構和許多其他駐日美國人聽說了他們的事蹟，也紛紛解囊相助。有了這些支持幫助和新的設施，神聖之家孤兒院擴大了規模，接受了近一百六十名孤兒。48

奧賴利很自然地成了團部的宣傳員，他定期給《星條旗》(Stars and Stripes)雜誌寫文章，記述獵狼犬團的功績和孤兒院的狀況。隨著「獵狼犬孤兒院」事蹟的廣為流傳，美聯社派攝影記者拍攝了奧賴利從朝鮮休假探望神聖之家的孤兒們的照片，並用電報將孤兒院的故事傳送給美國的各大報紙。《紐約時報》刊登了美聯社的報導，並配以「美國大兵『爸爸』受到他的幸福『家庭』歡迎」的標題和一張生動的照片——欣喜的奧賴利身邊圍著二十多個學齡前孤兒，個個都長著肥嘟嘟的小臉蛋，穿著乾淨的白色圍裙。《時代》雜誌也在週刊上受託刊載了有關這個布朗克斯人和孤兒院的故事；撰稿人詹姆斯．A. 米切納(James A. Michener)為《假日》(Holiday)雜誌寫的一篇有關日本的文章中提到奧賴利；一九五三年，E. J. 卡恩(E. J. Kahn)為《紐約客》寫了篇

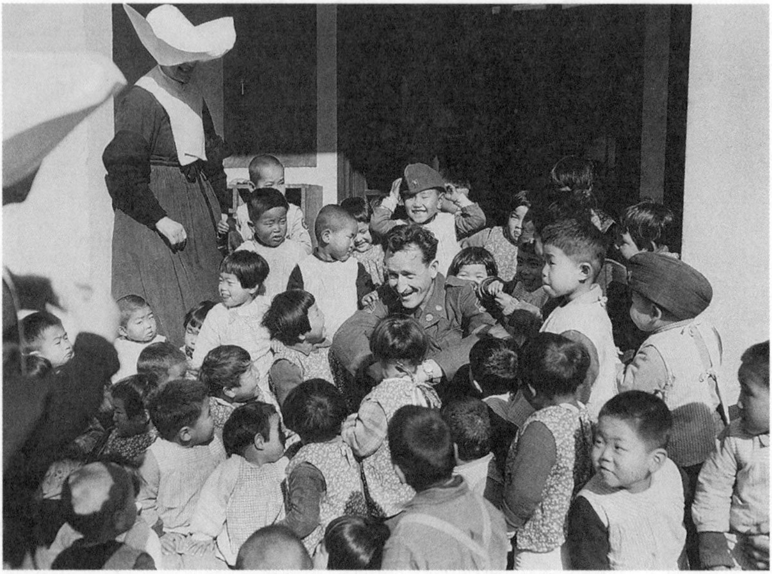

圖一．一位美國大兵「爸爸」受到他的幸福「家庭」歡迎：軍士長休．奧賴利於一九五一年一月從朝鮮戰場休假時探望神聖之家孤兒院的孩子們。美聯社大世界圖片提供。

題為《鐵骨柔腸的獵狼犬》的長篇故事。文章的近半篇幅集中描述了奧賴利是如何追求並最終與齋藤裕子（Saito Yuko），一位大阪的富家少女結為連理的。兩年後，奧賴利的異族愛情和「獵狼犬孤兒院」的故事成為了好萊塢電影的藍本。[49]

奧賴利對孤兒的父愛以及他與日本女子的戀愛婚姻，對廣大的美國人顯然是具有吸引力且感人的模型。奧賴利只是個例外，卻被當成了美國仁愛的象徵。在一九四九年十二月，其他軍部也受命看望過大阪的孤兒，但是就我們所知，只有神聖之家的孩子們幸運地得到了美國大兵資助，建起了嶄新的孤兒院，而數以萬計的孤兒仍穿著破破爛爛的衣服，過著流浪兒般的生活。並不是所有的大兵都親切善良，有些大兵從吉普車上朝日本小孩扔糖果只是為了娛樂，就好像人們投食餵鳥的心態。[50]獵狼犬團部的故事只代表美國大兵最好的行為表現，卻強化了美國作為父親角色供養日本「孩子」這種普遍盛行的象徵比喻——這個令人鼓舞的比喻幫助美國人忘卻了戰爭的殘酷，一同被忘卻的還有美國的空襲，正是這些空襲使得孩子們變成了孤兒。

在重重敵意之後，孩子們和駐日美軍在一起的幸福場景是很重要的。美國方面拍攝出版了大量駐日期間笑容可掬的美國大兵和日本兒童的照片，使得這一場景已符號化了。[51]作為佔領軍一方的國民，美國人想看到他們的士兵善良仁慈。軍事衝突之後，美國對人道博愛的強調是為了暗示美國士兵在國外作戰殺敵是無奈之舉——他們寬厚仁愛而非冷血無情。這種應對之策並非是美國特色，但卻絕佳地解釋了《星期六晚報》為什麼選取了一張三個美國大兵為一個光溜溜的沖繩幼兒治療腳傷的海軍官方照片來為一九四五年五月頭版的沖繩苦戰報導增色。[52]幾個月後，笑臉盈盈的日本小孩與美國大兵的合照同樣令人信服，孩子們的接納和友好意味著他們看到了美國大兵們的「善意」，以及給日本帶來腥風血雨的美國人的「善意」。「他們恨我們嗎？」這是駐日美軍及國內觀察家對日本人質疑最多的問題之一。[53]兒童們的反應相當重要，人們認為「單純的孩子們」是直率坦白、講實話的——因此可為宣傳所用。奧賴利曾在一九五一年說過：「這些孩子們從不相信美國人對他們犯了什麼錯誤」，任何一個走進神聖之家的美國大兵都會受到孩子們的歡迎，因為「孩子們知道他們是好人」。[54]

指出孩子們為宣傳所用的事實絲毫不會抹煞奧賴利這位一九五一年大阪的「年度先生」所做出的實實在在、令人感激的努力，也絲毫不會減損許許多多的美國士兵對日本兒童的慷慨及善意——實際上，作為宣傳員的奧賴利非常清楚這一點。[55]對政府及它在媒體的支持者來說，激烈的武力交鋒之後，孩童幸福生活的形象無疑是一個重要的宣傳工具。[56]一旦民眾相信他們的士兵們在國外是在做「善事」，就有可能繼續支持軍隊入駐別國的政策。於是建立民主家長制不僅要將日本人描繪成有待培訓的孩童，還需將美國人刻畫成他們仁慈的保護人、和藹的良師益友。這樣做使美國人重新定位對日本人的看法以及他們在日本扮演的角色。

寶貝桑（BABY-san）：蝴蝶夫人，約一九四五到一九五二年

美國人，不論男性還是女性都表達了對日本女性的偏好，他們發現日本女性更真誠更友

好。海軍上尉約翰．阿什米德（John Ashmead）在《大西洋月刊》（Atlantic Monthly）上寫道：「我曾接觸過在這兒以及菲律賓工作的日本男性，我不信任他們，但對日本的女性和兒童卻不會如此。」他發現日本女性頭腦中「鮮有像武士道這樣的軍國主義觀念」，和她們談論政治話題比較輕鬆容易。[57]另一位美國作家也表示說，日本女性在遭到反對時極少表現出「傲慢自大、狂躁易怒和自私」這些日本男性具有的特徵。[58]在露西．克羅克特看來，日本兩性之間對比鮮明——男性冷峻且粗暴無禮，女性則溫順、惹人憐愛——「可能是兩個完全不同的種族」。[59]

克羅克特在書中特意使用「黃種人」、「日本佬」的尖刻字眼稱呼夙敵，但她卻高度讚揚日本女性惹人喜愛，好似少女般的行為舉止。日本佔領區的美國人將女傭、女性職員、女服務員以及其他年輕女性都稱為「寶貝桑」（Baby-san）——這個稱呼結合了美國的搭訕語「嘿，寶貝」（Hey, baby）和日本日常用語中的尊稱（san）。克羅克特解釋說：「在我們眼裡，寶貝桑就像是個可愛的有生命的布娃娃，情感豐富，一會哭一會笑；又像是勤勞的會笑會唱的小生命，任何人對她們稍微表示一點好意，她們就像找到支撐的藤蔓一般依附過去。」克羅克特以及其他美國女性對這一稱呼的使用，表明了她們在面對日本女性時的優越感，反映了美國人認為日本女性就像孩童，情感脆弱而不穩定。可能大部分日本女性說的不流利的英語，在美國人聽來口齒不清、表達簡單，會給他們留下這樣的印象。駐日美國人認為日本女性的天真單純——

她們的好奇心還有「孩子般的、熱情的、討人喜愛的個性」——正是她們魅力的一部分。克羅克特認為寶貝桑為任何人服務時都「忠誠、親切、不遺餘力」，「待人非常熱情」，她們幫助「消融了最堅定的日本仇視者的冷漠」，她們那「可人的性格」「贏得了美國人意想不到的理解和同情」。[60]

大部分駐日服役工作的是遠離妻子和女友的正常男性，他們為寶貝桑所吸引也就不足為奇了。海軍預備役軍人比爾．休姆（Bill Hume）為《海軍時代》（Navy Times）遠東版創作的一部大受歡迎的半色情連載系列卡通裡展現了寶貝桑的形象。後來休姆以兩卷本的形式出版了這部卡通作品，並附了約翰．安納里諾（John Annarino）的書評，即：《寶貝桑：美國士兵眼中的駐日時期》（Babysan: A Private Look at the Japanese Occupation，1953）——這是一本最受在朝美軍喜愛的暢銷書和《寶貝桑的世界：休姆對日本的幽默調侃》（Babysan's World: The Hume'n Slant on Japan, 1956）。[61] 休姆和安納里諾稱寶貝桑是戰後日本新女性，並不像美國軍人想像的一樣——即「蝴蝶夫人」式的「梳著精緻的髮型……用扇子風情萬種地遮著魅人的臉龐的女性」。[62] 休姆筆下的寶貝桑沒有穿漂亮的和服，也沒有盤著硬挺的髮型，而是有著細細的腰身和小腿，長長的披肩髮，還有堅挺的乳房。[63]

她長著鵝蛋臉，高顴骨，翹鼻子，嘟嘟嘴，塗著鮮紅的嘴唇，極力模仿著她們在美國影片中看到的認為時髦的樣子。長長的黑髮半遮著臉龐。她比美國妞矮，但誰會在意？她可有一個比美國姐妹們寬容得多的心胸，你的每一個願望她都奉若使命。她是個敏感又實際的小生命，所以我們的願望要合情合理。

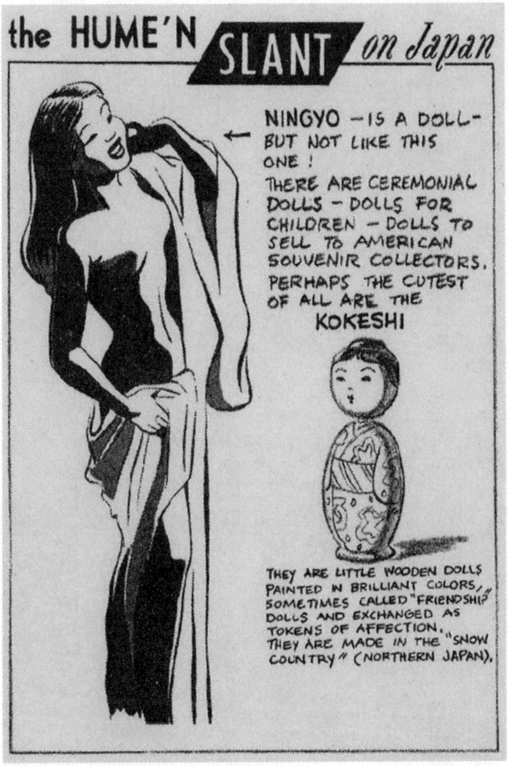

the HUME'N SLANT on Japan
NINGYO — IS A DOLL — BUT NOT LIKE THIS ONE !
THERE ARE CEREMONIAL DOLLS — DOLLS FOR CHILDREN — DOLLS TO SELL TO AMERICAN SOUVENIR COLLECTORS. PERHAPS THE CUTEST OF ALL ARE THE
KOKESHI
THEY ARE LITTLE WOODEN DOLLS PAINTED IN BRILLIANT COLORS, SOMETIMES CALLED "FRIENDSHIP" DOLLS AND EXCHANGED AS TOKENS OF AFFECTION. THEY ARE MADE IN THE "SNOW COUNTRY" (NORTHERN JAPAN).

圖二．漫畫家比爾．休姆與作家約翰．安納里諾繼暢銷書《寶貝桑：美國士兵眼中的駐日時期》後，又推出新作《寶貝桑的世界：休姆對日本的幽默調侃》

休姆的寶貝桑是個美麗性感的小貓，是一個正常歐美男性的性幻想物。儘管在休姆筆下他只是個普通人，常被刻畫成一個傻大個，寶貝桑是「他的寶貝玩偶……嬌小但並不脆弱的玩偶」。休姆和安納里諾補充說「她是真正的玩具，而不是那種擺在家裡壁爐上的裝飾性的日本玩偶」。休姆和安納里諾在欣賞寶貝桑的天真本性的同時，也賦予她任性直率和嬌羞的一面：例如在一個場景中，寶貝桑對她的男友撅著嘴嬌嗔道：「你為什麼總是送我糖果，從不給我錢？」儘管在漫畫中，她經常要錢，但她的創作者們堅持說她不是那種「以色相騙取男人錢財的女人」，她給男友看家人的照片，照片上有靠她贍養的孀居的母親和年幼的弟妹。休姆和安納里諾認為寶貝桑「給她男友的生活帶來了陽光」，這樣的金錢交易是公平的。[64]

需要性服務的美國大兵可以從一些走投無路的女性那裡得到慰藉，包括戰敗國年輕的戰爭遺孀，這是佔領軍士兵的典型做法。正像《生活》雜誌的一篇佔領早期的報導中指出的，這種「姑娘」有「很多」。[65] 據報導，駐日軍隊花費的一．八五億中有一半用於這種服務，但是不知這個資料是否包括「單獨服務」——例如休姆筆下的寶貝桑一段時間內只和一人交往。直到一九四九年中期，迫於來自日本婦女組織的強大壓力，統帥部最終關閉了官辦妓院，當時官辦妓院有七萬名婦女從業，還有五萬九千名自由從業妓女。[66] 在休姆和安納里諾筆下的寶貝桑就像中尉平克頓（Pinkerton）眼中的喬喬桑（Cho-Cho-san）一樣會被遺棄在日本。寶貝桑幫助美國服役軍人「填補了駐日期間的空虛」。休姆的漫畫是為曾在「富士山」服役的美軍娛樂而創作的，意在「通過回憶可愛的寶貝桑為士兵們的生活帶來的歡樂，來逗他們開心」。大概這種臨時性的角色對寶貝桑比較合適，她是別樣的蝴蝶，不同於被平克頓遺棄後自殺的喬喬桑。隨著駐日美軍的輪換歸國，寶貝桑從一個情人飛到另一個情人那裡，從一個固定男友轉到另一個固定男友懷抱中。實際上，寶貝桑應該用動詞「蝴蝶化」來形容，含義和蝴蝶夫人喬喬桑的用情專一恰恰相反。[67]

當然，真實生活中的日本女性沒有堅挺的胸部，據凱利和萊恩稱她們並不「符合國內（西方）的審美標準」，但是很快美國士兵就喜歡上了她們「可愛迷人的、孩子般的個性」。士兵們的情感「被日本婦女的謙卑順從所俘獲」。[68] 翻譯官馬丁．布朗芬布倫納在中篇小說《芙紗子和軍隊》（一九四六）中描寫了美國大兵在受到這種特別的個人關注時所表現出的愉悅興奮。書中的主人公攝影師鮑勃．史密斯（Bob Smith）每每想到女友芙紗子就激動興奮，「她總是充滿愛意的等他來，對他照顧體貼，細緻入微，親密地稱他『鮑布桑』，她讚賞鮑勃的每個習慣性的禮貌動作」，例如為她開門。鮑勃還不滿二十，芙紗子的態度卻讓他覺得自己很了不起，像個男人。因為鮑勃和芙紗子之間的關係，他試著將「日本佬」當做「日本人」看待。[69] 在佔領初期，日本政府徵募了大量下層階級的婦女充當「減震器」，用後來執政的首相池田勇人的話說，是通過滿足佔領者的「性欲」來「保護大和民族純正的血脈」。[70] 成千上萬像芙紗子一樣的女性在被迫的情況下，用她們的身體和服務來調和、削減、控制美國士兵對日本的仇恨敵視。

這種與日本婦女的親密關係並不總意味著敵視的減弱。一些美國士兵認為以前的日本女友只是性夥伴，不像六十年前在長崎駐軍的海軍軍官朱利安·維奧（Julien Viaud，又名皮耶·羅逖〔Pierre Loti〕）對他的臨時新娘的態度。

在神戶火車站，露西·克羅克特目睹了兩個即將回國的美國大兵，坐在火車上冷淡無情地對月臺上兩個淚汪汪的日本女友說著再見。「一個女孩抽泣地問，『你什麼時候回來？』年輕人大笑說，『回來？為什麼？寶貝，等日本佬再炸珍珠港的時候，我就回來了。』」[71] 密西西比人艾略特·蔡茲在描述日本時說美國大兵不該和「這樣一個奇怪發臭的國家」的「黃種人」相愛。這位後來的美聯社新聞撰稿人稱，大部分的駐日軍隊認為他們的任務更像是「突然有人交給他們一隻滿滿的便盆，告訴他們要嚴加看守」。蔡茲在小說化的回憶錄《不銹鋼和服》（Stainless Steel Kimono, 1947）中講述了《幸災樂禍》（schadenfreude）的故事以及美國大兵駐日期間行為放蕩，期盼著回到「女人長著漂亮的長腿，皮膚白皙」的美國。[72] 所以，即使歐美士兵真的和日本女友相愛了，許多士兵也會試圖掩飾這令人尷尬的事實。[73]

在被占日本推行反種族主義不是件易事。最高盟軍統帥部強制實施了一套像黑人種族歧視一樣的種族隔離制度，限定日本人出入只能使用特定的門，只能乘坐二等電車，不許進入特定區域，而這套制度卻沒在被占德國實施。[74] 在德國非親善條款只在被占早期實行，在日本卻持續了四年之久。[75] 冷戰期間，美國執政者意識到日本作為其盟國以及在東亞地區資本主義制度典範作用的重要性後，最終於一九四九年九月二十日廢除了這些制度條款，該月蘇聯具有核能力的消息公諸於世等等事件都促使美國執政者於廢除非親善法令的當月頒佈了「親善促進」法令。

按非親善法令的規定，美國大兵可以和日本女性公開約會來往，但是想與日本女友結婚卻非常困難。最高統帥部用盡千方百計阻止通婚：要求通婚的士兵需經受官僚政治的層層考驗；曾一度禁止美軍牧師主持婚禮；強調移民法規定美國士兵攜日本妻子歸國屬非法行為。[76] 據瞭解，有指揮官為了拆散美國士兵和他們的未婚妻而將士兵調走或是以此威脅他們。在維特洛克（Kyo Wittrock）這個真實的例子中，指揮官威脅要將她的未婚夫調往朝鮮，但未能成功，最終准許了兩人的結合。在小說《芙紗子和軍隊》中，結局卻很悲慘：種族主義長官為阻止鮑勃與芙紗子結婚，突然將他調離該地區，鮑勃·史密斯被迫丟下懷有身孕的芙紗子。[77] 像鮑勃這樣的士兵可以選擇承認並撫養與日本未婚妻的孩子，但美軍法律卻鼓勵他們逃避責任。日本公民禁止控告軍人，所以日本婦女無法對美國士兵提出生父確認訴訟。結果導致僅有百分之三十九的美國士兵對他們在駐日期間所生的大約五千個孩子負責。[78] 許多寶貝桑和他們的孩子在被美國大兵遺棄後，過著悲慘的、遭人排斥的生活。

「美國女性的教訓」

寶貝桑除了為美國士兵娛樂解悶，也為他們提供了和美國女性進行比對的重要參照物。像小說中的鮑勃一樣，許多駐日的美國士兵相信典型的日本女性就像休姆和安納里諾描寫的一樣「有一個比美國姐妹們寬容得多的心胸，你的每一個願望她都奉若使命」。《星條旗》雜誌對士兵做的調查證實了這種看法並且「讚揚了日本女性善良的品質、溫順的性格以及服侍照顧男性的熱誠」。一個士兵甚至宣稱「在這方面，美國女性應該向這裡的女性好好學習」。[79]

由於美國女性的角色在戰爭期間以及戰後的改變，日本女性被推舉出來作為女性溫柔的典範。隨著雇主們解雇或是慫恿美國女性辭掉在工業和軍工產業中收入較高的工作，為歸國的美國士兵讓位，美國女性發現她們戰時曾有的收益縮減了。美國女性同時還發現她們的社會角色不僅受到男性的威脅，還受到了其他女性的威脅。[80] 一位女作家在熱門月刊《美國信使》

（American Mercury）上稱「女人不適於參政」，精神病學家馬里尼爾・法納姆（Marynia Farnham）和斐迪南・倫德伯格（Ferdinand Lundberg）在權威著作《現代女性：迷失的性別》（Modern Woman: The Lost Sex, 1947）中試圖說服女性做家庭婦女有利於她們的精神健康。[81] 雖然包括多數有色人種女性在內的數以萬計的美國女性無可選擇地仍需在外做工補貼家用，戰後許多年卻一直盛行推崇婦女照顧家庭生活，家庭事務至上主義，女性在外工作的職業發展機會也大大縮減。[82] 隨之而來的有美國公眾話語中增強的厭女主義，還有認為女性有潛在心理危機的觀點，這些在菲力浦・懷利（Philip Wylie）的《毒蛇的後代》（A Generation of Vipers, 1942, 1955）、愛德華・斯特雷克（Edward Strecker）的《母親的兒子們：一個精神病學家對美國問題的分析》（Their Mothers' Sons: The Psychiatrist Examines an American Problem, 1946），以及一部根據好萊塢熱門音樂劇改編的派拉蒙電影《黑暗中的女士》（Lady in the Dark, 1944）中都有體現。[83]

在被占日本流傳的故事中，美國婦女常常被描繪成挑剔、難以相處甚至令人壓抑的樣子——與迷人可愛的寶貝桑剛好相反。據美聯社記者歐尼斯特・霍布萊特（Earnest Hoberecht）報導，一位在佔領區任職的上將饒有興趣地給同僚講有一次妻子問他是否「認為男人更喜歡女人順從，沒有自己的想法，不言不語，而不喜歡她們堅持婚姻中男女平等，堅持交談中自己的話語權」，當他確定說男人更喜歡前者，他妻子氣呼呼地摔門而去，聽了這個故事，在場的男士都開懷大笑。他們「贊同任何一個誠實的男人都會承認更喜歡隨心所欲，有人服侍，喜歡關心照顧他並滿足他的任何要求的女性」。[84] 卡爾．邁登斯（Carl Mydans）發表在《佔領軍》上的文章〈白種人的負擔〉（The White Man's Burden）表達了同樣的看法，故事中的「負擔」竟然指的是一位德克薩斯上校那聒噪、令人討厭的妻子！這個美國女人在由一位雙語日本導遊帶隊的旅行中，喋喋不休地抱怨日本的一切，使得在場的人都很尷尬。回國後，她叫嚷「終於有……像樣的食物了，再不用天天都是魚、魚、魚。可以用真正的銀餐具進餐了，再也不用坐在地板上吃飯了」。當導遊走近時，她還在不停地抱怨，邁登斯同情地注意到她丈夫尷尬得抬不起頭。[85]

甚至是露西．克羅克特，還有一位住在京都的上校妻子馬傑瑞．布朗都同意這種針對美國女性的厭女主義。布朗在說明日本男性為何厭惡美國女性時寫道：「在我們身上很少有日本女性的克制、優雅、溫順或是可愛迷人的魅力。我們總是說個不停，高高聳立在日本男性面前，淩駕其上，高傲地抬著頭。」[86]

克羅克特對這一「裁決」表示同意，認為儘管寶貝桑和她謙卑的姐妹們有「體格缺點」，地位卑微，「卻為人喜愛稱頌，認為她們具有美國女性應好好學習的品質——這些品質使得那些驕傲的美國麗人相比之下顯得苛刻、任性易怒、話多好動、嬌慣又傲慢。」克羅克特做了舉例說明：一個中尉的妻子讓日本女僕形影不離地跟在身後，就為替她拿煙、端煙灰缸；一位公共衛生署官員的妻子抱怨日本的滑動拉門折斷了她的指甲。許多未婚美國女性來日本尋找浪漫的愛情，結果卻發現這裡的單身美國男性不是年紀太輕就是已經有了「在當地新交的蝴蝶夫人」。一個嬌小迷人的日本女侍者告訴克羅克特，「美國男人非常喜歡日本姑娘，說我們不會喋喋不休的嘮叨！」[87]

美國人可能喜歡日本女性的沉默安靜和對男性的順從，視其為理想的品質，但同時他們又批判那個培養了日本女性「惟命是從」的社會制度。凱利和萊恩表示「再沒有比身為一個日本女人更悲慘的了」，重複著「日本式真理」，「遭受著老式的男尊女卑封建制度的束縛」。直至不久前，日本女性仍僅僅被看作是日本帝國的「生育機器」。[88] 新聞記者約翰·拉瑟爾達對日本男女薪酬的差異感到驚奇，日本男性的平均收入是女性的二到五倍。[89] 露西·克羅克特通過與日本男性和女性深入交談，詳盡調查了女性在日本的社會地位，她發現日本女性渴望提高自身的社會地位，而男性則表示出困惑、恐懼，甚至強烈地反對和指責。一個日本男性在家中一邊同露西高談闊論日本女性應有的平等權利，一邊卻把女僕的背當作扶手靠著。

另外一位日本男性在聽完克羅克特就婦女解放的演講後對她說：「我同意你所說的一切……但我還是想讓我妻子提著包袱！」露西問一群正在談論《飄》的京都商人，如果日本女性都像郝思佳，他們覺得如何，露西注意到「男性們明顯表現出對這一想法的驚駭及厭惡」，其中一個男士通過翻譯告訴露西：「我們已經接受了原爆和戰敗，但你的假設比兩者都更可怕，是不可容忍的。」[90]

美國人以通俗的情節或幽默的方式，用形形色色的故事講述了日本女性令人同情的社會狀況，而將對日佔領描繪成日本女性迫切需要並且給她們帶來有益影響的行為。[91] 許多回憶錄中記載著直到一九四六年日本女性才獲得選舉權——卻沒提到美國女性也不過是二十六年前僅憑國會投票時一票的優勢才獲得選舉權。[92] 美國人對自己國內男女不平等的狀況視而不見，卻將他們對日本女性彬彬有禮的紳士風度解釋為幫助日本婦女解放。凱利和萊恩的書中寫道：在鄉村城鎮，美國大兵「無意」中幫助婦女打破了「禁錮日本女性長達幾百年之久的封建束縛」。拉瑟爾達較客觀地評價美國大兵提高了日本女性享有的文明標準，稱她們很快傾心於美國男性的魅力，而拉瑟爾達忽視了日本女性以美國男性為伴的強大的經濟物質原因。[93] 美國男性試圖將他們同日本女性的關係進行合理化解釋，稱對日本女性而言，他們比日本男性更合適。

另一方面，通過批判女性在日本卑微的社會地位，使得美國人，尤其是美國女性對戰後美國兩性的社會關係更自信樂觀，並且認為她們在佔領區起到了幫助日本婦女提高社會地位的作用。[94] 但是在日本紅十字會舉行的一次婦女問題論壇上，大阪婦女代表們向美國婦女請教該如何爭取兩性平等時，美國女性強調了女性「在家庭中充當積極力量的責任」。克羅克特在京都同志社大學就美國女性特徵所作的演講中，同樣宣揚了女性應做好家庭婦女的角色，讓丈夫們當家做主，以及其他類似的她所謂「樸素的真理」，[95]她的言論令在場的幾百名知識女性深感失望。對她們來說，這些觀點毫無新意，自從十九世紀八〇年代起，「封建」日本政府就一直通過鼓吹「賢妻良母」[96]的口號來強調女性在家庭中的「積極力量」。

克羅克特知道觀眾對演講內容很失望，但美國紅十字會卻堅持宣揚美國中產階級持有的這種性別角色劃分。紅十字會在培訓日本新娘適應美國生活的項目中，並沒教她們如何參與當地社區及政治事務，或是如何積極參與美國的共用民主制。相反，美國婦女教會了她們收拾床鋪、使用吸塵器、烘焙蛋糕、給嬰兒洗澡，以及如何為晚會準備食物。[97]日本婦女只是「升格」做美式家務——「現代化的電器設施」使得美式家務相對容易，但由於不像在日本有女僕或親戚家人的幫助，家務卻變得更辛苦了。一位紅十字會的志願者帶著美國社會的優越感對一圈日本受訓新娘說：「我想你們會像我一樣樂於享受丈夫掙錢供養的生活。」[98]當然家庭主婦可以自己做主，自由安排時間，但稱此為自立有些言過其實。作為對國內社會狀況的反應及回應，美國女性所給的建議及經驗強調的也是女性在家庭中的作用。

戰爭新娘與種族寬容性

雖然面臨重重的困難阻礙，還是不斷有美國男性和日本女性結婚，以至於到對日佔領末期，美國公眾輿論已改弦更張，將美國軍人和黃種人女性的婚姻視為美國人種族寬容性的表現。這是美國人從戰果中學習到的另一點。這一點充分地反映在描繪佔領期日本的好萊塢電影以及像霍布萊特的《東京愛情》(Tokyo Romance, 1947)等小說中。[99] 一九五二年《星期六晚報》上的一篇名為〈抱得美人歸〉(They're Bringing Home Japanese Wives)的文章稱這些日本新娘下定決心要努力適應，爭取在有潛在敵意的環境中維護她們的婚姻，文章結尾以懇請的語氣寫道：美國人「應盡我們的一份努力幫助她們渡過難關」，但同時該文章又將這些日本新娘描述成天真單純的「年輕人」，還預言僅有百分之十的美日聯姻在面臨美國生活的種種挑戰時能夠倖存下來。許多刊出的讀者來信無情地對這些美日聯姻的明智與否、長久與否深表質疑。[100] 但三年後《星期六晚報》上刊登了另一篇有關戰爭新娘的文章，名為〈美人今何在？〉(Where are Those Japanese Brides?)，對美日聯姻表達了較多的支持。當時，麥卡倫國內安全法(McCarran-Walter Act)解除了一九二四年種族主義者制定的移民限制條例，美國大兵的美日聯姻數目至少激增了三倍。該文章的作者發現，儘管日本戰爭新娘面臨重重艱辛——甚至悲劇不斷——她們卻已融入了美國社會。憑著堅毅忍耐，她們已經變成了美國妻子。[101]

一直到一九五五年，美國大眾文化的主流都在歌頌美國大兵的美日聯姻，稱其為對抗狹隘種族主義的高尚成果。《生活》雜誌也向詹姆斯・米切納邀約有關戰爭新娘的稿子，當時這位作家已有四部關於美國軍人和亞太島民的著作：普立茲獎獲獎作品《南太平洋的故事》(Tales of the South Pacific, 1948)、《重返伊甸園》(Return to Paradise, 1950)、《孤獨裡橋之役》(The Bridges at Toko-ri, 1953)和《再見》(Sayonara, 1954)，其中《再見》曾於一九五三年末以連載的方式刊登在《麥考爾》(McCall)雜誌上。在小說《再見》中，米切納讓男主人公海軍上校勞埃德・格魯夫(Lloyd Gruver)與日本戀人花扇分了手，在現實中，當駐日軍人們向米切納尋求建議時，他也同樣建議他們放棄通婚的想法。但米切納在一九五五年二月給《生活》雜誌的稿件中卻描述了幸子和來自伊利諾州梅爾羅斯公園的法蘭克・法伊弗(Frank Pfeiffer)兩人成功克服「語言和狹隘種族主義障礙」的愛情故事。米切納詳細描述了兩人在日本的戀愛過程、面對法蘭克母親和種族主義鄰居的考驗，以及最終成功地在芝加哥郊區享受的舒適生活。法伊弗一家的新鄰居——兩位曾在日本作戰的二戰老兵和他們的妻子——立刻接納了他們，並成為了親密的朋友。《生活》雜誌後續刊登了七封讀者來信——其中只有一篇表達了對此婚姻的肯定。這位來自紐澤西的讀者寫道「我是一名四十五歲的男性，但我可以毫不掩飾地說看了這篇文章我哭了，因為我一直相信這樣的種族通婚是會成功的」。米切納本人最終也一定是同意了這種觀點，因為《紐約時報》在十一月刊登了他結婚的消息，他也娶了位日本新娘瑪麗．寒風澤賴子（Mari Yoriko Sabusawa）——一位日本後裔。[102]

休．奧賴利也在一九五五年十二月的《美國信使》上發表了名為〈東西聯姻誠可為〉（Our East-West Marriage Is Working）的文章，描述了他同妻子齋藤裕子的婚姻。儘管《美國信使》的編輯為本文的配圖是美國人會看作「藝伎」的和服女士，奧賴利還是準備要「清除美國人對日本女性的錯誤認識」，並且要說明兩千名美國軍人迎娶日本戀人的真正原因不是因為她們是「溫順、馴服的傀儡」，事實上她們也的確不是。奧賴利稱「順從有禮只是她們的外在，我們迎娶的日本姑娘和美國姑娘一樣是有思想的」。他還告訴《美國信使》的讀者：美國軍人的妻子絕大部分是現代城市居民，而就美日聯姻這一點，她們在佔領區服務最具有說明性。在解釋這類婚姻的延續性時，他預言說美國大兵與日本新娘的婚姻「比一般婚姻有更大的成功機率」，因為夫妻雙方在結婚時都不會「抱著不切實際的樂觀幻想，認為在婚姻道路上不會有任何挫折毀壞自己的幸福」，相反對美國大兵的美日聯姻而言，他相信同指揮官無盡的談話以及所有的繁文縟節所設置的困難恰恰是很好的婚前考驗。[103]令人為之高興的是奧賴利的預言是正確的。他與日本妻子一同生活了五十多年，養育了六個孩子。[104]米切納同第三個妻子寒風澤的婚姻也很持久，他們共同生活了三十九年，直至一九九四年，寒風澤去世。

戰後十年，來自前敵國的黃皮膚戰爭新娘成為了當時一位學者所說的「文化多元及種族融合話語中富有意義的角色」。[105]與日本女性通婚的美國人有四分之一是日本後裔或是非洲人後裔，但是這類婚姻關係卻極少在美國主流新聞報導中出現。[106]大部分美國人對種族的理解是二元結構：即白種人和黑種人，或者是白種人和黃種人，因此美國新聞媒體或許認為有著共同祖先的同族婚姻不值一提，而對如何評價亞非裔聯姻又感到困惑。

歐美男性與日本女性婚姻關係中的種族聯姻之所以受到特別強調，其目的在於：首先，這種關係暗喻了以美國為主導的美日兩國關係。而且該做法使得美國在民權運動早期得以用改進的方法應對種族主義。對許多美國人而言，與一個膚色適中的「其他」種族通婚遠比與美國黑人結婚引起的社會禁忌要小得多。而大部分種族通婚發生在遙遠的日本，這就意味著大部分的美國人可以避免看到或接觸到他們。主流媒體和大眾文化對美日戀情的美好描繪使美國人逐漸接受並以同情的眼光看待日本，宣揚種族包容。

露西·克羅克特曾寫道「如果沒有其他因素能幫助兩個陌生的民族建立友誼，那麼婦女和兒童應該是我們公認能夠擔此重任的因素」，[107]克羅克特所指的是現實中的日本婦女和兒童，在佔領區的美國人似乎真的和她們更親近。美國人為之吸引的不只是這些婦女兒童的天真可愛，還有她們所象徵的脆弱性、依賴性和天真無邪，這些特性使得她們容易親近又具有可塑性。人們對婦女和兒童的觀念看法常常會混為一團，但他們又各具特色。女性代表了美好而無微不至的照顧和遷就，而孩子們代表著未來——日本作為一個充滿熱情的新生民主主義國家準備接受教育和重新定位。結合兩者考慮，美國人在佔領區日本通過和婦女兒童的接觸，使得他們在一場惡戰後，轉變了原來認為日本民族劣等的看法，由敵視態度轉為對日本的同情和責任感。重新以寬容溫情的方式看待美日關係有助於美國將昔日蔑視的敵人視為重要的盟友。當然，對日本的孩童化及女性化理解早在十九世紀歐美人與日本人接觸時就已產生了。儘管在二十世紀中期，美國迫於地緣政治的考慮必須試著接受對日本的潛力作進一步認識，但十九世紀原有的概念在建立新的認識時仍具有強大的活力。

一九五五年《美國雜誌》(American Magazine)上刊登了米里亞姆·特魯普(Miriam Troop)題為〈我患了日本熱〉(I've Got a Yen for Japan)的文章。文章講述了作者一時衝動的日本之旅，除了充分的認同和熱情，文中對日本景觀和購物樂趣的描寫與戰前遊記大同小異。特魯普寫道，東京的街道「閃耀著無數的燈籠，那種我們用來裝點遊園晚會的燈籠，在這兒它們被塗成了鮮黃色和紅色，配著黑色的條紋，形成了一個萬花筒……映襯著快步疾走著的身穿和服，人偶般的男男女女」。日本所具有的一切再一次成為西方遊客眼中的迷人景象。若不是文中提到有三位美國大兵獲准外出陪同作者進行一天觀光遊覽，人們可能都要忘記在這裡曾發生過戰爭和駐軍佔領。體現日本特色的消費品再次熱銷，而日本也再次成為美國人旅遊觀光的理想去處。因為日本被佔領，日本的酒店客房都做了更新整修，配備了西方的便利設施和服務，例如接受過美式訓練的主廚、增設了更多的高爾夫球場和更多會講英語的服務人員及導購。[108] 歸國的軍人和佔領區工作人員們所拍的照片和講述的有關日本的故事在國內免費為日本的旅遊業作了廣告。戰前前往日本的遊客數量在一九三六年達到了頂點，有四萬兩千名遊客（其中僅有一萬名是美國人），而僅在佔領日本的兩年間，就大約有五十萬美國人來日旅遊。[109]

戰後十年，美國主要的出版社，如西蒙和舒斯特（Simon & Schuster）都不再出版像蔡茲的《不銹鋼和服》這類種族主義者的作品。同樣，十年後露西．克羅克特為了出版她的回憶錄也不得不措辭低調，使用「日本人」而非「黃種人」或「日本佬」。但是，精讀克羅克特，甚至蔡茲的文章，都會發現兩人並非對日本抱著全盤否定的看法。蔡茲自詡見多識廣，他那種自以為是的態度決定了他描寫日本的方式和內容。或許是擔心有人批判她對日態度柔和「軟弱」，克羅克特似乎一直試圖對被佔領的日本進行清醒中立的描述。然而她講述的許多故事都顯露出對日本人的同情，故事中的佔領者卻常常被描繪成鐵石心腸的俗人。她名為《銀座的爆米花》（Popcorn on the Ginza）的書中描述的就是這類「傲慢專橫」的美國女人，她們和美國大兵們從銀座美國陸軍合作社走出來，吃著新鮮出爐的爆米花或甜甜圈，對饑腸轆轆的日本人饑渴的目光顯得「異常冷漠」。[110] 與其他回憶錄作者不同，克羅克特在書中記述了日本人對她直言不諱的評價——一個日本男性尖銳地批評她給京都知識女性所做的演講枯燥乏味。其他作家，例如馬傑瑞·布朗和昂納·特雷西，在書中都做了些自省，但只有克羅克特大膽地讓「其他人種」批評她本人。

重建日本形象的背後沒有設計安排。記者和回憶錄作者沒有就如何描繪日本徵詢建議；他們憑著對日本「特徵」的半清醒的認識來揭示日本人的想法，實際這種認識更多地揭示了美國人的想法和世界觀。奧賴利不是一開始就是孤兒院的捐助者，也不是一開始就愛上了日本女性。但是歷史條件和對日本先前就有的觀念造就了他的行為，雖然他的轉變不可預知，但至少不會讓人大吃一驚。戰後經歷這種轉變的美國人很多，奧賴利是其中之一——只是他的故事被做了很好的宣傳。前翻譯官員赫伯特·帕辛回憶說一位海軍中校也像奧賴利一樣「做了一百八十度的大轉變」。佔領初期，這位軍官拒絕使用日裔美國人監管語言交流工作，因為他「不相信日本人」，但他最後卻和一個日本人結了婚並且在復員後定居日本。[111] 真實的個人故事和公眾媒體譜寫的故事彼此吻合，它們共同造就了對昔日敵國認識的轉變。

1 露西．赫登．克羅克特（Lucy Herdon Crockett），《銀座的爆米花：漫畫戰後日本》（Popcorn on the Ginza: An Informal Portrait of Postwar Japan），紐約：威廉．斯隆協會，1949年：第29頁。

2 奧維爾．普萊斯考特（Orville Prescott），《紐約時報》，1945年8月18日刊：第21頁；亨利．盧斯，《佔領東京之後又該怎樣？》，選自《生活》，1945年5月21日刊：第32頁。

3 《沒空談友誼》（No Time to Talk Friendship），選自《檀香山廣告報》1945年9月5日刊，社論版。

4 引自《狂熱？》（Fanatic?），選自《時代週刊》，1945年9月24日刊：第21頁；格裡．本特奈特（Gerry Burtnett），《敵人實際懷恨在心》（Enemy Is Actually Bitter and Hostile Inside），選自《檀香山廣告報》，1945年9月5日刊：第1頁。亦可參見：《頑固不化的日本》（Unregenerate Japan），選自《國家雜誌》1945年9月22日刊：第273頁；《麥克阿瑟重創卑躬屈膝卻不知悔改的敵人》（MacArthur Cracks Down Hard on Fawnin, Unrepentant Enemy），選自《新聞週刊》1945年9月24日刊：第52頁；《德弗羅提醒美國小心日本這個「卑躬屈膝的」敵人，他失利時一套，「得勢時」則另有一套》（Devereux Warns U.S. About Japa: Foe "Bowing and Scraping", He Says at Toky, but Is Different When "on Top"），選自《紐約時報》，1945年9月17日刊：第4頁。

5 克羅克特，16-17頁。

6 法蘭克．克拉克洪（Frank L. Kluckhorn），《被佔領日本的第一印象》（First Impression of Conquered Japan），選自《紐約時報》，1945年9月9日刊：第89頁；雷．小科爾（Ray Col, Jr.），《橫須賀軍事基地戰敗投降》（Surrender of Yokosuka Naval Base），選自《檀香山廣告報》，1945年9月15日刊。

7 克羅克特，171-172頁。

8 羅伯特．沙普蘭（Robert Shaplen），《美國佬熱購和服，熱衷藝伎風俗》（Yanks Start Kimono Hun, Learn What Geisha Doesn't），選自《新聞週刊》，1945年9月24日刊：44-45頁。

9 約翰．道爾，《擁抱戰敗：二戰後的日本》，紐約：W. W. NORTO, 1999：第72頁，第110頁；伯頓．沃森（Burton Watson），《回憶戰後的日本》（Recollections of Postwar Japan），選自《國際學社日本公報》21期，2001年秋：

51-52頁。

10 沙普蘭：也可參見：《美國大兵東京購物》(GI'S Begin Survey of Tokyo's Stores)，《紐約時報》，1945年9月11日刊：第3頁；羅伯特・特朗布林(Robert Trumbull)，《美國海軍擠滿橫須賀街頭》(U.S. Sailors Throng Yokosuka Streets)，《紐約時報》，1945年9月28日刊：第4頁；《美國海軍在日本的瘋狂購物》(A Sailor Goes on a Shopping Spree in Japan)，《紐約時報》，1945年12月3日刊：第3頁。

11 伯納德・珀琳(Bernard Perlin)，《東京街頭景象》(Tokyo Street Scenes)，《生活》，1945年11月11日刊：第73頁；卡爾，謝利邁・登斯《「日本的海濱勝地」之旅》(A Trip to the "Jap Riviera")，《生活》，1945年11月12日刊：第22頁；克羅克特：第112頁；馬傑瑞・芬恩・布朗(Margery Finn Brown)，《透過竹籬笆：美國人眼中的日本》(Over a Bamboo Fenc: An American Looks at Japan)，紐約：William Morro, 1951年：46-47頁。也可參見沃森：52-53頁。

12 克羅克特：第35頁。

13 同上，第99頁；約翰・阿什米德上尉(Lt. John Ashmead)，《日本佬眼中的美國佬》The Japs Look at the Yanks)，《大西洋》，1945年4月刊，第88頁。

14 《我們在日本的使命》(Our Job in Japan)，1946年，卷宗第111號，NARA-College Park；約翰・拉瑟爾達(John LaCerda)，《征服者來飲茶：麥克阿瑟佔領下的日本》(The Conqueror Comes to Te: Japan under MacArthur)，New Brunswick, N.J.: Rutgers University Pres, 1946年：47-48頁。

15 美國軍部，《日本指南手冊》，華盛頓：美國政府印刷部，1950:58-59。1952年的版本在加強既有觀點的同時，將副標題由原來的「像個美國人」改為「做個友好的美國人」。原版的封面印的是竹子，沒有較多的情感色彩。

16 這本介紹指導性手冊的較早版本是以愛德溫・歐・賴肖爾(Edwin Reischauer)的《日本的過去和現在》(Japa, Past and Present)以及 露絲・潘乃德的《菊與刀》(Chrysanthemum and the Sword)的內容作為有關日本的「真實背景知識」，但後來對此做了修改，不再以學術著作為主，而是推介日本旅遊局介紹現代日本的一些便宜書籍。《國民資訊教育：新近人員指導手冊》(CI and : An Orientation Pamphlet for New Personnel)，盟軍總部資訊教育部，1948年1月15日修訂本：第14頁，1949年2月修訂本：第15頁(1947年2月22初版)，5342文件箱，第2卷宗：Maryland, NARA-College Par：第331號卷宗。

17 拉瑟爾達，47-48。

18 引自美國軍部編訂的《日本指南手冊》修訂版，華盛頓：美國政府印刷部，1952年：第1頁，第18頁，第34頁。

19 可將此態度對比日本視佔領為閹割日本的男性氣質甚至是強姦的觀點。參見麥可・莫萊斯基(Michael S. Molasky)，《美國的日本佔領和沖繩：文學與記憶》，紐約：Routledg, 1999。

20 維多利亞晚期，日本婦女柔弱順從的形象被用來削弱精力旺盛又有自由觀念的現代女性形象，矛盾的是，這樣的日本婦女形象有時被這些現代女性應用在舞臺上、小說裡或是藝術作品中，從而推進自己的事業發展。Eunyoung Ch，《推銷日本：美國文藝作品中的種族、性別和文化政治，1876-1915》The Selling of Japa: Rac, Gende, and Cultural Politics in the American Art Worl, 1876-1915)，Ph.D. diss., University of Delaware,：第四章、第五章，1998年：Mari Yoshihar，《擁抱東方：白人女性和美國的東方主義》(Embracing the Eas: White Women and American Orientalism)，紐約：Oxford University Pres, 2003。

21 凱文・紐特(Kevin Nute)，《法蘭克・勞埃德・賴特和日本：法蘭克・勞埃德・賴特的建築作品中日本傳統藝術和建築的作用》(Frank Lloyd Wright and Japa: The Role of Traditional Japanese Art and Architecture in the Work of Frank Lloyd Wright)，紐約：Van Nostrand Reinhol, 1993:1013頁：愛德華・薩伊德，《東方學》，紐約：Pantheo, 1978：T. J. 傑克遜・里爾斯(T. J. Jackson Lears)，《不留情面：反現代主義和美國文化的轉型，1880-1920》(No Place of Grac: Antimodernism and the Transformation of American Cultur, 1880-1920)，Chicag: University Of Chicago Pres: 1981：威廉・艾利羅伊・柯帝士(William Eleroy Curtis)，《東方的美國佬：現代日本簡述》(The Yankees of the Eas: Sketches of Modern Japan)，第一卷，紐約：Stone & Kimbal, 1896：梅・聖約翰・布拉姆霍爾(Mae St. John Bramhall)，《日本的少數

派》(The Wee Ones of Japan)，紐約：Harpe, 1894。

22 其他流行的舞臺劇包括：悉尼·鐘斯(Sidney Jones)的《藝伎》(The Geisha)(1896)、皮特羅·馬斯克格尼(Pietro Mascagni)的《艾裡斯》(Iris)(1898)、約翰·路德·朗(John Luther Long)和大衛·貝拉斯科(David Belasco)的《眾神的寵兒》(Darling of the Gods)(1903)、Lionel Monckto, Mousmé(1911)。雜誌中有關日本的設計和審美可參見簡·康弗斯·布朗(Jane Converse Brown)，《日本格調在美國家庭中的體現以及出版發行的宣傳資料中美國家庭對外所表現的日本風格，1876-1916》(The Japanese Tast: Its Role in the Mission of the American Home and in the Family's Presentation of Itself to the Public as Expressed in Published Source, 1876-1916)Ph.D. diss., University of Wisconsin at Madiso, 1987。

23 紐特，第19頁；凱薩琳·斯凱勒·巴克斯特(Katharine Schuyler Baxter)，《在美麗的日本國》(In Beautiful Japan)，紐約：Hobar, 1904：第376頁。

24 柯帝士，第1頁；歐尼斯特·薩托引自利特爾伍德：第63頁；Yoshihara; Cho。

25 具有諷刺意義的是，日本人自身也在挖掘傳統日本的魅力，為那些對日本的國土和社會抱有刻板、浪漫觀念的外國消費群提供古玩珍品，以此來幫助日本的現代化積聚資本。威廉·霍斯利(William Hosley)，《日本觀念：維多利亞時期美國的藝術和生活》(The Japan Ide: Art and Life in Victorian America)，Hartford, Conn.: Wadsworth Atheneu, 1990:42-45頁，116-117頁；Yoshihar，第一章；Ch，第三章；克萊·蘭開斯特(Clay Lancaster)，《日本對美國的影響》(The Japanese Influence in America)，紐約：Walton H. Rawl, 1963；茱莉亞·米琪、加布裡埃爾·韋斯伯格(Julia Meech and Gabriel P. Weisberg)，《日本風格走進美國：日本對美國形象藝術的影響，18761925》(Japonisme Comes to Americ: The Japanese Impact on the Graphic Art, 18761925)，紐約：Harry N. Abram, 1990。

26 伊莎貝拉·伯德(Isabella L. Bird)，《日本的未開闢地區》(Unbeaten Tracks in Japan)，紐約：G. P. Putnam's Son, 1881：第29頁。

27 Yoshihar, 33-35頁。

28 參見裘蒂·肖夫(Judy Shoaf)有關日本人偶的網站廣告所展示的形象：日本人偶何以流行歐美：日本人偶進入西

方世界的背景知識，參見網頁http://users.clas.ufl.edu/jshoaf/Jdolls/jdollwestern/（2004年11月17日登錄）。

29 同上。

30 皮耶．羅逖（Pierre Loti）[路易瑪麗於朱利安．維奧]（Louis-Marie-Julien Viaud），《菊子夫人》（Madame Chrysanthème）羅伯特．阿諾特（Robert Arnot）譯，1887年出版；紐約：Current Literatur, 1910年版：第35頁、40頁、46頁、186頁、193頁。

31 引自利特爾伍德：92-93頁。有關日本是「精緻的」、「玩具似的」、「身形小巧的」、或是「人偶之家」的類似說法，可參見：霍蘭（Holland），《我的日本妻子》（1902）以及肖夫網站上的資料。

32 西方人貶低日本人是幼稚又陰柔的做法恰恰證明他們對日本這個潛在的競爭對手的恐懼，以及他們對自己的文化和社會中存在的陰柔和幼稚的厭惡。參見：Hugh Cotazz, George Webb編著：《文集．吉卜林筆下的日本》（Kipling's Japa: Collected Writings），倫敦：The Althlone Pres, 1988：第73-74頁、第92頁。

33 《東京街景》（Tokyo Street Scenes），選自《星期六晚報》，1946年12月28日刊：第28頁。也可參見：羅素．布萊恩斯（Russell Brines），《麥克阿瑟佔領的日本》（MacArthur's Japan），費城：J. B. LIPPINCOT, 1948年：第28頁；克拉克．李（Clark Lee），《最後一睹》（One Last Look Around），紐約：Duell, Sloan and Pearc, 1947年：第9頁。

34 沙普蘭；《東京街景》；昂納．特雷西（Honor Tracy），《日本畫卷：戰後日本素寫》（Kakemon: A Sketch Book of Post-War Japan），倫敦：Methue, 1950年：第9卷。也可參見：愛德華．塞登斯蒂克（Edward Seidensticker），《回憶》（Remembrance），選自《國際學社日本公報》21期：2（2001年秋）：第35頁；科爾（Coll）；布萊恩斯（Brines）：第28頁；李（Lee）：第9頁。

35 F. D. 默里斯（F. D. Morris），《七千萬問題兒童》（Seventy Million Problem Children），選自《柯里爾週刊》（Collier's），1945年12月1日刊：22-23頁、53-54頁；《日本帝國的興衰》（Rise and Fall of Japan's Empire），選自《高級學術》（Senior Scholastic），1945年9月17日刊：第3頁；法蘭克．凱利，科尼利厄斯．萊恩（Frank Kelley and Cornelius Ryan），《星光閃閃的日本天皇》（Star-Spangled Mikado），紐約：Robert M. McBrid, 1947：第233頁。在日本期間，瑞恩曾為倫敦

的《每日電訊》報撰稿。

36 諾埃爾・布希(Noel F. Busch)，《落日：日本報告》(Fallen Su: A Report on Japan)，紐約：D. Appleton-Centur, 1948年：21-22頁，25-26頁；伯納丁・李(Bernadine V. Lee)，《東京的軍人之妻》(Army Wife in Tokyo)，選自《軍隊資訊文摘》，1945年12月：14-22頁。

37 《沖繩》(Okinawa)，選自《生活》88：《我們的戰士成為東京的遊客》(Our Fighting Men Turn Tourist in Tokyo)選自《紐約時報》，1945年9月9日刊：第5頁；《東京的美國佬觀光客》(Yank Sightseers in Tokyo)，選自《高級學術》，1945年11月29日刊封面。

38 參見道爾的《無情的戰爭》。

39 謝莉・邁登斯給本書作者的信件：1996年1月29日、同年7月8日、同年8月2日。

40 同上：1996年1月29日。

41 科爾：也可參見：克拉克洪，《駐日美國大兵遵守親敵禁令》(GI's in Japan Obey Fraternizing Ban)，選自《紐約時報》，1945年9月21日刊：第3頁。

42 桃莉絲・施瓦茨上尉(Lieutenant Doris Schwartz)，《駐日隨軍護士的來信》(Letters from an Army Nurse in Japan)，選自《紐約時報》，1946年4月14日刊：第57頁；馬克・蓋恩(Mark Gayn)，《我們在日本的賬務清單》(Our Balance Sheet in Japan)，選自《柯里爾》，1946年3月23日：第12頁；哈樂德・諾布林(Harold J. Noble)，《我們在教導這些孩童領導日本》(We're Teaching the Children to Lead Japan)，選自《星期六晚報》，1946年7月27日刊：第9頁。也可參見：愛德溫・齊默爾曼(Edwin M. Zimmerman)，《「你好」和「再見」》("Herro" and "Goomby")，選自《紐約時報》，1946年12月22日刊：第118頁；阿什米德：第91頁。

43 威廉・沃登(William L. Worden)，《美國大兵在教化日本佬》(The GIis Civilizing the Jap)，選自《星期六晚報》，1945年12月15日刊：103-104頁；施瓦茨，第57頁；未剪輯影片 "Children of Koga See First GI, KOG, NW of Tokyo Japan"，1945年9月16日，卷宗第111號，貧困兒童救助計畫5329號，NARA-College Park。

44 Hisashi Kubota於1945年11月24日寫給唐納德・基恩(Donald Keene)的信件,選自奧提斯・卡里(Otis Cary)編著的《戰亂破壞的亞洲:書信集,1945-1946》(War-Wasted Asi: Letter, 1945-1946),東京:講談社,1975年:第194頁。

45 克羅克特,176-177頁。

46 琳賽・帕羅特(Lindesay Parrott),《美國大兵是好漢》(GI's Are Great Guys),選自《紐約時報》,1946年5月17日刊:第15頁。

47 2004年6月22日對休・奧賴利(Hugh O'Reilly)的採訪。

48 2004年6月22日對休・奧賴利的採訪;《一位美國大兵「爸爸」和他的幸福「家庭」》(A GI "Father" Greeted by His Happy "Family"),選自《紐約時報》,1951年2月27日刊:第3頁;格特魯德・山謬斯(Gertrude Samuels),《奧賴利的使命》,選自《紐約時報》1951年6月3日刊:第187頁;L. O. 馬羅尼(L. O. Maroney),《獵狼犬隊員和孩子們》(The Wolfhounds and the Children),選自《基督教世界》,1951年9月刊:435-440頁;E. J. 小卡恩(E. J. Kah, Jr.),《鐵骨柔腸的獵狼犬》(The Gentle Wolfhound),選自《紐約客》,1953年5月9日刊:75-90頁;《善良的軍士長回家了》(The Good Sergeant's Return),選自《生活》1955年11月31日刊:第101頁。

49 該影片是《太陽中的三條紋》(Three Stripes in the Sun)(1955);更多資訊參見第七章。詹姆斯・米切納(James A. Michener),《日本》(Japan),選自《假日》,1952年8月刊:77-78頁;卡恩。

50 參見Nosaka Akiyuk,「美國人駐日時期」,傑伊・魯賓(Jay Rubin)譯,選自霍華德・希伯特(Howard Hibbett)編著,《當代日本文學:1945年來小說、電影、及其他文學作品選集》(Contemporary Japanese Literatur: An Anthology of Fictio, Fil, and Other Writings Since 1945),紐約:Alfred A. Knop, 1977年。

51 參見帕羅特,《我們為日本人帶來一場革命》(We Bring a Revolution to the Japanese)一文中的圖片,蓋恩;《25美分的聖誕禮物是如何帶來永久和平》(How a 25¢ Christmas Gift Can Help Build a Permanent Peace),選自《紐約時報》誇張的展示廣告,1946年12月1日第9版;《我們的駐日記錄》(Our Record in Japan),選自《高級學術》,1949年4月13日刊:第5頁。

52 威廉姆·沃登（William L. Worden），《日本佬欣然接受了失敗》（These Japs Took to Conquest），選自《星期六晚報》，1945年5月9日刊：第24頁。這篇文章也說明了美國為何要對日本軍人對待兒童的照片進行審查。參見小喬治·羅德（George H. Roede, Jr），《受到審查的戰爭：二戰期間美國人目睹的一切》（The Censored Wa: American Visual Experience during World War II），New Have: Yale University Pres, 1993。

53 阿什米德，91。另外一個駐日美軍軍人請求阿什米德翻譯成日文的最多的問題是：「你這裡有和服嗎？」

54 引自馬羅尼：第435頁。

55 一位語言文字官員承認說美國大兵的大度是因為他們所處的優越地位。在二等車廂，他們還能面帶笑容，慷慨大方，而在擁擠的三等車廂，他們會立刻變得面色陰沉，不願給日本小孩分發糖果，也不願和日本人交流接觸。1945年11月12日特德·德巴厘（Ted DeBary）寫給唐納德·基恩的信件，選自卡里：144-145頁。

56 最近的例證，可參見喬治·布希白宮網站有關美國大兵給伊拉克人民分發食物和補給用品，或是和滿臉笑容的伊拉克兒童、成人一同拍照的配圖文章。該文章的20張圖片中有3張展示的是美國軍人給兒童分發糖果的場景：https://www.whitehouse.gov/infocus/iraq/photoessay/essay1/19.html（登錄時間：2004年12月28日）。

57 阿什米德：第90頁。

58 哈樂德·韋克菲爾德（Harold Wakefield），《日本的新選擇》（New Paths for Japan），紐約：Oxford University Pres, 1948年：第76頁。

59 克羅克特，131頁。

60 同上，148-149頁；M. 布朗（M. Brown），140頁；凱利和萊恩（Kelley and Ryan），160-161頁。

61 比爾·休姆、約翰·安納里諾（Bill Hume, John Annarino），《寶貝桑：美國士兵眼中的駐日時期》（Babysa: A Private Look at the Japanese Occupation），Columbia, Mo.: American Pres, 1953年；休姆、安納里諾，《寶貝桑的世界：休姆對日本的幽默調侃》（Babysan's Worl: The Hume'n Slant on Japan），Rutland, Vt.: Tuttle Book, 1956年；雷·福爾克（Ray Falk），《在朝鮮戰場的美國大兵的消遣讀物是什麼》（What the GIs in Korea are Reading），選自《紐約時報》的書評：1954年6

月27日刊：第19頁。

62 凱利和瑞恩，第146頁。

63 同上，第36頁。休姆以這種方式刻畫所有年輕女性。參見休姆和安納里諾著，《從日本歸來的那一天》(When We Get Back Home from Japan)，東京：Kyoy, 1953年，《沉重的船錨》(Anchors Are Heavy)，Rutland, Vt.: Tuttle Books。

64 休姆和安納里諾，Babysa，第16、20、32-33頁。引文摘自第20頁。

65 《東京的生活》，108-109頁。

66 艾奇・泰克梅(Eiji Takemae)，《盟軍統帥部內幕：盟軍的對日佔領及其遺跡》(Inside GH: The Allied Occupation of Japan and Its Legacy)，羅伯特・里克茨、賽巴斯汀・斯旺(Robert Ricketts and Sebastian Swan)編譯，紐約：Continuu, 2002年：第580頁注解28：69-70頁。

67 休姆和安納里諾，Babysa，第5、7、50-53、123頁。

68 凱利和瑞恩，145-146頁；克羅克特，107-108頁；哈里・艾默生・懷爾茲(Harry Emerson Wildes)，《東京的颱風：佔領及其後果》(Typhoon in Toky: The Occupation and Its Aftermath)，紐約：MacMilla, 1954年：第327頁。

69 馬丁・布朗芬布倫納(Martin Bronfenbrenner)，《芙紗子和軍隊：佔領期的一個故事》(Fusako and Arm: An Episode of Occupation)，東京：北星堂出版社，1952年：第40、42頁；原文中為斜體。經濟學家布朗芬布倫納於1946年完成該故事的創作，之後在1952年盟軍總部取消審查制度後出版。故事《芙紗子》在《富岡故事集：駐日時期》(Tomioka Storie: From the Japanese Occupation)，紐約Hicksville: Exposition Press。

70 引自泰克梅，第68頁。也可參見Yuki Tanak，《日本慰安婦：二戰及美軍駐日時期的性奴隸和妓女》(Japan's Comfort Wome: Sexual Slavery and Prostitution during World War II and the US Occupation)，倫敦：Routledg, 2002年。

71 克羅克特，145-146頁。

72 艾略特・蔡茲(Elliot Chaze)，《不銹鋼和服》(The Stainless Kimono)，紐約：Simon & Schuste, 1947年，第7卷：第204頁。對美國大兵低俗行為的其他生動記錄，也可參見布朗芬布倫納的《富岡故事集》：47-61頁，《肥蕩婦》(Porky the Nympho)。

73 與日本女性有愛戀關係的駐日士兵都沒留下多少書面記錄。文中對士兵們態度的描寫來自兩位退伍軍人對駐日時期美國大兵的故事性記錄：蔡茲，168-174頁；布朗芬布倫納，《芙紗子》第41頁。一位語言文字官員在自己的回憶錄中稱布朗芬布倫納的「駐日時期故事集精彩有趣」。赫伯特．帕辛(Herbert Passin)，《邂逅日本》(Encounter With Japan)，東京/紐約：講談社，1982年：第127頁。

74 Yukiko Koshir，《來自太平洋彼岸的種族主義：美國佔領日本》(Transpacific Racism: The U.S. Occupation of Japan)，紐約：Columbia University Pres, 1999年：59-62頁。

75 佩特羅．戈德(Petra Goedde)，《美國大兵和德國人：文化、性別和外交關係，1945-1949》(GIs and German: Cultur, Gende, and Foreign Relation, 1945-1949)，New Have: Yale University Pres, 2002；馬里亞．霍恩(Maria Höhn)，《美國大兵和小姐們：20世紀50年代德國人和美國人在德國的相遇》(GIs and Fraulein: The GIs and Fräulein: The German-American Encounter in 1950s Germany)，Chapel Hil: The University of North Carolina Pres, 2002。

76 Koshir, 156-158。

77 布朗芬布倫納，49-53頁；埃爾弗裡達．伯西歐姆．斯卡科特(Elfrieda Berthiaume Skukert)、芭芭拉．史密斯．西貝塔(Babara Smith Scibetta)，《二戰戰爭新娘》(War Brides of World War II)，Novato, Calif.: Presidio Pres，1988年：206-207頁。

78 另一方面，日本人對日本士兵在東南亞的大約7萬到10萬的私生子也未採取任何救助措施。Koshir，第五章。

79 拉瑟爾達，第52頁。

80 例證可參見：卡倫．安德森(Karen Anderson)，《戰時女性：二戰期間女性的性角色、家庭關係以及地位》(Wartime Wome: Sex Role, Family Relation, and the Status of Women During World War II)，Westport, Conn.: Greenwood Pres, 1981年；舍納．伯傑．格魯克(Sherna Berger Gluck)，《女性、戰爭和社會變革》(Rosie the Riveter Revisite: Wome, the Wa, and Social Change)，波士頓：Twayn, 1987年；蘇珊．哈特曼(Susan Hartmann)，《戰爭的大後方：20世紀40年代的美國女

性》(The Home Front and Beyon: American Women in the 1940s)，波士頓：Twayn, 1984年；伊萊恩·泰勒·梅(Elaine Tyler May)，《歸家返航：冷戰時期的美國家庭》(Homeward Boun: American Families in the Cold War Era)，紐約：BasicBook, 1988年。

81 愛琳·科爾巴厘·庫恩(Irene Corbally Kuhn)，《女人不適於參政》(Women Don't Belong in Politics)，選自《美國信使》1953年8月刊：第3-6頁。

82 瓊安·邁耶羅維茨(Joanne Meyerowitz)，《不是瓊·克利弗：戰後美國的女性和性別區分，1945-1960》(Not June Cleave: Women and Gender in Postwar Americ, 1945-1960)，Philadelphia: Temple Universit, 1994年；斯蒂芬妮·孔茨(Stephanie Coontz)，《未曾有過的狀態：美國家庭和思鄉情節》(The Way We Never Wer: American Families and The Nostalgia Trap)，紐約：BasicBook, 1992年。

83 馬利·喬·布林(Mari Jo Buhle)，《女性主義與其缺憾：與心理分析的百年對峙》(Feminism and Its Discontent: A Century of Struggle with Psychoanalysis)，Cambridge, Mass.: Harvard University Pres, 1998年：第4、5章。

84 歐尼斯特·霍布萊特(Earnest Hoberecht)，《我在亞洲的採訪報導》(Asia Is My Beat)，Rutland, Vt.:Charles E. Tuttle Book, 1961年：第167頁。更多有關高級軍官夫人們的不雅描寫可參見時任帝國大酒店軍用住宿部經理的J. 麥爾坎·默里斯(J. Malcolm Morris)的回憶錄。J. 麥爾坎·默里斯(J. Malcolm Morris)，《聰明的日本人》(The Wise Bamboo)，Philadelphia: J. B. Lippincot, 1953年：56-61頁、96-105頁、112頁。

85 卡爾·邁登斯，《白種人的負擔》(The White Man's Burden)，選自《生活》，1948年5月10日刊：413頁。

86 M. 布朗，第230頁。

87 克羅克特，第148頁、93頁、71-72頁、41-42頁；原文為斜體。

88 凱利和瑞恩，第145頁、161-162頁。

89 拉瑟爾達，第41-43頁、第89頁。

90 克羅克特，第168-169頁。

91 馬傑瑞．布朗是個例外，她發現她的那些日本女友羨慕她的富有和便利的物質條件，卻也沒有將她們自己視為奴僕，相反，她們以自己是日本人為榮，不願「為了財富」和她交換位置。她還指出日本婦女的選舉權運動可追溯到19世紀，她還指出日本婦女對一位日本男性發言人的自負傲慢很反感。馬傑瑞．布朗，第148頁、152頁、172頁、179頁。

92 例證可參見帕羅特，《擺脫封建主義：日本女性》(Out of Feudalis: Japan's Women)，選自《紐約時報》，1945年11月28日刊：第10頁、44-46頁。

93 凱利和瑞恩，第160-161頁、164-165頁；拉瑟爾達，第54頁。

94 雷納．路易斯(Reina Lewis)，《東方學的形成：種族、女性特質和外在表現》(Gendering Orientalis: Race, Femininity, and Representation)，倫敦：Routledg, 1996年：第22頁；辛西婭．安羅(Cynthia Enloe)，《香蕉、海灘和基地：對國際政治的女性主義理解》(Bananas, Beaches, and Base: Making Feminist Sense of International Politics)，1989年第1版；Berkele: University of California Pres, 2000年：第三章。

95 克羅克特，第148-151頁。

96 凱薩琳．尤諾(Kathleen S. Uno)，《「賢妻良母」不復在？》(Death of "Good Wife, Wise Mother?")，選自安德魯．戈登(Andrew Gordon)主編，《以歷史的眼光看待戰後日本》(Postwar Japan as History)，Berkele: University of California Pres, 1993年：第296-297頁。

97 雷．福爾克(Ray Falk)，《美國大兵的新娘在日本入學受訓》(I Brides Go to School in Japan)，選自《紐約時報》，1954年11月7日刊：第54-56頁；Yo Tajil，《實用民主：美國大兵的日本新娘為美國生活做準備》(Practical Democrac: Japanese Wives of U.S. GIs Prepare for Life in America)，選自《太平洋公民報》，1948年9月25日刊：第5頁；珍妮特．溫特沃斯．史密斯(Janet Wentworth Smith)和威廉．沃登(William L. Worden)，《抱得美人歸》(They're Bring Home Japanese Wives)，選自《星期六晚報》，1952年1月19日刊第26-27頁，79-81頁；在NARA-College Park還存有一系列未經剪輯的電影：《東京日本戰爭新娘學校》(Japanese War Brides School, Tokyo, Japan)1952年6月6日，卷宗第111號，

LC30177：《東京日本美國紅十字會的日本新娘學校》(American Red Cross Brides' School, Tokyo, Japan)，1955年11月10日，卷宗111號，LC3927839283：《日本新娘學校》(Japanese Bride School)，1956年3月，卷宗428號，NP，第74項；《橫須賀日本新娘學校》(Japanese Bride School, Yokosuka, Japan)，1956年3月，卷宗428號，NPC46；《橫須賀日本新娘學校》(Japanese Bride School, Yokosuka, Japan)，1956年3月，卷宗428號，NPC95；《橫須賀日本新娘學校》(Japanese Bride School, Yokosuka, Japan)，1956年3月，卷宗428號，NPC117。

98 引自福克爾，《美國大兵的新娘》，1956年3月，卷宗428號，第55頁。

99 歐尼斯特·霍布萊特，《東京愛情》(Tokyo Romance)，紐約：Didie, 1947年：第144頁。霍布萊特的小說在全國進行了報導。參見報導《有關日本的暢銷書》(Nipponese Best-Seller)，選自《時代》，1948年11月28日刊：第56頁；W. 詹姆士，《千金一吻》($80,000 Kiss)選自《柯里爾》，1947年3月8日刊：第58頁；《日本暢銷書》(Japanese Best-Seller)，選自《生活》，1947年4月7日刊：第107-111頁。

100 溫特沃斯和沃登，第26-27頁、第79-81頁。出自第81頁。讀者來信可參見上一則註釋。

101 針對第二篇文章，《星期六晚報》未刊登任何正面和負面的讀者來信。參見沃登，《美人今何在》(Where are Those Japanese Brides?)，選自《星期六晚報》，1954年11月20日刊、；第38-39頁、133-134頁。對比參看沃登，《日本佬的最後一搏》(The Japs' Last Bite)，選自《星期六晚報》，1945年11月27日刊：第23頁。

102 詹姆士·米切納，《再見》(Sayonara Means Good-Bye)，連載於《麥考爾》，1953年10月、11月、12月刊；米切納，《美國大兵和日本戀人對幸福的追求》(Pursuit of Happiness by a GI and a Japanese)，選自《生活》，1955年2月21日刊：第124-141頁，特別參見第126頁；《致編輯的讀者來信：追求幸福》(Letters to the Editor: Pursuit of Happiness)，選自《生活》，1955年3月14日刊：第15頁；《米切納將迎娶日裔美籍新娘》(Michener Will Marry a Japanese -American)，選自《紐約時報》，1955年11月20日刊：第9頁；《詹姆士·米切納喜結良緣》(James Michener Marries)，選自《紐約時報》，1955年11月24日刊：第48頁。

103 休·奧賴利，《東西聯姻誠可為》(Our East-West Marriage Is Working)，選自《美國信使》，1955年12月刊：第17-19

104 頁。

2004年6月22日，休和裕子．奧賴利接受的採訪，兩人言語間仍彼此充滿愛意地開玩笑。90歲高齡的奧賴利坐在輪椅上不滿地說：「她把我指使得團團轉。」

105 卡洛琳．丘恩．辛普森（Caroline Chung Simpson），《缺席的到場：生活在戰後美國文化中的日裔美國人，1945-1960》（An Absent Presenc: Japanese Americans in Postwar American Cultur, 1945-1960），Durham: Duke University Pres, 2001年：第151-152頁。

106 1947年，杜魯門總統簽署了第126號國際公法法案，該法案為駐日美國人提供了一個最佳時期——30天期限——迎娶他們的日本戀人，並且新娘可以在不受限額限制的情況下進入美國。據美聯社報導稱，限期將近時有823對美日戀人在此階段完婚，其中597位男士是第二代日裔美國人，211位男士是歐美人，還有15位是非洲裔美國人。參見Koshir：第157頁。

107 克羅克特，第21-22頁。

108 在1947年到1948年實施「逆轉路線」之後，對盟軍總部而言，旅遊業對重建日本經濟的作用顯得日益重要。最高統帥部幫助日本旅遊業的主要做法是向朝鮮戰場的美國士兵推介日本作為他們休假和旅遊的目的地，同時最高統帥部也試圖向美國民眾推介日本旅遊。日本旅遊部宣稱他們將努力復興日本旅遊業，最高統帥部也在1948年夏准許部分有限的非公務性質的旅遊團前來日本。《新聞週刊》在1950年5月刊上宣佈：「太平洋地區的旅遊天堂日本再次營業開放」，同時它還指出到1950年底，遊客有望為日本經濟注入「急需」的約1,500萬美元資金。雷．福爾克，《日本七日遊》（Seven Days in Japan），選自《紐約時報》，1948年8月22日刊：X15；福爾克，《五次日本之旅》（Five Tours of Japan），選自《紐約時報》，1949年5月1日刊：X15；《太平洋地區的旅遊天堂日本再次營業開放》（Japa: A Pacific Tourist Paradise Open for Business Again），選自《新聞週刊》，1950年5月15日刊：第88頁；《日本開始接待遊客》（Japa: Tourists Accommodated），選自《新聞週刊》，1949年3月28日刊；雷．福爾克，《日本人歸來》（Japanese Comeback），選自《紐約時報》，1947年3月30日刊。

109 威拉德・普賴斯(Willard Price),《百萬美國遊人將湧入日本》(A Million Americans Will Visit Japan),選自《旅遊》,1945年12月刊:第59頁、第33頁;福爾克,《日本人歸來》X11;克羅克特,第99頁、第109-110頁;凱利和瑞恩,第11頁。

110 克羅克特,第40頁、第44-46頁、第54-55頁。

111 帕辛,第126頁。

"Like a Boy of Twelve"

第二章

「像個十二歲的男孩」

一九五一年五月三日，道格拉斯．麥克阿瑟將軍就軍隊及外交關係在參議院委員會上出席作證。一個月前，麥克阿瑟被杜魯門總統免去了駐日盟軍總司令的職務。麥克阿瑟堅持主張將朝鮮戰爭擴大延伸至中國領土，並且使用核武器打擊中國，但杜魯門總統擔心這樣會招來蘇聯的核報復行動，未予批准。由於麥克阿瑟堅持己見，杜魯門以違抗命令罷免了其職務。為了調查麥克阿瑟免職的原因，參議員要求他評述東亞的狀況。麥克阿瑟對其在東亞的作為引以為榮，尤其是他直接領導的被占日本。就像他一貫所為，麥克阿瑟指出日本人民在實施民主上取得的偉大進步，聲稱民主制度在日本可能會一直保持下去。他還強調說歷史已經表明沒有任何國家和民族在獲得了自由後會再放棄自由。一位參議員打斷了麥克阿瑟說道：「但是德國就是一個例外，」德國在一戰後享有一個短期的民主政府，「但隨後就是狂熱的希特勒……」對此種比較，麥克阿瑟不以為然，他斷言「德國的狀況和日本的狀況完全不同。德國人民是一個成熟的民族」。[1]

麥克阿瑟隨後發表了一篇充滿種族優越感的聲明，廣大日本人民對此非常反感，聲明中詳細闡述了他的意見：

如果說盎格魯——撒克遜人在科學、藝術、神學、文化上的發展相當於成年人四十五歲所擁有的成就，那麼德國也算相當成熟了。日本這個歷時久遠的古老國家卻仍處於急需引導教育的狀態。以現代文明的標準衡量，與我們成熟的四十五歲相比，日本人就像個十二歲的男孩。

麥克阿瑟補充說：「處於孩童期的日本人仍接近最初的習得期，有可塑性，能夠接受新的思想觀念，」美國人仍能「將基本的思想觀念植入」他們的頭腦。德國人已經是一個年長或者說「成熟」的民族，「想改變他們的特性」為時已晚，因此要區別對待。麥克阿瑟斷定德國人「在人民輿論和世界價值體系的壓力下，有希望重返他們所認為的正確道路」。他相信德國「會沿著他們堅信的道路發展日爾曼民族，而且這條道路與我們的基本相同」。由於德國人在人種及文化上和歐美人趨同，他們可以自主命運，毋須美國的引導，而年幼的日本人需要更多的監護和控制。麥克阿瑟很可能是想通過對日本人不利的德日對比，凸顯他在日本的任務比在德國奉命的馬克．克拉克將軍(Mark Clark)要更具挑戰性——不要忘了，麥克阿瑟是在聽證會上以被告的身份講述的這番話。他貶低日本人不過是為了抬高自己。

麥克阿瑟的聲明對日本人不啻為「一記耳光」——就在將軍毫無保留地直言他對日本人的貶低和蔑視之前，這些日本人還計畫著為他們的將軍「麥克阿瑟先生」建座雕像，稱他為日本榮譽國民。日本人最終停止了這些計畫。麥克阿瑟將日本人比作十二歲男童的描述觸到了他們的痛處。就在不久前，日本人還在以同樣直白的方式稱其他亞洲人幼稚不成熟，以此來解釋東亞共榮圈的合理性。現在身為受辱者聽到這種侮辱性言論，日本人反應激烈。[2]

與之相反，麥克阿瑟將軍的言論在美國幾乎沒引起任何反應。這在意料之中，歐美人一向認為「小」日本和他們「玩具似的」國家是幼稚不成熟的。麥克阿瑟利用了戰前美國人對男性氣質、文明和種族所持有的普遍觀念——也利用了他們認為有色的「次等」人種是發育不全或不成熟的看法。[3]在將軍的言論發表之後，大多數美國人仍有意或無意地堅持相信種族有優劣等級之分，儘管當時科學種族主義已被廣為質疑。二戰後，自由主義者和國際主義者們在描述民族的成長發展和文化差異時，語言表述越來越中肯，但還是在維繫舊有的做法和信念。在這個新的體系中，日本這樣的有色人種從生物學角度不再被視為劣等民族，而被認為只是在以民主管理方式和資本主義政治經濟作為「成熟社會」基本指標的現代性的線性連續體上有所延誤滯後。

日本人或許也為麥克阿瑟至少將他們比作「十二歲男孩」而感到欣慰。女性將永遠保有女性特質，永遠缺乏沉著冷靜的領導技巧、精氣活力、遠見卓識以及統治一個現代化社會的才智，但是麥克阿瑟將軍的觀點是「男孩們」會成長為男人。他滿懷希望日本「男孩」有朝一日能成長為成熟的男性，承擔起先進成熟社會所賦予的責任和特權，而這一天很可能就是對日佔領結束的時候。與早期奴隸主和奴隸以及帝國主義與其殖民地之間的種族統治管理形成鮮明對比的是，麥克阿瑟在二十世紀中期鼓吹的種族家長式統治的思想不能合理化解釋美國對日本的永久佔領。對殖民地屬國的幼稚或歐洲帝國主義主子們的「成熟」所做的描述中是沒有性別區分的，但是一個已經到達或正朝國力頂點及國運昌盛發展的社會通常會被描述比擬為男性。[4]在描繪像日本這樣一個有色人種國家在朝著資本主義民主努力前進時，美國人傾向於將其比擬成男性。相反，當看到有礙「正確」發展的停滯、反抗、障礙時，他們就會把有色人種國家比擬描述成可笑、無可救藥的孩童或是幼稚愚蠢的女性。

美國將日本定性為不成熟的民族，有助於將戰後潛在的混亂關係梳理成容易理解的關係，這樣日美之間的不平等關係就潛移默化地形成了，並且為今後適當的行為提供了範本。美國人告訴自己和駐日士兵們，對於這些敏感脆弱的日本「孩童」而言，他們就是老師，就是監護人。成熟度這一意識想法為冷戰自由主義者提供了更寬廣的概念體系和足夠運用的詞彙，這些足以幫他們應對面臨的挑戰。美國人以比喻的手法強調有色人種能夠發育進入成人期，這一作法是隨著二十世紀中期美國外交政策新的優先考慮應運而生的。這一時期美國的外交政策致力於在毋須建立正式的海外帝國的情況下遏制共產主義，同時擴展美國影響力和

圖三．正如這幅漫畫的原始標題所暗示的，包括麥克阿瑟將軍在內的許多美國人都相信，日本人—在這裡被畫成了一個上發條的玩具男孩—「還沒有能力獨立行走」，需要美國人從背後操縱，逐步通向民主。出自《傑克遜維爾時報》，一九四九年二月。

主導地位。美國試圖支持鼓勵有色人種國家「成長」為現代、成熟、民主的社會，而不希望他們通過暴力革命實現集體化經濟或是解決社會經濟的不平等。這一政策的理論裝備後來被稱為現代化理論，其基本思想在戰後得以提煉，並且受到成熟度這一帶有性別歧視觀念的嚴重影響。[5] 戰後自由主義者擔心美國在對待種族差異問題時是否足夠成熟，有足夠的遠見及胸懷來承擔起多民族世界領導者的角色。正如麥克阿瑟所言，自我評估是運用成熟度這一概念所固有的一環。

美國國內狀況以及知識界的走向趨勢使得成熟度的觀念在戰後尤為突出，這一觀念有助於說明美國人為何將對日佔領視為一次對「美國文明的測試」，為何會把自己同日本的關係描繪成保護人教導男童「如何走路、說話、思考、如何重新來過」。

「封建的」日本文化

麥克阿瑟的言論也為解釋戰後美國為何常稱日本為「封建」社會提供了線索。美國過於頻繁地使用「封建」一詞，英國記者昂納·特雷西嘲諷駐日美國人將日本人的一舉一動都打上「封建」標籤的做法。她記述道：「某種習俗或制度只要被冠以封建之名就會遭到美國人盛怒的全力抵制。」[6] 特雷西從一個英國觀察者的局外人視角來看，認為美國人對封建一詞的讀法和使用都略顯滑稽，但美國人卻一本正經地使用著它。美國人言稱日本「封建」，合理地解釋了為何美國這樣一個年輕的文化能夠成為日本文化的導師。再次引用麥克阿瑟的話：儘管日本「是個歷時久遠的古老國家，卻仍處於急需引導教育的狀態」。儘管美國建國不久，美國人卻堅信他們有著最先進的文化，甚至已經超越了英國。於是美國人堅信日本文化為落後文化，但它選擇的是美國曾走過的發展進化道路。這種觀點再次肯定了「文化」線性發展前進的信念，表明美國文化是最先進的，證明美國是領導日本的唯一適當的角色。

科學種族主義的一些倖存保留的觀點也可解釋戰後美國為何頻繁將日本描述成是「封建」且幼稚的。美國人並非在混用隱喻：因為兩種說法都暗示著落後，而且封建主義與幼稚比喻的組合已被這些仍以重演論解釋人類歷史的老一代美國人接受，似乎沒有遭到他們的抵觸。幾十年前被人質疑的重演論認為，人在發展過程中會重新經歷其祖先先前發展的各個階段，從最開始像子宮孕育階段的進化期，到像孩童階段的原始祖先體驗期，直至最終到達像他們父輩所處的啟智文明期。該理論稱，由於有色人種的祖先們沒有取得足夠的成就和才智傳於後世，他們的後代會在成長發展的某一點停滯不前。因此如果幼年期的白種人是「原始野蠻的黑人的「進化對等體」，成年黃種人的智力水準則只相當於白人兒童。麥克阿瑟接受的是十九世紀的教育，他很可能認為日本人確實「像十二歲男童」，只是以比喻的形式表達了這種想法。7

麥克阿瑟和其他那些認為日本「封建」的美國人很可能是受了佛洛伊德有關心理發展與文明觀點的影響。文化人類學家露絲．潘乃德在其著名的日本研究著作《菊與刀》（一九四六）中使用了佛洛伊德有關精神發展的觀點。這本書是她為二戰期間美國作戰新聞處所作的民族性研究的一部分。潘乃德在戰前從未進行過日本研究；她不懂日語，也從未去過日本，然而她的研究著作對盟軍總部、華盛頓的決策者們、戰後美國新一代的日本學學者有著巨大的影響，在日本和美國，人們對該書仍進行著研究爭論。[8]

潘乃德在《種族：科學與政治》(Race: Science and Politics, 1945)等著作中為反對種族主義進行雄辯的同時，「具有諷刺意味的是她的科學反種族主義活動和文化範例的說法卻使得日本被重新定性為女性化的種族他者」，一位美國研究學者如是說。[9] 行為主義就「文化特性」的研究為歐美以及歐洲學者提供了一個比先前使用的「種族特性」更為中性的術語，這一術語無意間強化了性別化的種族觀念。潘乃德並不接受認為日本人在生物學上是劣等民族的觀點，而且試圖促進對文化差異的接受包容，但她在著作中卻寫道，日本文化是有缺陷的，是需要改革方可成熟、雄起的。例如，她認為日本人的「民族性格」中諸如極度「性情多變」等因素導致了日本人無視其在亞洲發動侵略戰爭的經濟和政治原因。[10] 這種運用人類發展和文化缺陷的概念解釋政治衝突「起因」的做法在之後的數十年仍盛行不衰。[11]

美國學者所做的研究中，認為美日之間相似性勝過差異性的研究占絕對少數而且不為大眾接受。海倫．米爾斯的《美國的鏡子：日本》(Mirror for Americans: Japan, 1948)就是一例。如書名所示，米爾斯未將日本東方化；她堅持認為日本不是美國的反面，而實際上是美國的鏡子。米爾斯稱「日本在其簡短的現代發展階段，從平靜的孤立隔絕狀態突然崛起進行軍事擴張的事實正是西方世界四百年歷史發展的縮影」。因此美國人從日本的實例中可以受益良多——

尤其是作為軍事強國大肆擴張這一點。米爾斯還指出，如果想教導後代認識到「和平有利」這點，那麼「持有軍事基地和大量武器裝備，在國外駐軍，在中國（或其他地方）扶植軍閥等做法——簡言之，仍像老派傲慢的強權政客的做法將於事無補」[12] 在此引用參議員亞瑟．范登堡（Arthur Vandenburg）的話，米爾斯作為美國軍事及冷戰政策早期批評家，曾預先警告過他們這種會把盟友、敵人和美國人民「嚇死」的愚蠢行為。[13]

美國自由主義者通常以肯定的態度看待美國而傾向於將日本東方化。這些人不管自己的日語能力是像潘乃德一樣全然無知或知之甚少，還是像著名的日本學家愛德溫．歐．賴肖爾（Edwin O. Reischauer）一樣表達流利，都認為美日之間文化和社會制度的差異使得日本人與美國人迥然不同。像米爾斯這種左翼美國人對美國持批判的立場，他們傾向於發現美日在發展動機和發展歷史上更多的共同點。潘乃德相信美國的民主體制最終是可行的，美國社會是個名副其實的大熔爐。而米爾斯認為美國人能否在國內建立一個公正平等的社會都不容樂觀，更毋庸說在國外了。[14]

米爾斯還具有洞察日本歷史特點的能力。如同其他西方遊客一樣，米爾斯在戰前兩次訪日旅居期間發現日本既陌生又奇特。一九四六年她作為統帥部勞動分部的官方顧問委員會成員訪日，她深知那次訪日之旅的見聞建議較為重要。如果前兩次的旅行是無足輕重的「學生兼遊客」身份，那麼一九四六年米爾斯的日本之旅則帶有關乎百萬日本人的重要性。[15] 但令她憂心的是委員會其他十位成員雖然對日本以及其戰後的狀況幾乎一無所知，卻對此次訪日之行毫無擔心顧慮。米爾斯認為這些美國人盲目信仰普遍經濟原則，並且毫無根據地認為美國人有能力使其他民族接受「美國方式」。據她回憶，一個委員會成員「隨身帶了亞里斯多德和馬基維利的著作薄卷，在前往日本的飛機上，他時不時地會看看以熟記書中的原則」。[16] 米爾斯不相信西方的原理準則適用於美國或世界現在所面臨的難題。她更願意接受歷史學家布魯斯·卡明斯的觀點，「一個自認為其發展目標是正確且普遍適用的民族不會意識到其發展受到了自身歷史和特徵的局限束縛。」[17] 正如她書中所述，她開始質疑美國同胞們所實施的佔領行動的真實依據。

因此，最高統帥部將潘乃德和賴肖爾的著作作為新進人員的推薦讀物，而在日本對米爾斯的著作進行審查，也就不足為奇了。同樣令人不足為奇的是米爾斯的著作在美國從過去到現在一直處在「封殺管制」狀態——「米爾斯既不受讀者大眾歡迎，也沒有學術地位可言，極少會被在參考書目或註腳中引用，她幾乎完全被抹掉了」。米爾斯的出版商霍頓·米夫林（Houghton Mifflin）其後在二〇〇五年又出版了《菊與刀》的六十周年紀念版，而米爾斯的著作卻已絕版。[18]

許多研究佔領期日本的自由主義者無視日本當時的政治經濟因素而趨向將日本的歷史歸結為其獨特文化的產物，常常將日本描繪成柔弱、被動的角色。由於對日本鮮活的歷史沒有瞭解，露西．克羅克特曾寫道，「直到最近幾年，日本鮮有實質性的變化發展來體現時間的流逝。」[19] 這一闡釋引用率極高，對大部分美國人而言，日本在培里的大黑船「強行進入她」之前，一直處在無時間標誌的連續體內，在此日本就好像是個不情不願的處女。日本在閉關鎖國之前同荷蘭、葡萄牙以及其他歐洲國家都曾有過接觸，美國人無視這點，認為自己才是日本的第一任追求者。在一九四六年十二月發行的《生活》雜誌上，諾埃爾．布希（Noel Busch）指出，美國「昭然若揭」的使命引領著美國人前往亞洲開啟了與日本的接觸：

日本人是從亞洲向東遷移，受到太平洋阻隔而形成的一個民族。這個民族陷於歷史與地理的孤立隔絕區，以祖先崇拜的方式緬懷自己的歷史，他們崇古非今，從中發展出一個脆弱、敏感卻又光輝的文明，但該文明的發展被禁錮於十九世紀，就像囚於琥珀中的蝴蝶。日本人在自閉、混亂的自我完善道路上倒退時，歐洲世界正在朝著相反方向快速前進。當美國人推進到加利福尼亞海岸時，這意味著兩個有著人類發展對立走勢的民族僅有一水之遙；考慮到西方的發展趨勢，這一阻隔終將被跨越。[20]

布希將日本描述成「囚於琥珀中的蝴蝶」，這種說法影射了蝴蝶夫人的女性氣質、被動性、無能為力，只能等待美國軍人越過太平洋。[21]日本人是倒退向後看，不像美國人和西方人是前進向前看；日本採取的是「後退」而非前進，「混亂」而非正常的演進方式。更為重要的是，日本不只是消極被動，而且其發展「被禁錮於十九世紀」。其他的美國學者也認為日本人「陷於」歷史不能自拔，承受著「封建」傳統的重壓，或「落後無知」的阻礙。這種說法暗指日本雖然是個古老文明，卻缺少西方文明的精力和活力，正是西方文明這種積極進取、自信滿滿的本質特徵使得它就發展而言比日本文明先進一百年——或者說至少一百年。[22]

將日本比作「囚於琥珀中的蝴蝶」等待美國援助這一看法企圖抹煞近代歷史。日本並非如同囚於琥珀中的蝴蝶等待著美國人橫渡太平洋；相反，是日本人開著三菱的零式戰鬥機飛越太平洋，驚醒了睡夢中的美國人，肇始了兩國的正式敵對。因此這一隱喻模糊了日本對亞洲和太平洋諸島侵略性的帝國主義「滲透」行為，將美國描繪成日本的追求者或良師益友的做法不僅擬人化日本，而且有助於重寫歷史，轉移人們對脆弱的美國人遭襲時的意外和無助的注意力。此外，蝴蝶的隱喻掩蓋了美國的移民法規——直至一九五二仍對日本人及韓國人有效

——歐美人建立這一法規力圖阻止亞洲人跨越太平洋在美國及其領土上定居。該隱喻可從多個層面發揮作用，但無一不是為幫助美國確定一個正面、討喜的自我形象而服務，無一不是為將美國軍方的對日佔領描繪成命運使然且充滿仁愛善意的行為而服務。

布希的《落日》(Fallen Sun, 1948)是他在《生活》上發表的有關日本文章的後續擴展。在該文中，他認為日本人的大部分行為可以通過研究他們童年時期的「條件作用」找到解釋。他指出日本人——儘管他們彼此之間舉止文明、彬彬有禮——對「成人生活所表現的幼稚態度」卻在所有民族和種族中非同一般。佛洛伊德的假設認為人「天生會固守或情緒化地倒退到成長發展中他們感覺最舒適的階段」，布希從該假設出發，斷定日本人表現出的不成熟行為是和他們童年這個可能最幸福的階段相聯繫的。因此「僅需對日本人生活的全貌或日本歷史粗略一觀就可能會毫無意外地發現……他們對那遙遠過去的懷念」。布希認為，美國人謹記日本人的「這種強烈的潛意識衝動」將有助於他們理解日本人的一系列看似古怪的行為：他們的孝道、從胎兒期算起的年齡計算法、對富士山的狂熱、波動不穩的情緒、靈活敏捷的肢體、「面對權威時的順從以及沒有權威在場時的缺少自製」，還有對現狀的平靜接受。布希指出，日本人表現出的「靈活、服從、任性以及仍處於兒童期情感狀態的成年人所表現出的禁欲、淡泊都令西方人無法想像」。23

布希明顯受到了潘乃德和她的同事傑佛瑞・戈爾（Geoffrey Gorer）的影響，但在美國話語中，他所提出的日本人過於留戀堅守歷史的觀點甚至比《菊與刀》的出版還要早。一九四五年九月，《底特律新聞》（Detroit News）首刊了一幅漫畫，漫畫中一個身材矮小的日本男人，身著像和服一樣的外衣——一套在美國人看來是女性的衣著裝扮——正手持鮮花獻給身高近乎自己兩倍的

〈任重道遠〉

圖四・如漫畫所示，在日本被占時期，美國人普遍懷疑日本人是否有能力理解何謂民主。摘自《底特律新聞》，一九四五年九月十七日刊。

美國大兵，而美國大兵正從一本名為《民主生活方式》(Democratic Way of Life)的書中援引例證，對日本男子進行說教，但是日本男子的頭腦似乎完全被歷史所籠罩，他身後霧狀的煙氣中顯示的是富士山、鐮倉大佛、天皇、鳥居還有其他傳統象徵。漫畫的標題是〈任重道遠〉(It Will Take a Long Time)；實際上大兵不耐煩的姿態和日本男子毫無生氣的目光表明，大兵有關民主的說教完全沒進入日本男子的大腦。而且日本男子看似獻「禮」，做出和平的表示，但他仍帶著裝在鞘中的劍，仍有背叛變節的傾向。

將日本描述成「封建」、「落後」甚至「原始」，暗示著日本人可以做到毫無理性的殘忍，因為他們不具有構成先進的西方「特性」的理性教化以及猶太教與基督教的道德標準。按這種觀點分析，儘管日本具有現代化的裝備，他們的基本特性卻與西方人完全不同。露西．克羅克特也曾說，儘管日本「以其飛速成功地採用西方制度和工業化震驚了全世界，但日本民族的思想仍舊是文明薄紗掩蓋下的落後思想」。她評論說西方人不應被日本的「現代科技」所蒙蔽，日本人仍具有「石器時代的心理思想狀態」。克羅克特記錄說，一個「日本通」告訴她：「日本人只知道走極端，缺少中間狀態。他們要麼是絕對自製，要麼完全放任。女性要麼是過度有禮，要麼就粗魯無禮。她們要麼親切微笑，要麼就尖聲喊叫。日本人沒有應對機智，沒有理解，沒有發自內心的同情，有的只是約束思想和行為的條條框框。」一個駐小津基地的佔領官員宣稱：「日本佬這些異教徒的內心深處滿是卑鄙的勾當。他們就像野獸一樣。自一九〇〇年起，我們就一直在談論和記錄日本美好的事物。我們只看到他們那美麗的景物和紀念品，忽視了他們原始殘暴的一面。」[24]漫畫中的日本男子或許做的是和平友好的表示，但他也可能隨手將花一扔，拔劍刺向美國大兵。日本人大概缺乏做出個人道德判斷的能力。在潘乃德的影響下，美國人逐漸開始認為，日本社會賴以維繫的是群體恥辱感而非個體良知，並以此來解釋對日本人「特性」的評價。[25]

這種認為日本人的「思想和行為」受「條框」制約的觀點使得美國人有時會質疑現在這一代日本人是否能理解何謂民主。因為日本人所接受的社會化和教育使得他們缺乏個體性，所以日本人被認為是個分析能力差，缺少常識的民族。有一個日本佔領期的故事——這是有關日本人無能的眾多故事中的一個——是有關一個日本「客房服務生」的，他本該在指定時間叫醒客人，但由於考慮過多或是膽小怯懦，到了指定時間也不敢打擾客人。據說，他踮著腳尖進入客人的房間，無聲無息地在桌上留了一張寫著「先生，八點了，請起床」[26]的字條。這種行為舉止怪異的民族能夠理解吸收民主生活及思想方式的核心常識嗎？許多美國人認為這是不可能的。記者法蘭克．凱利和科尼利厄斯．里安曾抱怨說，日本人想將民主簡化為一些可以遵循的條例法規——他們「近乎可憐地想知道如何變成民主主義者，然後可以繼續他們的生活」。[27]這兩位記者沒有認識到日本人的反應是合情合理的，因為美國軍方和個體美國人所傳遞的有關民主的資訊本就混雜不同。美國人本應是秉承民主信念的，然而許多最高統帥部頒佈的法令中以及駐日美國人都要求日本人為其提供服務，這顯然是不民主的。

美國人也注意到日本人將民主和消費文化混雜在一起。凱利和萊恩指出，刊登在像《生活》這種配圖雜誌上的廣告向日本人展示的「漂亮的汽車、服裝、香煙都意味著一件事——民主」。巧合的是克羅克特也注意到：受雜誌和好萊塢電影的影響，日本人認為民主就是「令人炫目的西方生活的同義詞——鋥亮的汽車、酒會娛樂場所、漂亮的女鞋、電動配件還有房頂上的直升機」。克羅克特老調重彈，斷言日本人對民主的理解是「狂熱地複製許多美國人並不引以為豪的美式生活特徵，除此以外，日本人還天真地將自由錯誤地理解為放縱的個人權利」。一個「無禮的家庭主婦」問克羅克特：「如果民主就是電冰箱，我們什麼時候能用上？」[28]克羅克特認為這個小故事很可笑，日本女性太天真了，但她沒有意識到這個日本家庭主婦實際上正確地解讀了美國人傳遞的資訊。佔領期間以及整個冷戰期間，在世界大部分地區，美國都是將民主和富裕的「美國生活方式」一起宣傳的。很有可能日本的家庭主婦只是直率地指出了隱藏在美國人想法中的有關民主的聯繫。但是克羅克特忽視了這一點，因為在已有的意識框架中沒有像日本人對美國人或許能有所指教這種觀念的位置。

相反，美國國內類似以「教日本人學『民主』」為題的文章很普遍，這種標題對美國人才有意義，因為它們暗示日本人無法自己達到文明教化，需要美國人的說明和引領指路。[29]美國人尤其在日本孩童身上看到了再生更新的可能，他們的目的是通過改革教育體制以改變日本人「封建的」「軍國主義」思想。由於美國人不相信種族差異是生物學所決定的、永恆不變的觀點，他們認為只要通過正確的引導，日本人可以在一代人或一生的時間內重新改造，而毋須花幾百年的時間。[30]斯托達德（Stoddard）代表團在結束日本教育體制考察之旅時宣佈：「我們最大的希望寄託在孩子們身上。」像《星期六晚報》的日本專家哈樂德．諾布林這樣的學者也同意這種觀點，他對《晚報》讀者宣傳說：「如果日本有什麼是我們共同認為亟需改變的，那就是現在這一代少年應該朝著充滿希望的、適宜的方向成長——即他們將和鄰國在和平與諒解的環境中共存。」[31]盟軍總部以此為目標，實施了範圍廣泛、影響深遠的教育改革，大部分改革措施是成功的，受到了絕大多數日本人的歡迎。改革使得中學階段和大學階段教育對女性和窮苦的農村學生不再遙不可及；為做到受教育機會人人平等，校方也採用六年制小學、三年制初中和三年制高中的美式單軌教育體制取代了原有的多軌體制。

戈登．鮑爾斯（Gordon Bowles）後來承認，大部分的教育改革實際是日本自由主義教育家和改革派官員首先發起的。鮑爾斯，這位參與教育改革的日本研究專家估計，百分之六十的改革措施是日本人發起的。值得讚揚的是，最高統帥部建立了一個日本教育家委員會，委員們可以以平等的身份與美國教育家進行磋商。正是東京帝國大學的校長，日本教育委員會的會長南原繁秘密說服喬治．斯托達德（George D. Stoddard）建議實施單軌制6-3-3教育體制和九年普及教育——這一建議為保守的首相吉田茂所反對，他認為這會搞垮日本政府。[32]在美國佔領者的支援下，像南原繁這樣的自由主義教育家最終得以實施他們宣揚了幾十年的教育改革。然而日本人的投入似乎基本上沒有引起美國新聞媒體的關注，或許是因為這不符合那種迷茫的日本學生需要美國老師正確引導的想法。大部分有關佔領區的新聞報導對日本人自主採取主動合理的行動都極少讚揚，它們更喜歡將日本人描述成滿懷青春、天真熱情、急切渴望學習的學生，卻只會模仿和錯誤理解一些基本的觀點。因此美國人——儘管在這點上他們並非特例——是以自己希望的方式看待理解另一個民族的。

將日本人描繪成欠發達、只會模仿的民族，而非先進、有智慧和創新性的民族，使得美國人對自身和美國社會感覺良好。在被占日本發生的這些令人發笑的逸聞故事體現了美國人日復一日所經歷的失望和挫敗感，通過「表現美國人面對戰利品時內心的矛盾心情」，[33]這些逸聞故事有助於沖淡美國征服、佔領日本的殘酷現實。美國人認為日本人缺乏理解何謂民主的能力，他們對此無休止的抱怨暗示著自己對民主原則是完全瞭解的。凱利、萊恩和羅素．布萊恩斯（Russell Brines）甚至以他們所謂的日本人對民主概念有與生俱來的抗拒為由，暗示培訓日裔美國人是合理的。這些記者認為，第二代日裔美國人與他們的日本移民祖先僅一代之隔，他們在理解民主原則時應該會碰到困難，因為民主「還沒有在他們的內心生根發芽」，但奇怪的是，這些美國記者對美國人剝奪日裔美籍同胞的民主權利卻視而不見。[34]

戰後美國大眾話語有關日本是「封建主義」的觀點被利用來合法化美國的對日佔領行動，其中最為明顯的一點就是將日本人描述成像女性和孩童一樣的無助、幼稚。在此有關女性特質和成熟度的話語再次重合，但謹記它們又是如何彼此獨立的也具有重要意義。美國人援引老套的男性積極主動、女性被動順從的觀念，認為靜態是女性特徵而動態、前進是男性化特徵。於是他們用女性化的措辭——「囚於琥珀中的蝴蝶」——來描述他們所謂的日本人固有的落後或不可思議。當他們談及日本踏步前進，準備騰飛時，又將日本人比作年輕的男性——「像個十二歲的男童」。

如何看待西方文明

要解釋美國人為何將自己扮演成日本男童的良師，需要分析美國人在這個具有歷史意義的關鍵時刻如何看待自我。一方面，美國人自我塑造的良師形象是先前一直試圖「文明教化」有色人種或少數南歐和北歐其他白人觀念的延續。[35]較早時期不論是將這種觀念通俗地表示為二十世紀中期的現代化和進步，還是將其神聖化為美國人「昭然若揭的使命」或「上帝賦予的」職責，這一觀念都有助於合法化美國人將自己的價值觀、文化和制度強加於其他民族的企圖。[36]在進步主義時期，美國人最終成功地完全控制了構成美國的所有殖民地，而後與西班牙的一戰將美帝國主義勢力擴展到了海外。所有美洲土著、夏威夷土著、菲律賓人、波多黎各和古巴人被誣衊成不道德的非正義的搶奪領土者，而大多數美國人卻被正義化為上天指定的、合適的領土主人。美國人確信自己需要「提升」當地土著，於是虔誠的傳教士以及教區的神職人員開始用美國中產階級文化在印第安那州白人勞動學校教育揚克頓蘇人的孩子、在漢普頓學院改造昔日的黑奴、在赫爾學校教育西西里島移民、在卡密哈密哈學校教導夏威夷土著、在美式「公立學校」教育菲律賓土著。十九世紀的進步主義論者懷著千禧年論信徒的堅定信念相信這是美國的民族使命、美國就是道德典範，以及有關普救說、科學、人類進化完善說等文明教化信條，據此，他們相信自己所有的嘗試和努力都是為這些「未開化的野蠻人」的最佳利益考慮。

但是改革期之後，有關種族主義的認識論原理——以及性別主義——從基於基因差異的生物學優劣說轉向以心理分析的「文明」觀和社會人類學的「文化」觀為基礎的社會優劣說。受過教育的美國人在接觸了佛洛伊德、弗朗茲·博厄斯(Franz Boas)和其他學者的新理論後，開始重新思索社會等級的運行機制。儘管佛洛伊德和博厄斯的研究分屬不同的學科知識領域，兩人卻都支持有關種族的老派觀點。佛洛伊德在其著作中，尤其像《圖騰與禁忌》(Totem and the Taboo, 1913)和《文明與缺憾》(Civilization and Its Discontents, 1930)這種具有廣泛影響力的著作中，繼續對文明進行探討，期間他不僅提出先進文明是和白皮膚相聯繫的，而且他堅持認為是男性的力量創造了文明。他寫道：「文明的創造日漸成為男性的職責，而且比以往都更具有挑戰性，鞭策著男性自我心靈昇華，以恰當的方式釋放本能衝動，而這一點是女性很少能做到的。」37 女性，就像「原始人」和兒童一樣，被認為缺少將原始欲望進行心靈昇華的自我節制力。

文化人類學家弗朗茲·博厄斯的學術研究揭穿了科學種族主義的面具，雖然他將人種膚色或面部特徵的差別與文化社會差異相分離，進行分別研究，但同樣不夠徹底，未獲得全面的成功。他認為每一個非洲裔後代在能力與智力上和任何一個歐洲人後代都是相同平等的，所以美國黑人也應享有充分的公民權，但同時他又認為非洲人和美國黑人都無法孕育出那種只有在歐洲人和歐美人中才可能有的「具有高智商的天才」。[38]博厄斯在其研究中過分強調文化的作用，他和學生將一個民族的社會傳統和社會行為與該民族的政治經濟混為一談。同樣，佛洛伊德雖然不是資本主義的熱情支持者，但他對共產主義持有更尖銳的批評，認為那是「建立在站不住腳的幻象之上的體系」，在這個幻象中，人與人之間能夠維持長久和諧的關係。[39]因此，這種在文化人類學和心理分析中淡化忽視政治經濟因素或階級分析的做法，幾十年後得到了既得利益階級和大部分戰後自由主義者中隱藏的種族主義者的呼應共鳴。

戰後的自由主義者，如同他們十九世紀的前輩一樣，認為最新的社會科學及行為科學研究為他們的觀點信念提供了佐證。這些自由主義者淡化階級衝突，堅信自由貿易能夠推動經濟增長，並能最終給全世界各民族帶來富裕繁榮。就像之前不同時期一樣，大部分的自由主義者為改善「其他」民族生活所做的努力，其用意是誠懇的——甚至出於博愛，心懷慈善。在後殖民主義時期，部分美國自由主義者內心真誠地希望有色人種國家，尤其是日本能「成長」，「有了我們的幫助會變得和我們一樣」，這點同之前西方殖民者的空頭許諾是截然不同的。公平地說，最高統帥部長期的宣傳工作在幫助改善日本民眾生活方面取得了很大程度的成功。但是戰後的政治環境大大轉變了美國自由主義者對世界上貧窮、尚未進入工業化國家的態度。首先，他們尋求通過國家權力和財富解決國內外一系列廣泛的問題，這些問題以往都是試圖靠個人力量解決的。[40] 其次，蘇聯作為世界強國的出現也是一個重要因素，它使得戰後的自由主義者更關注於「同化其他民族」——讓「其他」民族欣賞美國民族，接受並擁護自由資本主義和「美國式的生活」。[41] 最後，二戰後的美國是世界上最有能力規劃發展軍事及經濟的國家，戰後自由資本主義者認為美國的時機終於到來了，美國終於可以實現它早在建國時就有的夢想，成為「文明世界」的領航者。[42] 遭受戰爭蹂躪的英國似乎已將推進文明的職責傳遞給美國，有待美國日後在全世界繼往開來地發展傳播民主。

然而，在戰後這樣一個有著超級競爭對手和核力量的美麗新世界裡，志在全球的美國自由主義者對自己擔起西方文明守衛者的能力尚有擔憂。在《生活》雜誌的一篇名為〈怎樣認識「文明」〉（How to Think About 'Civilization'）的社論中，亨利．盧斯指出二戰之後，那些「蔓延的集中營，復興的酷刑，官方實施的種族屠殺，研製的核武器以及類似的倒退和進步現象」表明災難將至。盧斯強調說至今在「每一次的文明毀滅」中人類都得以倖存，但「我們現在的作為可能就像囚在廟宇中的力士參孫，其毀滅性最終會使所有的生靈與之同歸於盡」。該社論繼續論述了盧斯在一九四一年二月的著名演講《美國的世紀》（American Century）中的觀點：美國人民「作為世界上最強大、最重要的國家應當全心投入地接受我們的職責和機會，將我們的重要影響力輸出到全世界，我們的目的是合理的，手段是適宜的」。冷戰初期，盧斯力主美國要擔負起與之軍事經濟實力相稱的世界領導者角色——但同時還負有守護西方文明，而不是世界文明的緊迫職責。在盧斯看來，若西方文明毀滅了，世界文明也就毫無價值可言。因此，「美國必須取代英國，自主積極地擔負起它已勝任的角色，面對這令人難以接受的現實：自二戰初期開始，捍衛殘存的西方文明的烈士們就一直在同威脅該文明的敵對力量作鬥爭。」正如另一位作家所言：美國人「不能再僅僅作為美國公民了，他必須成為世界公民」。[43]

這一新職責提出了一個問題：美國人是否受到了足夠的訓練可以成為世界領導者呢？一九四六年的《星期六晚報》做過一個問卷調查「作為一個公民你足夠聰明嗎？」。從結果來看，答案是否定的，美國人應該開始「好好學習」而且學習「實在的東西」了，因為近期的歷史事件使得「人們比以往都更容易變成傻子」。[44] 旗下包含《時代》、《生活》、《財富》(Fortune)、新聞影片系列《時間的流逝》(The March of Time)的盧斯媒體王國試圖讓四千萬觀眾瞭解國際上發生的事件，同時喚起他們的個人責任感去幫助那些生活在蘇聯統治下或遭受蘇聯統治威脅的人們。為了鼓勵美國人更珍惜自己民族的遺產，《生活》雜誌刊登了數量豐富的系列文章敘述西方文明的歷史，這一文明最終指向美國作為它歷史發展的「繼承人和希望所在」。[45]

時代有限公司對英國歷史學家阿諾德・湯因比(Arnold J. Toynbee)大受歡迎的《歷史研究》一

圖五・該圖片是一位畫家為歷史學家阿諾德・湯因比在一九四八年二月《生活》雜誌上發表的人類文明隱喻所做的配圖。圖片說明如下：「湯因比用一個引人注目的隱喻說明了人類文明的命運……在該隱喻中，這位歷史學家認為所有的人類都像在爬山。躺在一層岩臺上的人類代表了消亡的文明，他們是從原始人或類人階段發展而來，攀爬至此。停留在另一岩臺上的是原始社會的人們，他們代表從未發展起文明，但並未消亡，還可能有進一步的發展的人類。困在五座小山峰上的人們無法再向上攀爬，他們代表著五個『停滯』的文明。其中，愛斯基摩民族、遊牧民族和玻里尼西亞民族仍舊存在。另有五個文明仍在繼續攀爬前進。其中我們的西方文明狀態最佳，也是唯一真正在前進的文明」。圖片徵得查理斯・馬丁公司(Charles E. Martin)同意。

書的支持明顯隱含了西方文明代表了「人類最偉大的成就」的觀點。湯因比的這部多卷本著作於一九四七年在美國以簡寫本的形式出版，同時配以大規模的宣傳推廣和熱情洋溢的書評。[46]湯因比聲稱在他羅列的二十一個「文明社會」中，不再有所謂的「優等種族」，但他還是將西方人——當然不包括女性——置於至高點。《生活》雜誌在介紹該書時，附有一張滿版大的配圖，具象地表現了湯因比的隱喻：在高度不同的山峰間或攀爬或休憩的男性標誌著進步程度不同的人類文明。畫面中，黑皮膚的民族位於殘存的文明的最底層，中等膚色的民族位於半山腰，而西方男性位於山頂。[47]緊臨「消亡」文明之上的是由一對黑皮膚男女所代表的「原始社會」——男性坐立，女性半裸側臥。圖中唯一的女性就是這個躺著的「原始人」，而這一臥姿暗示著攀爬和努力「前進」是男性的職責。這個唯一的女性和她身邊的男性「原始人」的目光不是朝上或朝前看，而是朝下看著那些「消亡的文明」，回顧著歷史。他們是那些「從未接受文明教化」的「原始人」，但「並未消亡，還可能有進一步的發展」（圖片暗示：只要他們願意站起來）。

這幅圖片當然也獲得了湯因比的充分肯定。[48]湯因比的著作為已失去民心的社會達爾文主義者的種族和男性特質概念重啟了學術影響，但同時他對該理論也做了修改，以說明其他民族仍在為爭取做「適者」而鬥爭。有色人種和邊緣化白種人未必會永遠落後；他們仍在發展，仍在朝峰頂攀爬。湯因比的歷史著作非常暢銷，截止一九五六年，美國人購買了七千部十卷本以及三十萬冊簡易本，使得該書入選月暢銷書俱樂部。49

冷戰初期，湯因比的研究為當代國際政治提供了最為適宜的歷史時代背景。該書極其暢銷的部分原因是它為在新的世界秩序中尋求指引的美國人提供了有用的幫助。「西方男性」現在位於峰頂，但問題在於：「西方人在休息或倒退之前，還能持續爬多高？」這些疑問表明了焦慮——不只是美國自由主義者，還有保守主義者——對國外混亂的世界和國內難以控制的不安定因素的焦慮。

有些美國人為國內有太多「媽媽的寶貝」和他們未能成熟的心智而擔憂。菲力浦・懷利惡名遠揚的著作《毒蛇的後代》（一九四二）在整個五〇年代還在持續銷售。在該書中，菲力浦控訴一代輕浮、狹隘、專制的「媽媽們」將她們的兒子溺愛成了膽小懦弱的男性，這樣的男性缺乏管理國家所需的強健體魄和堅毅的心智。懷利稱其理論為「母親崇拜」，他批評維多利亞式的情感過盛的母性及其所代表的觀點：母親作為家庭中的養育者應當受到子女們以及公眾不盡的感激。懷利認為這些「媽媽們」完全不具備施加積極的公眾影響的能力：「『媽媽們的』選舉權伴隨著一個新的前所未有的時代低潮而來：骯髒的政治鬥爭、流氓橫行、幫派倡狂、勞工鬥爭、壟斷謀殺、道德敗壞、公德淪喪、走私猖獗、行賄受賄、盜竊、兇殺、同性戀、嗜酒、金融危機、社會混亂和戰爭。」

毫無疑問，懷利的言論激怒了許多女性，可能還有些男性。然而精神病學家愛德華．A.斯特雷克認為「母親崇拜」是合理的，這位美國政府的戰時顧問後來成了賓夕法尼亞大學醫學院精神病學系的主任、美國精神病學會會長、國家心理健康諮詢委員會會長。在《母親的兒子們：一個精神病學家對美國問題的分析》（一九四六）一書中，愛德華．斯特雷克——和懷利如出一轍——認為「媽媽們」給國家安全帶來了大問題，聲稱太多的母親都未能養育出可以保衛國家的成熟、可靠、愛國的兒子。戰爭期間，斯特雷克目睹了許許多多他認為在精神心理上不適合從軍服役的男性。他總結認為這些男性，還有那些逃避兵役的人和男同性戀們，都出自這些「媽媽」之手，她們一直讓孩子們「在心理羊水中戲水而不是教他們果斷大膽地遊出情感的子宮」。[50] 由於不願解開「情感的臍帶」，不讓兒子們成長，於是這些「媽媽」造就了一群懦夫和「性變態者」，他們依賴性強、任性自我、離不開「媽媽」，對長大成人，盡一個男性公民的義務職責，參與社會團體以及生子為父卻厭惡反感。正如學者珍妮佛．特裡所言，「這種媽媽的兒子，不論是同性戀還是異性戀，都會對國家安全帶來危害。」[51]

正如懷利的控訴單以及斯特雷克對「母親崇拜」的拓展所揭示的：在二十世紀五〇年代，美國人擔心的是美國民族原先那直率豪爽、堅定不屈的性格正在消逝，變得柔弱、女子氣。有人認為女性在家庭內部及社會上都擁有過多的權利，她們正在削弱男性的力量，給國家安全及民族的健康成長帶來危害。[52]同時，也有人認為女性應對「流行擴散的」未成年人犯罪負責，而以往許多美國人錯誤地認為這是由美國家庭在將其價值觀施加於年輕一代時表現的失敗或「無能」所造成的。[53]除了這個人們已經意識到的危機之外，迫在眉睫的不僅有全球政治風雲的變幻，還有不久的將來，隨著「戰後嬰兒」們——即後來所謂的嬰兒潮的一代——逐漸長大成人，這些遊手好閒、毫無目標、具有破壞性的年輕人的數量只會有增無減。[54]

自由主義教育家及知識份子們呼籲美國教育應更嚴格，以確保美國的下一代能夠順利成熟起來，擔當維護美國社會領導世界的重任。儘管他們為應當設置或加強何種新課程而爭論不休，但他們中的大部分都認為現行美國教育制度有缺陷。[55]專欄作家沃爾特·李普曼指責說現代教育「註定會摧毀西方文明」，因為它未能將「西方世界的信仰和人文科學」傳承給下一代。李普曼宣稱約翰·杜威宣揚的早期教育改革只注重科學和實用主義，忽視了人文科學「道德行為的培養」，可能會使美國人變成對醜惡的犯罪行為缺乏道德是非判斷的人，或是變成道德敗壞的人去「實施兇殺、搶劫及詐騙失信等令人不齒的行為」。[56]李普曼和一部分學者認為解救現狀的辦法就是實行以經典著作為堅實基礎的「文科教育」，這也是莫蒂默·J. 阿德勒(Mortimer J. Adler)最為推崇的著名教學法。二十世紀三〇年代，阿德勒認識到他在哥倫比亞大學所學的西方經典的重要性，此後在芝加哥大學創建設置了「經典著作」學習課程。冷戰末期，名著閱讀教學法被認為是在宣揚歐洲中心主義及男性至上主義而遭到猛烈抨擊，其實該教學法一開始就存在爭議，引起了教育家們的熱烈討論。和阿德勒共同教授這門課程的哥倫比亞大學教師馬克・范多琳（Mark Van Doren）支持這一正統教學法，稱「培養知識份子的方法就是教授學生同樣的東西，當然是最好的東西」。[57] 採用西方傳統教育美國年輕一代，理應培養出德智健全的公民，不論有什麼樣的個體差異，他們都緊密結合在享有同一個觀念理想的群體中。布魯克林學院的院長哈里・D. 吉迪恩斯（Harry D. Gideonse）不同意這一觀點，他指出「顯然，對經典著作的真實價值的判斷，沒有什麼比一味誇大或理想化它們所具有的確定價值意義更具有破壞顛覆性的了」，他還批評范多琳在重複「那種美國兒童不會正確地使用自己的母語閱讀、寫作和說話的悲劇」——在其他國家也有這樣的惋歎之詞。[58]

然而，阿德勒從未宣揚西方文明至上主義，而是勸勉美國人培養自己判斷思維的方式技巧。後來，他在面對種族主義和男性至上主義的批評時，解釋說之所以選擇「經典著作」，是因為它們能為我們解決困擾人類的一些「永恆」的難題提供建議幫助。在二十世紀中期，對正統教學法的批判通常集中在它的方法論上，而非其有限的教學內容，因此「經典著作」課程被廣為接受。[59] 為了將這一教學法推廣到大學以外的更為廣闊的教育場所，阿德勒為英國百科大辭典編訂了《西方世界經典著作集》（Great Books of the Western World），該書獲得了極大的成功，他同時還撰寫文章，廣泛發表在期刊和大眾雜誌上，其中包括《哈潑》(Harper's)、《治家有方》(Good Housekeeping)、《星期六評論》甚至《花花公子》。他還出版了面向大眾的圖書，例如著名的《如何讀書：獲取文科教育的藝術》(How to Read a Book: The Art of Getting a Liberal Education, 1940)和《所有人的亞里斯多德：深入淺出》(Aristotle for Everybody: Difficult Thought Made Easy, 1978)。[60]

當美國最終無可爭議地佔據全球主導地位後，他開始注意到廣闊、混亂且複雜的外部世界和美國社會內部存在的問題，他想知道美國的國民和年輕一代是否有能力承擔起建立世界和平與秩序的嚴峻挑戰。正統教學法的支持者們希望該教法所提供的以西方傳統、判斷性思維方法和道德引導為基礎的教學能指引美國完成這一重大任務，即西方文明的「精良著作」能夠幫助美國人理解並應對這個混亂無序的世界。這一教法一貫秉持的信念是「具有高智商的天才」個體只能是男性白種人，這一信念在該教法的支持者看來無關緊要。這些思想家認為當下緊要的是能令人保持頭腦清楚、有理智且堅強的規範原則，和海倫·米爾斯不同，他們相信西方的規範最能起到撥雲見日的作用。

成熟的心智和種族包容性

如同二戰後的自由主義者一樣，阿德勒、范多琳和其他人也都抵制令人厭惡的種族主義，而且他們還有著不變的信念，那就是通過善意的、理智的人們所做的努力，種族主義會從美國社會中消失。對自由主義者而言，種族主義和種族狹隘主義是因為陳舊的錯誤觀念和不成熟造成的。最能代表這種觀點的人或許是布魯克林學院的哲學教授哈里·艾倫·歐威爾斯特利（Harry Allen Overstreet）。像阿德勒一樣，他也致力於成人教育，宣揚他所謂的「成熟度的觀念」能給美國人在戰後世界指引方向。他在《成熟的心智》（The Mature Mind, 1949）一書中詳述了他的觀點，該書在三年內售出五十萬冊，蟬聯暢銷書排行榜長達一年半，其間包括九個月的全國非小說類讀物銷售冠軍，不俗的表現使得該書也成為月暢銷書俱樂部入選圖書。61 歐威爾斯特利運用新佛洛伊德學說的方法分析他認為的美國人的不成熟性，指出由於一般美國人在十四歲離開學校——一個尚且年少，不足以理解學習重要性的年齡——所以大部分美國人「除了極少的例外，就是一群偏激、不成熟、做事倉促草率、偏聽偏信、不負責任的『傳謠信謠者』」。太多這種「面孔成熟而心理幼稚」的個體最終造成了美國現代社會的悲哀：不論是勞工糾紛、宗教狹隘主義、民族沙文主義還是「白人至上主義」等難題都是如此。歐威爾斯特利建議說，所有這些難題都可以從這些心智幼稚的成年人那些自我中心、自私自利、無禮，有時甚至殘暴的行為舉止中找到答案。他認為心智成熟是一個需不斷獲取的過程，而不是一成不變的終極狀態，因此他認為「順利成熟中的」成年人應該思想開明、沒有偏見，能夠理解體會他人感受，耐心、堅定、心胸寬廣、富於創造性而非毀滅性，最為重要的是能意識到自己行為帶來的影響和後果。歐威爾斯特利懷著啟智教化對理性和完美主義的信仰，主張成熟的個體能夠，或者至少應該差不多解決利益和「忍耐、勇氣、堅毅」之間的矛盾。[62]

歐威爾斯特利和其他戰後自由主義者對美國持續存在的種族歧視尤為不滿，稱此種種族主義是歐美人不成熟的表現。一九四五年，他熱心支持由作家巴克林・穆恩（Bucklin Moon）編訂出版的文集，並為之題寫了具有挑釁性的書名：《白種人初級讀本》（Primer for White Folks）。[63] 該文集坦率直白地告訴歐美白種人，在處理種族關係上，不是「黑人」，而是「白人」像幼兒一樣無知，這種說法扭轉了歐美人以往幼兒化非洲裔美國人的家長式話語。[64] 歐威爾斯特利在對該書的書評中寫道：「《白種人初級讀本》指導我們如何拼寫，那些認為自己早就會識文斷字的白人不會喜歡這本書，可能也不會屈尊俯就去閱讀它，因為該書對他們的社會及政治理解能力提出了質疑。」對歐威爾斯特利而言，身為一個成年人意味著對非洲裔美國人的過去和現在保持敏感性，更重要的是，意識到自己抱有的種族主義。正如他書評的標題所示，這樣的歷史和自知之明是「成年人需要瞭解的事情」，[65]這一認識也得到了他人的認同。顯然約翰·岡瑟(John Gunther)認為美國南方白種人不具有這樣的自知之明，他將其暢銷書《深入美國》(Inside U.S.A., 1951)的一章題名為「南部：美國的問題兒童」，並將書中有關南部黑種人的章節直接命名為「南方黑鬼」。[66]

在呼應以美國人的不成熟性解釋種族主義的主題時，耶魯大學法學教授尤金·羅斯托(Eugene Rostow)譴責將十一萬多日裔美國人疏散拘禁是放任種族主義者和幼稚愚蠢的「群體狂躁」(mass hysteria)的惡果，是美國政府不負責任的行為。羅斯托在一九四五年九月刊的《哈潑》發表了一篇文章，譴責這種拘禁行為「令人難以置信」。他唾棄這一行為，宣稱「十萬多人被關進集中營，對他們實施拘禁的罪名藉口甚至不足以給偷狗的小賊定罪」。這完全是基於非理性的「種族偏見」和荒謬的觀念——即要判定一個人的「忠誠」，更多地取決於他的「人種」或生物特性而不是「文化」。羅斯托在《耶魯法律評論》(Yale Law Journal)上發表的早期有關同一主題的文章中就已有較全面的論述，他認為「生物科學、文化人類學、社會學以及其他系統的社會研究分支學科所提供的科學證據可以輕而易舉地駁倒這種觀點」[67]雖然羅斯托指出帶有種族歧視的9066號總統令和這個平常較負責任的美國政府行為前後極其不符，但與此同時他忽視了在更大的格局下美國政府所支持的對日裔美國人的種族歧視，例如《小澤訴美國政府案》(Ozawa v. the

United States, 1922)就重申了對日本移民獲取美國國籍權利的否決，在一九二四年頒佈的移民法案中也有排日條款。在這樣的大背景下，重新審視美國政府的拘禁行為，雖然不公正也沒有正當的理由，但從美國立法傳統而言，可謂是理性且前後一致的決定——而不是一時的幼稚狂躁所犯下的失誤。[68]

在此指出這一點並不是批評羅斯托。他是一位較早對拘禁行為進行譴責的重要的評論家。他在《耶魯法律評論》上的文章影響了美國議會，一九四八年議會決定給日裔美國人少量的補償，也為四十年之後成功地要求更大數量的補償奠定了基礎。但是羅斯托在號召美國同胞們改正這個嚴重的、不負責任的、缺乏遠見的錯誤時，其言辭說法和歐威爾斯特利所呼籲的種族寬容有異曲同工之處。對那些試圖用恐嚇來阻止被拘禁的日裔美國人返回美國西岸的人，羅斯托以及其他日裔美國人的支持者們稱他們為幼稚的「無賴阿飛」。那些支持日裔美國人的人們在反對無賴一樣或心胸狹窄的種族主義者的同時，支持日裔美國人第442作戰部隊進行著英勇高尚的鬥爭。在這樣做的同時，他們為美國民眾——大部分的美國民眾可能會對日裔美國人的遭遇抱著麻木不仁的態度——提供了一種選擇，那就是表現成熟，做些體面合宜的事，還是做些像少年犯一樣的行為或表現出毫無教養的態度。[69]

這種反種族主義的話語指出，不能將日本國民等同於日本政府，這點有助於重新塑造日本人形象。羅斯托斷定對日裔美國人實施的拘禁可歸咎於「一種怪異的觀念，即所有的日本人後裔都是敵人，戰爭不是針對日本國而是日本這個『民族』」。[70] 正如約翰．道爾（John W. Dower）精確指出的，美國人和日本人的確曾致力於一場他們所謂的種族戰爭。羅斯托認為在這場戰爭的末期，成熟而有責任感的民族認識到這種觀念是可笑愚蠢的。羅斯托很清楚，許多美國人都認為自己同日本「民族」交戰過，因此他試圖說服美國人對不同民族要抱有更公正、更開明的觀念，這樣才能真正符合平等這一美國的最高理想。

羅斯托、歐威爾斯特利以及其他自由主義者所宣揚的反種族主義思想與更廣泛的世界觀相契合，這一世界觀支持維繫著「自由」、民主社會賴以生存的資本主義經濟體系。[71] 羅斯托後來著有《自由計畫書：美國資本主義的公法》（Planning for Freedom: The Public Law of American Capitalism, 1959），他的弟弟，W. W. 羅斯托（W. W. Rostow）隨後出版的《經濟增長的進程：一個非共產主義者的宣言》（The Stages of Economic Growth: A Non-Communist Manifesto, 1960）是一本闡述現代化理論的經典著作，該書預見了自由資本主義可培養一個由富足的消費群體構成的中產階級。歐威爾斯特利也篤守自由主義信念，相信資本主義最終會創造出一個中產階級亦或是一個具有牢固堅實、富有活力的民主政治體系的無階級社會。對肆意發展的資本主義將利潤率置於勞工福利之上的做法，歐威爾斯特利持批判態度，他主張更人性化、更堅定的改革，讓其他人，例如被剝奪公民權的黑人能在這個社會中享有更多的利益。對歐威爾斯特利和其他冷戰時期的自由主義者而言，反對共產主義和反對種族主義對於民主社會和世界的健康發展是同等重要的。他曾在《成熟的心智》一書的結尾寫道：「我認識到生活中的罪惡並非源於我們心底的邪惡，而是我們對生活的不成熟的反應處理。因此，我們的當務之急是變成熟。這是時代對我們提出的要求，這是必將最終拯救我們的靈藥。」72

歐威爾斯特利的理論在二十世紀中期引起了反向的共鳴，因為這一理論不僅鼓勵美國人放眼世界，擔當重任，而且鼓勵他們著眼國內，正視美國社會。如同湯因比和新佛洛伊德主義者，歐威爾斯特利也認為一個民族具有變「成熟」和良好發展的潛力，而毋須進行激烈的馬克思主義改革。因此，不只是反種族主義者的論戰有助於重塑日本敵人的形象，在成熟度這一觀念框架內，反種族主義與支持資本主義的力量的結合也對此有所助力。美國的決策者們期望著，日本如果能順利地「成長」為民主的資本主義社會，這將有助於粉碎馬克思主義者對種族主義和帝國主義的資本主義制度的批判。在決策者的眼中，日本是一個明智的選擇，因為日本已有的工業基礎和受過教育的勞動力大大增加了成功的機率。

決策者們視冷戰為實驗基地。在《外交》(Foreign Affairs)中列出的遏制政策首次與美國大眾見面，喬治·肯南(George Kennan)強調美國必須「在全世界各民族人民心中普遍塑造一個美國形象，即美國這個國家，有明確的目標，能成功解決國內問題，同時又能承擔世界大國職責，具有立於時代的意識形態湍流之中而能獨善其身的精神活力」。因此這場較量「實質上是對美國在眾多國家中的全面價值的考驗」——對美國擔當世界領導者的成熟性和能力的檢驗也是對美國傳統的「精神」健康的衡量。[73] 現在還沒到美國放棄世界先進文明之首的頭銜，讓賢於蘇聯或其他國家的時候。

約翰．福斯特．杜勒斯（John Foster Dulles）於一九五〇年在《生活》雜誌刊登文章呼應肯南，文中寫道：「一個民族的發展或許有智窮才盡之時，但我們尚未遭遇這一時刻。」他繼續寫道：

> 我們依然舉足輕重，仍能努力奮進。我們的青年精神飽滿，鬥志昂揚，既不軟弱也不怯懦。我們的宗教傳統和民族傳統為人民所銘記。若我們的努力嘗試仍有欠缺，那是因為我們尚未清楚地認識面臨的挑戰和實質。隨著一切變得更清晰明朗，我們定會積極應對。正義的信念指引著我們的行動，這一信念將成長壯大，直至有一天引領我們同全世界致力於建立和平、人類自由公正世界的志同道合者會師。[74]

這位未來的國務卿的話意味著美國在這場適者生存的競爭中會戰勝蘇聯。因為美國的全體人民為「正義的信念」——宗教或非宗教的——所護佑，且懷有最真摯的善意，力圖將全世界建成一個全人類「和諧友愛」，共用「人類自由公正」的美好世界。如同所有的信仰所聲明的一樣，杜勒斯意在用他的話語說服民眾相信他眼中的事實真相。他稱：正確的道路一定會「更清楚地顯現出來」，美國人民對此「定會有所回應」。杜勒斯援引男性力量、魄力、勇氣等長久以來固有的觀念，將這場較量視作一場考驗，一個決斷的時刻——一個證明自我的時刻。至少從工業革命起，男性氣質的驗證已存在於整個西方世界的想像中，而在美國社會生活中這已成為一個重要的主題。美國男孩在彼此的眼中成為成年「男人」，是通過在一系列不斷的考驗中展示自己的技能和本領，評估彼此的價值而實現的。[75] 正如杜勒斯所言，甚至精英政客們也篤守這一世界觀：男人要證明自己值得賞識和應該得到權力。

因此，冷戰自由主義者認為日本的復興和美國對日外交政策的勝利驗證了美國民族的果敢、智慧和信念。在自由主義者的天主教雜誌《大眾福利》(Commonweal)中，高級外交官威廉·佛蘭克林·桑茲(William Franklin Sands)稱：「政策的正確制定源於巧妙表達的成熟信念，源於以豐厚史實為基礎的成熟信念，源於兼顧各方利益的成熟信念。」事關重大，我們負載的不只是「日本民族的命運……還有人類文明的演化進步」。亦或如新聞記者約翰·拉瑟爾達所說：日本對「盎格魯—撒克遜民主」最終是採用還是摒棄將表明「歐洲文明的演進方向和活力」。[76]

日本的特殊重要性在於其在二戰期間挑戰過西方文明的最高權威性，正如菲律賓領導人卡洛斯．羅慕洛(Carlos Romulo)提醒美國人，日本人此舉幾乎成功，羅慕洛對一位美國新聞記者說：直到戰爭爆發前，西歐和美國的「白種人」「一直被東方人視為高高在上的神明，但通常是不公且令人望而生畏的神明形象。日本破除了這一盲目崇拜，揭示了白種人也是能被羞辱擊敗的凡人。這是亞洲人的勝利，那些痛恨帝國主義、遭受其壓迫的民族會永遠銘記」。[77] 羅慕洛對日本人並無好感，但對日本人在對抗西方甚至美帝國主義時為亞洲人所做出的「果敢」表率，使得他和其他亞洲人儘管不甚情願，但還是對日本心懷敬佩。

因此，即便日本人對「盎格魯—撒克遜民主」的接納不會將美國人重新提升到「東方神明」(a god in the Orient)的地位，至少可以確定美國的正義性。日本在重新確立西方文明準則的普遍性及其政治和社會組織的合理性上發揮了很大的潛力，為美國提供了再生的可能性。因此在扮演被占日本的良師益友的過程中，美國人再次確信本民族的正義性和日後的職責——他們可以自視為一個充滿活力的民族而非明日黃花。[78]

日德差別

由於德國人在文化成就和體格身材上與美國人相當，在麥克阿瑟將軍的口中，德國人是「一個成熟的民族」。相比較而言，日本人矮小的身材以及大部分美國人對日本社會的蔑視不敬加強了美國人眼中日本民族不成熟的印象。儘管戰後，美國人也用性別化的語言談論德國人，也對德國兒童表現出了極大的關注，但他們卻很少認為成年的德國人像孩童似的天真幼稚。相反，美國人用德國人的病態來解釋德國人為何會「偏離」西方世界共同的文化傳統，當美國人在思索揣測德國人是否是「不可救藥」地沉迷於軍事訓練和軍國主義時，同樣也以此來解釋。[79]

美國人將成熟度的隱喻信手拈來，用以分析日本「文明」。這並不是說美國人總是認為德國人是成熟的，也不表明美國人從未質疑過日本人的精神狀況。日本的歷史遠比美國悠久，但美國人仍舊認為日本人是「封建的」、固守歷史的民族。美國人認為他們傳承的文明可以上溯到古希臘和古羅馬的偉大西方文明。大部分美國人認為德國人和他們共用這一文明，因此美國人無法輕易對德國人使用發育是不成熟的、幼稚的或發展是停滯的、封建的這一隱喻。事實也是如此，在被占德國實施「重整計畫」的意圖就是引入美國的方式方法和文化來影響大批的德國人，而此前德國人「一度確信美國文化是不存在的」。[80] 美國人不可能也在德國人面前炫耀自己的文化和傳統，畢竟這個民族孕育了歌德、席勒、貝多芬以及其他一些公認的西方文明世界的「偉人」。

而且，在太平洋戰爭給西方文明帶來外部威脅的同時，用亨利．盧斯的話說，歐洲的戰事也暴露了「西方基督教世界」的分歧。盧斯指出，納粹在美國及其他地方都有國際支持者，但是這種「神聖的帝王崇拜」吸引的非日裔西方人，即使有也很少。[81] 美國人認為日本人同歐洲祖先的後裔們截然不同，因為日本人接受的不是西方文化和猶太基督教的道德準則。他們認為正是這種差異說明了日本人的背信棄義。美國人並不是無視日本人對其他亞洲國家的暴行，只是日本人對盟軍士兵的虐待使他們更為憤怒。儘管巴丹半島（Bataan Peninsula）一役和隨後的「死亡行軍」造成的菲律賓士兵的死亡人數比美國士兵多幾千人，但「巴丹」作為一個地名，只會喚起對那些美國士兵們憔悴面容和歐美盟軍茫然目光的追思。[82] 巴丹戰役和珍珠港事件共同表現了日本剛愎自用、喪心病狂的獨特表現形式：通過殘暴獸行和大屠殺來羞辱西方世界的瘋狂想法。但美國人卻很難理解德國人的暴行。德國人利用最先進的西方科技，極有組織、有計劃、有步驟地屠殺了數百萬人，這讓許多美國人深感不安，使得他們開始質疑西方基督教社會道德的基本準則。

這或許可以解釋為什麼戰後在當時最主要的自由主義雜誌《生活》和《星期六文學評論》中表現出的對德國人的憤怒要遠遠超過對日本人的怨恨。[83]在這兩本雜誌中，德國人的集體罪行和不知悔改這一主題反覆地出現——不只在文章中出現，在讀者來信中亦是如此。[84]《生活》雜誌分別刊登了撤退的德軍和日軍遣返人員的圖片，雜誌刊登的日軍照片是他們從中國撤退時的慘狀，但所選德軍的照片卻傳達了混雜的資訊，意指德國人自作自受：「這些人在世界人民面前是如此放縱墮落，當他們咎由自取、遭受懲罰時，都難以得到世人的同情。」[85]《生活》雜誌使用「悲劇」而非罪惡一詞來描述德國人，這表明了雜誌編輯們所懷有的對德國人的親和關係。正是出於這個原因，編輯們提醒讀者不要感情用事。[86]《生活》雜誌刊登的讀者來信和雜誌表達的情感一致。就這些圖片，一位讀者毫不客氣地表白「我就是幸災樂禍，希望德國人繼續受苦受難，以此洗刷他們對歐洲人民犯下的滔天罪行」。[87]相比之下，有關這些文章的讀者來信中對日本的暴行沒有過激的反應，至少《生活》雜誌在其隨後的刊物中沒有。或許是因為德國人是「在（西方）世界面前自我放縱墮落到如此卑劣的地步」，而日本人卻似乎一貫如此。或許是美國人對屠殺白種人的行徑更為憤怒。德國人屠殺的是歐洲白人，而日本人屠殺的主要是其他亞洲人。[88]那麼，在輿論話語中對日本人的進一步開脫是無目的、無意圖的？事實恰恰相反：由於日本人不像德國人，同絕大多數美國人在種族和文化上有姻親聯繫，所以日本的民眾必須被視作一個幼稚、有依賴性但卻友好的民族。

因此，歐美人同德國人較近的姻親關係使得德國人戰時的行徑更加不可饒恕。許多美國人認為德國人是「一個成熟的民族」，其行為本應更負責任。麥克阿瑟認為「德國人拋棄現代道德標準、國際準則的所作所為是故意為之，而不是因為缺乏對世界的認識」。在麥克阿瑟將軍看來，德國人錯誤地將武力作為「獲取他們渴望的權利和經濟霸主地位的捷徑」，但是他認為德國應該能輕而易舉地「回歸正道」。相對德國而言，麥克阿瑟認為日本從「某種程度上」說是「錯誤地陷入」戰爭。[89] 日本人就像孩童一樣，他們沒有真正意識到自己所涉足的一切，不像德國人本該很清楚，開始就不該挑起這場戰爭或進行種族屠殺。這就是為何日本人需要美國人引領他們走上「正道」，指導他們重新來過，如何正確地言行、思考以及處理事務的原因。

1 美國參議員陸海空三軍委員會和遠東外交關係、軍事形勢委員會，《有關遠東軍事形勢及解除道格拉斯・麥克阿瑟將軍在遠東地區軍事任務事件的聽證會》，第82屆美國議會第一次會議第一部分，1951年5月3日，第312-313頁。

2 有關日本人對麥克阿瑟言論的反應可參見：約翰・道爾，《擁抱戰敗：二戰後的日本》，紐約：W. W. NORTO, 1999，第551頁。有關日本人對不成熟這一說法的使用可參見道爾，《無情的戰爭：太平洋戰爭中的種族與權力》(War Without Merc: Race and Power in the Pacific War)，紐約：Pantheo, 1986年，第10章，特別參見第284頁；也可參見皮泰瑞・沃森(W. Petrie Watson)，《日本：顯像和命運》(Japan: Aspects and Destinies)，倫敦：Grant Richard, 1904年。

3 蓋爾・彼得曼(Gail Bederman)，《男性特質和文明：美國性別和種族的文化歷史，1880-1917》(Manliness and Civilizatio: A Cultural History of Gender and Race in the United State, 1880-1917)，Chicag: University Of Chicago Pres, 1995年；第20-31頁。另見道爾，《無情的戰爭》；麥可・亨特(Michael H. Hunt)，《意識形態和美國外交政策》(Ideology and U.S. Foreign Policy)，New Have: Yale University Pres, 1987年；雷金納德・霍斯曼(Reginald Horsman)，《種族和領土擴張命定說：美國民族盎格魯撒克遜主義的起源》(Race and Manifest Destin: The Origins of American Racial Anglo-Saxonism)，Cambridge, Mass.: Harvard University Pres, 1981年。

4 不同時期的例證，可參見美國革命主義者是如何將英格蘭稱為「憔悴的母親」。戈登・伍德(Gordon Wood)，《美國共和政體的創建，1776-1787》(The Creation of the American Republi, 1776-1787)，紐約：W. W. NORTO, 1969年；第42頁。也可參見麥可・金梅爾(Michael Kimmel)對「霸權男性特徵」的定義，麥可・金梅爾，《美國的男性氣質：文化歷史》，紐約：Free Pres, 1996年；第5-6頁、18-20頁。

5 尼爾斯・吉爾曼(Nils Gilman)，《善意為本：現代化理論的起源》(Paved With Good Intention: The Genesis of the Modernization Theory)，Ph.D. diss., University of California at Berkele, 2000，第21頁。有關現代化理論和日本的聯繫的深入探討可參見蘿拉・海因(Laura E. Hein)，《太平洋上漂浮的焦慮：日本和再度遊歷的西方》(Free-Floating Anxieties on the

Pacifi: Japan and the West Revisited)，選自《外交史》第20卷（1996年夏）：第411-437頁。

6 昂納・特雷西（Honor Tracy），《日本畫卷：戰後日本素寫》（Kakemon: A Sketch Book of Post-War Japan），倫敦：Methue, 1950年：第15頁。

7 彼得曼，第92-94頁。

8 道爾，《無情的戰爭》，第56章；Mari Yoshihar，《擁抱東方：白人女性和美國的東方主義》（Embracing the Eas: White Women and American Orientalism），紐約：Oxford University Pres, 2003年：第七章、第215頁注釋22、第218頁注釋60；柯利弗德・格爾茨（Clifford Geertz），《著作與生命：當人類學家成為作家》（Works and Live: Anthropologist as Author），Stanfor: Stanford University Pres, 1988年：第五章；《辯證人類學》第24期（1999年）內文章；阿德里安・平寧頓（Adrain Pinnington），《吉光、潘乃德、遠藤：內疚、恥辱和日本戰後觀念》（Yoshimits, Benedic, End: Guil, Shame and the Post-War Idea of Japan），選自《日本論壇》13:1（2001）：91-105頁；約翰・利（John Lie），《露絲・潘乃德所謂的羞恥心傳統：日本研究中的東方主義和西方主義》（Ruth Benedict's Legacy of Sham: Orientalism and Occidentalism in the Study of Japan），選自《亞洲社會科學》，29:2（2001）：249261頁；克里斯多夫・香農（Christopher Shannon），《一個差異共存的世界：露絲・潘乃德的（菊與刀）》（A World Made Safe for Difference: Ruth Benedict's The Chrysanthemum and the Sword），選自《美國季刊》47:7（1995年12月）：659-680頁。

9 Yoshihar，第187頁。

10 露絲・潘乃德，《菊與刀：日本文化的模式》（The Chrysanthemum and the Swor: Patterns of Japanese Culture），1946年初版；紐約：Mento, 1974年：第160頁。

11 對比參見艾瑞克・艾瑞克森（Erik H. Erikson）著名的《兒童期與社會》（Childhood and Society）（1950年）。艾瑞克森聞名於世的成果是他提出的同一性危機，還有他將佛洛伊德的心理性發展論的五個階段修改並擴充為心理社會發展論的八個階段（1956年）。

12 海倫・米爾斯（Helen Mears），《美國人的鏡子：日本》（Mirror for American: Japan），倫敦：Houghton Miffli, 1948年：

第6頁、321頁。

13 理查・邁尼爾（Richard H. Minear），《跨文化認知和二戰：20世紀40年代的美國日本主義者和他們眼中的日本》（Cross-Cultural Perception and World War II：American Japanists of 1940s and Their Images of Japan），選自《國際研究季刊》24:4（1980年12月）：572-574頁。

14 同上，第560頁；米爾斯，39-40頁。

15 米爾斯在《豬年：一個美國女人在日本》（Year of the Wild Boar: An American Woman in Japan）一書記述了她1953年的日本之旅。《豬年：一個美國女人在日本》，費城：J. B. LIPPINCOT, 1942年。她還寫了本有關日本的兒童讀物。

16 米爾斯，第37-44頁。

17 布魯斯・卡明斯（Bruce Cumings），《視差：探尋美國與東亞的關係》（Parallax Vision: Making Sense of American-East Asian Relations），Durham: Duke University Pres, 2002年：第4頁。

18 邁尼爾，第575頁；露絲・潘乃德，《菊與刀：日本文化的模式》，1945年初版，紐約：Houghton Miffli, 2005。

19 露西・赫登・克羅克特，《銀座的爆米花：漫畫戰後日本》（Popcorn on the Ginz: An Informal Portrai: of Postwar Japan），紐約：William Sloane Associate, 1949：第31頁。

20 諾埃爾・布希（Noel F. Busch），《日本報告》（A Report on Japan），選自《生活》1946年12月2日刊：第127頁。

21 美國南北戰爭結束後，北方人依舊女性化南方人，稱他們懷舊、僵化、衰弱無力，而北方人則被視為有遠見、主動、精力充沛。北方人給南方人打上了女性、老古董、歷史的守舊主義者等標籤，而把自己視為男性、代理人、歷史的創造者。尼娜・西爾伯（Nina Silber），《再聚首：北方人和南方人，18651900》（The Romance of Reunio: Northerners and Southerner, 18651900），Chapel Hil: The University of North Carolina Pres, 1393年。

22 羅素・布萊恩斯（Russell Brines），《麥克阿瑟佔領的日本》（MacArthur's Japan），Philadelphia: J. B. Lippincot, 1948年：第123頁。

23 諾埃爾・布希，《落日：日本報告》(Fallen Su: A Report on Japan)，紐約：D. APPLETON-CENTUR, 1948年：173-175頁。

24 克羅克特，第254-255頁，47頁。

25 日本人沒有個體內疚感，只有集體恥辱感，這個觀點在美國和西方話語中仍舊根深蒂固。可參見例證：伊恩・伯盧瑪(Ian Buruma)，《罪惡的報應：德國和日本戰爭回憶錄》(The Wages of Guil: Memories of War in Germany and Japan)，紐約：Farrar, Straus and Girou, 1994年。

26 布希在《生活》雜誌上和《落日》(1516頁)中都講述過這則故事。該故事的不同版本也出現在拉瑟爾達(1946)第31頁；凱利和瑞恩，《星光閃閃的日本天皇》，紐約：Robert M. McBrid, 1947：第205頁；克羅克特，(1949)第98頁。

27 凱利和瑞恩，第140頁。

28 凱利和瑞恩，第163-164頁；克羅克特，第204頁、267-269頁。

29 參見雷・福爾克，《教日本人學「民主」》(Teaching 'Demokratzi' to the Japanese)，選自《紐約時報》，1949年6月12日刊：第12頁。

30 麥可・阿達斯(Michael Adas)，《現代化理論和美國復興人類價值與社會成就的科技標準》(Modernization Theory and the American Revival of the Scientific and Technological Standards of Social Achievement and Human Worth)，選自大衛・恩格曼、尼爾斯・吉爾曼、馬克・黑費爾、麥可・雷迅馬(David C. Engerma, Nils Gilma, Mark H. Haefel, and Michael E. Latham)編著，《階段演變：現代化、發展、冷戰》(Staging Growth: Modernization, Development, and the Global Cold War)，Amhers: University of Massachusetts Pres, 2003年：第36頁。

31 斯托達德的任務報告引自琳賽・帕羅特，《教導日本兒童學習民主》(Educating Japan's Children for Democracy)，選自雜誌《紐約時報》，1946年11月10日刊：第10頁；哈樂德・諾布林(Harold J. Noble)，《我們在教導這些孩童領導日本》(We're Teaching the Children to Lead Japan)，選自《星期六晚報》1946年7月27日刊：第9頁。

32 艾奇・泰克梅(Eiji Takemae)，《盟軍統帥部內幕：盟軍的對日佔領及其遺跡》(Inside GH: The Allied Occupation of Japan and Its Legacy)，羅伯特・里克茨、賽巴斯汀・斯旺(Robert Ricketts and Sebastian Swan)編譯，紐約：Continuu, 2002年：350-371頁。

33 朱莉安娜・伯頓(Julianne Burton)，《達克先生和無意識的宗主家長統治：迪士尼電影公司、睦鄰政策和拉美國家的包裝》(Don Duck and the Imperial-Patriarchal Unconsciou: Disney Studio, the Good Neighbo, and the Packaging of Latin America)，出自安德魯・派克、馬利・拉索、桃莉絲・薩默、派泰瑞夏・耶格爾(Andrew Parke, Mary Russ, Doris Somme, and Patricia Yeager)編著，《民族主義和性別區分》(Nationalism and Sexuality)，紐約：Routledg, 1992年：第36頁。有關日本的例證，可參見謝莉・邁登斯《征服者》(Conquerors)，選自《生活》，1947年5月5日刊：第19-22頁。

34 布萊恩斯，第305頁；凱利和瑞恩，第215頁。

35 參見馬修・弗萊伊・雅各森(Mathew Frye Jacbson)，《野蠻人的道德：美國內外遭遇到其他民族，1876-1917》(Barbarian Virtue: The United States Encounters Foreign Peoples at Home and Abroad, 1876-1917)，紐約：Hill and Wan, 2000年；雅各森，《另一種白色：歐洲移民和種族提純》(Whiteness of a Different Colo: European Immigrants and the Alchemy of Race)，Cambridge, Mass.: Harvard University Pres, 1998年；加里・格斯爾(Gary Gerstle)，《美國熔爐：20世紀的種族和國家》(American Crucibl: Race and Nation in the Twentieth Century)，Princeto: Princeton University Pres, 2001年。

36 亨特；吉爾曼；奧利維亞・曾茲(Olivier Zunz)，《為什麼20世紀是美國世紀》(Why the American Century?)，Chicag: University Of Chicago Pres, 1998年：特別參見第8章。

37 西格蒙德・佛洛伊德，《文明與缺憾》(Civilization and Its Discontents)，詹姆士・斯特雷奇(James Strachey)編譯(1930年初版)，紐約：W. W. NORTO, 1961年、1989年：第59頁。

38 弗農・威廉姆斯(Vernon J. Williams)，《種族反思：弗朗茲・博厄斯和同期學者》(Rethinking Rac: Franz Boas and His Contemporaries)，Lexington: University Press of Kentuck, 1996年：第16頁。

39 佛洛伊德，第70-71頁。在該書的第60頁，佛洛伊德就表示了對同性戀恐怖症的反對，但在那一時期，這一點基本上被忽略了。

40 H. W. 布蘭茲（H. W. Brands），《美國自由主義的神秘消亡》（The Strange Death of American Liberalism），New Have: Yale University Pres, 2001年；艾倫．布林克利（Alan Brinkley），《自由主義與其缺憾》（Liberalism and Its Discontents），Cambridge, Mass.: Harvard University Pres, 1998年；阿朗索．漢比（Alonzo L. Hamby），《自由主義與其挑戰者》（Liberalism and Its Challenger: From F. D. R. to Bush）第2版，紐約：Oxford University Pres, 1992年。

41 弗裡茨．費希爾（Fritz Fischer），《天下大同：20世紀60年代的維和志願者》（Making Them Like U: Peace Corps Volunteers in the 1960s），Washington, D.C.: Smithsonian Book, 1998年。

42 亨特，第二章；安德斯．斯蒂芬森（Anders Stephanson），《領土擴張命定說：美國領土擴張和正義帝國》（Manifest Destin: American Expansion and the Empire of Right），紐約：Hill and Wan, 1995年。

43 亨利．盧斯，《如何解讀「文明」》（How to Think About "Civilization"），選自《生活》，1948年2月23日刊：第34-35頁，原文為斜體；盧斯，〈美國的世紀〉（American Century），選自《生活》，1941年2月17日刊：第61-65頁；盧斯，《挑戰》（The Challenge），選自《時代》，1947年3月17日刊：第71頁；斯蒂芬．達根（Stephen Duggan），《新秩序下的教育》（Education Under the New Order），選自《星期六文學評論》，1945年9月15日刊：第7-9頁。

44 《作為一個公民你足夠聰明嗎？》（Are You Smart Enough to Be a Citizen？），選自《星期六晚報》，1946年9月21日刊：第19頁，98頁，102頁。

45 《西方文化：美國是西方文明的繼承人和希望》（Western Cultur: America is Heir and Hope of the West's Civilization），選自《生活》，1948年3月22日刊：第73-101頁。

46 這些生動的書評包括：《挑戰》（The Challenge），選自《時代》1947年3月17日刊：第71-81頁；《歷史研究》（A Study of History），選自《生活》，1948年2月23日刊：118-133頁；《湯因比理論的衰敗破產》（Toynbee's Decline and Fall）選自《新聞週刊》，1947年3月24日刊：96-98頁；格蘭維爾．希克斯（Granville Hicks），《文明的碰撞》（Encounters Between Civilizations），選自《哈潑》，1947年4月刊：第289-294頁。

47 《歷史研究》，選自《生活》，第118頁。

48 湯因比給該雜誌寫了封祝賀信並感謝他們將他的理念用如此精煉的形式表現出來。《湯因比》，選自《生活》1948年3月15日刊：第23頁。

49 M. F. 阿什利・蒙塔古（M. F. Ashley Montagu）編著，《湯因比和歷史：評論文集》，波士頓：Porter Sargen, 1956年：第7卷。一項歷史研究最終成為了湯因比耗時近30年完成的12卷著作，前3卷於1934年出版，最後1卷《重新審視：歷史研究》於1961年出版。

50 麗蓓嘉・喬・普蘭特（Rebacca Jo Plant），《廢止的母愛：母親崇拜和菲力浦・懷利筆下美國重建的為母之道》（The Repeal of Mother Lov: Momism and the Reconstruction of Motherhood in Philip Wylie's America），Ph.D. diss., Johns Hopkins Universit, 2001年；菲力浦・懷利，《毒蛇的後代》（A Generation of Vipres）修訂本，紐約：Rinehart & Co.，1955年：第201頁；愛德華・斯特雷克（Edward Strecker），《母親的兒子們：一個精神病學家對美國問題的分析》（Their Mother's Son: The Psychiatrist Examines an American Problem），Philadelphia: J. B. Lippincot, 1946年：第31頁。

51 艾倫・赫爾曼（Ellan Herman），《美國人心理情感：專家時代的政治文化》（The Romance of American Psycholog: Political Culture in the Age of Experts），Berkele: University of California Pres, 1995年；伊萊恩・泰勒・梅（Elaine Tyler May），《歸家返航：冷戰時期的美國家庭》（Homeward Boun: American Families in the Cold War Era），紐約：BasicBook, 1988年；馬利・喬・布林（Mari Jo Buhle），《女性主義與其缺憾：與心理分析的百年對峙》（Feminism and Its Discontent: A Century of Struggle with Psychoanalysis），Cambridge, Mass.: Harvard University Pres, 1998年；珍妮佛・泰瑞（Jennifer Terry），《母親崇拜和叛逆同性戀的養成》（Mumism and the Making of Treasonous Homosexuals），選自莫里・拉德・泰勒和勞裡・烏曼斯基（Molly Ladd-Taylor and Lauri Umansky）編著，《「不合格的母親」：20世紀美國的政治批評》（"Bad Mothers": The Politics of Blame in Twentieth-Century America），紐約：New York University Pres, 1998年：169-190頁；大衛・詹森（David K. Johnson），《同性戀恐懼：冷戰時期聯邦政府對男同性戀和女同性戀的迫害》（The Lavender Scar: The Cold War Persecution of Gays and Lesbians in the Federal Government），Chicag: University Of Chicago Pres, 2004年。

52 參見梅；也可參見社會學家斐迪南・倫德伯格（Ferdinand Lundberg）和心理分析師馬里尼亞・法納姆（Marynia Farnham），《現代女性：迷失的性別》（Modern Wome: The Lost Sex），紐約：Harper & Brothers，1947年。

53 對青少年犯罪的認識和青少年犯罪的數量不相稱。參見詹姆士・吉伯特（James Gilbert），《暴行週期：20世紀50年代美國對青少年犯罪的反應》（A Cycle of Outrag: America's Reaction to the Juvenile Delinquent in the 1950s），紐約：Oxford University Pres, 1986年：第62-80頁。現代社會的例證可參見多羅西・湯普森（Dorothy Thompson），《青少年犯罪所反映的一切》（What Juvenile Crime Reflects），選自《婦女家庭雜誌》，1946年11月：第24-26頁。對20世紀50年代反映青少年犯罪影片的分析，可參見湯瑪斯・多爾蒂（Thomas Doherty），《青少年與青少片：20世紀50年代美國電影的青少年化》（Teenagers and Teenpic: The Juvenilization of American Movies in the 1950s），波士頓：Unwin Hyma, 1988年：第245-261頁。

54 中學對青少年近乎於全盤招生的事實意味著戰後這一代青少年比之前的幾代人有更多的自由時間去「惹是生非」。格雷斯・帕拉迪諾（Grace Palladino），《青少年：一部美國歷史》（Teenager: An American History），紐約：BasicBook, 1996年：第13-14卷。也可參見《小孩當道：世界緣何突然間充斥著身高不足42英吋、可愛活潑的小孩》（The Small Fry Take Ove: For Some Reason the World Suddenly Seems Full of Kids Who Are Activ, Attractiv, and Less Than 42 Inches High），選自《生活》，1949年9月12日刊：第101-104頁；《戰爭寶貝們該學了》（War Babies Hit the First Grade），選自《生活》，1949年9月19日刊：第45-51頁。

55 例證可參見哈里・卡曼（Harry J. Carman），《展望明天》（Setting Our Sights for Tomorrow），選自《星期六文學評論》，1945年9月15日刊：第1618頁。僅1945年初到1947年初，《星期六文學評論》就刊登了二十多本美國教育方面書籍的評論。冷戰後，人們對教育很關注——尤其是像林恩・切尼（Lynne Cheney）和威廉・貝內特（William Bennett）這樣的保守派。

56 引自哈里・吉迪恩斯（Harry D. Gideonse），《校園裡即將來臨的決戰：有關教育之爭的報導》（The Coming Showdown in the School: A Report on the Battle of Education），選自《星期六文學評論》，1945年2月3日刊：第5頁。

57 《自由教育》於1943年初版，1948年出版了第2版，1959年出版了第3版，1962年又進行第3次印刷，這證明了該書的暢銷。

58 吉迪恩斯，第5、7頁。

59 但是班傑明·法恩(Benjamin Fine)批判了這種經典著作教學法，稱它為貴族教學法，他主張將來人人都可以接受大學教育。班傑明·法恩，《大學研究報告》(A Report on Colleges)，紐約：Thomas W. Crowel, 1945年。

60 阿德勒在1990年檢查指導對《經典著作》的修訂和擴充。他於2001年去世，享年98歲。

61 歐威爾斯特利和他的作家妻子伯納羅也四處遊歷，還常常做巡迴演講，宣揚他的成人教育思想和「成熟觀念」。從1950年到1958年，歐威爾斯特利夫婦先後在37個州、華盛頓特區和加拿大舉行了約600場演講、研討會、討論會和研習會，演講場所形形色色，有教堂、猶太教會堂、市政廳、教師家長會、基督教青年會、基督教女青年會、商業管理會議、男士俱樂部、女士會所、大型公司企業，還有大學。伊馮娜·拉帕波特(Yvonne Rappaport)，《世界皆課堂：歐威爾斯特利夫婦對成人教育的貢獻》(The Whole World Was Their Classroo: The Contributions of Harry and Bonaro Overstreet to the Field of Adult Education)，E.D. diss., Virginia Polytechnic Institute and State Universit, 1998年：第133頁、146頁；詹姆士·派翠克·布倫南(James Patrick Brennan)，《哈里·艾倫·歐威爾斯特利的成熟心智觀念》(Harry Allen Overstreet's Concept of the Mature Mind)，Ph.D. diss., University of Wyomin, 1996年：第60頁。

62 哈里·艾倫·歐威爾斯特利，《成熟的心智》(The Mature Mind)，紐約：W. W. NORTO, 1949年：第42-75頁。

63 巴克林·穆恩(Buklin Moon)編著，《白種人初級讀本》(Primer for White Folks)，Garden City, N.Y.: Doubleday, Dora, 1945年：第7冊。

64 自從黑人為奴的時代，南方白人就已採用了家長式管理這一說法來合理化白人所享有的特權。有關家長式管理和性別區分的研究，可參見凱薩琳·布朗(Kathleen M. Brown)，《賢妻、蕩婦和焦慮的家族長》(Good Wif, Nasty Wenche, and Anxious Patriarchs)，Chapel Hil: The University of North Carolina Pres, 1996年：322-324頁。

65 哈里・艾倫・歐威爾斯特利，《成年人需要瞭解的事情》(Some Things Adults Ought to Know)，選自《星期六文學評論》，1945年9月29日刊：第34頁。

66 岡瑟的暢銷書中的其他章節標題較為溫和，甚至有些誇獎美言的意思——「黃金加州」、「不要逡巡，前往懷俄明」——或是中性的表達：「俄克拉何馬和印第安人」。約翰・岡瑟(John Gunther)，《深入美國》(Inside U.S. A.)修訂本(1946年、1947年)，紐約：Harper & Ro, 1951年。

67 尤金・羅斯托(Eugene Rostow)，《我們戰時犯的最糟的錯誤》(Our Worst Wartime Mistake)，選自《哈潑》，1945年9月刊：第193-201頁，引用出自193頁和199頁；羅斯托，《災難一場——日益美國人拘禁案》(The Japanese-American Cases-A Disaster)，選自《耶魯法律評論》54:3(1945年6月)：489-533頁，引用出自489頁。

68 正如Brain Hayashi最近指出的一樣，多種因素共同造成了美政府採取拘禁的決定——尤其是美國認為可以用被拘禁者交換被捕的盟軍戰俘。他堅持認為這一決定源自種族主義者的「群體狂躁」——這是戰爭結束後，甚至在學界都作為普遍的一種解釋。Brain Masaru Hayash，《對敵人實行民主化：拘禁日裔美國人》(Democratizing the Enem: The Japanese American Internment)，Princeto: Princeton University Pres, 2004年：前言、第三章。

69 例證參見克拉克等人撰寫的文章，《日裔美國士兵成功了》(Japanese-American Soldiers Make Good)，選自《美國信使》，1945年6月刊：第698-703頁；《西海岸的三K黨主義》(Ku Kluxism on the West Coast)，選自《柯里爾》，1945年7月14日刊：第74頁；《千元獎賞》($1000 Reward)，選自《柯里爾》，1945年9月21日刊；《全力以赴》(Go for Broke)，選自《時代》，1946年7月22日刊：第22頁；R. C. L.《我們現在的日裔美國同胞》(Our Japanese American Now)，選自《調查半月刊》，1946年11月刊：第291-294頁；R. F. 馬丁，《胡德河驚險之旅》(Hood River Odyssey)，選自《新共和》，1946年12月16日刊：第814頁；W. L. 沃登，《消失的仇恨》(The Hate that Failed)，選自《星期六晚報》，1946年5月4日刊：第22-23頁；《華萊士在與日裔美國人的支持者會面時譴責遣散是「反美的」行為》(Wallace Condemn Evacuation as "Un-America" in Meeting with Nisei Supporters in Group)，選自《太平洋公民報》1948年11月3日刊：第2頁；《戰爭狂躁症恢復的諸多跡象》(More Signs of Recovery from War Hysteria)，選自《基督教世紀》，

1949年5月4日刊：第547頁。

70 羅斯托，《日裔美國人拘禁案》，第531頁。

71 也可參見阿德勒和凱爾索，《資本主義宣言》(1958年)。今天人們對路易士・凱爾索的瞭解，是因為他提出了著名的雇員股票擁有計劃(ESOPs)，該計畫創新擴大了股票所有權的範圍，使得資本主義社會中更多的人可以持有股票。

72 歐威爾斯特利，《成熟的心智》，第292頁。

73 喬治・肯南(George Kennan)，《蘇聯行動的根源》(The Sources of Soviet Conduct)，選自《外交》，1947年7月第25期：581-582頁。

74 約翰・福斯特・杜勒斯(John Foster Dulles)，《如何為了和平而進攻》(How to Take the Offensive for Peace)，選自《生活》，1950年4月24日刊：第134-135頁。

75 金梅爾。

76 威廉・佛蘭克林・桑茲(Willim Franklin Sands)，《威拉德・普萊斯的(日本和天子)》(Japan and the Son of Heaven by Willard Price)，選自《大眾福利》，1945年11月26日刊：第49頁；拉塞爾達，第13頁。

77 引自克拉克・李，《最後一睹》(One Last Look Around)，紐約：Duell, Sloan and Pearc, 1947年：第12冊；也可參見吉羅德・霍恩(Gerald Horne)，《種族戰爭：白人至上主義與日本對大英帝國的挑戰》(Race Wa, White Supremacy and Japanese Attack on the British Empire)，Chapel Hil: The University of North Carolina Pres, 2004年。

78 有關從文化角度衰老——具體而言即退休——在中世紀被視作男性特徵的喪失這點，可參見葛列格里・伍德(Gregory Wood)，《老年男性的問題：1910-1950年美國的男性特質、工作和退休狀況》(The Problem of the Old Man: Manhood, Work, and Retirement in the United States, 1910-1950s)，Ph.D. diss, University of Pitsburg, 2006年。

79 佩特羅・戈德(Petra Goedde)，《美國大兵和德國人：文化、性別和外交關係，1945-1949》(GIs and German: Cultur, Gende, and Foreign Relation, 1945-1949)，New Have: Yale University Pres, 2002。

80 漢斯・蓋茨科(Hans W. Gatzke)，《德國和美國：一種特殊的關係》(Germany and the United State: A "Special Relationship")，Cambridge, Mass.: Harvard University Pres, 1980年：第168頁。

81 亨利・盧斯，《日本》，選自《生活》，1945年8月6日刊：第24頁。

82 這一看法在美國對巴丹半島戰役的研究中持續存在。約翰・惠特曼(John Whitman)的研究表明美軍和菲律賓士兵的傷亡總數是2.1萬，他提供的其他資料表明菲律賓在呂宋島軍力的損失是美軍的5倍。但他未作其他說明，就推斷說雙方傷亡人數差不多，只是菲律賓要稍微多一些。約翰・惠特曼(John Whitman)，《我們的最後一道防線：1942年巴丹戰役》(Our Last Ditc: The Bataan Campaig, 1942)，紐約：Hippocrene Book, 1990年：第605頁。

83 參見由哲學家兼作家的路易斯・芒福德(Lewis Mumford)在《星期六文學評論》上發表的文章《德國辯護人和德國的記錄》(German Apologists and German Record)，1945年8月11日刊：第6頁；《普魯士之聲》(The Voice of Prussia)，1945年9月22日刊：第9-10頁；《致德國作者的一封信》(A Letter to a German Writer)，1945年12月8日刊：第7-8頁；《致德國教授的一封信》(Letter to a German Professor)，1946年1月19日刊：第5-6頁；《致德國教授的一封信》(Letter to a German Professor)，1946年1月19日刊：第5-6頁；《對德國不利的情形》(The Case Against Gemany)，1946年3月16日刊：第13-14頁。芒福德年僅十幾歲的兒子在對德作戰中犧牲的事實部分地說明了他的憤怒。唐納・德米勒(Donald L. Miller)，《路易斯・芒福德的一生》(Lewis Mumfor: A Life)，紐約：Weidenfeld & Nicolso, 1990年：第437頁。

84 德國人不知悔改這一主題持續了許多年。參見兩位戰後首次返回祖國的流亡德國者對該文章的反駁：漢賽爾・米斯和奧托・哈格爾，《我們又回到了祖國》(We Return to Fellbach)，選自《生活》，1950年6月26日刊；《我們又回到了祖國》，選自1950年7月1日刊：第9頁。

85 《德國難民》(Displaced Germans)，選自《生活》，1945年11月15日刊：第107115頁，引文出自第106頁。對比參見《日本人從戰敗的帝國回到家鄉》(Japanese Come Home from Lost Empire)，選自《生活》，1946年2月2日刊：第17-23頁。

86 例如，當《生活》雜誌刊登了有關納粹「超級寶寶」嚴厲辛辣的特寫時，一位讀者批評該雜誌，宣稱：「納粹分子本不存在。納粹分子是培養出來的，而非天生的」（原文為斜體），而另有五位讀者建議這些寶寶應當由美國人或二戰盟國家庭收養，最終由兩位作家各收養了一個寶寶。《超級寶寶：養育在德國城堡的超級士兵的私生子》（Super Babie: Illegitimate Children of S. S. are Housed in German Chateau），選自《生活》，1945年8月13日刊：第37-40頁；《超級寶寶》，選自《生活》，1945年9月3日刊：第2-4頁。

87 《德國難民》，選自《生活》1945年11月5日刊：第46頁。在刊登的六封讀者來信中，似乎只有軍人才會同情德國人。

88 實際上，從1948 到1949年，當日本成為美國重要的冷戰同盟後，美國媒體對日本南京大屠殺的報導直線下降。直到1970年，當日本成為具有競爭力的經濟強國後，有關大屠殺的討論才在美國大眾話語中再次出現。

89 在張純如（Iris Chang）著名的著作《南京大屠殺：被遺忘的二戰種族大屠殺》（The Rape of Nankin: The Forgetten Holocaust of World War II）出版前，美國沒有任何這種有關南京大屠殺的出版物。美國參議員軍事和外交關係委員會，113。

Sunday at Hirohito's

第三章——

周日的裕仁皇宮

天皇裕仁在宣佈日本投降的六周後，前往將軍府與道格拉斯．A. 麥克阿瑟將軍會面。麥克阿瑟在來之前就對日方清楚地表明他不會去拜見任何人，就是日本的天皇也必須對日本新的統治者表示敬意。[1] 這位駐日盟軍總司令非常在意象徵性的姿態，無論事情大小都是如此。當他大獲全勝返回菲律賓時，他先讓隨行的攝影師上岸待命，然後又讓軍艦駛離海岸，這樣安排佈景是為了攝影師能拍攝到他大步踏浪上岸時的正面照片。當他登陸日本時，他的座駕是名為巴丹的一架未配備武裝的飛機。而在密蘇里號美軍軍艦上，日本正式投降時，他又上演了頂峰之作——投降書剛簽署完，一支由三架 B-29 轟炸機組成的機群便排列整齊地「隆隆駛過上空」，飛向珍珠港。[2] 同樣，此次裕仁經過數天的猶豫，最終摘帽晉見麥克阿瑟，又一次成全了麥克阿瑟巧意安排的作品。一位美國記者注意到了此次會面意義重大，是「天子……和給天子發號施令者的會面」。[3] 或者像《生活》雜誌的諷刺性評論所說：裕仁此次在一個「身材高大、不拘禮節的美國士兵」面前屈尊俯就，「很有失日本神道的神聖性。」[4]

在麥克阿瑟將軍和天皇準備進入私下會談前，將軍准許攝影師記錄下了這具有歷史意義的一刻。很快，一張照片就成為記錄這場征服者與被征服者之間會晤的標誌性圖片。麥克阿瑟身著日常的卡其布軍裝，領口敞著，他旁邊站著的裕仁卻穿著正式的晨禮服，站在寬敞的門口前。將軍的雙手叉在腰後部，雙腿微分站立，顯得很隨意，而實際上他的站姿使得他的上身顯得寬闊高大。相比之下，身材較矮小的天皇則雙手僵直地垂在兩邊，下巴微抬，無意間顯得他的肩膀比實際上要更窄小渾圓。刊登這幅照片的《生活》雜誌的編輯們一致認為麥克阿瑟「甚至懶得為這次會晤打上領帶」。[5]日本的宮內廳試圖在日本封禁該照片，因為他們認為這是對天皇的不敬，但是盟軍總部堅持要大量發行該照片，目的是讓日本人清楚認識到誰將是新的領導者。麥克阿瑟將軍的隨意穿著傳達了一種自信、美國「能幹」的態度，而天皇的正裝——條紋褲、圓角下擺的西裝和大禮帽——表明一個人所共知的事實，他需要為自己和日本民族討好美國人。照片還凸顯了麥克阿瑟高大的身材——五英尺十一英吋相比於裕仁五英尺三英吋的高度——高度的懸殊似乎象徵了美國的強大淩駕於日本的弱小。因此，該照片簡潔明瞭地總結了新的美日關係：一個強大、有力的美國將要幫助一個僵化、古板的日本來改變這個被征服的民族。[6]

這張麥克阿瑟和裕仁的照片同戰時美國人所熟悉的天皇照片相去甚遠。在早期的照片中，意氣風發的裕仁身著軍裝，手持利劍，騎著白馬檢閱著部隊。這張照片招致海軍上將小威廉．海爾賽在戰爭即將結束時的新聞發佈會上炫耀說，他期待著跨上這匹天皇的坐騎——「白雪」。美國的目的就是要將裕仁從高高在上的神位降格，如字面意義一樣「把皇帝拉下馬」。[7]儘管戰後海爾賽並未在天皇的坐騎上拍照，他的軍中同仁威廉．C. 蔡斯（William C. Chase）

圖六．道格拉斯．麥克阿瑟將軍同裕仁天皇首次會面時拍攝的代表性照片。Getty Images。

少將卻有幸騎著前首相東條英機的「白馬」拍照留念。[8] 東條英機的坐騎是一個適時的替代品，因為美國人逐漸將對日戰爭的勝利解讀成對軍國主義者的勝利而非對天皇的勝利。

戰爭期間，美國政府內外的人士就在激烈爭論盟軍勝利後該如何處置天皇。[9] 最終，杜魯門政府和國務院的決策者們決定保留天皇，他們認為這樣的決策有利於控制日本人，也有助於避免長期駐日給美國納稅人帶來的沉重負擔。但另一方面，杜魯門和國務卿詹姆斯．伯恩斯(James Byrnes)仍在為正式批准這項決議而猶豫不決，他們擔心公眾的反應——這不無理由。[10] 一九四三年，前駐日大使約瑟夫．格魯(Joseph Grew)就因在芝加哥發表的演講中主張戰後保留天皇而遭到媒體的猛烈抨擊。著名的廣播主持人沃爾特．溫切爾(Walter Winchell)認為美國政府和天皇合作簡直不可思議，他向數百萬的聽眾宣稱美國不摧毀日本皇宮的做法實際上就是公然「對我們那些被砍頭犧牲的杜立特轟炸隊(Doolittle flyers)飛行員的殘暴侮辱」。

民眾的這些反應與一九四三年到一九四五年所作的多項調查結果一致，調查結果一致表明有三分之一的美國民眾支持處決裕仁。儘管美國作戰新聞處早在一九四二年十一月就有所注意，避免在其宣傳中用天皇來象徵敵國日本，一項於一九四五年五月二十九日所作的民意調查卻顯示有百分之七十的美國人認為天皇應當被處以死刑、監禁、流放或接受審判。僅有百分之三的美國人認同杜魯門政府的最終決定：保留天皇「作為統治日本的傀儡」。[11] 一些非官方的日本研究「專家」同意利用裕仁天皇幫助統治戰敗的日本，但他們中的大部分人，與那些宣揚立即處決天皇的美國人一樣堅持認為，裕仁應對這場戰爭負責，引咎下臺。[12]美國議會也這麼認為。在參議員理查．B. 拉瑟爾（Richard B. Russell，喬治亞州的民主黨人）的率先提議下，國會於一九四五年九月二十八日通過了一項兩院共同決議，要求裕仁作為戰犯接受審判。[13]除極個別外，絕大多數人反對天皇，這一壓倒性的輿論情感解釋了杜魯門在一九四五年九月六日簽發的「對日戰敗後草擬政策」（SWNCC150/4/A）中，也表示了有可能將裕仁作為戰犯審判。這是一個妥協的緩兵之計，目的在於在實施其政策時能盡可能減少阻力。

對廣大美國人民要求廢除天皇的公眾情感起到緩和作用的，是美國的新聞記者和作家們的話語，他們開始為天皇重建一個美國重要盟友的形象。逐漸，這些有關「新」裕仁的描述在美國的公眾話語中佔據了主導地位。大眾輿論的轉變絕非一日之功，而是歷經了對日佔領初期的幾年蹣跚發展而來。主流新聞媒體的記者們和居住在被占日本的作家們都自覺主動地致力於重塑日本天皇形象。他們之所以比普通的美國民眾自覺自願，是因為他們有優勢，通過新聞發佈會和與決策者或軍事領導的私下會面，他們可以接近決策者或是駐日盟軍總司令，更瞭解政策制定的原因根據。然而新的話語的形成並非來自撰稿人和決策者們的簡單合作。與這些決策者和軍事領導人一樣，新聞記者及作家們持有同樣的種族、性別、成熟度等文化觀念；內心都同樣堅信美國強盛偉大；都對美國的政治經濟理念充滿信心。這種共性意味著這些新聞記者和作家們很容易認同美國政府的對日政策。這並不是說這些撰稿人總是對政府亦步亦趨，實際上美國主流作家們所寫的有關天皇的文字是基於個人信念、獨特的認識論、官方的暗示和個人對時事的見解的綜合。

美國的新聞記者和作家們重新賦予了天皇裕仁一個「親善的日本人」形象，他是在「軍國主義者」這種「邪惡的日本人」的逼迫下捲入戰爭的。於是一位謹慎、神明似的天皇化身為一個戴著圓眼鏡的古板、心不在焉的教授。[14] 在美國人眼中，天皇不再是身著綴滿勳章綬帶的軍裝，騎著白馬高高在上的樣子，而是身著樸素的便服，頭戴呢帽，與人民打成一片的形象。美國人在戰後被告知這位天皇性情溫和，愛好研究海洋生物學，他是被「軍國主義分子」，特別是東條英機將軍所迫才對美開戰。這些軍國主義者才應受到譴責，是他們導致日本陷入了災難性的殘酷戰爭，他們才是應當遭受懲罰的罪魁禍首，以此讓日本民族謹記「侵略沒有好下場」的教訓。於是，一小撮「軍國主義分子」負載了日本國民的「罪行」，之後在國際軍事法庭上受到了審訊、宣判和懲處。

但是，「軍國主義分子」的稱謂過分強調了日本文職帝國主義者和軍人帝國主義者的差異，與其說是澄清了事實還不如說是混淆了視聽。例如那些被稱為「反軍國主義者」的日本領導人，如戰後首相吉田茂，他們與製造「事變」藉以侵佔中國東北的青年軍官們相比，在建立日本帝國的目標上並無不同，只是在如何將中國東北納於日本統治之下的問題上有不同的看法。[15] 況且，在死亡、破壞和饑餓向日本本島襲來之前，日本民眾對太平洋戰爭非常支持。大部分日本人認同的一個基本常識就是像他們這樣先進的國家需要——也確實值得——擁有更多的領土發展自己的文化，開發那些未被落後民族物盡其用的資源。用以指稱日本人的「軍國主義分子」這個稱謂也是個有爭議的東方主義者術語——它掩蓋了美國軍國主義或黷武主義。[16] 然而，日本的軍國主義和美國的黷武主義有著共同的目標，即確保本國安全、保障對國外資源和市場的控制。在日本被迫放棄通過控制中國以達到自給自足的美夢，以及美日政府解決了天皇去留的問題之後，兩國的目標變得相當一致：在東亞保持並擴展自由資本主義。[17]

區分「親善的」天皇和「邪惡的」軍國主義分子的話語以性別和成熟度等觀念為基礎，後者是同戰爭行為和戰爭責任相聯繫的。同情天皇的美國人試圖通過將天皇描述為有原則的軍國主義反對者同時也是正直誠實的居家男性來洗刷他的罪名。而另一方面，那些對天皇沒有好感的美國評論家則將他描述成了一個受人操縱的傀儡，缺乏男性的自我定位和自控能力，但對美國控制被占日本來說仍不失為一個好幫手。但對東條英機，美國人利用那些充滿種族歧視的、變異了的男性特徵觀念來繼續將他定罪為「東方的」罪人。對美國人來說，東條和裕仁是他們最為熟悉的兩個日本人形象；一個被定罪為戰犯並遭到懲處，而另一個的形象則被加以改觀，成為美國有用且可靠的盟友，值得美國人伸手援助。美國人採取了既有的性別和成熟度等觀念來解釋日本的戰爭行為和責任，這些既有的觀念使得「皇帝的新裝」變得一目了然。

最高盟軍統帥和裕仁

麥克阿瑟因為保留天皇並保護裕仁，使其免受戰犯的懲處，而常常為人稱頌或是批判。在戰爭結束後，杜魯門政府將天皇的去留以及他能否配合美國行事的決定權留給了盟軍總部。麥克阿瑟和陸軍準將邦納．費勒斯（Bonner Fellers），他的軍事秘書及心理戰參謀長，被先期派去保護裕仁。早在二十世紀三〇年代中期，費勒斯就日本士兵的「心理狀態」曾寫過報告，那時他就有了自己的觀點看法。費勒斯儼然已是研究日本士兵心理的專家權威，他也堅定了麥克阿瑟的信念：裕仁對於日本人民的安寧生活和美國軍隊的安全都很重要。在一九四四年七月的一份報告中，費勒斯斷言稱如果盟軍懲治天皇，日本民眾會群情激奮，並會「如螻蟻般誓死反抗」。他稱「對日本民眾來說，絞死天皇不異於對我們來說將耶穌釘死在十字架上」[18]因此，最高統帥抵擋住了來自其他盟國絞死天皇的要求，甚至拒絕了一些來自皇室內部要求天皇裕仁下臺的建議。麥克阿瑟對自己的信念堅定不移，對待公眾輿論也不需要像國內經驗不足的決策者那樣謹小慎微。就這一事件的處理上，他的觀點和美國政府的願望契合一致。於是麥克阿瑟得以實施杜魯門政府和決策者們想要卻不能批准的政策。[19]

麥克阿瑟在展示了首張宣傳照，調整好同天皇的關係狀況之後，在最高統帥部的支持下，又展開了宣傳活動，大量的宣傳照向美國以及日本的民眾展現了一位不尚武力、「民主的」，更真實、生動的天皇裕仁。儘管之前就日本民眾對天皇的狂熱崇拜有所瞭解，總司令部負責宣傳的官員還是意識到在飽經戰爭蹂躪的日本民眾中重塑天皇形象的必要性。畢竟，日本政府在一九四五年初提出和平投降建議書的原因之一也是擔心國內爆發社會革命。宮內廳在最高統帥部的幫助下向民眾推出了「人民的天皇」裕仁，這樣的一位天皇瞭解民眾，與人民打成一片而非深居皇宮，不問民生。為了達到這個目的，宮內廳向外發佈了皇室的大量照片，以使皇室顯得好像無異於普通的日本民眾家庭。第一批照片在裕仁聲明放棄神性後的第二天被刊登在日本報紙上，其中的一張是皇后身著土褐色和服，跪坐著和兩個孩子一同餵小雞的場景；照片的隱義是說皇室成員也像日本民眾一樣曾受苦受難。[20]

自一九四六年二月開始，在美國軍方的陪同下，天皇開始了長達五年的從大城市到偏僻漁村的全國巡視活動，其間他走訪了學校、醫院，看望了負傷老兵、陣亡戰士的家屬，參觀了工廠、礦井等等。早在皇室三代之前，裕仁的爺爺明治天皇就曾為了合法化鞏固其權威進行過同樣的全國巡視，這兩次全國巡視都獲得了成功。儘管有一小部分人仍心懷不滿地質疑裕仁既然有能力為何不早日結束這場戰爭災難，但大部分的日本人已經將其作為拯救日本人民於戰禍的救世主。[21]他們相信是這位慈父一樣的天皇制止了美國的狂轟亂炸，而且還勇敢地向麥克阿瑟提出只要這位最高統帥能確保日本人民的安全，他願意做出自我犧牲。[22]

麥克阿瑟更加強渲染了這一天皇形象。某種程度上說，麥克阿瑟樹立了這樣一個充滿男性氣概，勇於承擔責任，受人尊敬的天皇形象。他曾多次講述一件事，之後還將它收錄在回憶錄裡。他回憶首次與天皇會面時，天皇曾說：「將軍閣下，我在此接受以您為代表的盟軍各國的審判。我願為日方所有的政治軍事決定和日方人民在戰爭中的行為全權負責。」[23]由於協議規定麥克阿瑟和天皇的十一次會面內容需保密不得外泄，幾十年來，麥克阿瑟所說的這些都一直未被質疑。然而在二十世紀七〇年代披露的由天皇的翻譯在那次世人矚目的會面後隨即所做的詳細會議記錄中，談話內容卻大相徑庭，期間天皇從未提及要對戰爭負責。[24]當然也可能麥克阿瑟真的相信他確實聽到了天皇這麼說。麥克阿瑟將軍被先期派去與天皇交涉：或許他記得曾聽到過他想聽到的內容。也許他故意編造了這一談話內容來合理化自己的決斷。也可能是這位翻譯的記錄不可信，天皇的確曾聲稱對戰爭負責。姑且不論哪個版本或版本的組合是真實的，最終達到的效果是一樣的。直至這位翻譯的會議紀錄公諸於世時，由於在這幾十年中麥克阿瑟的版本被反覆重複，他的描述在美國和日本早已成為了公認的事實。麥克阿瑟將軍的敘述連貫而簡潔，還帶有英雄色彩。而天皇未被作為戰犯加以審判和懲處的事實也好像是對他能在面對身形高大、實力強大的對手時仍能保持個人尊嚴和榮譽的應有回報。

邦納·費勒斯還編了個凸顯天皇勇氣和尊嚴的故事。那些像費勒斯一樣很同情天皇的美國人以皇室內閣一樣的方式將天皇描繪成：一個勇者，單槍匹馬地降服了「軍國主義分子」，制止了他們的瘋狂行徑。在一九四七年七月的《讀者文摘》中，費勒斯發表了題為《裕仁勇敢直面投降》(Hirohito's struggle to surrender)的文章，文中稱直至一九四五年春天，天皇裕仁一直致力於停戰投降事宜。費勒斯細述裕仁曾對皇室成員說「不論他個人會遭受什麼，他都要建議停戰」，費勒斯的這一敘述再次重申了皇室內閣所力推的主旨，而最近的研究表明這些都非事實。[25] 費勒斯在他的講述中比他的上司更具有想像力——至少麥克阿瑟親歷了自己所講的故事——而費勒斯讓他口中的裕仁在八月十四日關鍵的內閣會議上對那些反對投降的人顯得更加具有「威脅性」。文章開頭配了一小幅鋼筆畫，畫中裕仁在內閣會議上筆直地站立著，而他的內閣成員則坐著，一個個面容憔悴，不知所措。有趣的是這位畫家筆下的天皇穿著一件晨禮服（在工作會議上，天皇不可能穿成這樣），站姿也同與麥克阿瑟所拍的著名合照中一樣——但肩膀卻明顯寬了許多。[26] 費勒斯後來成了約翰．伯奇會(John Birch Society)的創辦人之一，他以完全確定的語氣援引了這個所謂確鑿的皇室權威的話語。

但是在從某種角度審視費勒斯和麥克阿瑟的態度的同時，我們應當看到若是日本在八月中旬沒有投降，他們兩人應該已經在率兵侵入日本了。如同那些早已投入到或是準備前往太平洋戰爭的美國士兵一樣，對於這場戰爭的結束，他們也滿懷理解地鬆了口氣。許多士兵認為是對廣島和長崎的毀滅性轟炸救了他們一命，就像曾是退役老兵的文學教授保羅．福賽爾(Paul Fussel)所說的那樣：「感謝上帝賜予了原子彈。」[27] 同樣，那些前往被占日本服兵役的美國士兵對到達日本後所受到的接待深感安慰，他們將所看到的和平有序的社會狀況歸功於天皇。在他們看來，天皇「阻止了一切災難，恢復了天日」，正如新聞記者法蘭克．凱利和科尼利厄斯．萊恩在他們的佔領期回憶錄《美國的天皇》(Star-Spangled Mikado)中所寫：

> 日本民眾中的風紀自律——儘管在侵略時期曾被誤導誤用——的確是不同凡響。天皇一聲令下「立定！」，他們就立定，除了極個別狂熱分子——但在八月中

旬看到他們的陰謀計畫破產後，也停止了戰鬥，當我們登陸日本時，七千萬日本民眾，甚至在本島的三百萬武裝士兵都表現得馴良溫順。[28]

能夠對幾百萬人施加這種所謂的控制力，在像麥克阿瑟和費勒斯這樣的軍人眼中是令人驚奇又羨慕的，而且出於現實和人道主義原因，這種控制力也令人欽佩，因為它幫助避免了大規模的流血犧牲。當然，美國人誇大了天皇的權威和控制力；那時幾乎所有的日本人在「停止」了軍事行動後都感到寬慰，而且因為不必備戰與強敵拼死一決而深懷感激。但在日本民眾對天皇權威的尊重這方面，兩位將軍所做的猜測是正確的，矛盾的是美國人希望對這種權威加以控制，為己所用來「民主化」日本國。

傀儡天皇

費勒斯和麥克阿瑟將軍這兩個保守的帝國體制的支持者認為裕仁的性格是直率、堅定的，但與他們相比，《美國的天皇》一書的作者對天皇持有較矛盾的看法。那些對日本帝制和天皇同情較少的美國人傾向於認為裕仁軟弱被動、沒有骨氣。就在戰敗日本的國民們開始將天皇作為結束戰爭的勇者加以尊敬崇拜的同時，一些駐日美國人卻喜歡嘲諷天皇和這個建立在神話上的帝國制度。還有些駐日官兵戲稱天皇的全國巡視為「是嗎」巡迴遊，之所以這麼叫是因為天皇在接見民眾時通常的回答都是「ah so？」──「啊，是嗎？」凱利和萊恩曾寫道，在遇到民眾時，「天皇仍很緊張、拘謹」，「他的聲音有些顫抖；講話仍舊僵硬、不自然，但他似乎還是勇敢地堅持著。」[29] 紅十字會的志願者露西．克羅克特對天皇裕仁不甚同情，曾嘲笑他「嚇得土黃的臉上……帶著角質眼鏡，有著傾斜後縮的下巴和滑稽可笑的鬍子」，露西嘲諷天皇的公眾形象就像個「民主黨人士」。她還稱駐日美國人認為他是「(不)在場的小矮人」，暗示天皇一直都是個不重要的角色。[30]

一些美國人──尤其是那些從日本歷史瞭解到帝制存在的大部分時期均被有權勢的皇家貴族和軍人統治利用的美國人──視天皇為戰時「軍國主義者的傀儡」。那些對日本不太瞭解的美國人則認為裕仁是無自主能力的傀儡，這也符合早先普遍認同的觀念──日本人是有待他人操縱的玩偶。大部分美國人如果說在戰前對日本的皇室有點瞭解的話，應該說是威廉．吉伯特和亞瑟．薩利文的音樂劇《天皇》給他們或多或少留下了些印象，該劇於一八八五年首映，之後的幾十年直至二十世紀都一直大受歡迎。巧合的是，該劇也是美國在被占日本上演的首批劇碼之一。它的開場是這樣的：

想知道我們是誰？
我們是日本的權貴；
在花瓶上，在陶罐上，
在屏風上，在團扇上，
到處都畫著我們的形象；
我們的姿態怪模怪樣，
你若不這樣想，那就錯得太荒唐！
你若以為我們被線繩操縱，
就像日本的木偶一樣，
那你就沒有弄懂，
這才是皇家氣象！[31]

《天皇》延續了維多利亞時期西方人視日本為幼稚的「玩偶世界」的觀念——即使真槍實彈地和日本人惡戰之後，美國人仍無法去除這一觀念。儘管在第二場中寫道：日本人不是「像提線木偶一樣由線繩控制」，但歌曲和整個劇碼給人的總體印象是日本人無法決定自己的命運。有吉伯特和薩利文的劇作在先，凱利和萊恩將他們的著作定名為《美國的天皇》，其原由也就比較清楚了：滑稽的、玩偶似的日本人，現在「操縱他們的線繩」掌控在美國人手中。

考慮到戰前普遍存在視日本人為玩偶且易掌控的觀念，在許多其他的美國作家和新聞記者看來將天皇刻畫成傀儡很合理——要不就是受「軍國主義者」的操縱，要不就是受美國人的掌控。例如一九四五年九月的《高級學術》在談到戰爭的正式結束時稱「今天的日本，喪失了昔日的不義之財，日本天皇成為了麥克阿瑟將軍的『查理·麥卡錫』(Charlie McCarthy)」。[32] 保留天皇的SWNCC 150號檔在大約一周前就已向公眾發佈，當然之前完全沒有參考傀儡們，或是「查理·麥卡錫」——會說腹語的表演者愛德格·伯根(Edgar Bergen)那著名的木偶——的意見。考慮到美國人對皇帝和日本的既有觀念，而且這一比喻又恰如其分地反映了當時的情況，於是這本面向中學教師和學生的雜誌便毫不猶豫地也採用了這一比喻。據說，很快一些駐日的「無禮」分子(他們不可能看到《高級學術》的描述。)也開始把天皇蔑稱為「查理」。[33] 新聞記者約翰·拉塞爾達曾寫道：裕仁「對我們俯首貼耳，是合適的傀儡人選」，對最高統帥部的指示言聽計從。他解釋說天皇「可起到凝聚力的作用，讓他繼續發揮該作用，以防日本內部的全面動亂，這是最好的權宜之計」。[34]

但是這些撰稿人對最高統帥部所做的努力並不完全信服，他們既不完全相信裕仁是「深居京都皇宮中不善言辭的傀儡或是無賴軍國主義分子的囚徒」，也不相信「這位查理」是「熱愛和平的隱士，對花鳥魚蟲的興趣比對獨裁專政和戰爭要大得多」。麥克阿瑟認為天皇是「一個偉大的自由主義者，完全受到軍國主義分子的控制監禁，連去洗手間的自由都沒有」，他們對此不以為然，並且懷疑裕仁預先早就知道並且准許了襲擊珍珠港和在亞洲的侵略擴張。[35]

但是這些撰稿人還是贊成利用天皇的政策，並在他們的文章中強調利用天皇的輔助統治日本的現實意義，為該政策辯護。一位駐守日本偏遠地區的軍政官員曾對克羅克特說：美國人應該感到欣慰，「走在東京大道的日本都市人」仍會駐足朝拜皇宮。「在這個距最近的作戰部隊五十英里的地方，我個人對運用心理戰術而非武力的駐日政策深表贊同。」[36] 新聞記者諾埃爾·布希也表示了贊同，他強調說如果當時美國當局像「眾望所歸的那樣在戰敗者面前」革除天皇，那麼他們也就「把日本人同美國征服者合作的基礎和動機掃除殆盡了」。這樣一來，美國將不得不面臨一個不可能完成的任務：對「除了沒用的日裔美國人外」，一個語言幾乎完全不通的充滿敵意的民族進行施政和管理。保留天皇裕仁使得美國人得以利用「日本現成的國家機器，包括從高級外交大使到鄉村郵遞員的兩百萬左右日本政府工作人員」。[37]

這個觀點抹煞了沒有天皇也還是存在利用日本政府官僚機構的可能性，同時它或許也低估了飽經戰亂的日本人民的心理狀況，比起和美國人繼續打仗，他們更關心的是如何保命生存。的確，在說服一些頑固分子自願放下武器時，天皇起到了關鍵的作用，但是那些美國政府政策的辯護者們或許誇大了天皇對駐日佔領的長期作用。當然這類觀點所依據的設想是日本人支持帝制，沒有帝制日本國將無法運作。克羅克特認為日本人在接連不斷的民主思想的衝擊下步履蹣跚，於是她斷言日本人需要帝制「作為他們的精神支柱，直到有一天他們成長發展，最終斷除對它的依賴」。[38] 她的這番論斷與費勒斯的言論相呼應。費勒斯曾說就如同耶穌是美國人信仰的核心，天皇就是日本人信仰的所在，但是克羅克特的論斷中抱有文化人類學家傑佛瑞·戈爾和露絲·潘乃德對日本民族發展的希望，日本能夠「成長」，最終擺脫這種無效且幼稚的信仰體系。

在美國政府未作任何指示和要求的情況下，許多駐日的回憶錄作家和美國觀察評論家主動將「向國內同胞」解釋美國駐日政策的正確性視為己任。他們似乎在去了日本之後也感到自己對美國駐日政策的成敗有一份責任。在對日本人和「我們在日本的職責」的問題上，這些作家和大部分盟軍總部的軍官們持有同樣先入為主的觀念、偏見和障礙。就像所有的功力不凡的作家一樣，他們將自己的敘述深植在了讀者腦中。克羅克特的回憶錄表達了對日本人民的同情，她一定預料到了美國潛在的目標讀者會持粗俗、頑固的態度——這一印象不難發現，早在戰時，她的美國同胞們就對日本敵人心懷憤恨。她自己對保留天皇的意見總結如下：「麥克阿瑟將軍技藝高超地打了一局氣勢恢弘的撲克遊戲，其間，盟軍充分利用了日本人手中的王牌。」[39] 克羅克特以貶低天皇的方式來強調天皇對麥克阿瑟的作用，這樣做是為了試圖喚起美國同胞對天皇的仇恨，並說服他們相信麥克阿瑟將軍政策的正確性。

一個熱愛和平的「模範家居男性」

將裕仁塑造成一位坦率正直的家居男性是用以打動更崇尚民主自由的美國人的又一策略。美國最為暢銷的雜誌真切反映了美國官方對天皇命運的安排。直到一九四五年春天，《生活》雜誌所持的態度就像杜魯門政府一樣，對裕仁的命運仍猶豫不決，但是到了一九四五年八月，該雜誌開始像麥克阿瑟和費勒斯一樣，替天皇推卸戰爭責任。[40] 及至一九四六年二月初，大概在天皇開始全國巡訪的同時，《生活》雜誌在一篇題為《裕仁一家的星期天》的配圖報導中將他描述成一個完全普通的家居中產階級父親。報導中的照片是由宮內廳提供，他們禁止美國攝影師在皇宮內拍照。這些皇室照片是連續經過四個星期天精心拍攝的（正好符合《生活》雜誌報導的舒適居家的題目）。一張照片「史無前例」地表現了天皇微笑的形象，而另一些照片則展現了他瀏覽美國連環漫畫、同家人共同進餐、欣賞女兒彈鋼琴，還有與兒孫們散步的生活場景。為了突出表現皇室家庭普通的一面，這些照片不僅表現了看上去悠閒的星期天下午平淡無奇的生活場景，還在其中隱去了那些時刻陪伴皇室成員左右的僕人、皇室主管、侍女和皇室教師。《生活》雜誌意識到這些照片的目的實為作秀，稱它們揭示了：

> 日本皇室顯而易見的目的……是向世人呈現一位身為民主主義者、父親、祖父、日本公民以及植物學家的裕仁。皇室審查撤銷了一些裕仁身著軍裝的照片，卻樂於展現他稍微尷尬窘迫的一面，例如他兒時童車的照片，還有他翻看紐約《時代》雜誌的照片，並且照片中還有林肯的半身像。天皇實際上是一位稱職的生物學家，他發現了兩種海洋動物種系，並親自命名為Sympcsisphoea Imperialis Terao（蝦）和Lyrocteis Imperatoris Komai（水母）。

但是就在《生活》雜誌批評這種為重塑天皇形象而作的努力時，它似乎也在附和著這種轉變，正如一位憤怒的讀者，曾駐守密西西比州梅里第安（Meridian）的前空軍上校約瑟夫·D. 布拉斯菲爾德（Joseph D. Brasfield）在後來發行的雜誌上指責的：「在我看來，貴刊所刊登的『裕仁一家的星期天』的照片正中政治宣傳家們的下懷，他們正想讓我們相信日本佬是真正和善的民族，裕仁也是個熱愛和平的家居男性，絕不願傷害任何生靈，哪怕是他的那些保存完好的蝦和水母。」這位太平洋戰爭的老兵所發出的指責聽起來不無道理。儘管《生活》雜誌在另一段表示說日本人「明顯」在「構建一個能為美國人理解接受的天皇形象」，該雜誌繼而又宣稱這些「事實」表明天皇確是一個「模範家居男性」，他欣賞亞伯拉罕·林肯（Abraham Lincoln），精通美國文學和歷史，是個堅決的反戰者。文章暗示如若不是囿於不幸的客觀形勢——即以其名義發動的這場野蠻、毀滅性的戰爭——裕仁就會是一個「和藹」且稍顯「拘謹」的父親，他會愛護妻兒，並和孩子們一同看漫畫。[41]

在日方的合作幫助下，《生活》雜誌連續幾年都在不斷關注皇室，以此作為對該制度的宣傳，對其加以人性化。一九四七年《生活》雜誌的「人物」隨筆版塊中刊登了一幅照片，圖中安詳莊重的皇后良子身著印花套裝，頭戴禮帽，天皇則身著西服，手持禮帽，文章描述道「這是日本的天皇和皇后這對老夫婦在二月二日拍的度假照片，現在他們在融入美國文化上已得心應手，裕仁看上去像一個隨和（面帶微笑）的商人，皇后像個家庭主婦，盡職地關切著丈夫的髮型一絲不亂」。[42]

因為美國人認為民主意味著有選擇的自由，他們特別關注天皇和皇后彼此選擇了對方作為自己的終身伴侶。但美國人一廂情願的愛情婚姻故事並不準確，因為在良子還小的時候，她的父親久邇宮邦彥王就已安排好了這場婚事。然而天皇對皇后似乎是一心一意；據說就在皇后連生三個女兒未生一子的情況下，他仍拒絕納妃——宮內廳對此大加宣傳。一九五〇年，當天皇的一個女兒同「平民」結婚時，《生活》雜誌讚揚該結合為「民主婚姻」，打破了「一個長達兩千六百年的傳統」。但這場婚姻的「民主性」也只在於新娘本可以拒絕這位皇室「挑選」的新郎：一個遠親表兄，之前也是一位王子，戰後失去皇室頭銜，所以只是表面意義上的平民。[43] 雖然如此，對皇室兩代人的浪漫婚姻和舒適家庭生活的著重強調，其意圖是為了使日本皇室家庭在美國民眾的眼中顯得比較平常普通而不是那麼神秘和落後。

《生活》雜誌持續刊登有關裕仁反對戰爭的新說法，在緊接著刊有《裕仁一家的星期天》(Sunday at Hirohito's)之後的一期上又刊登了由理查・勞特巴赫(Richard Lauterbach)報導的有關此事的另一版本。勞特巴赫敘述道：「十二月八日，偷襲爆發後幾小時，東條英機前往皇宮要求開戰。裕仁目光透過眼鏡投向一邊，在上午十一點三十分整簽署了宣戰書，對此不甚開心。」勞特巴赫幾乎不可能知道裕仁當時是否將目光瞥向一邊，或是他當時的心情，但是勞特巴赫在另一段他想像的裕仁與麥克阿瑟的對話中繼續暗示當時裕仁是別無選擇。在被問到他為何准許日本發動戰爭時，

> 天皇看著麥克阿瑟，臉上一副不可置信的表情，好像這位征服日本的勝利者是個日本記者。他緩緩地說：「如果我不同意，人民會選舉一個新的天皇。這是日本民眾的意願。當時沒有哪個天皇能與人民的意願背道而馳。」[44]

據此，責問天皇為何會准許戰爭發生是「幼稚」的，同時也阻止了另一個問題：為何天皇有權威結束戰爭卻沒能阻止戰爭的發生。[45] 同樣未能追問的一個問題是：如果天皇確實很反對戰爭，他為什麼不選擇退位，如果裕仁暗示那樣會有可能產生「一個新的天皇」的意思是他害怕被暗殺，那麼就又有一個懸而未決的道德問題：如果一個人為了自救而犧牲了數以萬計他人的生命，他可以被饒恕嗎？勞特巴赫本可以簡單地將裕仁描述成一個懦夫，但他沒有這麼做。勞特巴赫虛構的對話具有欺騙性，儘管它們準確證實了日本民眾對這場戰爭的歡迎擁護，但他的記述卻錯誤地將戰前和戰時日本的帝制描述成一個天皇對人民負責而不是人民對

天皇負責的民主制度。

就像麥克阿瑟和費勒斯一樣，勞特巴赫——乃至《生活》雜誌——似乎都相信為了提升天皇的形象，這種大膽的想像創造是合情合理的。這些修飾潤色和想像的談話，加之對其「家庭生活」的描寫，使得天皇的形象更真實；這樣他可以被視為一個有血有肉、有感情的人。顯而易見，不僅呈現裕仁家居男性的一面很重要，表現其智慧、力量和剛毅的成熟男性一面也很重要。要達到這一目的就意味著避免那些可能會使裕仁看去像懦夫或可恥卑劣的某些問題。對天皇的角色有所質疑的文章沒有立刻全部從《生活》雜誌上消失，尤其是那些經歷過亞洲戰爭的新聞記者所撰寫的文章，但這些文章也反覆強調天皇是反戰者。儘管他們常會對天皇的清白無辜產生懷疑，卻對傳播天皇無辜無罪的觀點起到了推波助瀾的作用。[46]

《生活》雜誌並不是唯一試圖重塑天皇形象的主流刊物。《紐約時報》也對天皇進行了人性化的重塑，使其在美國人眼中更值得同情。這點在《時報》東京部主編琳賽．帕羅特（Lindesay Parrott）的兩篇《週刊》文章裡表現得尤為明顯。第一篇名為〈艱辛過後的裕仁開始享受生活之樂〉（At Long Last Hirohito Begins to Enjoy Life），文中帕羅特展現了戰敗後擺脫了「軍國主義者」控制和令人窒息的帝制的裕仁。帕羅特描寫了裕仁每天的日常事務，以此突出其人性化的一面，文章所附的照片對比了「一九四四——天皇」那種「被迫」脫離人民的刻板嚴肅的形象和「一九四五——

民皇」的形象：面帶微笑，和妻子共進早餐的裕仁，身心放鬆地與政論家交談的裕仁，走在人群中滿臉歡欣、脫帽致敬的裕仁，民眾和他並肩站立而不再是俯首膜拜了。三年後他發表的第二篇文章重複了許多同樣的資訊，再一次強調了天皇在這一新時期的幸福生活。帕羅特曾記述「有時他的目光透過厚厚的鏡片在興奮地閃爍著」。或許作為美國最具影響力的報刊主編，帕羅特曾近距離接觸過天皇，有機會看到他眼中興奮的閃光，或許沒有——這可能是又一次的添加潤色。不管這種描述是真是假，其目的就是把天皇塑造成一個更親切的人物。47

為皇太子開啟的窗戶

對日本皇室成員進行人性化形象的重塑也針對皇子明仁進行了形象改造。對皇室來說，值得慶幸的一點是這位皇位繼承人年紀尚幼，戰爭期間未曾擔任任何政府職位。他在戰敗前所受的教育是半軍事化的——在這點上，他和其他年紀相仿的日本男孩一樣——但是日本和美國的媒體很大程度上都有意對此教育背景視而不見。取而代之，他們突出強調的是皇子可塑的幼年期、天真無邪以及從老師伊莉莎白．格雷．瓦伊寧（Elizabeth Gray Vining）那裡接受的美國式的民主教育。

據瓦伊寧所說，天皇親自要求為皇子安排一位信奉基督教的英語女老師。據說宮內廳從一批候選人名單中挑選了這位貴格會的教徒瓦伊寧，她是個年輕的寡婦，創作過大量的兒童讀物。從一九四六年到一九五〇年在日本的四年間，她教授所有未婚的皇家子孫英語，也教授明仁在學習院（貴族學校）的同學、皇后以及天皇的弟弟。這一時期所發佈的皇子的照片中通常都會表現他和面帶微笑慈愛的瓦伊寧在一起的場景。[48] 有這位母親般的教師——儘管皇子的每門科目都由其他老師教授，但瓦伊寧的確被表現成了皇子唯一的老師——明仁在美國人看來似乎是受到了那種正確的影響。《讀者文摘》曾不無讚賞地稱「裕仁的皇子現在正接受一位美國女士的教育指導」。瓦伊寧和日本皇子的關係讓人想起另一位西方女性和皇太子的關係：即十九世紀安娜．里諾歐文斯（Anna Leonowens）和暹羅王子朱拉隆功（Chulakongkorn），通過瑪格麗特．蘭登（Margaret Landon）出版的《安娜與暹羅王》（Anna and the King of Siam, 1944），他們之間的故事而廣為人知。《紐約時報》稱里諾歐文斯在她的皇家學生的思想上成功地打下了「強烈的民主信念和人類尊嚴」的烙印，這使得他後來解放了奴隸，成為暹羅史上「最開明的君主」之一。同樣，《時報》發表社論稱：「如果瓦伊寧夫人的諄諄教導能讓明仁欣賞接受我們的生活方式和思維方式，這將有利於太平洋地區的和平。」[49]

瓦伊寧在回國後，執筆寫下了回憶錄《為皇太子開啟的窗戶》(Windows for the Crown Prince)，記錄了她給明仁當老師的經歷，該書曾獲得「值得關注作品獎」。該書也為皇室做了有力而積極的宣傳。它不僅在美國成為暢銷書，而且給人留下了皇室願意自我改進的印象。為了做到這一點，瓦伊寧煞費苦心地描述了許多「打破先例」的事情，這些事通常關乎的是皇家禮儀中相對細小的方面和她自己在其間起到的作用。宮內廳無疑也強調這些事件的重要性——考慮到她反覆使用「打破先例」這樣的措辭——而她又將這些突破性事件的重要性傳遞給了美國讀者。[50] 例如，她記述說自己是皇子和他的父母所接受的第一個外國人。[51] 就皇子的進步而言，當時皇子造的句子「民主制度是最好的政府組織形式」給她留下了深刻的印象，因為當時她要求皇子造句的詞是「組織」，而不是「民主制度」，所以她認為這個句子反應了皇子獨立思考的發展。[52] 不論皇子是否信奉這個句子——哪怕他完全理解句子的意思，但考慮到他仍全身心地維護帝制王朝——他所造的句子只是模仿了當時最高盟軍統帥部重複到令人厭倦的一句口號而已。任何一個聰慧的日本兒童都該知道說些什麼能取悅老師，尤其是美國老師。

伊莉莎白．瓦伊寧是宮內廳和盟軍總部所能找到的最好的宣傳員。[53] 給皇室配備一名美國老師最初實際上是盟軍總部的想法，而不是天皇的主意，這個看似偶然的想法可能是美國當局事先精心安排的。[54] 簡單查詢最高盟軍統帥部的國家檔案中有關此事的文件也沒有大的發現。瓦伊寧強調說選擇她是天皇的想法，這樣就讓人覺得天皇不僅是個親自關注兒子教育的稱職的父親，還是個開明的父親，希望某個人——外國女性也可以——為皇子開啟新的視野。[55]瓦伊寧發現她的學生是一個性格溫和、有獨立頭腦的孩子，而「世界上最神秘的皇室宮廷」的成員們也都表現得優雅得體、通情達理、親切和藹。[56]實際上，在瓦伊寧出發前往日本之前，她對天皇就抱有肯定的看法，她從曾在日本住過的人那裡聽說「天皇是一個清心寡欲、愛好科學研究的人」。瓦伊寧相信天皇不僅「不同意主戰派打著他的旗號肆意妄為」，也曾在許多關鍵時刻試圖「避免戰爭」。當她最終見到裕仁時，她確信裕仁是個和平的擁護者。她認為裕仁「靦腆、敏感、和善友好」。由於瓦伊寧對裕仁評價頗高，她很輕易地就相信了人們對木戶幸一的「普遍看法」：他是天皇最親近的戰時顧問，一個罪行已定的戰犯，據說他「隱瞞重要資訊不報，欺騙天皇」。[57]很明顯，瓦伊寧從未想到木戶幸一作為一個忠實的皇家奴僕可能是為了保護天皇而承擔責難，而事實正是如此。日本戰敗後，保護天皇免受指控是他的首要職責。東條英機在戰爭軍事法庭上的證詞中聲明沒有任何一個高級官員敢違背天皇的意志，這之後木戶幸一指示東條英機將軍收回聲明，很快他在有機會的時候便遵命行事了。[58]

然而瓦伊寧沒能遵守她臨別時對皇子和貴族學生們的教導：「不論是誰說的，都不要輕信你所聽到的一切。不要輕信報紙上你所看到的一切，不要不加考慮地相信他人的觀點。自己要試著找出真相。」她在書接近尾聲的部分承認她所瞭解到的和欣賞的日本人都是日本的精英階層。這一點是不為人民擁戴的首相吉田茂給她指出的，但她舉出許多她接觸過的老師和農婦來試圖為自己辯解。然而，瓦伊寧似乎也染上了日本上層階級對下層人民的不信任，她曾將日本的農民階級描述成戰前和戰時「年輕的極端民族主義軍官」的來源，以及戰後「共產主義的溫床」。[59] 她忘了提及由於大蕭條在日本農村造成的社會動盪給農民帶來的貧窮和苦難生活。相反，瓦伊寧秉持著城市日本精英階層的觀點，並且讚美他們——尤其是皇室成員——就好像這些精英對待其他人也像對她一樣謙恭有禮、充滿愛心。儘管她的觀察細緻入微，她似乎還是從表面現象來評判他人的。充滿熱望的詢問、無數充滿善意的舉動、皇室和其他日本人饋贈給她的禮物，無疑都是在努力（或許出自真誠）表現他們最好的一面。而瓦伊寧本身機智謹慎、考慮周全、禮貌恭敬，這也有助於他們順利地完成自我表現的任務。瓦伊寧的回憶錄徹底提升了皇室的形象，如果她被選作皇子的教師真是純屬偶然的話，那她的作為對皇室家族、盟軍總部和美國的政策而言實屬幸運。[60]

東條和其不正常的男性氣質

同時，在這個時期，東條英機將軍這樣一個人物的存在對戰後皇室的對外宣傳是幸運而又有利的。戰爭的大部分時期，東條的角色都是敵人的代言人。直到一九四四年後期，他一直擔任首相，所以在美國新聞界報導的都是東條而非天皇宣佈的聲明。美國的民眾讀到和聽說的報導都是有關東條批評美國夥同其他列強試圖「扼殺」日本；東條美化此次戰爭；東條號召建立東亞共榮圈；東條力勸日本人民繼續戰鬥。[61] 據新聞記者克拉克・李報導，美國人把東條看做「一個邪惡的、可怕的、野蠻的、增添了東方神秘主義危險的希特勒」。國務卿科德爾・赫爾宣稱希特勒和東條將「尼祿、卡裡古拉和阿提拉的所有非人的兇殘和暴虐合而為一」。[62] 但是，儘管日本是一個像德國和義大利一樣國民自由受限的威權國家，但東條絕不是一個軍事獨裁者，也從沒有希特勒和墨索里尼那些所謂的相應對等人物掌握的權威。即使沒有東條，日本的帝制統治、它的侵略擴展政策甚至是那些煽動對中國發動戰爭的極端民族主義青年軍官都依然會存在。但是由於東條一直是帝制日本的首要代言人，美國人認為將他作為所有敵意的始作俑者很方便，這樣做也有效推進了決策者們試圖開脫天皇戰爭責任的目標。[63] 凱利和萊恩解釋道，天皇裕仁只是「東條的一個傳聲筒」。[64]

批評指責東條為戰爭的主要發動者、希特勒和墨索里尼的日本同行的做法為二戰軸心國的盛衰故事做了個結構上的闡釋。東條的禿頭、小鬍子、圓眼鏡、兇殘的表情構成一個引人注目的角色，在許多用單個人物形象代表敵國的政治漫畫和宣傳報上，東條的形象就代表了日本。[65] 珍珠港事件爆發幾個星期後，在題為《如何區分日本佬和中國人》(How to Tell Japs from Chinese)的文章中，《生活》雜誌使用東條而非天皇的面部來圖解說明中國人和日本人在面容特徵上的差異，同一周，《時報》刊登了該文章的姊妹篇《如何區分朋友與日本佬》。[66] 至少有一個政府機構，美國作戰新聞處，努力使裕仁置身於宣傳之外，而東條則成了很好的替代品。[67]

東條是一個很合適的襯托天皇的角色，因為他恰好吻合這麼一個高深莫測的、「東方」罪惡的策劃者，現代傅滿洲(Fu Manchu)的角色。美國人本可以根據種族劃分的標準將東條視為「增添了東方神秘主義危險的希特勒」，但他的面容和行為讓美國人想起了典型的、邪惡的亞洲流氓。東條像傅滿洲一樣，似乎懷有一些宏偉的幻想，企圖發洩自己的民族主義和種族主義仇恨，妄圖征服全世界。與其他日本戰時領導不同，他總是被區別對待。例如《生活》雜誌的一篇記敘東京戰犯法庭的文章中指出東條在法庭上仍固執地繼續穿著軍裝，而其他也如此穿著的人卻未被提及；文章還稱東條是最無悔意的；有可笑的小插曲時，別人都是「大笑」，東條卻「冷笑」；在案件審理過程中，木戶幸一表現出的是「祈禱者的態度」，而東條則是「高傲輕蔑的態度」。[68] 傅滿洲的創造者薩克斯．羅默(Sax Roehmer)將其描述為「人形化身的黃禍」；在有關戰後日本的文章報導中，東條被刻畫成了這樣一個人形。[69]

羅默的系列暢銷小說使得傅滿洲成為二十世紀初的幾十年裡美國人家喻戶曉的人物。甚至是那些從不讀書、聽廣播新聞、看電影或熱衷連環漫畫的美國人都知道傅滿洲代表了什麼。原書所圍繞的故事情節是傅滿洲教授試圖打敗西方殖民地的亞洲專家奈蘭．史密斯(Nayland Smith)。雙方都企圖用超群出眾的知識和對對方文化的熟練掌握來擊敗對方。羅默的小說探討了人類社會上升時期存在的對現代性、種族、國家和男性氣質的擔憂焦慮，然後他試著通過表現白人的勝利以及白人文明的啟智性、優越性和道德正義性來解決這些焦慮。與史密斯不同，傅滿洲好色淫蕩，企圖對白人加以施虐受虐狂式的統治——兩性都不放過，因為他是兩性畸形的陰陽人。但是傅滿洲總是被打敗，因為他的盎格魯—撒克遜對手是一個具有成熟男性氣質、傑出的白人代表，他可以控制自己潛在的躁動不安的感官欲望。相比而言，傅滿洲是亞洲人，無法壓制自己想統治世界的情緒化的歇斯底里的欲望，他男性自控力的缺失導致了他一次次的失敗。[70]

美國人把傅滿洲視為典型的、窮凶極惡的東方流氓，於是在其他虛構的或真實的亞洲流氓身上，他們首先看到的是同樣的殘暴和企圖佔有和控制白人男性和女性的性欲／同性戀欲望。這點在戰時流行的日本人形象中表現得很明顯。儘管在這些代表形象中，日本敵人穿著軍裝，並沒有炫耀長長的指甲或是穿著好萊塢製造的傅滿洲或《袁將軍的苦茶》(The Bitter Tea of General Yen, 1933) 中袁將軍這種亞洲流氓穿著的長長的飄拂的綢袍，但他們還是被刻畫成了白人男性和女性的威脅。在戰時的宣傳畫中，「軍國主義日本佬」被描繪成色迷迷的、淫蕩的強姦犯，就像電影《紫心勳章》(Purple Heart, 1944) 中那個日本的流氓將軍理查·盧 (Richard Loo) 對待美國囚徒一樣，該片以在第一次空襲日本的杜立特轟炸中被俘的飛行員的故事為藍本。[71] 這些日本人在影片中的形象總是一成不變地留著髭子——「傅滿洲」式的鉛筆粗細的一小綹髭子——他們的形象是偏離那種直率坦白、正直誠實、高尚榮耀以及堅韌不屈的男性理想形象的。在和對手勢均力敵時，他們就表現得奸詐狡猾，背後作祟；當對手處於弱勢時，他們就表現得殘暴不仁，耀武揚威；而在他們失敗的時候，他們就表現得歇斯底里，情緒激動。[72]

維多利亞時期，日本人被視為「縱情歡娛」的民族，生活在幼稚的不變的「仙境」中，這種已有的觀念和現在有關種族化的、偏離的男性氣質的觀點以及黃禍的看法相互交織貫穿。不像二十世紀美國人的看法，維多利亞時期的人們並沒有把「行為古怪」、「尋歡作樂」、「娘娘腔」等詞彙和同性戀聯繫在一起，但這一時期的人們的確是將這些說法和「真正」的成熟男性所具有的責任感、「異性戀者」、直率坦誠的反面特質——矯揉做作、裝腔作勢、毫無顧忌的快樂享受、不成熟、沒有責任感——聯繫在了一起。因此，在美國大眾文化中盛行的觀念是日本人偏離了男性標準——他們要麼是《天皇》中可愛或可笑的樣子，要麼像以傅滿洲博士為代表的亞洲流氓那邪惡的樣子。日本人和日本文化那令人著迷的「奇妙之處」和亞洲惡行那邪惡、令人質疑的男性特質似乎是硬幣的正反兩面。正如凱利和萊恩所言：「我們認識到這些如此具有藝術感的東方人能將品茶和茶花轉變成某種神秘的儀式，那麼也就能對俘獲的美國空軍飛行員實施慘無人道的罪行。這些特有教養的日本佬在用竹簽子戳盟軍戰俘的雙眼時也技藝不凡。」[73]

這些日本人或許表現得很現代，甚至受了西方的文化同化，但是在許多人眼中，他們就像露西·克羅克特所指出的那樣，還是留有「文明掩蓋下老舊思想」的野蠻人或虐待狂。[74]威廉·約翰斯通（William Johnstone）在戰爭結束時為「太平洋學會」所寫的文章指出了同樣的主題：「從根本上看，我們以及所有日本企圖擴張征服的民族都沒能認清在日本鼓吹的現代主義的掩蓋下，他們實際上是一個仍在實行專制的、軍事化的、封建主義思想和組織結構的國家」。[75]在這些描述中，日本不僅欠發達、守舊，還是獨裁專制統治，軍國主義的化身。將日本描述為「封建」的做法使得美國人將自己的佔領行為視為對宿敵的幫助改善。將日本的軍國主義描述為「封建」的做法則合理化地說明了美國同日本社會的不同，也起到了區分美國和帝制日本軍事力量差異的作用。

在關於日本領導者進入美國精英學校學習的話語中也存在著「黃禍」的威脅。就像小說中的傅滿洲博士一樣，日本人似乎在努力尋求西方的知識技術，以期掌握後「師夷長技以制夷」。例如在影片《紫心勳章》中，那個油滑的律師用稍帶歐洲腔的英語流利地向美國戰俘介紹自己畢業於常青藤聯盟的名牌大學。其中一位戰俘不為所動，反駁他，並挑釁地宣稱他取得的只是州立大學的文憑。在現實生活中，當《紐約時報》提及年輕日本外交官加瀨俊一的名牌大學文憑時，它筆下的「哈佛學生」加瀨是詭計多端又陰險奸詐的。在此，《時報》表達了哈佛大學是一個提供潛在危害性學習的地方。[76] 戰後新聞媒體上反覆出現日本領導人有常春藤名牌大學學歷的報導，對此的另一種看法是：有些新聞記者暗示在西方接受過民主教育的「有理性的」日本人有可能成為美國可靠的夥伴。這主要是美國國務院和盟軍總部的態度，其他人仍對此持有懷疑。克拉克．李對美國官員同講英語的日本精英之間的親密友好關係持批評態度；他稱這將導致國務院長期「對君主統治和保守政權表示支持的傾向」。[77]

新聞媒體強調東條的異常奸詐和殘暴特性以及其他「軍國主義分子」是「東方」流氓的典型代表的做法，有助於美國撰稿人和形象塑造者將他們和裕仁這個「家居男性」區別開來。儘管東條實際上也是個家居男性——比起天皇，他和自己妻兒的關係更為親密——但他卻在許多方面成為了高傲、固執的戰士和愛國主義者的化身，他為所有人唾棄，還被一些美國人譏諷為愛修飾且稍嫌陰柔的前戰爭罪惡策劃者。就像美國內戰後，傑弗遜·大衛斯(Jefferson Davis)為了躲避勝利的聯邦軍隊而穿著女裙喬裝打扮一樣，或是像戰敗的赫爾曼·戈林(Hermann Göring)一樣「臉紅得像萊茵河畔的少女」，輿論對東條男性特質質疑的說法不脛而走。對此，一個生動有力的例證就是美國新聞輿論對東條自殺未遂的描述。78

一九四五年九月十一日，在美國當局前去拘捕東條時，他試圖自殺。但他自殺未遂，美國人隨後戲稱他的自殺為「搞砸了」。新聞記者們的佔領期回憶錄中通常都會記錄這一事件，或許是因為他們中的許多人都親歷了這一幕。顯然，東條即將被捕的消息走漏了風聲，一群記者和攝影師都趕往東條的住所。這位前首相拒絕露面，當外面的記者們聽到一聲槍響急忙沖進去時，看到的是躺在沙發椅上血流如注的東條。他瞄準的是心臟，但子彈卻打穿了他的肺。在這些美國人等待東條咽氣的過程中，攝影師們擺弄著他的肢體，就好像他是個人體模型(另一種人偶)，為了拍到東條最好的姿勢，他們一會交叉其兩腿，一會又分開。伴隨著閃光燈的連續快速閃爍，攝影師們指引著彼此：

「把東條的頭稍往右移點……就這樣……很好……請您移開一點好麼……我

想拍一張東條拿著手槍的樣子……能幫忙把槍壓緊在他手裡嗎？……這只蒼蠅又來了……我一定要拍張這樣的（蒼蠅趴在東條的前額上）。」[79]

另一邊，新聞撰稿人們則試圖撲捉到他們認為可能會成為將軍最後遺言的隻言片語。東條面部痛苦地扭曲著說道：「大東亞戰爭是合理正義的……我等待著歷史的評判。」[80]東條至死不悔的事實將使他在大部分美國人眼中永遠聲名狼藉。

美國人充分利用了將軍企圖自殺的大場面。一些小的器物被偷偷的塞進口袋當成紀念品：如毛筆、櫥櫃上的小擺設、自動手槍等等。一些人甚至用手帕在地上沾了些東條的血，更有甚者「從東條浸滿鮮血的馬褲上整齊地剪下了一角」。[81]克拉克．李回憶說：「我看到從窗外伸進來一隻手，沿著窗臺摸索到一個皮槍套，然後又拿了一把武士刀。」這個小偷是一名攝影師，他把刀塞進了右腿的褲子裡，然後一瘸一拐地朝吉普車走去，但是一個憲兵叫住了他：「走得不錯……但是請奉還！」[82]當新聞和攝影記者們採編了報導、拍完了照片、獲得了新發現、得到滿足之後，每個人都開始等著東條咽氣。據他們自己的個別敘述及凱利和萊恩的記述，當時克拉克．李和哈里．布倫迪奇（Harry Brundidge）試圖加速前首相的死。李在打電話時，有人誤報說東條已經死了，於是李讓電話那一邊的同事「快速發佈」該消息。等到李得知東

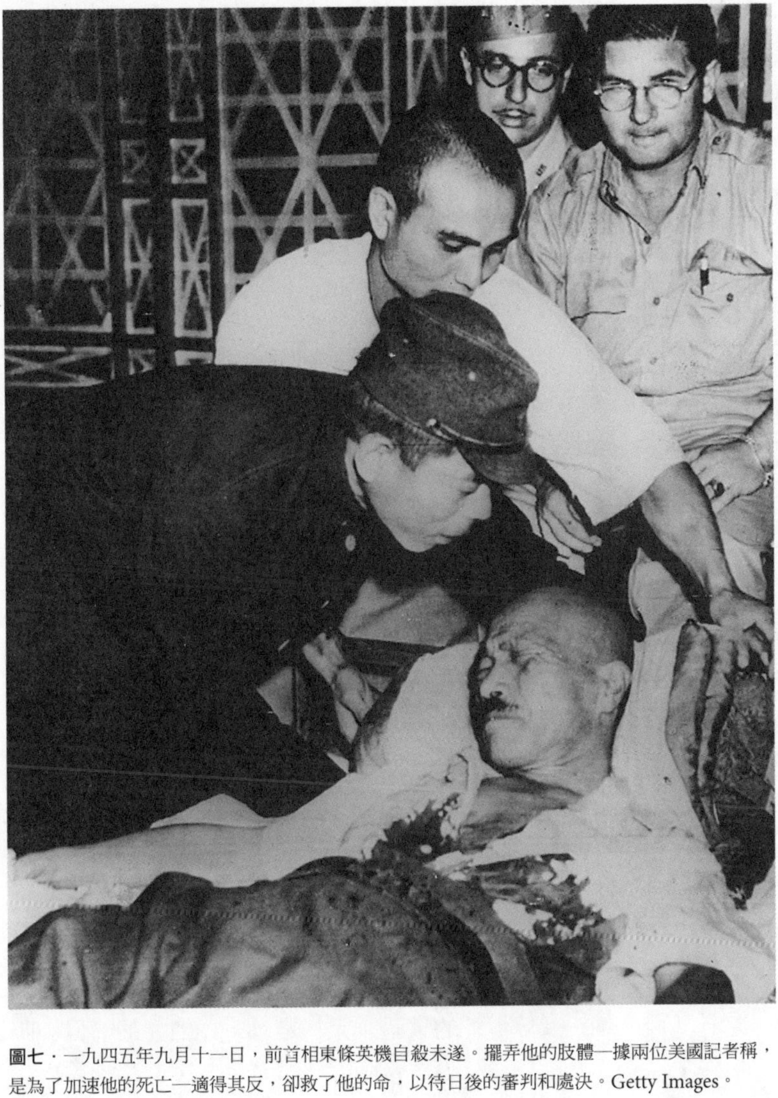

圖七．一九四五年九月十一日，前首相東條英機自殺未遂。擺弄他的肢體—據兩位美國記者稱，是為了加速他的死亡—適得其反，卻救了他的命，以待日後的審判和處決。Getty Images。

條仍一息尚存時，電話旁早就排起了長龍，他已無法更正之前的誤報。絕望中，他叫布倫迪奇幫他來回翻動東條的肢體以加速他的死亡。他們以為這樣做能使東條失血更快，但事與願違，他們翻動東條肢體的動作造成的兩處大出血起到了相反的作用。如果他們沒有翻動東條的話，他可能已經因為肺部充血而死，但是這兩個急著想促其早死的美國人卻救了他的命，待日後送上絞刑架。[83]

看到東條沒有死，李、布倫迪奇還有其他美國人很是失望，轉而開始批評東條是懦夫、膽小鬼。一位記者說「這個黃皮膚的雜種連用刀自殺的膽都沒有」。《紐約時報》第二天的社論也暗示東條是個懦夫：因為他一直等到逮捕他的最後一刻，還因為他選擇用手槍自殺，儘管他「已經擺好了切腹自盡的刀」。[84] 另一位記者堅持說東條將軍自殺未遂確定了他之前的懷疑，「證明了東條女性化的一面」。他接著說道：

有誰聽說過男人會選擇瞄準心臟來自殺的？見鬼，從來沒有。他們會拿槍指向嘴巴、耳朵或是太陽穴。相反，史上沒有一例女性自殺是瞄準臉部的。她們總是穿戴打扮得漂漂亮亮，然後用槍射向自己的胸部。她們不想死的時候毀壞自己的面容。東條和她們一樣，也不想如此。

東條曾解釋說他射擊自己的胸部是為了死後人們好確認他的身份，不至於對於他的死心存懷疑——就像德國人懷疑希特勒的死一樣——讓美國人以懷疑他的死來做文章。但是這位記者沒聽到這些，或是對此解釋不信服。他稱「在這些虐待狂身上」存在著「同性戀的傾向」，並爭辯說「有資料表明日本的陸海軍中同性戀人數的比例遠遠多於世界上其他的軍隊」。該記者進一步認為正是因為日本女性「從她們本國男子身上得到的愛少之又少」，所以她們才會愛上寶塚歌劇團裡女扮男裝的女性演員。於是，在美國人的觀念中，日本整個國家都有點變態。[85] 因此在美國人眼中，東條偏離男性標準的表現之一就是他的性變態。

在戰後階段，美國人也常常將納粹歸為性變態的行列。一位戰後精神分析專家曾把納粹對猶太人的仇恨比作男同性戀者對女性的仇恨，並觀察指出了「納粹統治上層對同性戀的偏好」。[86] 戰後，美國人給德國人和日本人打上性變態或女性化的標籤，這是美國人同他們的宿敵保持距離，以顯示自己優於他們的又一手法。對美國人而言，德國人和日本人都是「陰險」罪惡的化身，是隱蔽的、邪惡的、女性化的威脅的化身，同美國人認可的「正常」美國成年男性健康向上、性取向正常、直率坦誠、沉著冷靜、堅毅勇敢、遵紀守法的形象恰恰相反。換言之，敵人的邪惡正是因為他們偏離了標準的成熟男性所應有的特質。

因為美國人用雙重解釋看待他們同日本的種族、文化、社會和政治差異，大部分美國決策者、批評家和政客們不認同或不承認他們自己的民族也曾使用過類似於日本人的作法。正如國務卿科德爾·赫爾(Cordell Hull)在一次於一九四三年進行的戰後對日政策的評議過程中所言：日本人必須成為「一個安分守己，愛好和平的民族」，對日的這一要求是伴隨幾個世紀前日本建立的政治經濟保障體系的優勢應運而生的。[87]

可以確定的一點是，阻止日本發動另一場殘忍的侵略戰爭的總目標是值得稱讚的，但美國人在談到日本時卻無根據地判定美國人民一直並且將繼續是一個「安分守己、愛好和平的民族」，不像那些「強盜似的軍國主義分子」。美國人看得到日本人企圖侵佔他人領土時的罪惡變態行為，卻未能注意到他們自己是如何用同樣的方式，背棄約定，強取豪奪他人領土。國際遠東軍事法庭拒絕在更宏大的歷史背景下審視帝國主義的罪惡，以及戰爭勝利者所犯下的「反人類罪行」，這顯然使試圖懲罰先發制人的偷襲戰那令人讚頌的目標減色不少。顯然，軍事法庭不想揭露帝國主義的非法性，因為英國、法國、荷蘭和美國都有過或近期曾經有過殖民地。印度代表拉德哈比諾德·帕爾(Radhabinod Pal)是法官中唯一一位國際法專家，他據理力爭稱法律面前人人平等，這樣的法律方可有效。[88]

美國的新聞撰稿人和媒體發現日本民眾對東條的自殺未遂也持鄙夷蔑視的態度。日本人將其視為失敗者或偽君子，他沒有身體力行自己在戰爭期間對日本人民的鼓勵：寧死不屈。

他們不解的是東條為什麼沒更早地選擇自殺。[89]美國人得知日本人因東條從開始就讓整個日本捲入戰爭而鄙視厭棄他，稱其為「那個笨蛋」（そのばか）。[90]《新聞週刊》報導稱「日本人深受傷害：東條難辭其咎」；《紐約時報》在一九四五年九月中旬刊登文章「日本人民指責東條的愚蠢錯誤」。[91]片語「沒用的東條」和「巧克力」、「香煙」、「吉普車」一樣進入了日本人有限的英語詞彙。[92]《生活》雜誌報導說東條被他人嫌惡，甚至連在大森監獄服刑的其他日本戰時領導都排斥他，拒絕和他一起散步、下圍棋、進餐或是和他說話——除了簡單的「是」或「不」以外。[93]後來在戰犯審理過程中，另一位被告——大川周明，後因精神狀況不穩定而被釋放——庭審時在東條的禿頭上打了一巴掌。所以克羅克特在稱東條是「日本國的替罪羊」時，她確有此意。

區分軍國主義者和日本人

盟軍總部和它在美國媒體的擁護者們一起製造了天皇和他忠實的高層官員之間存在分歧不和的輿論，這樣做的同時他們也把日本民眾，甚至日本人同「軍國主義分子」區分開來。換句話說，如果承認天皇是「和善的日本人」，那麼也就有可能還有其他的「和善的日本人」。[94]「和善的日本人」這一觀念的製造過程是和親善的天皇這一觀念並行的，兩者相輔相成。在戰後的話語中，日本人民和天皇是被邪惡的軍國主義者所蒙蔽欺騙而投入戰爭——考慮到戰爭初期日本人民對戰爭的廣泛支持，這一看似有理的觀點卻也顯得漏洞百出。

接近戰爭結束時，美國媒體在羞辱東條和其他軍國主義分子的同時，開始用更同情的筆調表現日本的普通士兵。負面的描寫仍會出現，但在表現這些普通士兵時，媒體傾向於強調他們人性的一面。[95]美國人發現日本士兵似乎想在戰爭中保住性命，並且得知日本士兵之所以不願投降並不是出於狂熱的效忠，而是因為他們被告知美國人對投降的人格殺勿論。[96]及至一九四五年七月，甚至有一篇對這個「自殺性軍隊」表示贊許的文章出現在了美國新聞媒體上。一年前因《廣島》一書受到好評的作家約翰．赫西（John Hersey）創作了一篇有關日本空軍敢死隊神風特攻隊飛行員的文章，他筆下的日本飛行員基本上都是瘋狂的亡命之徒，但他在文章中也描寫了一位較有頭腦和判斷力的神風特攻隊隊員。赫西寫道：「有不少飛行員表現出的盲目效忠的精神遠沒我們所想的那麼狂熱」，他引用了一位被俘的飛行員的敘述：

我來到克拉克基地的幾天以前，因為無事可做就去檢查檢查我駕駛的飛機，卻發現一個傻乎乎的技師在我的飛機上綁定了個炸彈。我氣壞了，臭罵了他一通。他只是說，「非常抱歉，上面的指示。」他們到底想對我做些什麼？於是我來到總部，告訴上級這個混蛋技師的所作所為。總部的人說「噢，現在我們都是這麼操作的」，我反駁道：「你們願意這麼做，我可不願意！我討厭這種綁定炸彈的做法。」聽了這些他們怎麼辦？他們逮捕了我。整整一晚上，都有人看守監視我……於是早晨的時候，我告訴他們：「好吧，我願意為天皇做此次飛行」，然後我就被放了。很快我看機會來了，就把降落傘放在飛機上。隨後我們奉命出使任務，但他們讓我覺得卑鄙噁心，我怎麼辦呢？我從飛機上跳傘了。[97]

這段話的翻譯是否和這個日本飛行員實際所說的相符尚未可知；但就日本軍隊中通常嚴格遵守的級別制度來看，這段描述聽上去有點可疑。但是一個日本人——尤其是這麼一個前神風特攻隊飛行員——在媒體上被表現成為一個有著正常求生欲望的普通人，一個實實在在的「普通人」，這與戰時標準的日本人形象大為不同，標誌著一個意義重大的轉折。這篇文章也說明效忠天皇更多地表現為一種強制執行的政黨路線而非人們真心實意的信念。以隱晦的方式傳達的對所謂「上級」命令的態度，這種方式是美國的普通士兵很容易理解的。戰後，許多美國人瞭解到，儘管神風特攻隊飛行員的美國士兵一樣「願意為國捐軀」，但他們還是更願意活著。一個日本翻譯告訴李：「這些飛行員慶幸他們不用駕駛著飛機撞擊你們進攻的艦船。」[98]

仔細觀察這些戰敗的敵軍有助於減少對他們苛刻的看法，駐日的美國新聞記者將他們看到的一切報導給了美國國內民眾。遣散的日本士兵在火車站等待著——有些已經等了很多天——被遣散運回家鄉，一位美國記者看到這些，稱他們是「年幼、疲憊、孤獨無助且溫和無惡意的」。[99]《生活》雜誌在一九四五年聖誕的一期中詳細描述了一位遣散的日本兵返回故鄉的故事，以此引發人們對戰敗敵人的同情。文中沒有涉及日本人的野蠻和殘忍，而是刻畫了一個因為戰爭而背井離鄉的普通老兵返回故里重拾舊業的故事，文中寫道：他又「默默地回到村莊中他原來住的老地方，和大部分日本百姓居住的一樣的地方」。一張整版以富士山為背景的農田的照片表明這是真實的日本：這塊土地上孕育著純樸、「節儉」、「勤勞」的百姓——有「能幹又盡職盡責的」市長，也有那些丈夫離家參戰後獨自耕種田地、養育孩子的農婦。文章想要表明日本士兵就是來自這樣的人民和村莊社區，在那裡一家人整天就在小而貧瘠的田地裡勞作，靠著寡淡無味的食物維生，冬天就圍著煤爐擠在一起取暖。文章暗示這個民族需要的是說明和現代化設施，而不是世界各國的譴責。[100]

解除軍事武裝的日本急需發展民用工業。駐日美國人向國內民眾描述了日本工業由生產軍用物資轉向民用消費品的過程。一九四六年，拉瑟爾達曾報導稱在大阪的前飛機配件預製工廠正在「用飛機的油箱製造餐盤」。深水炸彈的金屬外殼變成了爐子；「除去雷管」的海洋水雷變成了餵豬的食槽；魚雷發射管變成了下水管道，火箭炮變成了液壓泵，登陸艦的船體成了漁船；羅盤變成了化妝盒。[101]但是拉瑟爾達沒有說這些產品將銷往何處，當時的情況是日本不能做出口交易，而大部分的日本人都在用每一分錢和值錢的物品換食物。但是變炸彈為爐子，還有變羅盤為化妝盒的做法——一個現代版的解甲歸田、偃武修文——向美國人展示了日本人引人注目的女性化形象的開始。戰後的日本將放棄海外征戰這一男性事業，轉而專注於國內事務和民用事業。

二戰期間，日本人曾將美國人描述為陰柔、軟弱而墮落的樣子。克拉克．李解釋說：「日本佬接受的有關美國人的知識讓他們認為美國人是不道德的、物質至上的民族，沒有勇氣、沉迷於酒精、神經過敏且喜歡專注於女性化的活動和慵懶的消遣。」[102]他們將自己刻畫成充滿男性氣概的民族，並且宣稱頹廢墮落的、嬌柔懦弱的美國人不是精幹強健、訓練有素、樸素節儉、鬥志昂揚的日本人的對手。在這種宣傳中，日本人的矛頭主要是指向美國男性，他們認為美國男性過多地受到了美國女性的壓制。在他們眼中，不能管住自己的女人就已經夠糟糕了，會受到嘲諷和憐憫，但是如果缺乏男性氣概，那就徹底讓人鄙視。這一觀點使得一些日本人在殘忍虐待「女性化的敵人」時表現得理直氣壯。[103]

當日本的領導者們最終不可避免地接受失敗之後，天皇的命運問題成為了爭論的焦點。杜魯門政府和盟軍總部表明會確保——就麥克阿瑟而言，他會盡最大努力——尊重和保護天皇的統治，因此理順了與日本上層精英的關係。具有諷刺意味的是，二戰後美國三番五次地違背它對許多國家許下的支持「民族自決」的承諾，但是對日本這個宿敵卻始終信守承諾。正如愛克拉．艾麗葉所指出的：「這有著共同經歷的兩國政府以及他們的領導曾一度為了相同的目標而合作，還曾依照新穎的辦法共同解決全球和國內的問題。」[104]兩國都對共產主義懷有深刻的厭惡，日本的領導人很樂意自己的國家在遠東地區成為反共產主義的「堡壘」。

戰後美日的雙邊關係很融洽，日本在其中扮演著從屬國的角色，在美日兩國都接受的世界觀裡，主導夥伴被視為男性而從屬者則被視為女性，由此不難理解麥克阿瑟和裕仁的著名合照為何會被描述成新婚照。一九九三年，H. D. 哈羅圖甯安（H. D. Harootuninan）對日本文藝評論家加藤典洋的評論加以闡釋，稱這張照片為「新婚紀念，見證了美日兩國在日本被占初始雙方的男女角色關係和新婚夫婦的幸福」。愛德溫．歐．賴肖爾也曾將美日關係描述成理想的資產階級婚姻。[105]如果將這一類比進一步引申，我們可以說天皇和他原來的伴侶東條將軍離了婚（據說是滿懷遺憾和痛苦地），然後和另一個能提供更好的生活和保護且強壯有力的將軍結了婚。然而麥克阿瑟和裕仁的合照當然不像新婚照——兩人之間的距離就表明這不是一個幸福的結合——這張照片只有在回顧往事時才能稱得上是對「新婚幸福」的記錄。現在的問題是這種區分性別的框架關係的出現多麼合乎常理。很容易理解，這一關係簡單明瞭地概述了兩國人民之間的複雜關係。

儘管美日之間最終結成了牢固的聯盟，但在美國大眾話語中，日本人是否值得信賴的問題一直存在；戰後對「東方人」神秘莫測的陳舊看法也持續存在。最高盟軍統帥部和杜魯門政府和裕仁的合作並沒有要求得到廣大民眾的支持。他們只是要避免引發公眾的憤怒。

出於現實原因的考慮，要讓美國民眾接受日本作為盟國，和這些現實的原因交織在一起的是美國新聞撰稿人和記者們稍作調整以適應新情況的一些舊的故事和主題。這些記敘文章不論是描寫正直誠實的居家男人、窮凶極惡的東方流氓，還是受人操縱的日本玩偶，都是從非常熟悉的老故事中汲取力量。人們對看似熟悉的事物在內心深處會認為是真實正確的——語言學家稱，和辯駁推理的文章相比，它們更是如此。資訊總是在已有的世界觀中可以被最好地理解領會。[106] 在美國戰後話語中，對天皇的描述使用了多重策略，從對其恭敬有禮——如瓦伊寧的描述，更多的是《生活》雜誌的描述——到對他貶斥鄙視的描述，如一些佔領期回憶錄裡所示。儘管這不是大家合作努力的結果，但把天皇重塑為熱愛和平的家居男性，以及將東條刻畫成自負虛榮，甚至「變態的」東方流氓，都基本上取得了成功：日本人以天皇的名義而戰，但是美國人的記憶卻認為太平洋戰爭是東條之戰。美國人，甚至歷史學家如後來的[107]自一九四五年，美國人開始認為東條是戰爭中日本主要的惡人。裕仁不是像希特勒一樣的獨裁者，但是人們不應該忘記日語中有和「希特勒萬歲！」一樣的口號——「天皇陛下萬歲！」

1 道格拉斯・麥克阿瑟(Dougles MacArthur)，《回憶錄》(Reminiscences)，紐約：McGraw-Hil, 1964年：第287頁。

2 《麥克阿瑟將軍駕到》(MacArthur Arrives)，選自《生活》，1945年9月10日刊：第30-31頁；《日本簽署投降書》(Japan Signs the Surrender)，選自《生活》，1945年9月17日刊：第27頁。

3 克拉克・李(Clark Lee)，《最後一睹》(One Last Look Around)，紐約：Duell, Sloan and Pearc, 1947年：第4647頁。

4 《前上帝不期而來》(Ex-God Descends)，選自《生活》，1945年11月22日刊：第40頁；也可參見琳賽・帕羅特，《裕仁打破先例拜訪麥克阿瑟》(Hirohito Calls on MacArthur in Precedent-Shattering Visit)，選自《紐約時報》，1945年9月27日刊：第1頁。

5 《前上帝不期而來》。

6 《生活》雜誌對密蘇里號上舉行的投降儀式也傳達了一種觀念：通過雄壯的盟國和虛弱的日本突出了一系列的對比：日本「小小代表團」和「世界上最大的戰艦」；「撅撅嘴」重光葵和「活力熱情的」史迪威將軍收縮的面頰肌肉所表現出的堅定；被動的、「面無表情的」日本代表和「斬釘截鐵的」「公牛」哈爾西。一幅大大的航拍照片表現了在一艘巨大的陽具似的軍艦上的成百上千的盟軍士兵和一小撮日本代表，讀者瞭解到代表團的領隊不僅戴著典型的酒瓶底眼鏡，還拖著一條假肢，瘸著腿走來走去。《日本簽署投降書》。第27-29頁。

7 哈爾西的評論為一則戰爭公債廣告提供了靈感，該廣告稱「讓我們為上將備馬！」隨後廣告繼續：「是時候把天皇拉下馬，為我們的海軍上將哈爾西準備坐騎了。」美國財政部為第七次戰爭公債所做的廣告，出自《生活》，1945年6月4日刊：第107頁。

8 美聯社報導：《騎上東條的白駒》，選自《紐約時報》，1946年3月10日刊：第12頁。

9 Masanori Nakamur，《日本的君主政體：大使約瑟夫・格魯和「天皇體制象徵」的塑造，1931-1991》(The Japanese Monarch: Ambassador Joseph Grew and the Making of the "Symbol Emperor System" 1931-1991)，賀伯特・畢克斯、喬納森・貝克貝茨、德里克・鮑恩(Herbert P. Bi, Jonathan Baker-Bate, Derek Bowen)編譯，紐約：Armon: M. E. Sharp, 1992；約翰・道爾，《戰爭與和平中的日本：精選文集》(Japan in War and Peac: Selected Essays)，紐約：New Pres, 1993年：第342-

343頁。

10 魯道夫・詹森斯（Rudolf V. A. Janssens），《「日本的未來是什麼」：1942-1945年美國為戰後時期所作的戰時計畫》（"What Future for Japan?": U.S. Wartime Planning for the Postwar Era, 1942-1945），阿姆斯特丹：Rodop, 1995年：第301-304頁、323頁。

11 魯道夫・詹森斯，第302頁；道爾，《戰爭與和平中的日本》，第342頁。戰爭期間，身為決策者兼政策顧問的愛德溫・賴肖爾（Edwin Reischauer）建議將天皇和「軍國主義分子」區分開來，因為戰後天皇可能對美國還有用。T. Fujitan，《賴肖爾回憶錄：莫托先生、裕仁和日裔美籍士兵》（The Reischauer Mem: Mr. Mot, Hirohito, and Japanese American Soldiers），選自《亞洲研究評論》，33:3（2001）：379-402頁；入江昭（Akira Iriye），《強國與文化：日美戰爭1941-1945》（Power and Cultur: The Japanese-American Wa, 1941-1945），Cambridge, Mass.: Harvard University Pres, 1981年：第59頁。

12 參見1945年出版的有關該主題的著作：奧托・托裡斯克斯（Otto D. Tolischus），《日本人的看法》（Through Japanese Eyes），紐約：Reynal & Hitchcoc, 1945年：49-55頁；安德魯・羅斯（Andrew Roth），《日本的兩難境地》（Dilemma in Japan），波士頓：Little, Brow, 1945年：第99-122頁；威爾弗裡德・弗萊舍（Wilfrid Fleisher），《如何對待日本》（What To Do With Japan），紐約花園城：Doubleday, Dora, 1945年：第15-36頁；威廉・約翰斯通（William C. Johnstone），《日本的未來》（The Future of Japan），紐約：Oxford University Pres, 1945年；威拉德・普萊斯，《日本和天子》（Japan and the Son of Heaven），紐約：Duell, Sloan and Pearc, 1945年。

13 詹森斯，第375頁。

14 有關徹底轉型的例證，可參見《天皇：溫和的統治者攜妻子海邊拾貝》（The Empero: A Gentle Ruler and His Wife Go on a Search for Shellfish），選自《生活》，1964年9月11日刊：第45-47頁。

15 約翰・道爾，《帝國及其後果：吉田茂和日本經驗1878-1954》（Empire and Aftermat: Yoshida Shigeru and the Japanese Experience 1878-1954），Cambridge, Mass.: Council on East Asian Studies, Harvard Universit, 1979年。

16 一些美國人似乎意識到了當時的相似性。阿爾伯特・愛因斯坦連同其他二十位有聲名威望的美國人集體抗議軍事影響擴展到科學、教育、工業、甚至是童子軍。參見《美國的軍事化》(The Militarization of America)，華盛頓特區：反徵兵全國理事會，1948年。也可參見麥可・謝利(Michael S. Sherry)，《戰爭陰影之下：自20世紀30年代以來的美國》(In the Shadow of Wa: The United States Since the 1930s)，New Have: Yale University Pres, 1995年。

17 參見入江昭。

18 約翰・道爾，《擁抱戰敗：二戰後的日本》。

19 詹森斯，第387-395頁；道爾，《擁抱戰敗》，第280-286頁。

20 肯尼斯・勞夫(Kenneth Ruoff)，《人民的天皇：民主和日本的君主體制1945-1995》(The People's Empero: Democracy and the Japanese Monarch, 1945-1995)，Cambridge, Mass.: Harvard University Asia Cente, 2001年：第205-207頁；琳賽・帕羅特，《去除神性的藩籬，日本人民感到天皇更親民》(Japanese Feel Closer to Hirohito Now That Divinity Fence Is Down)，選自《紐約時報》，1946年1月3日刊：第3頁。

21 有關廣島倖存者對天皇拖延戰爭所表達的憤怒，例證可參見羅德尼・巴克(Rodney Barker)，《廣島少女：勇氣、同情和倖存者的故事》(The Hiroshima Maiden: A Story of Courag, Compassio, and Survival)，紐約：Viking Pengui, 1985年：第45頁。

22 有關1945年日本民眾對天皇的看法，例證可參見Rinjir Sode，《親愛的麥克阿瑟將軍：美軍駐日時期日本民眾的來信》(Dear General MacArthu: Letters from the Japanese during the American Occupation)，Shizue Matsuda譯，Lanham, Md.: Rowman & Littlefiel, 2001年：第4、5章。也可參見Daikichi Irokawa對裕仁發表的一首詩所作的分析：「我結束了戰爭/之後我會有怎樣的結局不重要/我心裡只有受苦的人民」。Daikichi Irokaw，《裕仁時代：尋找現代日本》(The Age of Hirohit: In Search of Modern Japan)，Mikiso Hane 和約翰・厄達(John K. Urda)譯，紐約：Free Pres, 1995年：第98-99頁。

23 麥克阿瑟，第288頁。

24 道爾，《擁抱戰敗》，第295-297頁。

25 賀伯特・畢克斯(Herbert P. Bix)，《裕仁和現代日本的形成》(Hirohito and the Making of Modern Japan)，紐約：Harper Collin, 2000年：第13章；Eiji Takemae(艾奇・泰克梅)，《盟軍統帥部內幕：盟軍的對日佔領及其遺跡》(Inside GH: The Allied Occupation of Japan and Its Legacy)，羅伯特・里克茨、賽巴斯汀・斯旺(Robert Ricketts and Sebastian Swan)編譯，紐約：Continuu, 2002年：第五章。

26 邦納・費勒斯(Bonner Fellers)，《裕仁勇敢直面投降》(Hirohito's Struggle to Surrender)，選自《讀者文摘》，1947年7月刊：第90-95頁。引文出自第92頁、95頁。

27 保羅・福賽爾(Paul Fussel)，《感謝上帝賜予了原子彈》(Thank God for the Atom Bomb and Other Essays)，紐約：Summit Book, 1988年。

28 法蘭克・凱利，科尼利厄斯・瑞恩，《星光閃閃的日本天皇》，第9頁。

29 法蘭克・凱利，科尼利厄斯・瑞恩，《星光閃閃的日本天皇》，第5頁；也可參見約翰・拉瑟爾達(John LaCerda)，《征服者來飲茶：麥克阿瑟佔領下的日本》(The Conqueror Comes to Te: Japan under MacArthur)，New Brunswick, N.J.: Rutgers University Pres, 1946年：第47-48頁、70頁。日本人還取笑裕仁為「『啊，是嗎』天皇」。道爾，《擁抱戰敗》，第337頁。

30 露西・克羅克特，《銀座的爆米花：漫畫戰後日本》(Popcorn on the Ginz: An Informal Portrait of Postwar Japan)，紐約：William Sloane Associate, 1949年：第123-128頁。

31 參見吉伯特和薩利文有關《天皇》的網頁檔案：http://www.gsarchive.net/mikado/html/index.html (2005年3月6日登錄)。

32 作者似乎不太確定應該堅持使用哪種比喻說法；僅僅幾行文字之後，他/她提到教室課堂：「這次，所謂的裕仁『天皇』被貶為像是『班長』的角色」，《日本帝國的盛衰》(Rise and Fall of Japan's Empire)，選自《高級學術》，1945年9月17日刊：第3頁。

33 拉瑟爾達，第70頁；凱利和瑞恩，第67頁。

34 拉瑟爾達，第16-17頁。

35 李，第3947頁；拉瑟爾達，第70頁；凱利和瑞恩，第67-69頁。

36 克羅克特，第13頁。

37 諾埃爾．布希（Noel F. Busch），《落日：日本報告》（Fallen Su: A Report on Japan），紐約：D. APPLETON-CENTUR, 1948年：第48-49頁。

38 克羅克特，第128頁。

39 克羅克特，第12-13頁。

40 參見《生活》雜誌刊登的下列文章：威爾弗裡德．弗萊舍（Wilfrid Fleisher），《如何對待日本》（What To Do With Japan），1946年2月4日刊：第88-89頁；《日本帝國即日本》（The Japanese Empire is Japan），1945年8月27日刊：第34頁；《日本民族》（The Japanese Nation），1945年9月17日刊：第110頁。

41 《周日的裕仁皇宮》（Sunday at Hirohito's），選自《生活》，1946年2月4日刊：第75-79頁，引文出自第78頁；《周日的裕仁皇宮》，選自《生活》，1946年2月25日刊：第10頁。

42 《人民》（People），選自《生活》，1947年9月15日刊：第53頁。

43 《民主的婚禮》（Democratic Nuptials），選自《生活》，1950年6月5日刊：第28-29頁。參見克羅克特，第165-166頁。56年前，在日本的傳教士們把明治天皇和妻子結婚25周年的公眾慶典看作是對一夫多妻制的批判和日本現代化、文明的象徵。約瑟夫．亨寧（Joseph M. Henning），《文明的前哨：種族、宗教和美日關係的形成時期》（Outposts of Civilizatio: Rac, Religio, and the Formative Years of American-Japanese Relations），紐約：New York University Pres, 2000年：第325-326頁。

44 理查．勞特巴赫（Richard E. Lauterbach），《秘密的日本戰爭計畫》（Secret Jap War Plans），選自《生活》，1946年3月4日刊：第16-22頁，引文出自第22頁。

45 但是，裕仁在下達給皇室顧問寺崎英成的命令中的確試圖把自己的意思解釋清楚。1989年，寺崎英成的女兒在已故父親的檔中發現了我們現在看到的「天皇獨白」。

46 例證可參見卡爾．邁登斯，《日本佬的海軍上將藏匿消失》(Jap Admiral Hides)，選自《生活》，1945年11月1日刊：第22頁。

47 琳賽．帕羅特，《艱辛過後的裕仁開始享受生活之樂》(At Long Last Hirohito Begins to Enjoy Life)，選自雜誌《紐約時報》，1946年5月12日刊：第12-13頁；帕羅特，《裕仁仍是「天皇」》(Mr. Hirohito is Still the "Sun God")，選自雜誌《紐約時報》，1949年5月22日刊：第15頁、48頁、50-51頁。在隨後的文章中，帕羅特以完全肯定的方式描述日本民眾對「天皇」的敬畏。

48 《生活》，1947年8月4日刊：第42頁；《紐約時報》，1947年8月4日刊：第19頁；《生活》，1947年6月9日刊：第48頁。

49 李．希爾斯(Lee Hills)，《伊莉莎白和日本皇子》(Elizabeth and the Crown Prince of Japan)，選自《讀者文摘》，1948年1月刊：第129-131頁；《伊莉莎白和日本王子》(Elizabeth and Prince)，選自《紐約時報》，1946年8月29日刊：第19頁；也可參見約翰．岡瑟精彩的書評《貴格會教徒和日本王子》(A Quaker and the Prince of Japan)，選自《紐約時報書評》，1952年5月11日刊：第1頁。

50 並不是所有的讀者都感興趣。例如《紐約客》就曾批評瓦伊寧「接連不斷地」以「樂觀的」看法描述她所見的日本。《為皇太子開啟的窗戶》(Windows for the Crown Prince)，選自《紐約客》，1952年5月17日刊：第145頁。

51 伊莉莎白．格雷．瓦伊寧(Elizabeth Gray Vining)，《為皇太子開啟的窗戶》，Philadelphia: J. B. Lippincot, 1952年：第229頁、219頁。

52 同上，第123頁。更多對明仁的讚揚可參見奧維爾．普萊斯考特(Oville Prescott)對瓦伊寧著作的書評，選自《紐約時報》，1952年5月12日刊：第23頁。

53 瓦伊寧在宣傳她著作的同時也為皇室家庭做了很好的宣傳。哈威．佈雷特(Harvey Breit)，《和瓦伊寧夫人對話》

(Talk with Mrs Vining)，選自《紐約時報書評》，1952年6月8日刊：第18頁。

54 勞夫簡單提及選用瓦伊寧的想法最初是最高盟軍統帥部的決定。勞夫，第212頁。

55 該書的印刷廣告中甚至強調了天皇在選用瓦伊寧中所起的作用。參見《28號廣告》(Display Ad28)，選自《紐約時報》，1953年4月22日刊：第27頁。

56 有關皇太子明仁有獨立思維的例證，可參見瓦伊寧，第185-187頁、267-269頁；引文出自第17頁。

57 同上，第13-14頁、31頁、167頁。

58 木戶幸一接受皇室內務部的指示，內務部則依次接受美國總檢控官約瑟夫．基南的指令，而基南又受杜魯門政府的領導。道爾，《擁抱戰敗》，第468頁、631-632頁，引文出自第62頁。

59 瓦伊寧，第299頁、310-311頁、308頁。

60 瓦伊寧又寫了續篇《重返日本》(1960)，書中描述了她重回日本參加皇太子明仁的婚禮。這本書銷量不好，說明美國人對日本皇室的興趣已經消失了。或許是因為有關皇室熱愛和平的輿論已經形成，無需再多做說明了。普利斯科特，《紐約時報》，1960年4月27日刊：第35頁；丹尼爾．拉姆斯德爾(Daniel Ramsdell)，《傾斜的亞洲：美國有關亞洲的暢銷書1931-1980》(Asia Aske: U.S. Bestsellers on Asia1931-1980)，選自《亞洲相關問題學者通報》15:4(1983)：2:25。

61 參見托裡斯克斯在《紐約時報》上發表的文章。也可參見他撰寫的有關東條英機的文章《夕徒的頭目》(Leader of the Gang)，選自雜誌《紐約時報》，1942年9月13日刊：第8頁、6163頁。

62 李，第95-96頁；《赫爾抨擊希特勒和東條》(Hull Assails Hitler, Tojo)，選自《紐約時報》，1943年4月21日刊：第8頁。

63 例證可參見《斯納弗自殺真相》"Snafu Suicide)，選自《生活》，1945年9月24日刊：第36-37頁。

64 李，第95-96頁；拉瑟爾達，第70頁；凱利和瑞恩，第67-69頁。

65 儘管一些漫畫清楚地將日本敵人標明為東條英機，但在其他許多圖片中的形象——通常是穿著軍裝、戴著眼鏡、眼睛斜視、齙牙的樣子——卻讓人搞不清是東條、天皇還是其他「小日本軍國主義分子」。這種標示含混不清不僅因為西方人的刻板印象，認為亞洲人長的都一樣，也因為他們搞不清日本的權利中心歸屬於何處。但是今天人們再看到早期二戰宣傳畫中和墨索里尼、希特勒一起的戴眼鏡的「日本佬」時，即使是圖片中沒有清楚標明該人物是誰，人們通常都會認為那是東條。東條被描繪成美國的主要敵人，這種做法影響了今天的人們對二戰中人物形象的解讀。例證可參見《光榮的間諜有話說》(Honorable Spy Says)，http://bss.sfsu.edu./internment/posters.html（2004年12月22日登錄）。

66 《如何區分日本佬和中國人》(How to Tell Japs from Chinese)，選自《生活》，1947年12月22日刊：第81-82頁；《如何區分朋友與日本佬》(How to Tell Your Friends from Japs)，選自《時代》，1941年12月22日刊：第33頁。

67 參見Fujitani。戰時美國作戰新聞處所做的努力也非完全成功。法蘭克．卡普拉拍攝的宣傳影片《瞭解我們的敵人：日本》(Know Your Enem: Japan)將焦點對準了天皇，認為他是日本參戰的根源。

68 《故去的人說明了一切》(A Dead Man Speaks)，選自《生活》，1948年1月26日刊：第8791頁。

69 引文出自羅伯特．李(Robert G. Lee)，《東方人：流行文化中的亞裔美國人》(Oriental: Asian American in Popular Culture)，Philadelphia: Temple Universit, 1999年：第114頁。

70 引文出自羅伯特．李(Robert G. Lee)，《東方人：流行文化中的亞裔美國人》(Oriental: Asian American in Popular Culture)，Philadelphia: Temple Universit, 1999年：第116-117頁。也可參見詹．雅金森(Jachison Chan)，《美籍華人的男子氣概：從傅滿洲到李小龍》(Chinese American Masculinitie: From Fu Manchu to Bruce Lee)，紐約：Routledg, 2001年：第二章。

71 後期電影中表現的例子有《桂河大橋》(1957)中傲慢自負的指揮官，他在氣急敗壞時會大發雷霆，歇斯底里地亂吼亂叫。

72 有時他們在勝利時也會被描寫成情緒化、神經質。在《紫心勳章》(Purple Heart)中高呼「萬歲」勝利的一幕讓人眼見為實不得不信——日本人揮舞著武士刀，異常興奮地跳來跳去。

73 凱利和瑞恩，第19頁。

74 由早川雪舟主演的電影《欺騙》（導演：塞西爾·B. 戴米爾〔Cecil B. DeMille〕）是早期表現該主題的影片，即人們只要刮開日本人現代世界大同主義的表像就能看到埋藏在下面的野蠻獸性。日本政府對此種演繹表示了抗議，後來在影片公映時，托莉這一角色變成了緬甸人。羅伯特·李，第120-126頁；吉納·馬凱蒂（Gina Marchetti），《浪漫故事和「黃禍論」：好萊塢影片中的種族、性以及主題不清的策略》（Romance and "Yellow Peril": Rac, Se, and Discursive Strategies in Hollywood Fiction），Berkele: University of California Pres, 1993年：第18-27頁；Sumiko Higash，《塞西爾·B. 戴米爾和美國文化：沉默年代》（Cecil B. DeMille and American Cultu），Berkele: University of California Pres, 1994年：第100-112頁。

75 約翰斯通，第4頁；也可參見弗萊舍，第36頁。

76 詹姆士·麥格林西（James McGlincy），《日本的祈求——日本被占時期：天皇的代言人（一位哈佛人士）努力爭取美國人的友誼》（Japan's Plea—The Occupatio: The Emperor's Spokesman〔A Harvard Man〕Puts in a Bid for American Friendship），選自《三藩市紀事》，1945年9月1日刊：第1頁。

77 克拉克·李，第47頁。

78 尼娜·西爾伯（Nina Silber），《再聚首：北方人和南方人1865-1900》（The Romance of Reunio: Northerners and Southerner, 1865-1900），Chapel Hil: The University of North Carolina Pres, 1993年：“Herr Gring Talks”，選自《生活》，1945年5月28日刊：第30-31頁。

79 凱利和瑞恩：第46-47頁；原文中為省略號。

80 《斯納弗自殺真相》；原文中為省略號。

81 凱利和瑞恩，第53頁。要瞭解事件更準確的描述，可參見喬治·瓊斯（George E. Jones），《他自殺未遂》（His Suicide Foiled），選自《紐約時報》，1945年9月12日刊：第1頁、2頁；《滑稽可笑的東條》（Ridiculous Tojo），選自《新聞週刊》，1945年9月24日刊：第54-58頁。

82 克拉克·李，第103-104頁；哈里·布倫迪奇（Harry T. Brundidge），《東條企圖自殺》（Tojo Tried to Die），選自《美國信使》，1953年8月刊：8-9頁。

83 凱利和瑞恩，第53頁；克拉克·李：第106頁；布倫迪奇，第10-12頁。

84 《東條》（Tojo），選自《紐約時報》一九四五年九月十二日刊：第24頁。

85 克拉克·李，第105-108頁，引文摘自第108頁。

86 肯尼斯·路易斯（Kenneth Lewes），《男性同性戀的心理分析理論》（The Psychoanalitic Theory of Male Homosexuality），紐約：Simon & Schuste, 1988年：第97頁、149頁、232頁。

87 引自詹森斯，第242頁。

88 泰克梅，第247-250頁；道爾，《擁抱戰敗》，第461-474頁；參見理查·邁尼爾，《勝利者的審判：東京戰犯審判》（Victor's Justic: The Tokyo War Crimes Trail），Princeto: Princeton University Pres, 1971年。

89 美聯社在東條企圖自殺的當天發表的報導中稱「日本民眾痛恨他，因為他居然連自殺都失敗了」，而且在他企圖自殺時，他的家人接到匿名電話要求東條自殺。《東條認定時間會證明日本》（Tojo Sees Time Vindicating Japan），選自《紐約時報》，1945年9月12日刊：第12頁；羅伯特·特朗布林（Robert Trumbull），《輸血救了東條》（Transfusion Aids Tojo），選自《紐約時報》，1945年9月12日刊：第1頁、3頁。

90 拉瑟爾達，第14-15頁。

91 《日本佬的挫敗感：東條之過》（How Beaten Japs Fee: It Was Tojo's Fault），選自《新聞週刊》，1945年9月17日刊：第42頁；《日本人指責東條的過失》（Japanese Lay Ills to Tojo Blunders），選自《紐約時報》，1945年9月2日刊：第13頁。

92 愛德溫·齊默爾曼（Edwin M. Zimmerman），《「你好」和「再見」》（"Herro" and "Goomby"），選自《紐約時報》，1946年12月22日刊：第118頁。

93 但是文中表明瞭對這位老將軍勉強的欽佩和同情。《日本戰犯等待審判》（Jap War Criminals Await Trail），選自《生活》，1945年11月12日刊：第32-33頁。

94 Naoki Saka，《你們這些亞洲人：西方和亞洲雙方的歷史角色》(You Asias': On the Historical Role of the West and Asia Binary)，選自《南太平洋季刊》99:4(2000年秋)：804-810頁；道爾，《擁抱戰敗》，第九章。

95 《食人蠻夷日本人》(Japanese Cannibals)，選自《生活》，1947年11月10日刊：第155-156頁。

96 《投降的日本佬與日俱增》(Jap Surrenders Are Increasing)，選自《生活》，1945年7月19日刊：第67-70頁；邁登斯，《關島的堅守失敗》(Guam Holdouts Give Up)，選自《生活》，1945年7月9日刊：第70頁。

97 約翰·赫西，《神風特攻隊飛行員》(Kamikazes)，選自1945年7月30日刊：第72頁。

98 克拉克·李，第21頁；也可參見美聯社在《紐約時報》上刊登的文章《日本飛行員畏縮成為神風特攻隊隊員》(Japanese Pilots Balked At Service as Kamikazes)，選自《紐約時報》，1945年9月7日刊：第4頁。

99 《東京街景》，選自《生活》，1945年11月19日刊：第74-75頁。對飽受戰亂、壓抑不堪的日本人表示同情的早期例證，可參見琳賽·帕羅特，《天皇的威望在日本民眾心中增長》(Prestige of Emperor Among Japanese Rises)，選自《紐約時報》，1945年11月28日刊：第5頁。

100 《日本農民》(Japanese Farmer)，選自《生活》，1945年12月24日刊：第67-73頁。有關對那些二戰後被俄國人囚禁在滿洲里——而沒稱作滿洲國——的日本人充滿同情憐憫的描寫，可參見《一個囚禁在西伯利亞的日本犯人》(A Japanese Prisoner in Siberia)，選自《生活》，1950年11月6日刊：第65-67頁。

101 拉瑟爾達，第125頁。

102 李，第68頁；約翰·道爾在《無情的戰爭》一書中確證了這一斷言。

103 在中日戰爭期間，日本人以同樣的方式描繪他們的敵人——墮落而柔弱。可參見唐納德·基恩(Donald Keene)，《西方的黎明：近代的日本文學》(Dawn to the Wes: Japanese Literature of the Modern Era)，紐約：Holt, Rinehart & Winsto, 1984年。

104 入江昭，第265頁。

105 H. D. 哈羅圖甯安(H. D. Harootuninan)，《美國的日本/日本的日本》(America's Japan / Japna's Japan)，選自Masao Miyoshi

和哈羅圖甯安編著，《存在於世界中的日本》(Japan in the World)，Durham: Duke University Pres, 1993年。

106 喬治．萊考夫(George Lakoff)，《道德政治：自由主義者和保守主義者的想法》(Moral Politic: How Liberals and Conservatives Think)第2版，Chicag: University Of Chicago Pres, 2002年。

107 史蒂芬．安布羅斯傾向將二戰描述成「我們擊敗希特勒和東條」的戰爭。史蒂芬．安布羅斯(Stephen Ambrose)是從國家的角度對戰爭進行解讀，不一定就是他的個人觀點。參見史蒂芬．安布羅斯接受國家公共電臺「全盤考慮」節目的採訪，1998年1月1日。

A Transpacific Treason Trial

第四章——大洋彼岸的叛國審判

一九四六年十一月，威廉·L. 布魯斯（William L. Bruce）和妻子前往洛杉磯市中心的西爾斯·羅巴克百貨（Sears, Roebuck department）公司購物。這位年輕的退伍軍人是一九四二年巴丹死亡行軍的倖存者，之後他熬過了三年的戰俘生活，戰爭的最後一年他在日本本州的大江山戰俘營做工。現在布魯斯已經恢復了正常生活，正想在西爾斯·羅巴克買台除草機。他一轉身，不小心碰了別人一下，正說著「對不起」，但當他看到眼前的這個人卻驚呆了——這是一個面容熟悉的戴眼鏡的亞洲男人。這個男人似乎並不認識他，而布魯斯也是過了好一會才想起這個亞洲男人的名字，後來他曾解釋說他之前從未看過這個人「穿便裝」的樣子。隨後布魯斯認出了這個男人：他叫「川北」，是大江山那個令人憎惡的日本戰俘營裡的「鐵腕暴力」人物之一。這一發現讓他憤怒不已。這個日本佬在這裡幹什麼，竟然在美國自在地閒逛？

布魯斯開始尾隨著這個亞洲男人，妻子注意到丈夫突然的變化，跟在他身後關切的問：「天哪，你怎麼了？」，他回答道：「我發現了一個壞傢伙，我要殺了他，」聽到這，妻子著實嚇了一跳，大叫道：「你瘋了——別衝動！」或許是妻子的話提醒了布魯斯，他小心翼翼地不被發現，跟著這個男人走出商場來到了一輛淺綠色的福特水星轎車前，記下了車號，隨後報告了美國聯邦調查局。一九四七年六月五日，事發八個月後，美國聯邦調查局逮捕了二十六歲的日裔美國人川北友彌。洛杉磯的大陪審團指控川北友彌犯有十三項叛國罪，每一項都指向一宗虐待戰俘的罪名。[1]

川北友彌是二戰後因叛國罪受審的兩名日裔美國人之一。[2] 另一個名為戶栗郁子，她的罪名是——現在大部分人認為不公正——在東京電臺進行廣播宣傳。人們都稱她為「東京玫瑰」，儘管她在戰爭期間從未使用過這個名字。她是一個神秘人物，沒人確切知道是否確有其人。[3] 巧合的是川北友彌和戶栗郁子屬於同一個日裔美國人的教會加利西哥聯合教會，都在教會開辦的日語學校學習。[4] 在戶栗郁子還讀小學的時候，全家就遷到了加利福尼亞的其他地方，而川北友彌一直在加利福尼亞的加利西哥長大，並讀完了中學。一九三九年，中學畢業後，川北友彌隨父親前往日本看望祖父。他的父親是個成功的雜貨商和批發商，返回美國時，父親讓十八歲的川北友彌留在了日本，先是在為日裔美國人開辦的預科學校裡學習，然後在一九四一年三月進入明治大學讀書。和戶栗郁子不同，川北友彌把名字載入了他家的戶籍以確保他享有日本公民的權利及保障日後的就業問題。

一九四三年八月，川北友彌開始在大江山鎳工廠當翻譯，這是一個集採礦和金屬加工為一體的工廠，靠近日本海，離京都有一百多公里。二戰期間，該工廠使用了盟軍的戰俘作為勞工在淺表礦井中勞動。川北友彌為管理戰俘營的日本軍隊工頭和戰俘之間擔任翻譯，這些戰俘有英國人、加拿大人、中國人，在一九四四年後期和一九四五年初期，大約有四百名美國戰俘——大部分都是一九四二年在巴丹被俘的。還有兩個日裔美國人在那裡做翻譯：一個是川北友彌童年時的夥伴藤澤明示，在戰俘營做翻譯，另一個是井上信行，在工廠的行政管理部門做翻譯。

戰爭結束後，川北友彌在回東京之前曾留在大江山給美國人當翻譯。他在十二月向美國領事館申請恢復他的美國護照，當時他對自己的日本公民身份的辯白是一九四三年他迫於強大的壓力才登記戶籍。審查官已經反覆聽過許多急於離開日本這個滿是戰爭瘡痍之地的日裔美國人講同樣的故事，所以對他並沒有懷疑。當一份第八軍團最高司令官的檢查記錄顯示他很清白後，領事館於一九四六年六月給川北友彌頒發了新的美國護照，八月初，他返回美國。同年十一月，當布魯斯在西爾斯·羅巴克發現他時，他已經是南加利福尼亞大學的一名學生了。

接下來一九四七年對川北友彌的審判必須放在冷戰的背景下來討論。他的審判是和其他二戰叛國嫌疑犯共同進行的。大部分嫌疑犯在戰爭結束後幾個月內都接受了調查，但是都被釋放或獲得了自由。對大部分人的正式起訴是在好多年之後才開始的，那時他們才正式受審並定為叛國罪。在不同的審判中，戶栗郁子、約翰·大衛·普羅沃(John David Provoo)、馬丁·詹姆士·蒙蒂(Martin James Monti)、赫伯特·約翰·伯格曼(Herbert John Burgman)和所謂的「軸心薩利」

（Axis Sally）瑪格麗特・伊莉莎白・吉拉都（Margaret Elizabeth Gillars）因戰爭期間曾為敵軍作廣播宣傳而被定罪。[5]和川北友彌一樣，他們也都在一九四五年至一九四六年被收審調查，之後又被釋放，而後在一九四七到一九四八年冷戰真正開始後，他們被司法部正式起訴。[6]冷戰時期對叛國罪的審判以及當時對紅色恐怖間諜的審判使得聯邦政府能夠對不忠叛逆的個人進行懲罰示眾。所以，對川北友彌的指控可以被視作是更大範圍的冷戰遏制策略的一部分。

更具體地說，川北友彌體現了美國人對不忠叛國和鬼鬼祟祟的日本冷戰同盟所懷有的憂慮。他代表了那些內心充滿怨恨的少數族裔男性，因為主流社會拒不將他們作為成熟的成年人對待。新聞報導、起訴的證詞以及法庭對川北友彌的描述是：川北友彌感覺他的男性氣質受到了公然的侮辱，於是採取報復行動，但是同時他們也表示川北友彌的確缺少男子氣概。在美國大眾的認知中，不忠背叛、女性特質或膽小怯懦常被緊密聯繫在一起。那些犯叛國罪的個人或民族太懦弱或沒有能力正面進攻，於是就暗箭傷人。在美國，這種性別化的話語將缺乏男子氣的、狡猾的、無理性的懦夫歸為一類，而與之相區別的是有男子氣概的、正直坦率的、勇敢的美國人。這種過於簡化的對立二分法有助於美國人發洩他們對珍珠港事件的憤怒，通過構建這種話語來自我補償：正義屬於美國，我們應當盡一切必要之手段懲罰這些「懦夫」。[7]一些叛徒是沒有男子氣的懦夫，他們無法堅守戰鬥，無法堅守對國家和人民的忠誠，而屈服於敵人的要求。川北友彌代表了「道德力量薄弱」的懦弱個體，只有在美國同胞虛弱無力、沒有防備的時候，他才敢壯起膽來，只有在歐美人成為戰俘，力量被非常態地削弱時，他才敢大打出手。

但是美國政府並沒有懲治川北友彌以示對其實施拘禁的正義合理性。對他進行指控的目的與此恰恰相反：川北友彌是被作為一個「邪惡的」日裔美國人展示給人們看的——正如東條是個「邪惡的」日本人一樣——他是那些占絕大部分的「和善」、忠誠的日裔美國人中的一個例外，通過這樣的展示，美國政府和媒體敦促美國人民能和平地接納日裔美國人，同時仍可表達對川北友彌的民族仇恨，但他們卻否認這是種族主義。具有諷刺意義的是，政府指控川北友彌的事件逆轉了「日本佬就是日本佬」這一臭名昭著的觀點。日裔美國人在戰爭期間被孤立和迫害，現在他們目睹了美國政府為了懲罰一個日裔美國人，而實際上在宣稱「美國佬就是美國佬」。

嘗試將日本重塑為戰後同盟與努力展現日裔美國人是可敬的美國公民是分不開的。但這些努力是在對日本民族廣泛且持續存在的敵意和不信任的情感中進行的，對此種情感也是一種挑戰。在這種背景下，川北友彌的審判可被視為美國在努力將罪行具體到個體，以驅除過去的敵人。在東京戰犯審判過程中，美國人在理清和懲治日本人罪惡的同時也認識到了日本人的優秀之處。同樣地，川北友彌選擇叛國的行為和大部分日裔美國人，尤其是第442步兵團中的日裔美國士兵所做的精忠報國的正確選擇形成了強烈對比。川北友彌的叛國審訊重申了大部分日裔美國人對美國效忠的事實。川北友彌和東條與其他日裔後代的不同之處在於他們固執己見、剛愎自用以及他們那些宏偉邪惡的妄想。這種「東方人的」變態和奸詐仍舊潛存的事實表明美日之間從表面上看來安全、懸殊的力量對比關係下潛藏著破壞和危險。川北友彌的案例為美國人提供了很好的機會來厘清戰前就存在的忠誠、愛國、種族歧視及民族仇恨等概念的歧義，以便更有效地投入冷戰。案件審理期間，在這個本應是增強雙邊和諧關係的演出中，美國政府和新聞媒體都試圖精心調整那些不和諧的因素。

來自柔弱的少數族裔男性的報復

審判中，川北友彌申辯自己無罪，其辯護理由是他當時的國籍狀況。川北友彌的律師，莫里斯·拉文(Morris Lavine)辯稱在川北友彌犯下那些所謂的罪行時，他認為自己仍是日本公民，不存在忠於美國的問題。拉文強調說川北友彌至多算是犯有「一系列的人身侵犯和毆打罪——再沒別的罪行」。他繼續辯護道：踢犯人的腿或是逼犯人多扛一桶塗料「不可能上綱到人格尊嚴……叛國罪」。他還指出這些所謂的罪行缺少叛國罪應具備的「秘密和巧妙設計等要件」，因此他強調說美國人民「對此案要謹慎，我們打敗了日本，但我們不能以此為理由對被告進行報復。現在考驗我們的時候到了」。他還說這個案件不應該是「又一次懲罰日本佬的機會」。[8]

當然，政府的觀點是與此相反的：川北友彌明知他仍需忠於美國，卻有意通過其行為背叛他的出生國。政府的檢察官強調說川北友彌之所以被收審並不是因為他的日本血統，而是因為他隨意地拋棄像美國這樣強大國家的國籍身份，濫用他的美國「國籍」，就像水龍頭一樣想開就開想關就關。首席公訴人詹姆斯．M. 卡特（James M. Carter）指出川北友彌使得美國領事館官員相信他在整個戰爭期間始終忠於美國，而檢察團不同意拉文弱化川北友彌的罪行，反而強調其罪行的嚴重性。他們稱川北友彌通過強迫戰俘開採更多的礦石從而讓日本人有更多的「工時」去從事戰爭活動。[9] 據指控，川北友彌對美國同胞的折磨騷擾推進了敵人的事業，因此川北友彌犯有叛國罪——該罪名受到許多大江山前戰俘的熱烈支持。

據一位前戰俘沃爾特．塔克（Walter Tucker）說：實際上，在大江山的戰俘們都渴望能出庭作證揭發川北友彌，以至於檢察團不得不謝絕了至少一百四十九名戰俘的請求。塔克來自德州，在巴丹被俘，他在大江山戰俘營度過了戰爭最後的十三個月，他本想作證「在獲釋前不久」川北友彌還毆打過他，但當他自告奮勇出庭時，檢察團說他們的證人已經足夠多了。[10] 卡特宣稱在提審川北友彌時，政府計畫出示「將近一百名」前戰俘的證詞。[11] 因為二戰對日作戰勝利也還沒過幾年，有如此多的退伍軍人此時堅持要求出庭作證也不足為奇。在他們看來，一個對他們在戰俘營的悲慘生活應負部分責任的「日本佬」竟然沒有受到懲罰，更可恨的是，他還能自由自在地呆在美國，這是多麼讓人憤怒。

許多戰俘因為在日本戰俘－奴役營忍受的駭人聽聞的生活條件和殘忍暴行，發誓要報復這些折磨他們的日本人。一個檢方證人回憶說：他做戰俘時就曾詛咒日本衛兵「耶穌在上，你們這些野蠻的異教徒會遭報應的」。[12] 因此逮捕川北友彌讓許多前戰俘感到「很大的滿足」，查理斯．J. 庫欣（Charles J. Cushing）深有感觸，他曾挨打和受餓，體重由戰前的二二八磅減少到只剩一〇七磅。[13] 像庫欣這種從太平洋戰爭中退伍的軍人，據他們個人對日本人野蠻殘忍的瞭解，他們相信川北友彌是有罪的。

新聞媒體上帶有煽動性的標題預先判決了川北友彌有罪。當他被捕和接受指控時，《洛杉磯時報》誇大了他在大江山的重要性：〈洛杉磯的一名日本佬作為恐怖戰俘營的頭目被捕〉（L.A. Jap Arrested as Horror Camp Leader），〈戰俘營的日本老闆被起訴〉（Jap Camp Boss Indicted Here）。《舊金山紀事報》(San Francisco Chronicle)誤將他作為「大江山戰俘營的工頭」，而波特蘭的《俄勒岡州人》(Oregonian)大肆宣傳齙牙、奸詐狡猾的日本佬形象，把川北友彌描述成「日裔美國人的叛徒，在本州戰俘營為日本效勞，是個殘暴的工頭，日本戰敗後他又對美國展開了笑顏」。甚至《太平洋公民報》(Pacific Citizen)，這份日裔美國人主辦的報紙也沒有澄清一個事實：將近一年前，在他被捕之前他一直是個翻譯。[14] 作為一名文職翻譯，他既不是「戰俘營的首領」，也不是「戰俘營的老闆」。儘管他反覆申辯自己是無罪的，但官方媒體在報導審判給他帶來的痛苦時卻完全沒有提及他的抗辯，讓人覺得他的案件只是因為國籍問題，而不在乎指控的真實與否。《太平洋公民報》也只是在報導川北友彌在審判結束的當庭申訴時才提到他辯稱自己是清白的。事發後《太平洋公民報》從沒有報導過川北友彌和他家人的說法。相反，這家日裔媒體因為擔心川北友彌的案件可能會有損他們剛有好轉的戰後形象，於是很快認定川北友彌是有罪的，並試圖讓其他日裔美國人和他保持距離。[15]

儘管公眾確信川北友彌有罪，他的律師爭辯說戰俘們針對川北友彌的證言實際上告錯了人。拉文聲稱許多有關川北友彌的較嚴重的罪行——例如，拖延對一個脊椎受傷的戰俘的醫療救治，毆打一名身患絕症的戰俘，對一名偷竊紅十字會物資的戰俘進行懲罰，多次將其推入化糞池——實際上是在日本戰犯審理時戰俘們證言中涉及到的其他獄警所為。一位醫療官員的日記中記錄了大江山戰俘營內違反日內瓦公約的罪行，在這本日記中沒有川北友彌的名字，這也證明了他的清白。[16] 戰後沒有戰俘對他進行打擊報復也很說明問題，而且盟軍的官員還挑選他擔任了主要的翻譯工作。拉文稱川北友彌對許多士兵都很友好，在這些被俘士兵重獲自由後，他曾是他們到天橋立旅行的導遊，還在車站「友好地和他們告別」。[17] 戰爭結束後，他前往美國領事館或是去第八軍團以確保自己能返回美國時，都沒有人逮捕他。拉文強調說他的當事人在回國後沒有隱瞞或是更改自己的姓名；還「去了滿是美國大兵的大學讀書」——一個擔心戰俘報復的人是不會這麼做的。川北友彌的律師還指出奇怪的是檢察團沒有傳喚任何官員出庭作證——只有士兵，而士兵們對日本人的憤恨是可以理解的。與其他兩位在大江山的日裔美國人翻譯不同的是，在礦井，川北友彌擔任的是軍事命令翻譯，這就意味著經由他宣傳或叫嚣的都是些命令，這些命令都是要從極度疲勞的戰俘身上壓榨最多的勞動。拉文稱戰後大江山的前戰俘們幾乎不會對川北友彌這個曾是可恨的統治者口舌的人有什麼好印象，僅僅因為曾做過傳令官，他現在竟要受到如此懲罰。

而戰俘們堅持說川北友彌在翻譯的過程中會有意添加些貶損之詞，而且他還利用和日本統治者的關係，占取不當利益，表現跋扈，好像自己是個「大人物」。他們回憶說他就是個心懷怨恨的少數族裔男性，他宣稱美國「對(我)不屑一顧，毫不在乎」，他還曾鞭打白人戰俘，就因為他有權可以這麼做。一位退伍兵說川北友彌「似乎很樂意看到美國人在日本士兵面前人格遭受貶損」。[18] 當筋疲力盡的美國戰俘沒有采夠每天要求的礦石量，他不僅毫不同情，還厲聲責罵他們。據說他曾對這些憔悴瘦弱的戰俘大聲叫囂：「該死，你說這算什麼？還不快點幹活去！」[19] 戰俘們還稱川北友彌以宣揚美國士兵的「劣等無能」為樂。據說，他曾對戰俘的男子氣嘲諷說：「我就知道，情況一旦嚴峻起來，你們美國人就受不了了。」據稱他還對投降的戰俘冷嘲熱諷：「看樣子麥克阿瑟拋下你們這群小兵不管了。」[20] 一位證人回憶說川北友彌「昂首闊步的樣子就像個公雞」，吹噓說即使戰爭要打一百年，日本也會贏，他的這一形象被檢察官在總結陳詞中反覆提及。[21] 新聞媒體也對他狂妄自負型的男性氣質加以回應，將他描述成「一個虛張聲勢的虐待狂，揮舞著木刀，謾罵著美國巴丹戰役的倖存者」。[22] 新聞媒體還報導稱在審訊川北友彌期間當他得知自己的主要罪行可能是叛國罪時，他「似乎都要哭出來了」，這說明他並不是真的像在大江山時表現出的那麼堅強。不論這些有關川北友彌的描述是否屬實，但人們眼中，他那揮舞著男性象徵的刀棒、驕傲自滿的總體形象表明歐美檢察官們、退伍軍人和新聞媒體——甚至是日裔美國人的媒體——都認為川北友彌的確是個可恥的少數族裔，他確實會對落難同胞落井下石。

儘管檢察團、退伍老兵和主流新聞媒體在審判期間融合了性別、種族和叛國等觀念，他們並沒有像戰爭期間的通常做法那樣將叛國和日本血統習慣性地聯繫在一起。日裔美籍人藤澤明示和川北友彌同在大江山作翻譯，據戰俘們回憶，他只認真地做翻譯，媒體試圖通過對比兩人在大江山的所作所為說明些什麼。[23] 藤澤被描述成「和善的」日裔美國人，戰俘們回憶說川北友彌試圖削弱他們的意志時，藤澤明示則會友好地拍拍他們，很肯定地告訴他們一九四五年的夏天「我們就能一起在舊金山吃感恩節大餐了」，以此給他們鼓勵和希望。來自德州的沃爾特·塔克稱川北友彌曾毆打過他，近半個世紀過後，塔克回憶說藤澤明示是個「大好人」，為了防止被會講英語的日本守衛發現，他曾用西班牙語悄悄告訴戰俘們美國在沖繩和硫磺島打了勝仗的消息。[24] 戰爭結束時，一群戰俘交給藤澤明示一份他們主動寫的文件以證明他的優秀人格。文件中寫道：「儘管他是日本人後裔，有著日本人的血統，但在最困難的時候，他的表現堪稱美德，體現了美國人所具有的協助和公平的觀念。他證明了自己是真正的美國人，在那樣惡劣的環境下，不能說是大多數，至少也有許多人都可能會放棄，因此我們認為他在戰俘營的表現比讓他作為美國士兵奔赴前線更有意義。」[25] 換言之，日裔美國人具有表現正常男性氣質和忠誠的意志力；因此，種族歧視的說法也就是無的放矢了。

檢察團和新聞媒體拒不考慮川北友彌在加利福尼亞成長過程中遭受的種族歧視，認為這與此案無關，並宣稱美國人就是美國人。卡特指出川北友彌被判叛國罪「並不是因為他的日本血統，而是因為他和你我一樣是美國公民」。[26] 但是川北友彌並非和卡特或是陪審團中大多數的歐美人「一樣」。他或許在中學時還贏得過足球比賽，獲得學校字母徽章，但他是在西海岸的社區長大，在那裡日裔美國人在社交上被排斥，在種族上受歧視。他和其他日裔美國人都強烈地意識到大的社會環境從經濟上排擠他們，無視他們的才華和教育程度，只要他們在自己的少數族裔社區外找工作，就只有毫無發展前途的低薪工作。與川北友彌同時代的日裔美國人歷史學家川井和夫指出「不論我們的資歷如何，對我們開放的職位只有那些(白種)美國人不屑於做的——那種要不停地應承『是，夫人』的僕役的工作，例如家傭、園丁、賣菜小販」。[27] 另有一位日裔美國人是個水果店店員兼作家，在談到他被壓制的職業理想時，不無嘲諷地稱自己是「專業的蘿蔔清洗師」。[28]《太平洋公民報》的專欄作家拉瑞．田尻(Larry Tajiri)曾評論說「珍珠港事件爆發前，日裔美國人必須有大學文憑才能在美國太平洋沿岸的生產銷售市場找到一份職員的工作，這在當時並不只是說說而已的笑話」。[29] 這種就業機會的受限是川北友彌的父母最初決定將他留在日本的原因。大部分日裔美國人缺乏足夠的日語技能，川北友彌的父母相信如果兒子能流利地說日語，他就可以從事日貨進口貿易，這也是戰前日裔美國人可以涉足的為數不多的白領工作之一。[30]

許多日裔美國男性意識到這些有限的機會和他們在美國社會中總的待遇——應承「是，夫人」之類的工作——都是對他們男性氣質的削弱。他們也很瞭解美國社會認為亞洲男性柔弱嬌氣、喜歡虛張聲勢，或是表現出變態的男性氣質。一些日裔美國男性滿懷希望，希望將來可以對這種認為他們民族沒有男性氣質的看法以及他們在戰前受到的種族歧視進行報復。[31] 日裔美籍女性也對種族歧視和受限的工作機會感到怨恨不滿，但和日裔美籍男性不同的是，她們並沒將自己的遭遇理解成對她們女性身份的侮辱。[32] 男性則不同。宇野．巴蒂．和麿（Kazumaro Buddy Uno）也是一名脫離了美國國籍的日裔後代，據說他也曾騷擾虐待過美國戰俘，他就認為種族歧視削弱了自己的男性氣質。他說：「他們把我當成黃皮膚的日本佬看，而不是當成一個美國公民……所以我心想，美國見鬼去吧。我要回日本，在那裡我對美國的瞭解會受到重視。」在西方的俚語中「日本佬」的意思是「日本妓女」，因此宇野將自己所受的種族歧視比作「白種人對黃皮膚妓女」的態度。[33] 如果有關川北友彌的記述真實地記錄了他的態度和言語，那麼他似乎也有同感，想要對之前他的男性氣質所遭受的侮辱進行「報復」，告訴歐美戰俘他們才是柔弱、懦弱的。

但是當川北友彌出庭時，他並不像宇野那樣友善、合作；他直接否認了曾在大江山做過任何壞事，甚至是言語辱罵也沒有過。[34] 他宣稱前戰俘們把他當成了那些曾虐待過他們的日本公職人員和士兵的替罪羊。[35] 他稱自己從未完全效忠過日本，而且他曾拒絕在日本軍隊中擔任

圖八・川北友彌在一九四八年叛國審判訊問過程中間休息。《洛杉磯時報》圖片。

中尉的任命，因為他不想和自己高中時的舊友們在戰場上兵戈相見。他說他不願從事涉及盟軍戰俘的工作，提出調離的請求也被否決，他因此很痛苦，但迫於上級命令，他又不得不「用嚴厲的軍人語氣」向戰俘發話，避免和他們有友善關係。他又說他是在嚴格認真地翻譯，甚至軟化語氣讓原本的命令聽上去不那麼嚴厲刺耳。[36] 他還解釋說所謂的「木刀」實際上是便於他在濕滑的泥地上走路用的一根手杖，他從未用它打過戰俘。[37]

川北友彌還聲稱自己也曾幫助過戰俘——他曾背著美國戰俘去礦山醫院就醫，還曾好幾次護送戰俘去看病或看牙醫，他看到戰俘完不成每日定額時，還向上級要求減少他們的工作量。[38] 他承認自己曾打過一個戰俘，但之所以那麼做是因為他無意中聽到那個戰俘用西班牙語罵他是王八蛋。但是在訊問過程中，他又承認自己也曾打過英國和加拿大的戰俘，不過他隱晦地指出毆打其他國籍的戰俘是完全合法的，因為他現在接受的審判是背叛美國人民——不是二戰所有盟國人民。[39] 不過他的供述的真實性讓人懷疑。或許他也打過中國戰俘；審判內容和審判本身完全忽視了中國戰俘的遭遇，好像只有白種人受到亞洲人的虐待才值得關注。但是公平來說，作為英日翻譯官，川北友彌可能沒什麼機會接觸到中國戰俘。

懲治「邪惡的」少數族裔男性

時至今日已很難斷定川北友彌虐待戰俘的行為是自發的還是迫於日本上級的命令。但是這種疑問對他是有利的，這讓他的辯解聽上去比較可信。如果他真的有虐待戰俘的罪行，他就不會冒險回美國了，這似乎很有道理。在審判過程中，一位檢方證人證實說他曾看到川北友彌扇過三個美國戰俘的耳光，因為他們偷其他戰俘的衣服，但是他承認說就他所知川北友彌「從未痛打過任何人」。[40] 藤澤明示供述他也曾受命鞭打過偷藏果醬的英國戰俘，他之所以這麼做也是迫於上級壓力。藤澤還提到日本衛兵甚至讓戰俘們互相毆打懲罰。他曾目睹一個戰俘被迫將另一個戰俘推入水塘，還有其他戰俘「被要求互相毆打」。[41]

換句話說，戰俘營裡很野蠻，在那裡暴力事件很正常，是家常便飯。多年後，在一個完全不同的場合下，川北友彌強調說有好幾次因為違反職責，他認為自己可能會「受到嚴厲的處罰或被處死」，他試圖通過這種無力的解釋說明戰俘營的混亂狀況。檢察團推翻了這一解釋，證實了川北友彌從未有幾近被處死的經歷，相反他是日本軍事上級信賴的一位重要的翻譯官。藤澤明示在法庭上說他記得曾聽到過有關川北友彌虐待戰俘的傳聞，但他作為專門負責向戰俘營指揮官反應戰俘的申訴請求的翻譯，從未聽到戰俘對川北友彌有任何抱怨。後來，藤澤明示詳細地解釋說他的這位兒時夥伴「言語粗糙」，「不善措辭」，但他從未見他打過或踢過任何人。[42]

那麼，在當時那樣一個助長暴力的地方，川北友彌可能曾以強凌弱甚至可能曾主動施暴。當許多前戰俘發現他返回美國、想要懲治他的時候，不僅是因為他自己那些涉嫌犯下的罪行，或許還有戰俘們在戰俘營所遭受的所有虐待。川北友彌試圖用臨時日本公民身份護身，卻不曾想在他是否是美國國籍的審判中，這點需要複雜的法律程式進行解釋說明。首席法官的意見對被告罪行的判定很重要。在為期八天的審判過程中，陪審團曾不止一次的向法官威廉·C.馬西斯(William C. Mathes)反映他們陷入無法解決的僵局，希望法官駁回此案，但每一次法官都堅持讓他們繼續審理。法官甚至無視不能重複定罪的原則，對陪審員訓誡道：如果在這一場「漫長而又代價高昂的」審判中仍無法給被告定罪，那就意味著肯定還要再來一輪「同樣漫長而代價高昂的」審判。[43] 最終，在一九四八年九月二日，陪審團作出裁決：在被指控的十三項「明顯的」叛國行為中，川北友彌觸犯了其中的八項。據《舊金山紀事報》報導，「陪審團宣讀判決時，他面無表情，只是快速地眨著鏡片後的雙眼」。拉文在判決後的第三天很快就提出申請要求重新審理此案，理由是陪審團的裁定受到了不當因素的影響。拉文稱陪審員們已經在潮悶的暑熱中進行了長時間的審判，法警卻又告訴他們法官會把他們禁閉在此，直到他們做出有罪判決為止。拉文又稱有一個陪審員告訴他她是被迫同意作出有罪裁決的。但法官馬西斯對拉文的申請有裁定權，他裁定在審判過程中沒有強迫的因素。之後他宣判將二十七歲的川北友彌送入毒氣室執行死刑。[44]

馬西斯強調說川北友彌的日本血統對最後的判決沒有任何影響。他稱「不管他是誰，我的判決都一樣」。法官馬西斯擔心民眾認為死刑過重，就補充說道：川北友彌的叛國罪行所損害的不僅僅是那些美國戰俘的利益，繼而還特別強調說川北友彌的「罪行損害的是生他養他的國家全體人民的利益」。馬西斯宣稱說不是所有的叛國者「都有機會犯彌天叛國大罪」，並毫無根據地猜測說要是川北友彌有這樣的機會，他會「欣然前往轟炸我軍的太平洋戰艦，會主動向日軍提供我軍原子彈的秘密情報」。[45] 馬西斯煞費心機地將川北友彌的行為和曾在第442步兵團及第100獨立步兵營光榮服役的日裔美國人進行對比：

如果被告被本庭宣告無罪，他也會唾棄自己，在譴責聲中度過餘生。他不僅會因為自己卑鄙的背叛出生國的行為而困擾，獲得國會榮譽獎章的宗森真雄、與美國歷代戰鬥英雄一同埋葬在阿靈頓國家公墓的一等兵長門文隆和棚町三郎，還有那經受住忠誠於祖國的最高考驗，為了美國和美國體制的長存而不惜犧牲生命的近七百名日裔美籍戰士也會讓川北友彌的內心飽受折磨。[46]

馬西斯尖銳地指出川北友彌——這個從被捕之初就反覆被媒體稱為「洛杉磯日本佬」的日裔美國人——和其他日裔美國人不同。這位法官強調說不忠叛逆的川北友彌「出賣他在美國公立學校所學的英語」，是日裔美國人中的敗類——這個負面的例子和成百上千作為美國士兵而犧牲的日裔美國人形成了對比。[47] 馬西斯的評論試圖扭轉戰時對日裔美國人的總體評價，那種認為他們——就像日本人一樣——都不值得信賴的看法。在他讚譽那些為國捐軀的日裔美籍士兵而非成千上萬的戰後仍在為國家效力的士兵時，他無意中強化了「為國捐軀的日本人才是親善的日本人」的觀念。

川北友彌案件的審判結果也反映出當時強調效忠國家先於個人利益的美國政治氣候。大約在川北友彌被捕的同一時期，杜魯門制定了效忠宣誓，隨後由眾議院非美活動調查委員會主辦的聽證會和川北友彌的審判碰巧在同一天。在《洛杉磯時報》上，有關川北友彌的報導標題旁是更大的標題，諸如〈有證人表示數以千計的共產主義者把持政府要務〉(Thousands of Reds Holding Government Jobs, Witness Says)、〈四位新政擁護者與前共產主義分子操縱的特務集團有染〉(Four New Dealers Linked to Spy Ring by Ex-Red)。[48] 效忠國家的利害關係非同一般，馬西斯抓住這一點指出川北友彌是在一九四三年過了日本的兵役年齡後才註冊為日本公民的，這樣他也可以逃避作為日本公民的服役責任。馬西斯寫道：「被告這種叛國者，也沒有獻身給敵國所信奉的某種真實或虛幻的事業。他自始至終只關心他自己。」於是馬西斯總結說：「如被告所示，一個叛國者的唯一價值就在於為那些道德意志薄弱，日後可能會受到利誘而背叛美國的人做個例子，引以為戒。」[49] 高等法院於一九五一年六月二十二日，最高法院於次年的六月二日都相繼維持了對川北友彌的定罪和死刑判決。大部分最高法院的裁決都判定不論是川北友彌還是任何美國人都不能「將（美國國籍）當做享樂避禍的國籍，為了獲得任何可能的利益而保有它，但在國家危難時又背叛它。一個美國公民不論他身居何處，都要忠於美國」。[50] 美國最高法院宣佈：沒有男子氣概的怯懦以及對此的默許縱容都應受到最嚴厲的懲罰。

具有諷刺意義的是，《洛杉磯時報》似乎認為對川北友彌的審判和死刑判決表明了加利福尼亞人能夠公平地、毫無歧視地對待日裔美國人。《洛杉磯時報》避而不談陪審團審判過程中的種種棘手問題，一味讚揚馬西斯謹慎細心地主持了一場「公正的審判」，並宣稱川北友彌有罪的裁決「圓滿回答了西海岸日裔美國人的問題」。在這篇自鳴得意的社論中，《洛杉磯時報》讚譽這一判決顯示了「美國制度」是公平的，不存在種族歧視。它會給日裔美籍戰爭英雄授予國會榮譽獎章的獎勵——宗森真雄犧牲後被追認此榮譽——也會懲罰那些背叛美國的日裔美國人。《洛杉磯時報》稱他們各得其所，並不是因為他們是日裔後代，而是因為他們是「美國人，擁有著不可輕視的與生俱來的權利」。[51]然而這位作家在讚譽美國人對待西海岸的日裔美國人所體現的公平和正義時，其特寫的物件一個是已經犧牲的日裔美國人，另一個是即將被宣判執行死刑的日裔美國人。《洛杉磯時報》無視這一自相矛盾之處，反而借川北友彌的案例大肆吹捧加利福尼亞人在種族關係上表現出的寬容和作出的進步。《時報》還刊登了一張藤澤明示和前戰俘擁抱在一起，彼此微笑的照片，標題為「毫無敵意」，和有關審判川北友彌的標題新聞刊登在同一頁上，以此傳遞一種資訊：「和善的」日裔美國人會被社會熱情接受，而「邪惡的」日裔美國人將受到應有的懲罰。[52]

西海岸的「日裔美國人問題」主要是將日裔美國人融入到起先對他們不歡迎的社區中。到川北友彌受審這一時期，公眾對日裔美國人的公平意識和為國捐軀的日裔美國士兵的討論迫使西岸居民接受公眾對日裔美國人的看法，不再有「像法西斯」和非美國人這樣的批評。川北友彌案件似乎威脅到自戰爭結束以來所取得的進步，有重燃潛藏的種族主義的危險。新聞媒體意識到不忠叛逆的「洛杉磯日本佬」這樣的新聞標題可能會阻礙日裔美國人順利融入社區，於是它們將川北友彌描述成一個罪大惡極的日裔美國人，但繼續強調日裔美籍退伍士兵是值得尊敬的、忠誠的美國人。這種擔憂還有為了顯示西岸社區安定和寬容的意圖，解釋了《洛杉磯時報》週末版對川北友彌受審期間在洛杉磯舉行的二戰對日作戰勝利日大遊行的報導為何會主要關注為國捐軀的日裔美籍士兵。儘管遊行是為了紀念那些在太平洋戰爭中服過役的士兵，但編輯們在文章所附的三張照片中有兩張表現的是在歐洲作戰的日裔美籍士兵的家庭，以此表明日裔美國人也在慶祝對日作戰的勝利。登載在頭版的一張照片表現的是一位準將向國會榮譽勳章獲得者宗森真雄的母親頒發獎章的情景，另一張刊登在報紙內部的照片表現了三歲的莎倫·安妮·松崎(Sharon Anne Matsuzaki)對著父親這麼一位「遊行隊伍中著名的第442步兵團的退伍軍人」招手的場景。標題寫到「爸爸在這！」，表現了一個年輕、幸福的家庭——與此相對比是川北友彌寫信給母親的場景，好像他還是一個依賴人的孩子在向「媽媽」彙報他的表現——《洛杉磯時報》向讀者表明許多日裔美籍士兵都是顧家的男性，有著男性氣概和成年人的責任心。53

同樣，審判過後，在川北友彌家鄉附近出版發行的一份報紙呼籲：「讓我們銘記愛國者，忘記叛國賊。」由於擔心川北友彌的案件受到「過多的關注」，在該地區喚起或加重種族歧視，埃爾森特羅的《帝王谷報》提醒讀者們藤澤明示也來自他們這個地區。該報以第442步兵團的英勇事蹟為例，斷言「川北友彌是常規中的例外」。《聖地牙哥太陽論壇報》(San Diego Tribune-Sun)也持同樣觀點，強調說儘管川北友彌犯有叛國罪，但民主原則在其他數以千計的日裔美國人那裡卻獲得了「異常的成功」。報紙評論說「在今後的日子裡我們引以為豪的話題很多」，但日裔美國人遭遇的拘禁「不會列位其中」，「但儘管國家曾給川北友彌先生所屬民族的人民帶來了困苦、犧牲和艱辛，但數以百計的日裔美國人還是主動自願地參軍，並且證明了他們是我們軍隊中最為勇猛的戰士」。[54] 新聞媒介中那些自封的輿論製造者試圖控制對日裔美國人形象造成的可見的損害，但與此同時，這些輿論也暗示儘管拘禁是錯誤的，但那些「親善的」日裔美國人並沒有報復，也沒有因為他們的美國同胞在戰時所犯的錯誤和他們過去所遭受的歧視而心懷怨恨。換句話說，主流媒體承認對日裔美國人的不公正待遇，但卻拒絕認可日裔美國人理應對此感到憤怒和怨恨。日裔美國人還是被迫置於一種模式——即忠誠於或是不忠於美國。一九四二年後所發生的變化就是政府官員和媒體認為大部分的日裔美國人屬於「忠誠」之列。

但是，日裔美國人忠誠於國家的問題是更為複雜和充滿矛盾的，遠比司法部門、美國法庭、美國的媒體、川北友彌的辯護律師，甚至是那個堅持說他在大江山工作時認為自己是日本公民的被告本人所表現出的要複雜和矛盾得多。在審判期間，公訴人聲稱公民的國籍身份不應當被隨意濫用，公訴人卡特認為利用國籍可以享樂避禍的想法很荒謬。[55] 和其他人一樣，卡特也忽視了這場審判——以及戰爭本身——是如何過度簡化日裔美國人對日本或是美國的熱愛和忠誠的，人為的對此強制進行了兩極對立劃分。絕大多數的日裔美國人決定支持美國的戰爭事業，這樣的決定被看成是很容易且很自然的事。儘管這樣的描寫對拘禁進行必要的譴責有所幫助，但它卻掩蓋了被排斥的日本人所感受到的痛苦和遺憾——尤其是移居美國的第一代日本人，他們在美國生養的孩子，第二代日裔美國人也有同感。許多日裔美國人在美國本土和夏威夷都受到歧視，他們覺得為自己的日本民族性感到驕傲，雖然有些不妥，卻是可以理解的。他們欣喜地看到日本在崛起，在努力爭取與西方帝國主義的平等地位——而不是他們的殖民地——看到日本在爭取這些利益時踐踏其他亞洲人，他們對此似乎也並未感到不安。而且，作為一支相對較新的移民群體，大部分日裔美國人還和日本保持有文化、社會、商業和家庭上的聯繫。他們相信自己的日本民族性和對美國的依附依戀大致是可以共存、不相矛盾的；他們天真地認為他們可以同時身著兩身外衣——借用卡特的形象比喻——他們可以同時熱愛兩個國家。但是戰爭打碎了這種不穩固的未經考驗的世界觀，他們被迫選擇要麼放棄有著自己民族淵源的故國，要麼放棄他們現在居住、工作和進行社交的這片土地。[56]對所有的日裔美國人來說，最好的場景莫過於美日之間的戰爭從未發生過，正如若月高在接受審訊時試圖對那位年輕的軍官所解釋的那樣，當時若月高被問到他希望哪方獲得戰爭勝利，這位日本一代移民反問道：「你父母發生爭執時，你是希望他們互相殘殺？還是希望他們停止爭執？」[57]

但是戰爭迫使這些日裔美國人必須做出選擇。於是大部分在美國的日裔美國人選擇支持美國；同樣，在日本的日裔美國人選擇與日本人民共命運，日本人民鼓勵他們——也期待他們——做出這樣的選擇。戰爭結束後，就像川北友彌一樣，大部分在日本的日裔美國人又從效忠日本「轉變」成了效忠美國，或者更準確地說，他們又重新燃起了在戰爭期間潛藏的對美國的依戀。可以理解，他們試圖利用自己的出生權離開這個遭戰爭蹂躪、食物匱乏的國家，獲得機會「回家」與家人團聚。在一九四七年中旬當川北友彌的案件進入審理，以及審理的整個過程期間和隨後的一段時間，在日裔美國人中返回美國的困難是一個熱點話題。許多困在日本的日裔美國人由於無知或是不可控的原因失去了他們的美國國籍。他們中的一些人就像川北友彌一樣為找份工作而加入了日本國籍；還有一些人因為加入（或被招募）到日本軍隊，為日本政府工作，或參加日本選舉而自動失去了美國國籍。一九四六年當日本婦女有了選舉權後，數以百計的日裔美國婦女踴躍地參加投票，因此喪失了美國國籍。據《太平洋公民報》報導：她們「渾然不知自己是在放棄美國國籍」。[58] 起初川北友彌是幸運的一員——很容易就返回了美國——但是如果他留在日本，他可能永遠都不用面對叛國罪和死刑的判決。在川北友彌庭審的一個月前，另一名日裔美國人大平多宇田也因曾經毆打過盟軍戰俘遭受審判，但這位曾經也是南加州大學的學生現在已經是日本公民，所以他由第八軍團在日本進行審判，判決他六個月的強迫勞役。[59]

許多日裔美國人對川北友彌並不同情，反而對他很氣憤，因為他使得困在日本的日裔美國人返回美國變得更困難了。川北友彌被捕時，日裔美籍專欄作家比爾・細川表示說川北友彌可能沒有背叛美國，但卻譴責他背叛了其他困在日本的日裔美國人。細川指出川北友彌「為了一己之私，而將數以千計的日裔美籍同胞置於（危險的）境地」。[60] 日裔美籍同胞們很快就注意到川北友彌為了排除障礙返回美國，一定偽造或隱瞞了他的履歷。《太平洋公民報》發表社論稱「他在這樣做的同時，危害到成千上萬日裔美國人的安全和幸福，他們本來是有權返回美國與家人團聚的」。[61] 在川北友彌的案件審理過程中，《太平洋公民報》報導說有五千名第二代日裔美國人喪失了美國國籍，將永遠與祖國和親人分離，除非發生移民法被修改、准許他們返回美國這樣「不可能的事情」。[62] 這些日裔美國人清楚地意識到聯邦政府這樣做不公正，但他們卻將矛頭指向這麼一位日裔美籍同胞，譴責他損害了他們整個群體獲得公正待遇的機會。川北友彌的案件帶來的一個糟糕的「副產品」是：一些想返回美國的日裔美國人在急切中偽造了護照申請，結果都被判入獄。川北友彌成功地潛回美國，國務院對此深感恥辱，於是提出「更為嚴格的政策」審查護照申請，這耽擱延遲了許多日裔美國人返回美國。[63]

一位日裔美籍退伍軍人後來說許多日裔美國人厭煩川北友彌的另一個原因是他「玷污了

日裔美國人的名聲」。[64] 在川北友彌被指控的時候，《太平洋公民報》批評他敗壞了日裔美國人的聲譽，「這是六百多名有著日本血統的美國人用生命換來的聲譽」。這是一則尖銳辛辣的批評，因為在川北友彌的案件進入審理後的一年，仍陸續有在歐洲犧牲的日裔美籍士兵的遺體被裝在蓋著國旗的棺木中運回美國下葬。[65] 在《太平洋公民報》看來，川北友彌案件似乎比「戰爭中在美國軍隊服役作戰的三萬三千名日裔美籍士兵」更引人注目。[66] 川北友彌的案件審理後不久，這些日裔美國人得知雷電華電影公司正在拍攝一部有關川北友彌案件的電影，他們對此感到傷心沮喪。拉瑞．田尻評論道「好萊塢的製片商不久前曾在許多場合回覆說當他們表明要投拍一部有關第442步兵團的電影時，公眾對此不感興趣。但是，就雷電華電影公司而言，相比於戰爭中為美國軍隊效力的三萬名日裔美籍軍人，一部獨特的表現日裔美籍叛國賊的電影顯然更能引起人們的興趣」。[67]

洛杉磯日裔美籍退伍軍人協會出於關切和保護他們形象的目的，甚至建議所有試圖返回美國的日裔美國人將他們的名字和照片刊登在報紙上，「以便前戰俘和忠誠的日裔美國人能指認出潛在的有嫌疑的人。」[68] 就像猶太裔美國人一樣，日裔美國人也意識到大的社會環境對他們的敵視，這些日裔美籍退伍軍人——或許像曾指控羅森伯格夫婦並將他們判處死刑的猶太律師和法官一樣——更希望將這種民族罪惡感具體到犯罪的個人而不是歸咎於他們整個群體。作為一個不久前還遭受過拘禁，更為邊緣化的群體，日裔美國人搶先採取行動要把可能會殃及整個群體的反面例子根除掉。「日裔美籍女性」列位陪審團的新聞被大肆炒作，但正如所表現的一樣，這可能對川北友彌不但沒有好處，反而有所不利。許多日裔美國人已經接受並吸收了歐美人對他們的看法，他們中的大部分在戰後都不希望引起注意。他們經常批評群體中的一些成員，尤其是那些看上去不夠「美國化」的成員。[69]這些日裔美國人不去譴責美國政府對他們實施的拘禁，反而嚴懲群體成員中那些不夠西化或行為方式可能會給群體在大的社會環境中造成壞影響的成員。代表政府的公訴人在川北友彌的案件中對他指控的依據就是第二代日裔美國人是美國公民，而他的辯護人稱像川北友彌這樣的第二代日裔移民是日本籍父母在其他國家所生的日本國民，他們應該效忠日本——然而自一九四一年十二月七日起，在美國的第二代日本後裔的這項權利就被否定了。[70]

日裔美國人擔心川北友彌的審判會破壞他們在戰後所取得的進步，但是這種擔憂是沒有根據的。沒有人公開利用川北友彌的案件來開脫美國政府的拘禁行為。相反，媒體和政府仍繼續將拘禁定性為不應當犯的錯誤。一九四八年八月《華盛頓郵報》發表社論稱「這個國家對待有日本血統的西海岸公民的記錄是可恥的」。該報紙稱讚加利福尼亞聯邦地區法官路易士·E. 古德曼（Louis E. Goodman），他幫助被拘禁者恢復了在集中營中放棄的美國國籍。該報紙非但沒有將那些放棄國籍的被拘禁者視為「可同甘不可共苦的公民」，還很是贊同地引用了古德曼的話「一個美國公民被毫無理由地拘禁，而在這樣非法監禁和束縛的情況下，他被迫放棄了憲法賦予他的權利，美國政府聽之任之，這對人的良知來說的確令人震驚」。[71]加利福尼亞人也加入了此次態度轉變的過程，洛杉磯市長弗萊徹·鮑倫(Fletcher Bowron)就是其中一位，他曾在一九四二年大聲疾呼掃除日裔美國人，但在一九四八年他卻又熱情洋溢地讚譽他們。鮑倫在為首位日裔美籍士兵入葬洛杉磯的儀式上發言道：「生在美國的所有日裔後代，還有那些將美國作為永遠居留地的絕大部分(即使不是全部)的日本國民，你們的正直誠實一直以來都是絕對被完全認可的」。[72]

於是，即使有川北友彌和所謂的「東京玫瑰」戶栗郁子的叛國審判的影響，日裔美國人爭取的種族平等仍在繼續進步。在聯邦大陪審團為戶栗郁子定罪，馬西斯判決川北友彌死刑的當月，美國公民自由協會在名為「這些變幻無常的自由黨人」的年度報告中稱日裔美國人在消除對他們有歧視意義的法律條文上已經確保了「最令人鼓舞的結果」。儘管日裔美國人沒能成功地廢除一九二四年頒佈的排斥亞裔移民法案，他們還是設法獲得了一些勝利：國會批准建立賠償委員會對疏散拘禁導致的兩千五百美元以上的損失進行補償；准許第一代日裔移民以他們在美國出生的後代的名義購買土地，這是廢除移民土地法邁出的第一步；美國最高法院宣佈加利福尼亞禁止移民捕魚修正案違反憲法規定；幫助「滯留」在日本的日裔美國人回國，以及護送同樣在美國遭受拘禁的日裔秘魯人返回秘魯，這兩項工作都獲得進展；廢止加利福尼亞聯邦法庭關於圖利湖集中營的被關押者喪失美國國籍的裁決。美國公民自由協會報導稱「記錄表明：伴隨著戰時對日裔美國人的疏散、敵意和歧視而產生的一些悲慘的狀況到目前為止還未完全改善，但這些狀況正在盡可能地被改進」。[73]

這些日裔美國人甚至引起了地位顯赫的國家領導人的關注。在迪安．艾奇遜（Dean Acheson）就任國務卿前的幾個月，當移民土地法的上訴人小山起訴加利福尼亞政府的案子送審到最高法院時，艾奇遜還代表上訴人出庭訴訟。[74] 川北友彌的叛國罪確定後的一個月，胡德河（Hood River）的美國退伍軍人協會和對外作戰退伍軍人協會為在萊特島戰役（Leyte）中犧牲的胡德地區的日裔美籍士兵舉行了紀念儀式。同樣，參加日裔美籍士兵法蘭克．八谷（Frank Hachiya）的紀念儀式的有美國革命女兒會的政府代表、俄勒岡州前州長、里德學院（Reed College）的院長，還有戰爭安置委員會的戰時領導狄龍．S. 邁爾（Dillon S. Myer）。[75] 國家領導人，甚至是其中的保守派，如今都積極地表現出對之前被歧視的少數族裔群體的支持。

儘管有了這樣的進步，但在一九四八年及以後，在爭取日裔美國人和其他少數族裔民族平等上仍面臨艱難的鬥爭。在公共場所，歧視現象仍很常見。例如，包括歐美人、非洲裔美國人和日裔美國人在內的十名爭取民族平等大會洛杉磯分會的會員在一九四八年六月進行非暴力抗議活動要求布裡米尼溫泉（Blimini）對黑人和亞洲人開放時，遭到了高壓水槍的驅趕，這已是他們第十次失敗的嘗試。[76]一九四八年最高法院頒佈法令稱，政府不再強制要求遵守限制向非洲裔美國人和亞裔美國人出售房產的種族性契約，但如果個人出於自願遵循此種契約仍屬合法行為。[77]當一位在加利福尼亞格倫代爾（Glendale）的房地產經紀人宣佈她計畫將一處房產租給一個「良好的日本家庭」後，她接到「超過四十個表示抗議的電話」。就在這個家庭準備搬入的前一天，此處房屋被一場神秘的大火燒毀了。[78]一九五二年頒佈的麥卡倫國內安全法最終允許第一代日本移民加入美國國籍，並允許每年有一百八十五名日本人可移民來美國，但這些都不能說明美國人對待其他種族的態度有大規模的變化。這項法案之所以通過國會審批是因為該法案的支持者們承諾說此項立法將在不影響美國大多數白人的情況下改善美日關係。移居美國的第一代日本人正漸漸變得稀少，這種極少的移民限額——還不到美國總人口百分之一的一千五百分之一——表明移民「無論是對美國的經濟、文化、社會、政治還有任何其他方面都不會造成任何威脅」。[79]同時，第二代日裔美國人和其他移居美國的少數族裔在戰爭剛結束的階段得到的大都是低薪、毋須技能的工作，這與其人數嚴重不成比例。加利福尼亞就業服務中心的報告顯示，在一九四九年，有百分之七十五的舊金山海灣地區零售業業主宣佈他們不想雇用「東方人」，百分之九十的業主稱他們不想雇用「黑人」，而許多工會對招募這兩個種族群體都持敵對態度。[80] 儘管美國公民自由協會一九四八年的報告表明在消除種族歧視方面取得了積極的進展，但正如該協會所承認的那樣，消除歧視仍舊任重道遠。

因此，日裔美國人認為川北友彌的罪行玷污了他們這個群體也是有道理的。在一些美國人看來，川北友彌的死刑判決或許是對日本人（和日裔美國人）罪惡的懲罰。馬西斯判處川北友彌死刑後，第二次世界大戰美國退伍軍人協會的會長哈樂德·基茨給馬西斯法官發電報讚揚他伸張「正義」的「勇氣」。[81] 當艾森豪總統考慮對川北友彌施以仁慈時，洛杉磯居民安吉拉·裡格斯（Angela Riggs）在給總統的信中寫道：

> 總統先生，不要對這些日本佬心軟。我剛看到他們為軍閥東條英機建了紀念碑，而您卻總是對日本佬一讓再讓。不久前您也看到了他們並不是我們的朋友，您應當把那些被斷肢殘害、被刺刀刺殺和剜去眼睛的勇敢的美國英雄時刻放在心上。永遠銘記巴丹的慘痛！……不論他們在哪出生，日本佬就是日本佬。[82]

裡格斯寫這封信時，已是太平洋戰爭結束十五年後了，但正如她的言詞所表露的：過去的恐懼和仇恨依舊持續存在，只是現在是混合了二戰和冷戰的性別化話語來表現的。將日本國民和具有日本血統的美國人混同的觀念仍堅持存在。馬西斯試圖將忠誠的和叛逆的日裔美國人區分開來，但他努力做出的區分並沒對裡格斯這樣的美國人產生影響。反倒是由於馬西斯依據陳舊的觀念，認為日本人學習西方知識只是為了以夷制夷，這一點破壞了他原本的目標。而這項死刑判決本身就表明如果少數族裔對歐美人犯下暴行（注意不是殺人罪）就應當受到最高懲罰。

餘波

由於川北友彌和拉文無法扭轉被判有罪的事實，於是他們試圖減輕對川北友彌的量刑。一九五三年11月二十九日，艾森豪總統將川北友彌的死刑判決減為無期徒刑，不知疲倦的拉文仍繼續要求在執行上從寬處理。艾森豪收到許多請願書——大部分來自日本——在他批准減刑後仍不斷收到此類請願書；請願的人們要求釋放川北友彌並准許他返回日本。川北友彌的姐妹們在一封信中批評說「來自日本的大捆的請願信」被堆放在罪行赦免科，都沒被翻譯成英文。[83]川北友彌也有一些身居高位的朋友。川北友彌家所在的三重縣縣長親自發電報給艾森豪表達他對總統減免川北友彌死刑的感謝，而且至少還有一名日本政客——一名議會成員——代表川北友彌給艾森豪寫信求情。[84]另有一位政要人物三木武夫是川北友彌家族的朋友，他在二十世紀七〇年代中期出任日本首相。川北友彌家族和三木武夫都來自三重縣，川北友彌的父親是富有的雜貨批發商人，在三木武夫留美學習期間，他曾是三木武夫的良師益友。實際上，起初正是三木武夫在大江山鎳廠為川北友彌介紹的工作。到川北友彌受審的時候，三木武夫已經是日本眾議院議員。就三木武夫對良師之子處境的瞭解，他必定也會動用自己的影響力向美國政府官員發出請願。[85]

從二十世紀初起，對日裔美國人的種族歧視就是美日兩國關係長期存在的痛處，於是日本人不失時機地附和川北友彌姐妹的批評指責之聲，批評說川北友彌案件的審理、定罪和判決過程中充滿了「不公正與偏見」。考慮到加利福尼亞地區一直以來對日裔美國人的種族仇恨——對日裔美國人遣返疏散和關押拘禁就是不久前令人矚目的例子，因此日本人對在該地區審理川北友彌案件的公正性表示懷疑。比起日裔美國人在美國的真實生活，日本政府官員通常對日本民族在國外的形象要更為關注，但是得益於川北友彌的人脈關係，對川北友彌個人的關注似乎帶動了日本政府官員對日裔美國人群體的關注。這種批評的聲音到來的時刻恰值美國政府的敏感期——戰後在新的世界秩序下，歐美人的種族主義對潛在的以及當前的有色人種盟國的影響，對於美國政府而言變成了更加敏感的問題。的確，持批評態度的人可以爭論說正是因為種族主義，川北友彌才比其他判有二戰叛國罪的犯人在監獄被關押了更長的時間。例如，德國移民漢斯也因叛國罪被判死刑，羅斯福總統將死刑減為無期徒刑，但是僅僅五年後，他就以自由身返回了德國。[86]為川北友彌進行的開罪請願一直持續到甘迺迪政府當政，並且突出強調種族主義的影響。川北友彌就讀的母校明治大學的校長代表全體教職工和三萬三千名學生向甘迺迪請願，表示說因為「相當不正常的戰後環境」，川北友彌沒有得到公正的審判。[87]

起初，甘迺迪政府堅持之前的判決，沒有批准川北友彌的假釋。一九六二年，川北友彌姐姐的牧師，光海春神父配合司法部長羅伯特．F. 甘迺迪(Robert F. Kennedy)的日本之旅，發起了為川北友彌減刑的請願攻勢，未能成功。但是，兩年後，司法部長改變了意見，批准了減刑，條件是川北友彌要永遠離開美國。[88]由司法部長簽署後遞交給總統的備忘錄上記錄了參加案件審理的官員對為川北友彌減刑所持的不同意見——馬西斯法官仍堅持反對——備忘錄也強調了曾作出川北友彌定罪意見的首席公訴人和高等法院法官現在也「毫不猶豫地建議減刑」。前美國政府公訴人詹姆斯．M. 卡特現任川北友彌曾受審的南加州地區的法官，他建議只要川北友彌永遠不回美國，就可以批准他假釋。[89] 司法部長向他的哥哥轉達了這一建議，儘管川北友彌對美國同胞犯下了殘暴的罪行，但他在監獄裡已經監禁了「實實在在很長的時間」——十六年，而且在入獄期間他是模範犯人，所以如果現在釋放他，「也並不失公正」。羅伯特·甘迺迪的執行秘書所寫的記錄中也提到日方駐國務院的代表也贊同這一決定，因為釋放川北友彌「將有助於」美日關係。[90] 甘迺迪總統於1963年11月24日批准了對川北友彌的假釋。同年的十二月中旬，川北友彌已身在東京，之後便一直留在那裡直到90年代中期去世。[91]

最終，川北友彌熬過了在美國司法系統經歷的噩夢。儘管他可能犯有某種濫用職權罪，但他的行為並非可恨到讓戰俘們在從大江山戰俘營解放後立刻對他進行指控的地步。起訴這位日裔美國人耗費了大筆資金，顯然，所謂的罪行本身並不能合理解釋此項開銷，而是另有原因。[92] 所謂的「另有原因」是一個複雜的混合體，包括個人目的、對國家發動冷戰的堅定性的憂慮以及國內憂患，也有美國的少數族裔所懷有的怨恨和日裔美國人重新融入美國社會的問題。川北友彌的叛國審判揭示了美國人對日本這個新盟友一直懷有小心謹慎的態度。戰爭期間，美國人就廣泛認為不忠奸詐是日本人的特性，而且在戰前，他們就常常認為「東方人」總的來說是奸詐狡猾的。日本人矮小的身材讓美國人認為他們在體質上不如西方人——因此他們不得不使用些狡猾、惡毒的手段。這樣的觀念自然就讓美國人認為，日本先發制人地偷襲珍珠港是「懦弱膽小」的日本人暗箭傷人的行徑。相反，他們把德國入侵波蘭視作是一種強大的、最終也無法「滿足」的男性力量的蹂躪。美國人極少會把偷襲珍珠港比作對女性身體的侵犯，原因很明顯，這樣做比是對美國的侮辱；這樣的比喻不符合美國人眼中自己國家那種強健有力的大國形象。同樣，在許多美國人眼中，川北友彌的案件證明了日裔（美國人）不會以公平、男性的方式與美國人競爭，只敢在美國人已經倒下的時候發起襲擊。儘管戰後的美國媒體為了營造美日雙邊的和諧關係，減弱了他們的反日言辭，但許多美國人仍堅持認為日本人是神秘的、潛在的毀滅性因數。

政府官員借此機會譴責川北友彌所代表的少數族裔公民中那些自私自利、缺少愛國心的人。一些少數族裔領導人意識到這種憂慮，在眾議院非美活動調查委員會內宣稱保證自己民族的國民對美國的忠誠。[93] 或許川北友彌是極端化的「不、不小子」的化身——這個稱呼是用來描繪有些被拘禁的日裔美國人的，在被調查詢問時，他們拒不向美國表示忠誠，也不加入美國軍隊，因此在戰後受到了其他日裔美國人的排斥。這個逃避兵役的川北友彌設法躲過了在日本軍隊服役，成功地對美日兩國都使用了「不、不」伎倆，他沒有選擇效忠兩國中的任何一個，而是選擇了自保。[94] 川北友彌的例子提醒在美國的少數族裔引以為戒，他們和美國同胞一樣，也應該是愛國效忠的美國人。有關主流社會歧視以及不公正對待美國少數族裔的控訴也不能開脫少數族裔中一些人不忠於美國的罪過。《生活》雜誌曾用傑基・羅賓遜的例子來抗衡保羅・羅伯遜的共產主義，法官馬西斯以同樣的方式強調了許多「親善的」日裔美國人的例子——第442步兵團、第100獨立步兵營，還有像藤澤明示這樣的個人。[95]

時至今日，很少有人還記得川北友彌。即使在當時，另一個日裔美國人的叛國案件所受到的全國關注也遠比川北友彌案件更為廣泛。[96] 即政府起訴「東京玫瑰」——這個通過電波暢所欲言的妖婦——的案件，人們對此印象深刻。戶栗郁子的案件不可挽回地暗示了一個迷惑人的「東方」妖婦的性別化神話，她也因此為莫須有的罪名入獄近十年。川北友彌和戶栗郁子代表了文化和種族——「黃禍」——對國家主體的威脅，但更重要的是他們二人的審判更增強了戰時有關日本人「懦弱」、不忠的觀念。從「敵人日本佬」到「日本友人」，從「混跡在我們中的鬼祟狡猾的日本佬」到「我們忠實的日裔公民」這樣迅速的轉變進行得並不順利。儘管其間沒有重大的挫折，但卻充滿了不確定性和矛盾性。跟川北友彌一樣，以戶栗郁子的形體為化身的「東京玫瑰」受到了懲罰，但是戶栗郁子得到了官方的平反；她的悲劇為眾人所知。而川北友彌則從出生地被驅逐出境，在世人的遺忘中死去。

1 《一名洛杉磯日本佬作為恐怖戰俘營的頭目被捕》(L.A. Jap Arrest as Horror Camp Leader)，選自《洛杉磯時報》，1947年6月6日刊：第1頁；《指認川北的當事人出庭作證》(Man Who Recognized Kawakita Takes the Stand)，選自《洛杉磯時報》，1948年7月22日刊：第8頁；《政府部門目擊證人就被告戰俘營翻譯官的暴行出庭作證》(Government Witnesses Testify on Acts of Brutality Charged to Prison Camp Interpreter)，選自《太平洋公民報》，1948年7月3日刊：第2頁；《政府部門目擊證人在川北友彌的審判席上講述其暴行》(Government Witnesses Tell of Alleged Brutalities in Trail of Tomoya Kawakita)，選自《太平洋公民報》，1948年7月10日刊：第2頁。

2 第三位因二戰時期與日本人同謀而受審的美國人是約翰・大衛・普羅沃。對他的審判讓美國人恐懼危險的「東方」會削弱「西方」男性。參見澀澤尚子，《美國的藝伎盟友：敵國日本重塑中的種族、性別與成熟度，1945-1964》(America's Geisha Ally: Race, Gender, and Maturity in Refiguring the Japanese Enemy, 1945-1964)，Ph.D. diss., Northwestern University，1998年。

3 有關戶栗郁子的故事的大概情況在許多二手資料中都能找到，例如Masayo Duu，《東京玫瑰：太平洋孤兒》(Tokyo Ros: Orphan of the Pacific)，東京：講談社，1979年；拉塞爾・沃倫・豪(Russell Warren Howe)，《搜捕「東京玫瑰」》(The Hunt for "Tokyo Rose")，Lanham, Md.: Madison Books，1990年；大衛・沃德(David A. Ward)，《戶栗郁子的無盡的戰爭》(The Unending War of Iva Ikuko Toguri d'Aquino)，選自《美亞》1:2(1971)：26-35頁；Isami Arifuku Waug，《審判「東京玫瑰」》(The Trail of "Tokyo Rose")，選自《橋樑》3:1(1974)：512頁，40-45頁；雷蒙德・岡村(Raymond Okamura)，《戶栗郁子：美國幻想的受害者》(Masayo DuusIva Ikuko Togur: Victim of an American Fantasy)，選自艾瑪・吉(Emma Gee)編著，《對比：展望亞美》(Counterpoin: Perspectives on Asian America)，洛杉磯：Asian American Studies Center, UCL，1976年：第86-96頁；柯利弗德・尤伊達(Clifford I. Uyeda)，《赦免「東京玫瑰」》(The Pardoning of "Tokyo Rose")，《美亞》5:2(1978)：69-84頁；史坦萊・庫特勒(Stanley I. Kutler)，《美國調查報告：冷戰的正義性和非正義性》(The American Inquisitio: Justice and Injustice in the Cold War)，紐約：Hill and Wan, 1982年：第一章；卡洛琳・丘恩・辛普森(Caroline Chung Simpson)，《缺席的到場：生活在戰後美國文化中的日裔美國人，1945-1960》

(An Absent-Presenc: Japanese Americans in Postwar American Cultur, 1945-1960)，Durham: Duke University Pres, 2001年：第三章。

4 1997年1月29日電話採訪加利西哥聯合教堂牧師的兒子Kay Kokubun。

5 其他被指控在歐洲戰爭中犯有叛國罪的美國人還包括因為給納粹廣播而判終身監禁的道格拉斯·錢德勒，還有和錢德勒一樣的羅伯特·貝斯特。吉勒斯被判入獄10到20年；伯格曼被判6到20年；蒙蒂由一名逃亡者變成了納粹的宣傳員，被判入獄25年。

6 吉勒斯和伯格曼於1946年12月在柏林的軍事監獄獲釋，所有指控都已完結，蒙蒂因被軍事法庭指控偷飛機叛國潛逃，到1946年1月才被釋放。《「軸心國戰犯」獲釋》(An 'Axis Sally'Released)，選自《紐約時報》，1946年12月25日刊：第6頁；《前軍官因叛國被捕》(Ex-Army Officer Held for Treason)，選自《紐約時報》，1948年11月15日刊：第6頁。

7 R·丹尼爾·伊根(R. Danielle Egan)，《怯懦》(Cowardice)，選自約翰·考林斯(John Collins)和羅斯·格洛弗(Ross Glover)編著，《旁白：引領您瞭解美國新一輪戰爭》(Collateral Languag: A User's Guide to America's New War)，紐約：New York University Pres, 2002年：第54頁。

8 川北友彌案審訊過程記錄《美國政府訴川北友彌》(United States v. Tomoya Kawakita)，來自加利福尼亞南部橙縣美國國家檔案與檔管理署美國聯邦地方法院檔案第21組刑事案件第19665號：第5041頁、5217頁(以下簡稱為川北友彌案記錄檔案)；《法官駁回了川北友彌案件中意在要求法庭撤銷指控的辯護證詞》(Defense Testimony Initiated in Kawakita Case as Move for Dismissal Denied by Judge)，選自《太平洋公民報》，1948年7月31日刊：第3頁；《聯邦陪審團慎重考慮川北友彌一案的裁決》(Federal Jury Deliberates Verdict in Kawakita Case)，選自《太平洋公民報》，1948年7月28日刊：第1頁。

9 川北友彌案記錄檔案：第5418頁、5003頁、5028頁。

10 很難斷定毆打事件的真實和準確性，尤其是過了這麼多年之後，就更困難了。根據塔克的敘述，犯人們在施工場地沒有聽到停止工作的哨子，因此掉隊了。他和另一名犯人一直工作到「雪下了6英尺深」，這時川北友彌和一個日本衛兵找到他們並開始用棒子毆打他們。塔克回憶說他還算幸運，逃過了川北友彌回到了犯人的隊伍，而他的同伴卻被另一位衛兵打成重傷，不得不住院治療。儘管很難想像在戰俘們「獲得自由不久之前」，也就是1945年8月中旬的京都地區會有6英尺深的雪。今天的大江山市靠近日本海岸和一個滑雪場，1948年前戰俘們作證說1945年4月份時那裡的地面上還有雪。塔克沒有具體說明「不久之前」是指「他們獲得自由」的前幾個月還是前幾個星期。出自1997年3月14日對沃爾特・塔克進行的電話採訪；川北友彌案記錄檔案：第4982頁。

11 《川北友彌因虐待美軍戰俘將面臨聯邦叛國罪的指控》(Kawakita Will Face Federal Treason Charge for Alleged Mistreatment of U.S. POWs)，選自《太平洋公民報》，1947年6月7日刊：第1頁。

12 川北友彌案記錄檔案：第5009頁；《日裔美籍戰犯的審判席上一再出現對日本佬的咒罵聲》(Curse Hurled at Japs Repeated at Nisei's Trail)，選自《洛杉磯時報》，1948年7月15日刊：II：8。

13 《士兵的回憶》(Soldier's Memories)，來自洛杉磯的查理斯・J. 庫辛的一封信，選自《洛杉磯時報》，1947年6月14日刊：II：4。

14 《一名洛杉磯日本佬作為恐怖戰俘營頭目被捕》(L. A. Jap Arrested as Horror Camp Leader)，選自《洛杉磯時報》，1947年6月6日刊：第1頁；《日裔美籍戰犯在叛國審判席上被定罪》(Nisei' Convicted in Treason Trial)，選自《紐約時報》，1948年9月3日刊：第40頁；《日裔美籍戰犯因戰時叛國罪被判死刑》(Nisei Is Ordered to Die for War Treason)，選自《紐約時報》，1948年11月6日刊：第15頁；《日本戰俘營頭目被指控》(Jap Camp Boss Indicted Here)，選自《洛杉磯時報》，1947年6月12日刊：第6頁；《日裔美國人被控犯有暴行叛國罪》(Nisei Accused of Treason in Atrocity Case)，選自《三藩市紀事》，1947年6月6日刊：第4頁；《奧勒岡人》社論(Oregonian)，1947年6月7日，引文出自《評論川北友彌》(Comment on Kawakita)，選自《太平洋公民報》，1947年6月14日刊：第4頁；《政府為6月15日在洛杉磯開庭審理的川北友彌一案組織50名證人》(Government Lines up Fifty Witnesses as Kawakita Trial Set to Open in L. A. June 15)，選自

15 《太平洋公民報》，1948年5月29日刊：第2頁。

《日裔美國人在洛杉磯被指控在日本虐待美國戰俘》(Nisei Is Accused in Los Angeles of Abusing GI Prisoners in Japan)，選自《紐約時報》，1947年6月6日刊：第10頁；《笨蛋》(Meatball)，選自《時代週刊》，1948年9月13日刊：第25頁；《不配活著》(Not Worth Living)，選自《時代週刊》，1948年11月18日刊：第28頁；《川北友彌將面臨在洛杉磯開庭的叛國罪審判》(Tomoya Kawakita Will Face Treason Charge as Case Opens in Los Angeles Court)，選自《太平洋公民報》，1948年6月19日刊：第2頁。

16 的確，在日方的反對下，萊蒙恩・布萊切醫生於1944年11月不再記錄日記，但布萊切沒有記述川北友彌的任何過錯。《隨軍醫生證實了日本戰俘營的殘酷懲罰》(Doctor Confirms Cruel Penalties in Jap Camp)，選自《洛杉磯時報》，1948年7月29日刊：第5頁；《日記揭露了日本佬在戰俘營的「野蠻行徑」》(Diary Reveals Jap "Barbarism" in Prison Camp)，選自《洛杉磯時報》，1948年7月30日刊：II：8。

17 川北友彌案記錄檔案：第4153-4155頁；第4213頁。

18 《川北友彌被指控虐待美國戰俘面臨聯邦叛國罪的審判》(Kawakita Will Face Federal Treason Charge for Alleged Mistreatment of U.S. POWs)，選自《太平洋公民報》，1947年6月7日刊：第1頁。

19 《政府證人就川北友彌的暴行在審判庭上作證》(Government Witeness Testifies Regarding Alleged Brutalities as Kawakita Trial Opens)，選自《太平洋公民報》，1948年6月26日刊：第3頁。另有人稱他還曾說過「你們不是來玩賓果遊戲的，也不是為了你們該死的健康問題」。

20 《日裔美國人在洛杉磯被指控在日本虐待美國戰俘》(Nisei Is Accused in Los Angeles of Abusing GI Prisoners in Japan)，選自《紐約時報》，1947年6月6日刊：第10頁；《講述川北友彌少年時代的痛苦經歷》(Kawakita's Bitterness About Boyhood Told)，選自《洛杉磯時報》，1948年7月8日刊：II：2；《美國政府訴川北友彌》(United States v. Tomoya Kawakita)，190F2d 506、515，注釋13。

21 《聯邦陪審團慎重考慮川北友彌一案的裁決》(Federal Jury Deliberates Verdict in Kawakita Case)，選自《太平洋公民報》，

1948年7月28日刊：第1頁。

22 《政府證人就川北友彌的暴行在審判庭上作證》(Government Witeness Testifies Regarding Alleged Brutalities as Kawakita Trial Opens)，選自《太平洋公民報》，1948年6月26日刊：第3頁。

23 《川北友彌被指控虐待美國戰俘面臨聯邦叛國罪的審判》(Kawakita Will Face Federal Treason Charge fo: Alleged Mistreatment of U.S. POWs)，選自《太平洋公民報》，1947年6月7日刊：第1頁。

24 1997年3月14日對沃特·塔克進行的電話採訪。

25 該文件引自《藤澤對艾奇遜》案(Fujizawa v. Acheson)，85 F. Supp. 674(加利福尼亞，1949)。藤澤成功地恢復了自己的美國國籍。參見85 F. Supp. 674、676。

26 川北友彌案記錄檔案：第4974頁；《日裔美國人叛國裁決遭質詢，陪審團稱無種族偏見》(Nisei Treason Verdict Asked but Jury Warned on Prejudice)，選自《洛杉磯時報》，1948年8月20日刊：第1頁。

27 引自愛德華·斯特朗(Edward K. Strong)1934年的著作，出自Harry H. L. Kitan，《後代與身份：日裔美國人》(Generations and Identity: The Japanese American)，Needham Heights, Mass.: Ginn Pres, 1993年：第28頁。

28 Taishi Matsumot，《一位專業蘿蔔清洗師的抗議》(The Protest of a Professional Carrot Washer)，選自《加州每日新聞》，1937年4月4日刊，引自羅傑·丹尼爾斯(Roger Daniels)，《進入美國：移民和少數民族在美國的生活史》(Coming to Americ: A History of Immigration and Ethnicity in A merican Life)，紐約：Harper Collin, 1990年：178頁。有關日裔美國人受限的工作機會更多的資訊，可參見約翰·莫德爾(John Modell)，《種族寬容的經濟學：洛杉磯的日本人1900-1942》(The Economics of Racial Accommodatio: The Japanese of Los Angele, 1900-1942)，Urbana: University of Illinois Pres, 1977年；Brian Masaru Hayash，《為了我們的日本兄弟：洛杉磯的日本人中存在的同化、民族主義和新教教義》(For the Sake of Our Japanese Brethre: Assimiliatio, Nationalis, and Protestantism Among the Japanese of Los Angeles)，Stanfor: Stanford University Pres, 1995年；Jere Takahash，《第二代和第三代日裔美國人：交替轉變的日美身份和政治學》(Nisei/Sanse: Shifting Japanese American Identities and Politics)，Philadelphia: Temple Universit, 1997年；大衛·尤(David

K. Yoo)，《正在成長的第二代日裔美國人：加利福尼亞日裔美國人中存在的種族、後代和文化問題1924-1949》(Growing Up Nise: Rac, Generatio, and Culture among Japanese Americans of Californi, 1924-1949)，Urbana: University of Illinois Pres, 2000年；Lon Kurashig，《日裔美國人的慶典和衝突：洛杉磯少數民族的身份和節日的歷史1934-1990》(Japanese American Celebration and Conflic: A History of Ethnic Identity and Festival in Los Angele, 1934-1990)，Berkele: University of California Pres, 2002年。

29 Larry Tajir，《美國第二代日裔美國人：第二代日裔美國人戰後的新職業》(Nisei US: New Post-War Jobs for Nisei)，選自《太平洋公民報》，1949年6月18日刊：第4頁。

30 有關第二代日裔美國人在美國以外尋求工作機會的進一步討論，可參見約翰·斯蒂芬(John J. Stephan)，《為烏托邦所欺騙：滿洲的美裔日本人》(Hijacked by Utopi: American Nikkei in Manchuria)，選自《美亞期刊》23:3(1997-98年冬)：1-42頁。

31 Kitan，第27-30頁。

32 參見艾瑞克·山本(Eriko Yamamoto)，《Miya Sannomiya Kikuch：一名定居美國的二代日裔美國婦女的生活和身份》(Miya Sannomiya Kikuch: A Pioneer Nisei Woman's Life and Identity)，選自《美亞期刊》23:3(1997-98年冬)：73-101頁。

33 Yuji Ichiok，《忠誠的意義：Kazumaro Buddy Uno的例子》(The Meaning of Loyalt: The Case of Kazumaro Buddy Uno)，選自《美亞期刊》23:3(1997-98年冬)：58-60頁。和川北友彌不同，Uno沒有因為他的戰時行為受到審判，因為他放棄了美國國籍，也從未試圖回到美國。Uno在菲律賓被捕後就被遣返回到了日本，他一直留在日本，於1954年去世。

34 川北友彌案記錄檔案：第4047-4196頁。

35 川北友彌案記錄檔案：第4098-4099頁；《川北友彌在與新聞記者會面時稱自己無罪》(Kawakita Asserts Innocence in Note to News Reporters)，參見《太平洋公民報》，1948年11月9日刊：第2頁；《母親寫給法官的信件曝光，為叛國案中的兒子求情》(Disclose Contents of Mother's Letter to Judg, Pleading for Life of Son in Treason Case)，選自《太平洋公民報》，

1948年11月16日刊：第2頁。

36 川北友彌案記錄檔案：第4115-4146頁。

37 但是藤澤記得那是一把木刀。

38 川北友彌案記錄檔案：第4081-4084頁；《川北友彌審判的第17周辯方證人出庭辯護》(Defense Witness Presents Alibi for Tomoya Kawakita in Seventh Week of Trial)，選自《太平洋公民報》，1948年8月7日刊：第2頁。

39 川北友彌案記錄檔案：第4092-4093頁、4240頁。

40 《政府證人就川北友彌的暴行在審判庭上作證》(Government Witeness Testifies Regarding Alleged Brutalities as Kawakita Trial Opens)，選自《太平洋公民報》，1948年6月26日刊：第3頁。

41 川北友彌案記錄檔案：第3639-3645頁、3716頁。

42 川北友彌案記錄檔案：第3621頁、3670-3675頁；《從日本飛來的證人為因叛國罪受審的日裔美國人辯護》(Witeness Flown From Japan Gives Alibi for Nisei at Treason Trial)，選自《洛杉磯時報》，1948年8月4日刊：第2頁；1997年3月14日對藤澤明示的電話採訪。

43 《美國政府訴川北友彌》(United States v. Tomoya Kawakita)，96F. Supp. 824頁、853-857頁。

44 《川北友彌的13項叛國罪指控中8項成立》(Kawakita Found Guilty on 8 of 13 Treason Charges)，選自《三藩市紀事》，1948年9月3日刊：第3頁；《川北友彌在美國法院被判死刑》(Kawakita Given Sentence of Death in U.S. Court)，選自《太平洋公民報》，1948年11月9日刊：第1頁；資料來自《D'Aquino夫人等待著美國駐日軍官的拘捕》(Mrs D'Aquino Awaits Arrest by U.S. Occupation Officers)，選自《太平洋公民報》，1948年8月21日刊：第1頁。

45 《美國政府訴川北友彌》(United States v. Tomoya Kawakita)，96F. Supp. 824頁、837頁。

46 《美國政府訴川北友彌》(United States v. Tomoya Kawakita)，96F. Supp. 824頁、860頁。《紐約時報》引用了法官馬修斯對川北友彌和第442團士兵所作的對比。參見《第二代日裔美國人川北友彌是日本戰俘營的翻譯，因戰爭叛國罪被判死刑》(Nisei Is Order to Die for War Treaso, Kawakita Was Japanese Camp Interpreter)，選自《紐約時報》，1948年11月6

日刊：第15頁。

47 《美國政府訴川北友彌》(United States v. Tomoya Kawakita)，96F. Supp. 824頁、836頁。

48 《有證人表示數以千計的共產主義者把持政府要務》(Thousands of Reds Holding Government Job, Witness Says)，選自《洛杉磯時報》，1948年8月3日刊：第1頁；《四位新政擁護者與前共產主義分子操縱的特務集團有染》(Four New Dealers Linked to Spy Ring by Ex-Red)，選自《洛杉磯時報》，1948年8月4日刊：第1頁。

49 《美國政府訴川北友彌》(United States v. Tomoya Kawakita)，96F. Supp. 824頁、836頁、860頁。

50 《最高法院支持叛國罪的裁決》(High Court Backs Treason Verdic，選自《紐約時報》，1952年6月3日刊：第25頁。法官威廉・道格拉斯記下了多數人的意見；首席法官弗雷德・文森、法官雨果・布萊克和法官哈樂德・伯頓持異議；法官湯姆・克拉克和菲利克斯・法蘭克福特沒有參加表決。《美國政府訴川北友彌》(United States v. Tomoya Kawakita)，343美國717頁，737頁。

51 《川北友彌為何是美國的叛國賊》(Why Tomoya Kawakita Is a Traitor to the U.S.)，選自《洛杉磯時報》，1948年9月4日刊：II：4。

52 《洛杉磯時報》，1948年6月24日刊：第1頁。

53 《川北友彌寫信給母親》(Kawakita Writes to His Mother)，選自《太平洋公民報》，1948年11月16日刊：第2頁；《二戰對日作戰勝利日大遊行有三千遊行者》(VJ-Day Parade Has 3000 Marchers)，選自《洛杉磯時報》，1948年8月15日刊：第1頁、3頁。

54 《帝王谷新聞報在社論中敦促人們忘記叛國賊記住日裔美籍愛國士兵》(Forget Traitor But Remember Nisei Patrio, Imperial Valley Newspaper Urges in Editorial)，選自《太平洋公民報》，1949年11月15日刊：第5頁；參見《聖地牙哥太陽論壇報》，1948年9月4日刊，再版標題為《報導稱：民主對川北友彌不起作用》(Democracy Failed with Kawakit, Newspaper Says)，刊登於《太平洋公民報》，1948年9月18日刊：第3頁。

55 川北友彌案記錄檔案：第4971-4972頁。

56 日本問題專家約翰・史蒂芬(John Stephan)在1984年成為對日裔美國人忠於/不忠於美國的二分法提出挑戰的第

一人，但日裔美國人對日本的忠誠這一主題在亞裔美國人的歷史中仍有待研究。約翰．史蒂芬，《祖先的召喚：帝國日本的日裔美國人1895-1945》(Call of Ancestr: American Nikkei in Imperial Japa, 1895-1945)，Stanfor: Stanford University Pres，即將出版。

57 Jeanne Wakatsuki Houston和詹姆士．休斯頓(James D. Houston)，《永別了，曼紮納》(Farewell to Manzanar)，1973年初版，紐約：Houghton Miffli, 2002年：第58頁。

58 《報導稱7,000名滯困在日本的日裔美國人已喪失了美國公民權》(Report 7000 Stranded Nisei in Japan Have Forfeited American Citizenship Rights)，選自《太平洋公民報》，1948年2月7日刊：第2頁；《又有59名日裔美國人從日本回到美國》(59 More Nisei Return Home from Japan)，選自《太平洋公民報》，1948年2月7日刊：第2頁。

59 《Taihei Tsuda 因掌摑美國戰俘而入獄服刑》(Taihei Tsuda Gets Jail Term for Slapping POWs)，選自《太平洋公民報》，1948年5月8日刊：第3頁。

60 Bill Hosokaw，《川北友彌一案》(The Kawakita Case)，選自《太平洋公民報》，1947年6月21日刊：第5頁。

61 《社論：叛國案》(Editorial: Treason Case)，選自《太平洋公民報》，1947年7月12日刊：第4頁。

62 《鮑德溫稱：5,000名二代日裔美國人因滯困日本而喪失了美國國籍》(Five Thousand Stranded Nsei in Japan Have Lost American Nationalit, Says Baldwin)，選自《太平洋公民報》，1948年6月19日刊：第3頁。但是隨著審判慢慢地進行，報紙指出如果司法部門不管川北友彌戰時的行為，堅持認為他還是美國公民，那麼國務院在對待其他滯困日本的日裔美國人也應當採取同樣的標準——這種邏輯無法說服國務院或國會。參見《川北友彌一案的副作用》(Kawakita Case By-Product)，選自《太平洋公民報》，1948年8月7日刊：第4頁。

63 《叛國審判……》(Treason Trials. . .)，選自《太平洋公民報》，1949年9月10日刊：第5頁。

64 1962年6月16日Paul K. Oda致甘迺迪的信件，存於麻省波士頓約翰．F. 甘迺迪圖書館的川北友彌文件。同樣地，在日本的美國士兵對1957年威廉．吉拉德一案也很反感。這位23歲的衛兵被指控殺死了一名日本婦女，這條新聞在日本引起了軒然大波。《紐約時報》報導稱：「許多美國士兵都對美日之間建立良好的關係深感興趣，因此對特種兵吉拉德的行為很是氣憤，他破壞了到目前為止一直是很好的美日親善關係，可能會帶來一場美日之間的危機。」羅伯特・特朗貝爾（Robert Trumbell），《其他美國士兵如何看待吉拉德一案》（How Other U.S. Servicemen View the Case of Girard），選自《紐約時報》，1957年6月16日刊：E4。

65 《社論：叛國案》（Editorial: Treason Case），選自《太平洋公民報》，1947年7頁12日刊：第4頁；國旗覆蓋犧牲的二代日裔美國士兵棺木的照片，可參見《太平洋公民報》，1948年5月8日刊：第3頁。

66 《社論：川北友彌受審》（Editorial: Kawakita on Trial），選自《太平洋公民報》，1948年7月17日刊：第4頁。

67 拉裡・田尻（Larry Tajiri），《日裔美國人：雷電華製片廠和川北友彌》（Nisei US: RKO and Tomoya Kawalita），選自《太平洋公民報》，1948年11月2日刊：第4頁。電影《飛靶》（The Clay Pigeon）於1949年上映，但是好萊塢也於1951年上映了一部有關第442軍部的電影《全力以赴》（Go For Broke）。

68 《二代日裔美籍退伍軍人迫切要求嚴格篩查返回美國的日本人》（Nisei Veterans Urges S trict Jap Screening），選自《洛杉磯時報》，1947年6月10日刊：第7頁。

69 有關對這種情感進行故事化描寫的作品，可參見約翰・岡田（John Okada），《不、不小子》（No-No Boy）1957年初版，西雅圖：University of Washington Pres, 1976年。

70 川北友彌案記錄檔案：第51-66頁。

71 1948年7月25日《華盛頓郵報》上刊登的社論，再版標題為《恢復國籍》（Citizenship Restored），刊登在《太平洋公民報》，1948年8月7日刊：第4頁。

72 《鮑倫市長》（Mayor Bowron），選自《太平洋公民報》，1948年5月8日刊：第4頁。那年的晚些時候，鮑倫稱他支持立法機關准許第一代移居北美的日本人成為合法的美國公民，現在他甚至稱日裔美國人位列「洛杉磯市最好的公民」之中。《鮑倫市長支持第一代移居北美的日本人爭取美國國籍的運動》（Bowron Supports Issei Citizen Move），選自《太平洋公民報》，1948年8月7日刊：第1頁。

73 《美國公民自由協會稱日裔美國人消除種族歧視的嘗試獲得成果》（Japanese Americans Achieve Results in Attempt to Remove

Discriminatio, Says ACLU)，選自《太平洋公民報》，1948年11月16日刊：第3頁；《德魯・皮爾森指出西海岸美國人對二代日裔美國人的態度有所轉變》(Drew Pearson Notes Changes in Coast Attitude Toward Nisei)，選自《太平洋公民報》，1949年2月12日刊：第5頁。

74 《小山決定支持二代日裔美國人的權利》(Oyama Decision Upholds Nisei Rights)，選自《太平洋公民報》，1948年1月24日刊：第1頁。

75 《胡德河地區計畫追悼在萊特島戰役犧牲的日裔美國士兵》(Hood River Plans Tribute to Nisei Killed on Leyte)，選自《太平洋公民報》，1948年9月4日刊：第1頁；《胡德河社區為二代日裔美國士兵開追悼會》(Hood Eiver Community Holds Services for Nisei Solider)，選自《太平洋公民報》，1948年9月11日刊：第12頁。

76 Hisaye Yamamot，《游泳池使用消防高壓水槍阻止二代日裔美國人和其他非白種人進入》(Fire Hose Used by Swimming Pool to Stress Ban Against Nise, Other Non-Caucasians)，選自《太平洋公民報》，1948年6月5日刊：第6頁。

77 法蘭克・邱曼(Frank F. Chuman)，《竹子民族：法律和日裔美國人》(The Bamboo Peopl: The Law and Japanese-Americans)，Del Mar, Calif.: Publisher's Inc.,，1976年：第336-340頁。

78 《神秘大火將租給日裔美國家庭的房屋夷為平地》(Mysterious Fire Razes Home for Rent to Nisei Family)，選自《太平洋公民報》，1949年7月30日刊：第2頁。

79 Yukiko Koshir，《大洋彼岸的種族主義：美國的對日佔領》(Transpacific Racism: The U.S. Occupation of Japan)，紐約：Columbia University Pres, 1999年：第142-151頁。

80 I. H. 戈登(I. H. Gordon)，《二代日裔美國人和就業問題：「今天招工嗎？」》(Nisei and Emplcymen: "Any Openings Today")，選自《太平洋公民報》，1949年12月24日刊：第26頁。

81 《二戰美國退伍軍人協會會長歡呼對川北友彌判決死刑》(Amvets Commander Hails Death Decree for Kawakita)，選自《太平洋公民報》，1948年11月9日刊：第3頁。

82 參見1960年9月1日安吉拉・裡格斯(Angela Riggs)致艾森豪的信件，存於堪薩斯阿比林德懷特・大衛・艾森豪圖書館白宮中央文件普通檔案第151檔箱特赦和赦免狀(22) GF 6X。裡格斯可能看到了有關川北友彌尋求赦免的新聞；艾森豪在1959年到1960年間接到新的請願請求對川北友彌的寬大處理。

83 參見1956年1月11日魯比．川北友彌和多羅西．奧利達寫給瑪克斯韋爾．拉布的信件，存於堪薩斯阿比林德懷特．大衛．艾森豪圖書館白宮中央文件官方特赦和赦免狀(1)檔案OF 101R「K」。川北友彌的姐妹們沒有說謊；作者從赦免檢察官辦公室收到1英尺長2英尺寬的箱子，裡面裝滿了用日語寫的請願信。

84 參見1953年11月7日勞特．斯利普從總統辦公室發給國務院的檔，還有1960年7月20號科紮特寫給克羅的信，影本存於堪薩斯阿比林德懷特．大衛．艾森豪圖書館白宮中央文件普通檔案第151檔箱特赦和赦免狀(22)GF 6X。

85 1997年3月14日對藤澤的電話採訪。

86 在兩次庭審中，陪審團都認定霍普特有罪，因為他幫助並窩藏一名被通緝的德國蓄意破壞者——就是他自己的兒子，在德國從事了大量破壞活動後偷偷返回了美國。小霍普特夥同其他七名破壞者準備破壞擾亂美國的鋁製品生產，但他們被捕並很快進行了審判，1942年夏被執行了電刑。儘管霍普特的兒子是在德國出生，但他大部分時間是在美國，他和父親似乎在德國裔美國人聯合會中很活躍。參見雪麗．伯頓和凱爾．格林(Shirley J. Burton and Kelle Green)，《效忠的誓言，背叛的行動：對馬克斯．史蒂芬和漢斯．霍普特的叛國指控》(Oaths of Allegianc, Acts of Treaso: The Disloyalty Prosecutions of Max Stephan and Hans Haupt)，選自《序言》，1991年秋季刊：第236-247頁。

87 Kichiro Sasaki寫給甘迺迪總統的信件，存於約翰．F. 甘迺迪圖書館的川北友彌文件：名古屋學生致甘迺迪總統的信件，1961年6月27日接受，現存於甘迺迪圖書館。

88 參見1963年10月9日安德魯．奧曼、執行助理給首席檢察官和李．懷特的備忘錄，特別委員會助理給總統的備忘錄，存於約翰．F. 甘迺迪圖書館白宮中央事物檔案第450檔案箱08/15/196311/1963獲准批復的申請文件主件JL1-1。

89 1961年11月19日特別助理給總統的檔中魯特．斯利普給懷特先生的文件，1961年11月13日懷特給法官詹姆士卡特的文件，存於約翰．F.甘迺迪圖書館白宮中央事物檔。

90 1963年11月9日羅伯特．甘迺迪致約翰．甘迺迪的備忘錄，有關寬大處理川北友彌的申請文件，存於約翰．F.甘迺迪圖書館白宮中央事物檔案第450檔案箱08/15/196311/1963獲准批復的申請文件主件JL1-1。

91 《二戰犯川北友彌成為東京普通百姓》(Kawakit, War Crimina, In Tokyo as a Japanese)，選自《紐約時報》，1963年12月13日刊：第11頁。

92 戶栗郁子的審判耗資70萬，普魯沃的審判耗資更大，高達100萬。就川北友彌審判的歷時來看，也一定消耗了大筆資金。

93 例證可參見《非美協會》，選自《三藩市紀事》，1949年7月14日刊：第1頁：「今天，一位黑人員警和猶太法學專家向國會保證他們的人民都對美國忠貞不渝，但是共產主義正企圖無情地將其摧毀」。另見布蘭達．蓋爾．普拉莫(Brenda Gayle Plummer)，《風勢漸強：非洲裔美國人和美國外交1935-1960》(The Rising Win: Black Americans and U.S. Foreign Affair, 1935-1960)，Chapel Hil: The University of North Carolina Pres, 1996年；彭尼．馮．埃申(Penny Von Eschen)，《種族相對帝國：非洲裔美國人和反殖民主義1937-1957》(Race Against Empr: Black Americans and Anticolonialis, 1937-1957)，Ithac: Cornell University Pres, 1997年；馬利．杜德紮伊克(Mary L. Dudziak)，《冷戰時期國民權利：人種與美國民主的形象》(Cold War Civil Right: Race and Image of American Democracy)，Princeto: Princeton University Pres, 2000年；湯瑪斯．博斯特爾曼(Thomas Borstelmann)，《冷戰和種族分界線：世界範圍內的美國種族關係》(The Cold War and Color Lin: American Race Relations in the Global Arena)，Cambridge, Mass.: Harvard University Pres, 2003。

94 但是，最近幾十年，一些亞裔美國人——絕不是全部——已經開始認為「不、不小子」是勇敢的、盡責的反對者，而那些總是「是、是」應承的人被認為沒有骨氣。

95 《黑人也是美國人》(Negroes are Americans)，選自《生活》，1949年8月1日刊：第2223頁。

96 除了在對戶栗郁子的研究和邱曼的《竹子民族》中有一節中簡要提及川北友彌，幾乎沒有有關川北友彌的其他來源的資料。但是有一本日文的關於川北友彌的研究著作：下島哲郎，《背叛美國的罪行》（アメリカ國家反逆罪），東京：講談社，1993年。

A Kamikaze Goes to College

第五章——神風特攻隊隊員上大學

儘管戰後狡猾、近視、齙牙的「日本佬」形象仍會在美國大眾文化中出現，但這時出現了一個新的形象，這是一個人性增多獸性減少，更適合作美國戰後同盟的形象。一九五六年十二月二十六日，美國廣播公司的黃金時段連播節目「航海日誌」向電視觀眾展現了一個二戰期間不可想像的人物：一個英俊的、值得美國人民的友誼和仁愛的親美日本男性。通常聯邦政府在冷戰時期的大眾文化中或是缺失或是不留痕跡，但在「航海日誌」中，它卻被大加頌揚。該系列節目在每一集的片頭和片尾都注明該節目得到了海軍部和國防部的許可。五〇年代中期，僅製作了三季節目的「航海日誌」（Navy Log）試圖通過每週戲劇化的表現「來自海軍官檔」的故事來娛樂大眾，並教導和灌輸他們支持美國的政策。[1] 一九五六年十二月的一個晚上，「航海日誌」播放了一檔名為「小夥子米基」（A Guy Named Mickey）的節目，敦促美國人重新考慮敵人「日本佬」這一遲遲不去的戰時形象，鼓勵美國人把日本人看作是需要美國指引和教導的、熱愛民主的學生。

「小夥子米基」開場是以戰時的日本為背景。一位美國空軍飛行員駕駛的飛機失事後墜落到了敵人領土上，當他蘇醒之後發現自己身處一個乾淨但廢棄了的棚子裡，有一個日本男子在照顧他，還有一個年紀大些的日本婦人在外面守望觀察。這個男子說自己名叫外山幹雄，並告訴飛行員他和守寡的母親會把他一直藏到戰爭結束，不讓日本官方發現。這個飛行員在驚異於他們的好意之餘，結結巴巴地說這樣幫助敵人會給他們帶來生命危險的。幹雄用無可挑剔的英語解釋說：

> 確實很危險，但我並沒有當您是敵人，中尉。實際上，在日本有不少人——甚至許多人——認為偷襲珍珠港是不光彩的，是違反國際法的。的確，我的同胞中會有些人認為我把你藏在這裡是可恥的行為，但我願冒這個險。我的父親就是因為堅守自己的信念而被謀殺的。這算是一個機會，讓我以自己微薄的方式償還你們所受到的不公（珍珠港事件）——在我家請不要客氣。

幹雄，或像這位飛行員對他的暱稱，「米基」，解釋說他是從已故的父親那裡學到為人處世的原則的，父親畢業於密西根大學，曾是日本「最高法院」的法官。畫面以閃回鏡頭的方式向電視觀眾講述一段戰前的故事。幹雄回憶父親贈刀給他的一幕，奇怪的是他發現這把刀和刀鞘是合為一體，拔不出來的。法官外山意欲表達的深意是用這把抽不出鞘的刀提醒兒子「真理」與書中記錄的正義的法規同在而不是與暴力為伍。飛行員在聽完故事後，也贊同地點著頭。這個美國人喝著幹雄送來的湯，似乎不僅有食物在滋養他的身體，還有知識在點亮他的心靈——他認識到在敵國日本存在著這種並非狂熱盲從而是明智的、有判斷力的日本人。接下來的場景轉換到了幾年之後，這位美國飛行員現在是一艘戰艦的指揮官，已不再是幹雄和母親曾救助的那個充滿疑惑的小夥子了。這位指揮官一邊抽著煙一邊看著兩個士兵在為艦隊聖誕慈善活動挑選有意義的捐助項目。突然，他回想起「米基」，於是打斷兩人的討論，建議艦隊募集獎學金資助他的這位日本老朋友上大學。但兩名士兵都反對這個建議，並又氣又急地解釋說他們已經打算「搶在另一支艦隊之前」捐助在橫須賀美國海軍基地附近的孤兒。指揮官見他們不情願，就力勸他們把捐助給米基的獎學金當做「對我們未來的投資」：

如果我們讓外山在美國接受教育，那麼他回國後，可以向日本人民宣傳我們的想法和情感。他可以向日本人民解釋我們不是頭上長角的怪物，我們不會傷害任何人，而只是想幫助他們。他可以成為那種——親善大使。如果日本人民能夠瞭解我們——那麼或許他們不會試圖在將來發動戰爭。

指揮官斷言道：幫助米基可以表明美國的善意、有利於美日兩國的關係，還會阻止日本將來發動侵略戰爭。這位指揮官含蓄地表露不接受日本人奸詐狡猾的陳舊形象，他信心滿滿地認為幹雄——會像他那受過美國教育、勇於批評日本戰時侵略行為的父親一樣——在獲得西方教育後會推動而非破壞與西方人民的和平友好關係。指揮官的深謀遠慮說服了士兵們，他們組織了募捐活動，籌集了五千美元將幹雄送到了他父親曾就讀的母校。最後一幕場景表現的是指揮官和那兩位士兵在幹雄的畢業典禮上祝賀他完成學業。幹雄對他們的感激溢於言表，保證他們的慷慨資助一定會有回報：幹雄說在日本至少有「一個支持者」宣揚和平的理念，還有最重要的人與人之間的互相理解。

「小夥子米基」向美國觀眾展現了一位「親善的」日本人，一個在戰爭期間明顯缺失的角色。戰時的美國輿論話語對「親善的」德國人和邪惡的納粹分子作了區分，但它在戰爭結束前卻將所有日本人歸為一類，沒有恢復任何人的名譽。許多戰後的故事關注的是歐美男性和日本女性之間的關係，但是在這檔電視節目中唯一的女性是幹雄那已經失去吸引力、不苟言笑的母親，因此大家的注意力都被吸引到對幹雄的正面表現上了。米基或幹雄被刻畫成了一位人道主義者、敢於冒險的人，他為日本發動的珍珠港事件感到恥辱，希望能對此做些補償。他並沒有因為自己卑微的現狀而痛苦怨恨，而是對美國人的友誼和幫助表現得不卑不亢，心存感激。的確，在他看來，美國人轟炸他的祖國是對偷襲珍珠港的合理懲罰，他希望自己的民族能夠吸取這次教訓。他還是美式橄欖球的球迷；幹雄從飛行員那裡獲得的資訊沒別的，只有當年玫瑰碗(Rose Bowl)比賽參賽隊的資訊。

和陳查理(Charlie Chan)或是傅滿洲的無性能力、陰柔女性化的「東方」特點不同，「親善的」日本人長相英俊、具有男子氣概。在電視節目中扮演幹雄的演員是位英俊的亞洲男子，他身姿筆直、五官端正、視力很好；他說的英語無可挑剔，日語也非常流利。[2] 他的形象和戰時漫畫表現的彎腰駝背、O型腿、近視眼，用刺耳的喉音咆哮吼叫著「萬歲！」的形象截然相反。幹雄稱許多日本人都認為偷襲珍珠港是可恥羞辱的，這向美國觀眾表明在日本有更多和他一樣的人，如果教會他們「美國人的生活方式」，就能確保兩國長期的和平。

「小夥子米基」旨在表現歐美人所具有的慷慨、高尚的種族寬容性：只要我們願意，日本人就可以成為我們的朋友。起初，海軍士兵們對幫助日本人是有所顧慮的，但是在後來的援助活動中，他們又幫助了另外一位日本人。一次這兩名海軍士兵眼見一位粗俗的軍官亂叫著亞洲人服務生的名字，似乎他的身份無足輕重，他倆氣憤地糾正了這個軍官，告訴他這個服務生也是有身份的獨立個體。雖然「亞洲人並不都一樣」這一寓意並沒有被明確指出，但人們會很容易體會到。「航海日誌」節目的製作人選取了勞動階級——即普通的美國士兵而不是指揮官——在故事發展過程中糾正上級官員的錯誤，說明亞洲人，此種安排意義重大，這樣就具象地說明了這兩個普通士兵已經領會了明智的指揮官對他們進行的種族寬容性的教導。

這個節目讓人聯想到最高盟軍統帥部為幫助在被占日本服役的美國大兵適應環境而提供的素材，以此敦促電視觀眾中的普通人為種族寬容和世界和平貢獻力量。這位亞洲服務生雖然也對那個軍官感到惱火怨恨，但在事發過程中一直保持沉默，還要依靠歐美人來替他恢復人格尊嚴。當兩位海軍士兵憤而為他辯護後，他感激地沖他們笑著。這其中的寓意是歐美人應當糾正彼此粗魯的、種族主義的行為。想成功地讓幹雄和其他亞洲人認識到歐美人不是「來傷害任何人的，只是想幫助他們」的關鍵在於歐美人對待新的亞洲盟友的態度和行為。

將年輕的盟友送入美國大學校園

外山幹雄這位獎學金獲贈者在現實生活中確有原型——那些戰後受到美國人資助在美國大學學習的日本學生。為日本學生設立的獎學金計畫反映了世紀中葉美國人對種族和文明的觀點。美國的決策者和他們的支持者們仍舊認為，自己的文化和政治經濟體系在按人種劃分的文明發展的線性連續體中處於最發達的社會體系之中，但是他們現在也認為有色人種的、「落後的」或「封建」的社會確實可以成長為「現代」社會。冷戰期間的民主決策者們採取了人們後來所謂的現代化理論，這套政治經濟理念不僅將社會比作不斷成熟發展中的生命物種，還斷言如果給一個社會體以適當的支持和基礎建設，它就能在較短的時期實現發展或「現代化」。他們稱經濟發展——而非社會的全面改革——將在全世界範圍內帶來財富的增長、普遍的滿足感，還會削弱階級鬥爭。這個曾被前新政主義者和國際派共和黨人擁護的觀點也體現了冷戰時期自由主義者的一致意見。儘管這些自由主義者有試圖為美國生產商保證國外市場的一己之心，但他們有著真誠的信仰和傳道的願望，他們確信自己的國家在全世界推行他們的政治體制和自由經濟體系是正義的事業。[3]

美國人擔心佔領日本會分散他們的精力和財力，不能專心於歐洲的冷戰這一首要的國際利益，而冷戰自由主義者的共識以及對日本學生的資助計畫很自然地迎合化解了這一擔憂。美國的決策者們決定加速日本經濟復甦，用約翰·福斯特·杜勒斯的話說，以便使其能幫助「抵抗阻止共產主義在世界的這一部分發展」。[4] 由於加快經濟復甦成為優先任務，最高盟軍統帥部在佔領期的「取消計畫」行動期間廢止了以前訂立的目標，結果導致整治肅清運動、土地改革、反財閥托拉斯運動、戰爭賠款事宜——尤其是對日本侵略戰爭的受害國的工業設施賠償——以及其他重新將日本和亞洲建立成真正民主社會的宏偉計畫都被撤銷或中途夭折。美國的決策者們斷定日本這個唯一在一九四五年之前就具備了廣泛工業基礎的亞洲國家是「遠東地區唯一有巨大潛力的軍工廠」。於是他們選擇了支持日本，而沒有選擇其他亞洲國家，包括美國最近的戰爭同盟國——例如直至一九四六年才脫離美國獲得政治獨立的菲律賓。[5] 日本被挑選出來表現「自由的生活方式」，成為其他亞洲國家學習效仿的代表民主和資本主義的模範學生。

美國人認為青少年需要心理發展的前攝干預和整體性發展規劃，以免他們不受控制，難以駕馭；畢竟孩童和青少年可能對自己的行為缺少自控，易於高估自己的能力而帶來危險的後果。為了預防青少年犯罪，美國人鼓勵青少年參加社區勞動、體育鍛煉、公民協會等，為他們的時間和精力提供了積極有效的發洩途徑。因此為了防止日本惹是生非，製造事端——產生他們可以「吞噬整個混亂的世界」的想法——駐日政府啟動了獎學金計畫，希望在美國太平洋安全體系的「基石」日本培養適宜的親美觀念。最高盟軍統帥部使用了第八十屆美國議會為二戰後佔領區治理和救濟下撥的政府基金資助這一獎學金計畫，因此它被稱為「佔領區治理和救濟獎學金」，該獎學金專案從一九四九年到佔領結束的一九五二年間共資助了一〇六六名日本學生前往美國的學院和大學學習。[6] 就像電視節目中虛構的「米基」所接受到的個人資助獎學金一樣，「佔領區治理和救濟獎學金」的目的也是希望日本學生們在回國後以「不斷擴大範圍的方式」向他們的同胞宣傳對美國有利的觀點，告訴日本同胞美國人「不是長角的怪物」。

獎學金資助的方式使得日本的「先導模範式人物」得以在美國生活，美國人使用獎學金的意圖在於培養他們和日本同胞「交流的積極性」，傳播有關美國生活和文化的「準確的資訊和智慧的觀念」。贊助人希望這些日本學生的留美經歷能幫助他們的國家培養「國民責任感」，並能沿著美國路線改進教育。[7]

美國將敵國日本改稱為自己的「年輕盟友」是和它放眼全球以及在種族問題上更寬容以使自己適合全球領導者的新角色——所做出的自覺努力緊密聯繫的。冷戰自由主義者很擔心美國民眾是否準備好並願意成為全球的領導者。大部分的美國人另有所想，仍在努力追尋著之前被經濟蕭條和戰爭打斷的消費主義者的美夢。其他一些美國人在戰前就是孤立主義者，現在戰爭結束了，他們仍堅持「美國至上」的世界觀；還有一些美國人是種族主義者，他們仍舊把「日本佬」看做不可饒恕的敵人。大部分的美國人對按美國的形象重塑日本的計畫或是漠不關心或是敵視反對。於是冷戰自由主義者認識到美國同胞們——就像那兩位被說服資助「米基」的勞動階級海軍士兵一樣——為了國家安全和反共產主義的國際鬥爭，需要學會寬容地對待其他種族。正如杜魯門主義所宣稱的：遏制蘇聯不僅意味著要支持「那些反抗企圖征服他人的少數武裝力量或外來壓力的自由人民」，還意味著爭取那些剛擺脫殖民政府的新興國家和前亞洲敵國，使它們成為美國的附庸國。[8] 但是少數族裔公民的自由在美國受到的嚴苛的限制，使得美國宣稱自己將是「自由世界的領導者」成為一句空話——蘇聯宣傳部門大力強調這一矛盾。[9]自十九世紀和二十世紀之交起，美國的種族主義就是日本反美情緒的根源。為了減少種族衝突，最高盟軍統帥部對有關種族事件的新聞進行審查，但卻習慣性地忽視種族主義問題的存在。與之相對，個人和政府出資建立的獎學金的贊助方則試圖對現狀作出積極的改變——他們建立獎學金不僅是讓日本學生接受美國教育，還要通過讓美國人學會和日本學生相處，以此讓美國人認識到自己的種族狹隘性。

新近的日本敵人出現在滿是二戰退伍軍人的美國校園中，為戰後和解以及種族寬容提供了一堂演練課。儘管這一課程可能沒有被認真學習，但它卻是美國決策者和有世界眼光的國民同胞所支援宣導的一種方式。這些乾淨利索、恭敬有禮的日本學生——就像近幾十年，亞裔美國人中的「模範少數族裔」一樣——是美國良好社會關係的可靠例證，它使得美國人能對自己在種族關係上取得的進步沾沾自喜，也使得美國人更加確信自己的社會制度、教育制度、自由企業經濟和價值體系是開明而合理的。簡而言之，日本學生留美是自由主義者共識的正確性的又一佐證。

前神風特攻隊飛行員和獎學金資助的學生

早在電視節目「小夥子米基」推出的八年前，二戰後第一位留美學習的日本國民就在賓夕法尼亞伊斯頓（Easton）地區的拉法葉學院（Lafayette College）入學了。[10] 他能前往美國是因為一個身材瘦高、長著娃娃臉的賓夕法尼亞青年羅伯特．S. 約翰斯通（Robert S. Johnstone）。約翰斯通是個天才學生，在高中學習的最後半年他跳級於一九四四年初進入了拉法葉學院。同年九月約翰斯通被徵兵入伍時，他已經修完了工程學學位六個月的課程。約翰斯通出於一種責任感，拒絕利用自己大學在讀為藉口要求緩役，於是他在喬治亞州惠勒堡（Fort Wheeler）經過三個月的培訓後，在耶誕節被派往了菲律賓。他在萊特島與敵人交過火，享受了一個短期休假，之後和部隊一同被派往呂宋島的伊波水庫庫區（Ipo Dam）以確保馬尼拉的水源供應。一九四五年五月十四日，他在一次搗毀日軍機槍堡壘的行動中犧牲，當時他只有十八歲。這個十幾歲的青年背負著一隻白朗寧自動來福槍，當時像這種武裝的士兵被稱作來福槍手，他們的武器殺傷力極強，因此他們通常都會遭到敵人最猛烈的炮火攻擊。約翰斯通的高中朋友在服艱苦的預備役，直到美軍從伊波水庫運回戰士遺體的一個星期後，他偶然看到他的遺體才知道他去了菲律賓。約翰斯通的家人起初曾被告知他在軍事行動中失蹤，現在也得知了他犧牲的噩耗。[11]

在那之後不久的一次家庭會議上，約翰斯通的父親說服家人用約翰斯通的一萬美元的人壽保險在拉法葉學院建立一個獎學金以此紀念他。令人吃驚的是，約翰斯通的父親希望用該獎學金資助日本學生，儘管愛子是被日本士兵殺害的。在一九四五年九月，約翰斯通的父親就早早邀請拉法葉學院的院長拉爾夫·庫珀·哈奇森（Ralph Cooper Hutchinson）到家裡商量此事。哈奇森對此計畫表示了熱情的歡迎，及至十一月底，拉法葉學院的董事會就批准建立了此項國際獎學金。約翰斯通和妻子要求受資助的學生來家裡做客，「這樣在他留學拉法葉期間，我們可以向彼此表達兩國之間的善意，並建立親切友好的關係。」哈奇森則用較學究的口吻表示：拜訪約翰斯通家人的目的在於讓獎學金受益人深刻體會到「友好至上、理解萬歲的精神，正是基於這種精神設立了該紀念活動，也正是這種精神使得該活動成為對鮑勃最好的紀念形式」。[12]

在一九四六年一月，媒體報導了烈士家屬用他的人壽保險金設立了資助日本學生的獎學金的奇特新聞，在接受採訪時，約翰斯通的父親解釋說：

> 我之所以設立此項獎學金，是因為我認為即使用仇恨和苛刻的條件解決了戰爭，我們也得不到持久的和平。我和我的妻子希望通過幫助其他民族為保持和平

盡我們的微薄之力。只有用善意感化，我們才能取得最終的勝利。我的兒子的確是被日本人殺害的，而我在獎學金的條款中提到資助物件是日本人，是因為我想如果讓這些日本人領悟到我的用意，可能會對持久的和平有所幫助。[13]

約翰斯通的家人相信如果所有人，包括日本人在內都能受到「基督教教義宣揚的善意」的教化，那麼戰爭是可以避免的，並強調說他們犧牲的兒子也是這麼認為的。[14] 由於佔領初期的規定禁止日本人出境，約翰斯通的家人允許在對日本人的禁令取消之前可以用該獎學金先資助「中國人、韓國人、菲律賓人或其他黃種人」。約翰斯通一家設立此獎學金的用意在於宣揚基督教的人道主義精神，所以他們認為用該獎學金資助「有志於在東方傳教的白人也是很好的」。[15] 儘管約翰斯通獎學金的設立在佔領區治理和救濟獎學金之前，它們總的目標都是以和平民主的方式對日本人進行「再教育」。

但是，和政府出資的獎學金不同，約翰斯通一家的慈善行為顯然是基於基督教倫理的道德規範。約翰斯通的家人是虔誠的基督教教徒，他們堅信只要傳播天賜的基督教倫理道德觀就能確保一個健康的物質和精神世界。有同樣想法的美國人為數不多，但佔有一定的數量，他們在積極地試圖和日本人進行戰後和解，將自己的基督教信仰作為此舉的首要驅動力，並照搬基督教教義的訓示「要愛你的敵人」。[16]在美國民眾對二戰的痛惡情緒仍很新鮮強烈的時候，約翰斯通的家人卻對奪去他們兒子生命的這個民族表現出異常的善意，當時的報刊讚揚了他們這種寬容大度的精神。在一九四六年初，該獎學金剛宣佈成立時，媒體就做出了積極的回應，稱讚這是「具有實際意義的基督教教義」的突出範例、是轉過「另一邊臉來讓人打」的容忍表現、是「上帝的愛」的「表現」。[17]但這種基督教精神的超越性所表現的並不是平等的和解，而是和世俗的、自由主義的臆斷相得益彰，這種臆斷的觀點認為美國在政治、社會、經濟和文化上都優於日本，用老約翰斯通的話說：日本需要「有所領悟」。這種基督教精神的超越性也強化了冷戰自由主義者宣揚的向全世界推行美國的經濟政治體制的意識形態，它把美國試圖變日本為附庸國所作的努力粉飾成美國向日本賜予仁愛、啟智和教育的道德壯舉。

但結果卻是一九四六年佔領政府還不允許日本人出境，於是一位名叫弗雷德里克·王(Frederick Wong)的中國學生成為了約翰斯通獎學金的首位受益人。一年後，拉法葉學院宣佈在美國長老教會佈道委員會的幫助下，他們已選定了首位日本獎學金獲得者：二十二歲的日本皇家海軍退伍軍人羅伯特·西山幸正(Robert Yukimasa Nishiyama)。他被指派加入神風部隊，如若不是戰爭儘早結束，使得他從死亡線上死裡逃生，他已經受命準備「與美國艦船同歸於盡了」。具有諷刺意義的是儘管西山準備消滅美國人，但從他兒提時代，他就把美國人當成朋友。從他記事起，他的家人和朋友就叫他「羅伯特」，這個名字是在他出生時母親的一個美國朋友取的。他們家和美國大使館員工住宿區相鄰，位於東京赤阪的中上階級社區榎阪。西山還記得曾跟他們耳濡目染地學了些英語，和大使館的孩子們扮演「牛仔和印第安人」、美國聯邦調查局調查員，還玩捉迷藏」等遊戲。西山在青山學院的預科班學習期間，交了更多的美國朋友——這次是在日本學習的第二代日裔美國人——他還讀到了許多美國書籍和雜誌。西山的一位日裔美國朋友見他對美國很好奇，就給了他一些未經審查的，也就是非法的美國刊物。大學期間，西山決定要提高自己的英語水準，於是選擇了東京外國語大學。有了這樣的個人背景，西山後來娶了位美國妻子也就不足為奇了。儘管他的妻子海倫．松岡．西山（Helen Matsuoka Nishiyama）出生在日本——因此無權成為擁有美國國籍的公民——但她在加利福尼亞長大，畢業於史丹佛大學，因此她雖然在法律上不是美國公民，但在文化上卻是個美國人。[18]

當皇家海軍徵兵開始時，西山還是東京外國語大學三年級學生。他和羅伯特．約翰斯通一樣並沒有逃避兵役，他認為這是愛國應盡的職責，儘管這意味著要和兒時玩伴，預科班的同學還有妻子為敵。他回憶說到他十五歲的時候，他已經接受了日本政府所做的政治宣傳，即日本的目標是建立大東亞共榮圈以及從西方帝國主義的枷鎖下解放亞洲。儘管他曾讀過一些未經審查的美國雜誌，他在青山學院時甚至還在許多不同的場合和一位美國老師討論過「戰爭帶來的災害苦難」，他後來反省說當時「太年輕，在面對互相矛盾的資訊時，缺乏足夠的知識加以分析判斷」。在他所寫的約翰斯通獎學金申請書中，他解釋道他當時已經準備好成為一名神風特攻隊飛行員，但是戰爭結束了，也將他對建立大東亞共榮圈的殘存的一點信念粉碎得片甲不留。到西山申請獎學金時，他和其他許多日本人一樣都已經「接受戰敗」，並開始在美國空軍俱樂部的建築隊擔任負責人。

約翰斯通獎學金選拔委員會放棄了其他六位候選人而選擇了西山，其根據是他的推薦信、學業記錄、申請書——拉法葉的院長哈奇森對這份語法正確的申請書大加讚賞——還有他在美國可以自立的能力。由於獎學金只提供學費，所以學院要求申請人有能力支付包括食宿、書費和旅費在內的其他一切費用。西山岳父的前生意夥伴和松岡家族在伯克利共同經營一處農莊產業，西山表示他可以確保從那裡得到經濟支持。現在西山獲得佔領政府的批准前往美國只是個時間的問題了。就在西山、約翰斯通的家人和拉法葉學院等待的過程中，有關此項獎學金的熱議也隨之而起。

一九四六年初獎學金成立的消息發佈後，在美國引起了媒體的關注，儘管曾有一位在巴丹死亡行軍中痛失愛子的父親給拉法葉學院的信中顯得憤慨激昂，但大部分輿論持肯定和中立的態度。[19] 但是一年之後，在一九四七年的一月和二月，有關「前神風特攻隊飛行員」將入學拉法葉學院的消息又引起了新一輪關注以及對該獎學金及拉法葉學院的較負面的反應。一位美國海軍陸戰隊退伍軍人在給院長哈奇森的信中「強烈地抗議拉法葉學院或是其他類似的高等學府准許日本公民羅伯特·西山入學」。他稱：

> 我所表達的觀點是許許多多和我一樣的退伍軍人共同的想法，以那些在戰爭中被日本瘋狂的「人肉炸彈」、海軍和陸軍野蠻殘害的美國士兵、海員和水兵們母親的名義起誓……對於一個（目光狹隘）一直堅持認為日本佬可以在那裡入學的學院，我絕不會選擇進入這樣的學院學習。[20]

這位退伍軍人認為日本人還是敵人，應當被槍斃。一個持相似觀點的退伍軍人給《時代》雜誌有關獎學金的報導寫了封讀者回覆。這位前二戰戰俘表示他支持對處於貧困不幸中的日本兒童和成人給予援助和食物救濟，「但是看在上帝的份上，還是別讓他們污染我們的學院和大學吧」。他說他並不「仇恨」日本人，就像不會仇恨眼鏡蛇一樣：「在我眼中他就是狡猾、有劇毒的爬行動物而已。」[21]

而支持該項獎學金的人們卻不願放任這些批評的聲音。前美國海軍陸戰隊隊員抗議稱他的觀點代表了「許許多多的退役軍人」的想法，這種說法或許並不誇張。冷戰自由主義者深知戰爭帶來的仇恨不可能很容易地就被忘卻，和約翰斯通一家人不同，許多美國人——包括退伍軍人、犧牲的士兵的家人和朋友——仍舊認為日本人是奸詐狡猾的敵人，不值得憐憫。作為對這種持久的對日敵對情緒的反擊，獎學金項目的支持者們暗示這些惡意的批評者是「不信仰基督教」的。在給這位前美國海軍陸戰隊隊員的回信中，哈奇森稱該獎學金是「奮戰的勇士的臨終遺願」，這讓他想起「基督教教義教導我們在堅守正義並為之而戰之後……要以德報怨、要關愛同情我們的敵人，以此來體現上帝的博愛」。他進而質問道：「在這樣的感召教導下，我們怎麼能拒絕不從呢？」[22] 在那封將日本人比作眼鏡蛇的讀者來信下方，《時代》的編輯們刊登了另一位太平洋戰爭退伍老兵的來信作為反擊。這位前戰俘在信中寫道，「自從我回國後，看到了太多不寬容和仇恨的情緒，這讓我開始覺得人們已經忘記了那個出生在拿撒勒的名叫耶穌的人曾給我們的教誨」，但是當他讀到有關約翰斯通獎學金的報導，他認為他在戰俘營的三年半的時間「或許沒有白費」。[23]

約翰斯通的家人相信羅伯特本人也會同意用他的保險金作為教育改造敵人的一種手段。而但這不是他的臨終遺願；就他家人所知，羅伯特滿心希望戰爭結束後回來繼續完成學業。而在他犧牲後，家人都覺得用他的保險金購置新車或新傢俱是「不能接受的」，於是他們一致決定建立一項獎學金。但是，約翰斯通的家人忽略了向獎學金受助人西山澄清有關兒子遺願的事情，以至於他在通過其他管道獲知此事前一直信以為真。西山承認他曾一直將此事「作為一種傳奇似的故事」或是理想化的故事「銘記在心」。或許羅伯特自己要求設立此項獎學金的說法有助於減輕西山的負罪感——認為自己得益於這樣一位被日本同胞殺害的前途光明的青年。[24]

不管怎樣，這些用無可辯駁的基督教教義為獎學金贏得贊許呼聲的雄辯，有助於削弱那些反對者的公開批評，從而接受日本人成為美國重要的冷戰同盟。公眾批評人士不得不讓步，承認該獎學金是來自「一個虔誠的基督教家庭的無私奉獻」，是「高尚之舉」，但是他們還是採取了較溫和的方式反對該項獎學金——批評戰爭剛結束就設立該獎學金，太過倉促，或是指責約翰斯通家人的慈善之舉是以犧牲美國納稅人的利益為代價的，因為是政府在出資為該保險買單。[25]

該獎學金項目的支持者也堅定地認為美國人民需要瞭解善待日本學生對美國的地緣政治意義。例如《丹佛郵報》在評述西山事件時就講述了幾十年前另一位在俄勒岡州立大學學習的日本學生的故事。松岡洋右（可能和西山的妻子海倫並沒有親緣關係）感到校園生活令人愉快，「但在別處他卻被稱為『日本佬』，受人唾棄和歧視」，結果一位本可能成為美國朋友的人卻變成了美國的敵人。評論指出「正是這位松岡帶領日本代表團脫離了國際聯盟……肇始了聯盟的瓦解。也是這位作為日本外交部長的松岡承諾日本加入軸心國同盟」。該報由此推理道：如果松岡在美國的經歷能更愉快些，「他或許會以策劃打倒美國的那種熱忱認真來努力促進兩國的友誼和合作」。[26]當然，這樣的論斷過度簡化了美日之間的分歧，將這種矛盾弱化成了個人和個體層面上的矛盾，而忽視了美日之間根本的矛盾，即日本妄圖稱霸亞洲、建立日本帝國，以獲取國家安全和財富的野心，與美國對中國作出的只需對美國經濟利益「開放」的承諾之間的矛盾。儘管此篇社論存在漏洞，但這個以人情味為關注點的故事卻很有說服力：「西山將會報答給予了他此次機會的死者家屬，還是會像松岡洋右一樣帶著被戰爭扭曲的世界觀離開美國，這在很大程度上取決於美國人民對他接納與否。」

我們已經看到，冷戰自由主義者擔心種族主義的負面效果會影響美國人民作為世界領導者的能力。盧斯出版社（Luce publications）以及其他主流媒體嚴厲批評了那些對此種擔憂漫不經心的人——不論他們是種族主義者，像尤金・塔爾梅奇（Eugene Talmadge）、希歐多爾・比爾博（Theodore Bilbo）、斯特羅姆・瑟蒙德（Strom Thurmond）這樣的美國南部政客，還是給編輯們寫信的普通國民。有兩個讀者給《生活》雜誌去信發洩他們對「前日本空軍飛行員」獲得獎學金一事的憤怒之情，結果發現在該雜誌中，兩人受到了公開的批評指責。《時代》和《生活》雜誌都偶爾會在同一期或下一期雜誌上採用另外一些讀者的來信來反擊那些和雜誌自由主義社論唱反調的讀者來信。賓夕法尼亞州里丁市（Reading）的保羅·亨斯伯格（Paul Hunsberger）在《生活》雜誌上嚴厲斥責了在讀者來信中出言不遜的約翰·W. 麥克費登（John W. McFayden）和羅伯特·C. 布坎南（Robert C. Buchanan）：

> 美國竟然還有像麥克費登（還是耶魯大學的學生）和布坎南這樣的人，我對此深感羞愧。當下，為創造一個彼此能和諧共處的世界，一場殘酷的戰爭正在進行。幸運的是我們贏得了這場戰爭。我們的成功賦予我們對舊敵進行再教育的職責，以確保他們不會再發動戰爭……讓我們一同寄希望於這位前日軍空軍飛行員，希望他能秉持著給予他此次機會的美國大兵所具有的信念和真誠走過前方的艱難路途。拉法葉學院接納了這位日本學生，從而提升了自我。我希望這位耶魯的學生和這位前水兵能夠認識到他們想法的荒謬可笑之處——儘快吧！[27]

《生活》雜誌的編輯刊登了一封拉法葉學院的校友哈威·休納伯格（Harvey H. Hunerberg）的來信，他在信中稱他調查了十名退伍軍人對有關獎學金新聞的反應，「有九名表示歡迎」。[28] 休納伯格的調查無科學性可言，但編輯們還是忍不住刊登了此信，因為它基本上重申了《生活》雜誌社論的立場，也就是督促美國人警惕蘇聯帶來的威脅，並且要在全球事務中承擔起更多的責任。布坎南和麥克費登的來信中急躁的口吻意味著他們，尤其是後者，本該更瞭解對日本人實施再教育事關全球安危。種族狹隘主義只會妨礙美國「創造各國和平共處的世界」。

獎學金專案的支持者們並不為種族主義帶來的不公擔憂，他們更傾向於強調寬恕、上帝的博愛、種族寬容和地緣政治的重要性。這點很明顯，在支持維護約翰斯通獎學金的一些論辯中從未提及應當對日裔美國人所遭遇的不公予以糾正。但是，戰後有關和日本人和解的必要性的輿論話語相比戰時的公眾輿論的確有所進步，二戰時期公眾輿論斷定日裔美國人和日本敵人不僅有著相同的血統，還都具有不忠叛逆的嗜好。日裔美國人所謂的不忠本質被美國人用來作為對他們實施拘禁的托詞——這點和所謂的因為日裔美國人遭受過歧視所以他們不可信任的謬論不謀而合。並不是所有的美國人都相信這種論調——例如，西北大學的學生抗議校方於一九四二年春開始禁止日裔美國人入學的獨斷專制行為——但像他們這樣的人屬於少數，在美國為數不多。[29] 戰爭結束後，仇恨的焦點不再是有著日本血統的美國人，而是宿敵日本，這也使得美國人覺得自己寬容仁慈，並且對他們曾經大規模驅逐和拘禁美國少數族裔的行徑也不是那麼自責了。至少有兩個曾被拘禁的日裔美籍家庭——一個在黃玉（Topaz），一家在吉拉河（Gila River）——都曾代表他們的孩子申請過約翰斯通獎學金，但都被禮貌地拒絕了。[30]

因為和日本民眾有著一樣的血統，日裔美國人在二戰期間即使遭受侮辱也束手無策，與此相同的是，現在日裔美國人發現他們的雙重身份——即美國公民和日裔少數族裔——又一次成了不利因素；獎學金選拔委員會拒絕日裔美國人的申請，認為他們不是戰後獎學金專案所需要的有吸引力、可行的候選人。[31] 普遍的觀點認為沒必要讓日裔美國人「回國」傳播親美思想。的確，這些日裔美國人不久前的行為讓人想起他們在傳播美國民主主義和公民自由權利時參差不同的表現。現有的資料顯示，在西山接受資助的那一時期，沒有一位日裔美國人獲助進入拉法葉學院。

戰後一段時期，美國人將過多的關注集中到日本人身上，這樣一來不僅忽略了日裔美國人，也忽略了亞洲其他民族——尤其是菲律賓人，喬治．肯南還曾將菲律賓標示為美國確保其在太平洋地區安全的另一「基石」。《馬尼拉時報》(Manila Times)在一九四六年一月對約翰斯通獎學金進行了報導，又一次表達了約翰斯通一家表示如果日本學生無法獲得獎學金，希望將獎學金頒給中國人、朝鮮人、菲律賓人或其他亞洲人。看到這一報導，至少有九名菲律賓人和一名在菲的中國人作為候選人向該獎學金委員會提出申請，這其中還包括兩名退役軍人——一個曾因負手傷，手部虛弱無力，另一個是日本戰俘營的倖存者。來自菲律賓的申請者在信中描述了他們國家高等學府所遭到的毀壞、資源的匱乏、貧困的生活、個人的艱辛，以及他們希望能接受高等教育或是繼續完成被戰爭擱置的學業的「熱切渴望」。[32]賽勒斯・馬丁內斯（Cyrus Martinez）、羅薩里奧・博比拉（Rosario Bobila）、萊昂納多・G. 阿爾富恩特（Leonardo G. Alfuente）和其他菲律賓人不需要日本人來給他們做榜樣——他們直接提出要求，因為他們認為自己多年來為美國服務效力，應該得到這種進一步學習和改善境遇的機會。[33]

但事實並非如此。約翰斯通獎學金委員會無意中在按照美國官方政策行事，直到一九四八年，該獎學金都更青睞日本學生而不是菲律賓學生。美國將保留的機會都給了日本人，卻讓菲律賓和其他亞洲國家處於落後狀態，迫使這些國家成為日本工業發展的原料供應地以及日本產品的消費市場。美國的這一決策很自然地激怒了菲律賓人民：《馬尼拉時報》質問道：「菲律賓共和國為什麼要同意這樣的協議，讓日本人從中賺取利潤，變得繁榮富強，而菲律賓卻還是殖民地，為前日本敵國提供原材料以換取玻璃珠子、銅戒指和鏡子等消費品？尤其是當菲律賓已經能自己製造這樣的消費品的時候。」[34]儘管美國決策者們在輿論宣傳中推出日本作為亞洲其他國家的榜樣，但他們並不鼓勵其他亞洲國家也努力發展以達到類似日本的工業水準。

這種忽視日裔美國人和菲律賓人等亞洲人的做法體現了冷戰自由主義者對國內的國民權利和國外的反殖民主義的關注有限。獎學金專案或許觸及到了種族主義問題，但是美國人在宣揚對前日本敵人寬宏大量的同時，卻掩蓋了更大、更難以覺察的美國國內問題。在媒體大肆吹噓美國人對留美學習的日本學生所表現的寬厚仁愛時，非洲裔美國人、美洲土著、拉丁裔美國人還有美國其他的少數族裔卻一直在為爭取像樣的基本教育和獲得高等教育的機會而奮鬥。另外，美國成功地在日本實驗培養了民主制度和以自由市場為特點的資本主義，這樣的成功掩蓋了它對其他亞洲國家的持續剝削，以至於這些國家認識到美國實施的是另一版本的、令人憎惡的大東亞共榮圈計畫。冷戰自由主義者以日本學生為例強調美國政策的正確性，試圖以此將種族矛盾和國際矛盾弱化為寓意淺顯易懂的個人利益衝突的故事，而抹去複雜的現實情況。有關獎學金資助日本學生的報導僅僅是美國人寬宏大度、成功克服種族狹隘的一個簡單例子而已。有關西山作為戰後第一位日本學生入學拉法葉學院的報導為這種輿論話語奠定了基調。

在一九四七年，除了有一些反對拉法葉學院招收西山的呼聲外，大部分的媒體報導和前幾年一樣，對此持支持或中立的態度。[35]《匹茲堡新聞》(Pittsburgh Press) 刊登了一篇標題為〈斬獲大學獎學金的日本佬們將面臨一場暴風雨來襲〉(Storm Brewing over Jap Getting College Scholarship)，但文章內容卻表達了對獎學金計畫的支持以及對約翰斯通一家人試圖教育前日本敵人這一想法的理解。這場「暴風雨」最終表現為由賓夕法尼亞地區的五十一名被大學拒之門外的退役軍人聯名簽署的正式抗議書，還有《拉法葉》校報上刊登的一些帶有諷刺性的評論。例如有人無意聽到一個大學二年級學生說這個「前日本空軍飛行員」可以通過在校園的高樓上作「精彩的」自殺式跳傘，以引起拉法葉全院轟動。《拉法葉》校報刊登了這些評論，但聲明這些評論不代表編輯部門的觀點，同時還刊登了社論稱約翰斯通獎學金是「近二十年發生在美國高等院校最有意義的大事」[36]社論還嚴厲批評了院長哈奇森在發佈獎學金計畫時對拉法葉的在校生表現出的「歉意」。校報對哈奇森的批評不無道理，哈奇森擔心廣大民眾反對拉法葉招收前敵人入學的呼聲會一直持續下去；但出乎他意料，並沒有更多的公眾表示反對。[37]對獎學金專案持批評意見的人很快發現他們的觀點受到了那些支持冷戰自由主義世界觀的民眾們的反擊和壓制。

當對日佔領當局最終於一九四八年秋同意西山前往美國時——佔領當局的「逆轉路線」已經開始生效，這絕非巧合——拉法葉學院和《生活》雜誌合作發表了有關《前敢死隊飛行員》的特寫。《生活》雜誌在一九四八年十一月題為「神風敢死隊飛行員上大學」的報導中稱西山是一位聰明、有良知、懂得感恩的獎學金受益者。和那年秋季發表的其他有關西山的文章一樣，這篇刊登在《生活》雜誌上的文章也以安定人心的方式描述西山：稱他是基督信徒，並沒有因為日本的戰敗而心懷怨恨，他渴望瞭解民主制度，他像電視節目中虛構的外山幹雄一樣英俊，也一樣是美國橄欖球的球迷。文章以同情的筆調描寫了西山對進入美國校園學習的一些擔憂。《生活》雜誌報導說「西山做好了一切思想準備，但沒想到拉法葉學院的同學們會很自然隨意地接受了他」。《生活》強調說他沒有遭遇到敵視或是戰爭帶來的譴責，反而發現同學們「很友好，並沒有太在意他」。因此西山到拉法葉學院不久就「成了有待接受一系列知識教育的五百名懵懂新生的一員了」。[38]

這些迷惑懵懂的新生絕大部分和西山一樣是二戰退役軍人。大部分是按士兵福利法案在國外服役後回國的士兵，這些學員占了拉法葉學院戰後班級人數的百分之八十五之多。這個位於小鎮的學院的入學人數從一九四五年的一百四十二名學生激增到次年的一千兩百五十名學生。三年後，當西山被錄取時，拉法葉的學生人數已是兩千有餘。退伍老兵學員們將自己的妻兒老小帶在身邊，於是拉法葉——和其他戰後的大學一樣——不得不修建臨時住所，拉法葉的學生戲稱之為「愛舍」(passion flats)或是「鸛村」(stork villages)。大部分學員來自費城、紐約和紐澤西；一些來自其他的東部地區；還有極少的學員來自東海岸以外的地區。[39]

儘管《生活》雜誌可能誇大了拉法葉學院的學生對前日本空軍飛行員接受認可的態度，但這些退役兵學員在態度上的確表現出了相當大的進步。例如，在西山入學的第二學期，拉法葉學院的學生們示威反對種族主義——幾年後，這種學生抗議活動在美國各大校園成了司空見慣的事情。拉法葉學院的學生強烈要求校方迅速處理校橄欖球隊的黑人隊員大衛・肖維爾(David Showell)遭受種族歧視的問題。拉法葉學院的教職工投票決定拒絕參加在德州埃爾帕索(El Paso)舉行的美國大學太陽杯橄欖球賽,因為他們預料德州人不會允許肖維爾上場踢球。這一決定激怒了包括西山在內的學生們,西山在幾十年後回憶起當年他和「一大群」學生是如何「遊行到當地廣播電臺,還有聚集在院長住所前」堅持讓他告知太陽杯舉辦方,拉法葉學院的球隊仍舊要參加此次比賽,並且要帶著肖維爾一起。哈奇森默許了學生們的要求,但德州方面卻向拉法葉學院表示他們不歡迎肖維爾,見此情況,拉法葉學院的學生給杜魯門總統發電報譴責太陽杯橄欖球賽舉辦方。校方堅持自己的立場,校隊沒能參加比賽。

儘管拉法葉學院較早地具有了這種爭取國民權利的積極精神,但學院的學生仍舊是歐美學生占絕大多數,只有一小部分像肖維爾這樣的少數族裔。在西山入學拉法葉時,幾千名入學的學生中只有八名少數族裔:包括肖維爾和另一位黑人學生、兩名來自沖繩的日本學生、一名華裔美國人以及西山。川平朝生和平良寛吉這兩名沖繩學生於一九五〇年獲得「佔領區治理和救濟獎學金」來到拉法葉學院。川平和西山一起於一九五二年畢業;平良於次年畢業。這兩名來自沖繩的日本學生的境遇和西山完全不同,這兩個學生的在校檔案中沒有記錄校方曾對他們進行宣傳,甚至在學生辦的報紙上也沒有提到他們的到來和適應拉法葉的過程。他們作為沖繩島民的身份讓化敵為友的簡單輿論宣傳變得複雜起來。沖繩人民在戰前以及二戰時就受到日本人的殖民和蹂躪，戰爭結束後，他們又目睹了自己僅有四五四平方英里的家園被數以萬計的美國士兵佔領，被美國軍官所控制。實際上，在川平和平良進入拉法葉學院時，他們是美國殖民地的居民。但理論上來說，他們是日本國民，因此毫無疑問在歐美學生和教職人員看來他們也是昔日的日本敵人。40

展現美國人的最佳形象

根據西山當時的發言以及日後的回憶錄，拉法葉學院學員種族單一的現實對他並沒有不利的影響。他稱自己在幾乎全是白人學生的拉法葉學院受到了關切的，甚至是有些熱烈的接待。他在一九四九年寫給《美國雜誌》的文章中高度讚揚了他所感受到的美國人民的寬容、直率和善意。他寫道，在離開日本時：「我感到孤獨，而且十分擔心害怕，我擔心美國人會如何對我？還會視我為敵嗎？」因為獎學金捐助人的愛子是被日本人所殺，所以前去拜訪他們讓西山感到很緊張，但是西山強調說約翰斯通一家人頗費心思地歡迎他的到來並邀請他在開學前

圖九·「學院學生的普通一員」：羅伯特·西山和他在拉法葉學院的同學們。照片由唐納德·賴利拍攝，羅伯特·西山提供。

先在唐寧鎮的家中住一個星期。西山寫道「剛來的第一個星期，我非常拘謹，擔心可能會給別人帶來麻煩，但我的擔心總是會被美國人的友好化解」。他發現許多伊斯頓的居民都和約翰斯通一家人一樣好客又熱情——邀請他到家裡共進晚餐、參加晚會或閒談——他說他也從未在校園裡遭受敵視。西山不僅談到美國人的大度寬容和直率，他還表達了自己很羨慕美國公民能在社區一級參政議政。在文章結尾處，他表明：「我希望將來能當一名歷史老師，我願意為增進美國和我的祖國之間的互相瞭解盡我的微薄之力。」

41

拉法葉學院和約翰斯通一家看來是選對了捐助物件。在文章附帶的照片上，西山看上去和氣又可靠，和戰時日本人像近視眼猴子的刻板印象以及戰前傅滿洲或陳查理的形象完全不同。西山英俊、輪廓鮮明、視力良好、身姿挺拔，看上去就是一個典型的大學男生。照片中，他穿著寬鬆的褲子和套頭衫，書包背在腰間，放鬆而又自信地走著。照片形象地用這位「接受戰敗」事實並朝著美國方式邁進的日本青年代表了美國「年輕的盟友」；美國媒體對他的描述反映了美國人的態度由敵視轉向欣賞接受。和川北友彌不同，西山似乎是個值得信任、有男子氣概、高尚的人，他沒有試圖逃避為國效力的兵役，並且很快瞭解接受了美國社會和價值觀。

西山贊同這種對他轉變的描述，因為這樣的描寫也讓美國人瞭解了日本人。幾十年後，西山回憶說「我覺得自己不得不盡力證明：作為人，日本人和美國人沒有太大的區別。……於是我盡力接觸包括校內橄欖球賽在內的（一系列廣泛的）活動」。[42] 這一目的也說明了他在面對來自媒體採訪、教堂和學校演講和市民團體的種種要求時表現出的耐心。西山走遍了費城、紐澤西、紐約，甚至遠赴路易斯安那，在各地的學校以及像聖徒、獅子會、基瓦尼俱樂部等市民團體演講。他一年級時的舍友裡維斯·本德回憶說為了滿足這些邀請，西山經常不在校。本德說「他要接受沒完沒了的採訪，真希望新聞媒體能放過他，但是當時這的確是引人關注的新聞話題。他經常接到許多電話，其中有些人會出言不遜，如果是我的話，可能會出亂子。我會讓他們一邊待著去」。[43] 而另一方面西山似乎樂意接受這一切，還能化解或壓制一些類似敵意的電話等突發事件。西山體現了昔日的日本敵人轉而感激美國人，認識到過去同美國為敵是錯誤的，在西山身上能反映出美國人想要看到的自己最好的一面。川北友彌將他因在出生地加利福尼亞所遭受的種族歧視而產生的怨恨發洩到了二戰歐美戰俘身上，與他相比之下，西山幸正則是一個對美國人的無私和開明心存感激的學生。[44]

總的來說，西山認為他在拉法葉學院的時光是豐富寶貴的經歷，尤其和戰時在東京外國語大學接受教育期間相比更是如此。他在東京外國語大學被迫參加軍事佇列訓練，而在拉法葉他則主動參加列隊示威遊行，抗議橄欖球隊員大衛·肖維爾遭受的種族歧視。

在拉法葉學院，他不用聽愛國演講也不用參加軍事訓練，而是聆聽或參加各種各樣的政治問題的討論，包括有關民主意義的辯論。西山回憶說一些同學對美國持批評態度，指出「最高盟軍統帥部的霸權主義和美國少數族裔問題」，而另一些同學則「或多或少地仍舊相信美國體制」。他羨慕這樣的交流，並解釋說「在日本對此類問題的公開辯論是不允許的，他習慣了像在海軍中那樣被迫服從上級的命令，（看到）這種公開的辯論……既新奇又令人耳目一新」。[45]

西山真誠地相信他感受到的有關美國人的正面積極的資訊，但他也充分認識到種族主義仍舊存在，擔心歐美人是否會接受他，直到他受到拉法葉社區許多人的歡迎和熱情接待，他才放心。

但是戰後也有些受獎學金資助的日本學生選擇忽視種族主義問題。後藤三矢曾在印第安那州克勞福茲維爾（Crawfordsville）的瓦伯西學院（Wabash College）還有普林斯頓大學就讀，他認為日本學生可以通過自己的態度和行為避免不公正待遇。他後來強調說「我覺得這主要看我是如何對待他人的，尤其是美國人」。後藤採用的是機智老練、吹捧他人、幽默的自嘲策略。後藤在作為瓦伯西學院一九五五級畢業生代表發言時，強調了美國教育如何開闊了他的視野，他還高度評價瓦伯西學院的歷史課是「我所聽過的世界歷史中第一個持客觀看法的。我開始看到日本的缺陷和所犯的錯誤」。後藤斷言稱瓦伯西的校園生活輕鬆推翻了盧迪亞．吉卜林那為人熟知的詩句：「東方就是東方，西方就是西方，兩者永不交匯」。後藤解釋說他在瓦伯西的四年大學生活是：

> 在努力將自己或許被扭曲的東方思想與美國的思想熔合時，起初，我發現這兩者之間有很大的差距……為了縮小差距，我開始搭建我所謂的「溝通的橋樑」。

橋樑仍未完工，但至少已經可以通車了。我希望未來有不斷增加的車流量，以雙向而非單向的形式在溝通你我思想的橋樑上過往穿梭。[46]

據現有資料分析，後藤比西山更直白，他從地緣政治的角度——溝通的橋樑——審視了跨文化交流的問題。在二十世紀五〇年代早期，後藤是瓦伯西學院演講團的一員，此間，他給許多市民組織和聽眾做過兩百多場演講，受眾遍佈印第安那州、其他中西部各州，甚至遠到喬治亞州。《印第安那政星報》引用了後藤向美國讀者傳遞的資訊：他「確信日本已經發現美國是最可靠的同盟」，他還相信「有了美國持續的經濟援助，日本可以和西方盟友一同在遠東地區築起一道抗擊共產主義浪潮的壁壘」。[47] 在後藤開始他的美國學習生活時，「反共產主義的壁壘」(bulwark against Communism) 一詞已經是個普遍用法了。

後藤和西山都知道該如何取悅美國聽眾。他們彬彬有禮、誠懇認真、懂得感恩，而且善於辭令。他們提出美國的讀者或聽眾應重新考慮對日本人存在的一些偏見，但言詞謙遜謹慎。後藤在畢業典禮的發言中解釋說日本人可以接受再教育，以便能更像美國人那樣思考問題，但他同時也強調「溝通的橋樑」應當是「雙向的」而不僅僅是「單向」。後藤以既不失策略而又謙遜的口吻督促美國人在日本人向他們學習的同時，也該向日本人學習。加速溝通橋樑上的雙向流量意味著避免潛在的衝突，對後藤而言，這意味著要無視種族主義的存在。而西山則可能弱化了他所感受到的種族歧視，但並未無視它的存在。不過，他也像後藤一樣著重強調了積極的一面。西山在回憶他在拉法葉的日子時說：「讓我感觸頗深的就是，儘管在美國許多地區種族主義的醜惡表現還很明顯，但總是有善良的民眾相信對種族主義不可姑息。」[48]

後藤和西山從過去到現在都發自內心地感激他們能有留美學習的機會。用日本人所謂的恩而言，戰後獎學金資助的學生都覺得對恩人，即美國的捐助人，有良心上的負債感，因此他們認為批評或是針對恩人國家存在的問題是無禮的表現。[49] 另一位戰後日本學生安積仰也選擇弱化種族主義，儘管他覺得要對五〇年代早期美國種族關係持肯定態度很困難。安積仰也在加利福尼亞遭遇過公然的敵視後，選擇了賓夕法尼亞州的海沃福德學院（Haverford College）繼續完成學業——遠遠離開了西海岸以及那裡長期存在的歧視亞洲人的情緒。[50]

西山和後藤似乎樂於充當「善意大使」的角色，但一些日本學生卻對此有抵觸情緒。正如人們所料，許多獎學金受助者優先考慮的是提高自己的學業，而後才是促進美日雙邊的友好關係。而與此對比之下，獎學金專案的策劃者們則是將促進友誼放在第一位，強調「該獎學金計畫絕不完全是以教育為目的的」。正如最高盟軍統帥部國民資訊教育部門的負責人所說：「我們希望有盡可能多的日本人與我們共處，不僅是讓他們瞭解我們，也讓我們的人民通過他們更瞭解日本。」因此「佔領區治理和救濟獎學金」計畫為了這個雙重目的把日本學生安排到了全美許多不同的院校，一方面讓日本人更多地瞭解美國，另一方面讓美國人更多地接觸日本人。但這個決定讓許多獎學金獲得者不滿。有太多的受助人表示他們對不能在東海岸的名校學習感到很是失望，因此項目的策劃者們覺得必須指明「美國的太平洋沿岸和中西部地區並不是學術荒漠地帶」。[51] 該獎學金項目還驅逐遣返了一名日本學生，因為他無法「接受項目的約束和宗旨」。這位名叫宮森虎夫的學生在國際生交流介紹過程中認識了一名西班牙女生，兩人成了男女朋友，但是他被安排在了愛荷華州，兩人分居兩地。這讓他很難受，於是在未經允許的情況下，他離開了埃文斯學院，來到了女友所在的麻薩諸塞州西部。結果，他被逮捕，戴著手銬送進了在艾理斯島的非法移民拘留所，他在拘留所內寫信抗議獎學金項目「強行將他置於狹窄的生活範圍」。但在他被遣返回日本後不久，他就表示想再回美國與女友團聚。宮森虎夫並不是想在日本作親美的政治宣傳，他只想逃離這個讓他嫌惡的、令人絕望的、貧窮的祖國。[52]

但是，像他這樣公開的反抗獎學金計畫的行為似乎是個別例外。宮森虎夫忍受煎熬的同時，涉及該獎學金計畫的日本人也都感到難堪並為他的行為表示深深的歉意。一位負責協調選拔受助學生的日本官員寫道「對那些向我們表達善意的美國人，我們深感抱歉」。一位受獎學金資助、同在愛荷華州學習的日本學生稱「我們學院的師生認為他帶來的麻煩是他個人性格的問題，並未因此對日本民族產生任何誤解，我對此非常感激」。[53]日本學生和日本方面專案管理人對此很敏感，並且此時又需要美國人的恩惠，因此他們想向美國人證明自己值得美國人的慷慨幫助。同時，在建立一個安全、良好的全球秩序的問題上，他們確實和美國人觀點一致。美國人的目標並不是簡單地被強加在一個不情不願的民族身上。[54]的確，許多日本人對日本政府深感失望，戰爭結束時，有更多的日本人真誠地相信美國人知道通往繁榮強盛和幸福生活的道路，這是過去從未有過而在此之後也再沒有過的情形。這一信念使得日本人廣泛支援冷戰自由主義者的目標，尤其是戰後的日本學生，他們的事業目標——大部分集中在教育、商業、法律或政府部門——得益於美國的計畫。

應該指出的是，日本學生只代表了日本社會的極少一部分人——只代表了相對富有的（或曾經富有的）日本人。不論是政府基金還是個人捐助的獎學金專案在選拔過程中都傾向於從有廣泛人際關係、受過良好教育的城市家庭中挑選以男性為主的候選人。例如，西山的父親是位曾在法國受過培訓的建築師，父母二人都和美國人有交往；後藤的舅舅畢業於巴黎大學神學院，曾任皇子明仁的法語教師；安積仰也的父親曾是栃木縣縣長；另一位學生史蒂夫·山本行安（Steve Yukeyasu Yamamoto）是海軍上將之子，他的祖父是三菱重工和三菱電機的第一任董事長。

而且，這些人中有兩人接受了洗禮並有了教名——這在戰前極其少見的——而後藤在大學期間開始轉而信仰基督教。[55]

女性學生在戰後交流生中為數是少之又少；據一位女校友稱其比例低到只有男性的十分之一。[56] 富有的日本家族認為美國學歷是一種投資，能幫助他們擴展人際關係並提升家族地位。因此他們將這一昂貴的留美體驗留給長男，即長子，或是其他準備接管家族產業的兒子們。相比較而言，這一時期在美國院校就讀的日本女學生通常不會得到家族的資助，而只能依靠以考試成績為依據的獎學金或來自其他管道的募款。但是，即使是這些女性也是來自社交廣泛的上層或中上層階級的家庭，其中有東條英機將軍的小女兒，她在一位美國贊助人的安排下於一九五九年獲得獎學金前往安娜堡(Ann Arbor)的密西根大學的研究所學習。[57] 因此，篩選機制傾向於選擇那些出於階級利益考慮可能會接受日本成為美國最重要的年輕盟友，並成為亞洲首要的資本主義國家的候選人。

作為戰後首位旅美學習的日本學生，西山或許比任何其他日本學生受到了美國媒體更多的關注。他在戰爭結束後的第三年就來到了美國，還有資助他的不同尋常的捐助人，加之他「前日本空軍敢死隊飛行員」的身份構成了戰爭逆轉的有趣翻版。有關約翰斯通獎學金的討論使得美國人就如何看待昔日的日本敵人這一問題有了新的想法。許多歐美人將種族包容視為他們戰後教育中必須的一部分，他們相信通過幫助日本學生，美日雙方都能從中有所收穫。《蘭開斯特新時代》(Lancaster New Era)的大部分讀者或許在讀到西山說想如何應用他所受的美國教育時感到備受鼓舞。報紙引用了他的原話：「畢業後，我會回到日本，教導日本兒童民主的真正意義。」[58]一些美國人對西山的宣言可能抱有嘲諷或懷疑的態度，但媒體對此仍主要持肯定態度，因為西山的故事證明儘管美國國內矛盾重重，但美國人還是能夠無私善意地幫助其他民族。

畢業後，西山回到了日本，但是他並沒有成為一名外交官或是教導學生民主真諦的老師。他用其「微弱之聲」，以非言語但卻更有意義的方式推動了美日雙邊關係。他沒有做「親善大使」去遊說日本同胞心甘情願地成為美國領導下的全球資本主義經濟的參與者，而是直接參與了美日經濟關係。他後來從事的大部分是商業工作；他作為美國公司駐日代表，曾幫助加固了兩國資本主義的聯繫。在一九六二年到一九八五年間，西山為一家總部在賓夕法尼亞的電子電器配件製造廠工作。他幫助該廠建立了日本分部，並出任該分部的董事長兼總經理長達23年。之後他又出任另外一家美國電子公司太平洋地區市場部的副總裁，在一九九一年退休前，他建立了自己的諮詢及電子出口公司，並一直管理經營到他八十歲高齡。時至今日，作為拉法葉學院校友，他依舊積極活躍，在東京為拉法葉學院面試將要招收的學生——通常是為移居國外或日本歸國者設立的東京國際學校的高校四年級生面試。二〇〇二年他還出席了在拉法葉舉行的第五十屆班級聚會。[59] 儘管西山既沒有做外交官也沒有當老師，但他一生的事業都在和美國人合作，也從中得到了經濟保障和財富。

儘管為日本學生設立獎學金的目的是在日本傳播親美情緒，但這些學生中有為數不多但很重要的一些人卻沒有返回日本，而是在美國開始了他們的事業。其中，安積仰也和史蒂夫．山本成為了教育家，他們大部分時間在美國大學分別從事社會學和物理學的教學和研究工作。另外兩位和安積仰也一同就讀海沃福德學院的日本學生的選擇亦是如此：入江昭在哈佛教授歷史，羅伯特．戶賀崎在印第安那大學教授生物。入江昭將他畢生輝煌的事業用於觀察美日雙邊關係。他對美國和日本的學術研究都一樣精通，但他的大部分學術生涯是和美國同事及學生一起度過的。而後藤三矢的大部分事業是在歐洲和美國代表日本商務利益。在他的事業生涯中，他一直在發表美日關係的演講，但是他的聽眾主要是歐美人。在他從瓦伯西學院畢業並從普林斯頓大學獲博士學位後的近五十年時間裡，他向日本人宣傳美國人的時間投入變得越發少了。

美國的國際援助計畫經常無法實現它原定的崇高目標，但是我們還是可以從中看出美國自我塑造的形象和美國的需求。[60] 為日本學生設立的獎學金計畫亦是如此。美國在國內矛盾和建立同盟之間尋找到了適當的切入點，而這一舉措驅使美國人相信日本人是渴求民主的學生。正如美國人對日本女性曾有的描述一樣，他們對旅美學習的日本男性的描述也反映了美國人對成長期、教育、種族、西方文明和美國命運所持的具體態度。儘管這些描述不像戰時齙牙「日本佬」那類形象具有濃厚的種族主義色彩，但仍舊沒有擺脫殖民主義和種族主義的觀點，即膚色較白皙的人種擁有較成熟的文明。在這樣的背景下，想要成功推出重塑後的日本人形象只能是讓這一形象和普遍流行的種族觀點相呼應而不能相抵觸。日本扮演個小學生，而美國充當它的良師益友，這一做法加強了美國人的民族優越感，同時也擬人化地表現了兩國地緣政治力量的對比關係。日本人已非昔日敵人，而將成為「明星學生」、國際少數族裔的模範代表——作為其他「成長中」的國家發展自由經濟資本主義「範例」的唯一有色人種。

這種優待日本的做法不僅重新恢復了歐美人在戰前視日本為亞洲的模範和領導者的觀念，而且也讓他們有了忽視其他弱勢民族的藉口——正如幾十年前「模範少數族裔」的觀念幫助美國人掩蓋了他們忽視美國社會中弱勢成員的事實。同時，民族成熟度的比喻用法將美國塑造成學生們感激愛戴的、能力出色又合格的老師，這有助於美國人應對國內對青少年犯罪的文化和社會恐慌，並解釋了國外其他民族發展異常、偏離軌道的現象。獎學金計畫無疑對日本人個體是有利的，但該計畫沒有實現它在日本推廣親美情緒的既定目標，卻有效地讓個別熱心的日本人幫助日本人民更瞭解美國。這些學生不是在日本宣揚有關美國的正面資訊，而是說明美國人接納日本人作為他們在遠東的「年輕盟友」。

1 美國廣播公司系列節目「航海日誌」錄製的「小夥子子米基」在1956年12月26日播出。從1955年到1956年，「航海日誌」系列節目在哥倫比亞廣播公司上映了一季，而後從1956年到1958年在美國廣播公司播出。在每集節目的片頭和片尾螢幕上都會出現「該節目得到了國防部和海軍部的大力支持與協助」。每集結束的畫面都是一枚海軍徽章，其上方是官方聲明。對該節目的分析，還可參見達雷爾·濱本(Darell Y. Hamamoto)，《監視下的危險：亞裔美國人和電視節目中的政治》(Monitored Peri: Asian Americans and the Politics of TV Representation)，Minneapolis: University of Minnesota Pres, 1994年。

2 在演職員名單中，該演員的名字是「萊恩·中野」，但中野說他們弄錯了。當時，中野因出演羅伯特·皮羅什拍攝的影片《全力以赴》(1951)而成為聞名的二代日裔美國演員。這個錯誤連同其他的錯誤表明演職員表是後期插入的，而負責該項工作的人員沒有費心尋找這些亞裔演員或人物的正確姓名。1997年8月7日對萊恩·中野的電話採訪。

3 希歐多爾·科恩(Theodore Cohen)，《重建日本：作為新政的美國佔領》(Remaking Japa: The American Occupation as New Deal)，赫伯特·帕辛(Herbert Passin)主編，紐約：Free Pres, 1987；威廉·查菲(William H. Chafe)，《未完的旅程：二戰以來的美國》(The Unfinished Journe: America Since World War II)，紐約：Oxford University Pres, 1995年，特別參見第104-105頁；威廉·阿普爾曼·威廉姆斯(William Appleman Williams)，《美國外交的悲劇》(The Tragedy of American Diplomacy)修訂版，紐約：W. W. NORTO, 1972年，特別參見第3、4章。

4 1950年6月7日杜勒斯給艾奇遜的信件，出自卡明斯(Cumings)，《世界體系中的日本》(Japan in the World System)，選自安德魯·戈登(Andrew Gordon)主編，《以歷史的眼光看待戰後日本》(Postwar Japan as History)，Berkele: University of California Pres, 1993年：第45頁。

5 喬治·肯南(George F. Kennan)，《回憶錄1925-1950》(Memoir, 1925-1950)，波士頓：Little, Brow, 1967年：第374頁。

6 1947年7月30日第80屆美國議會通過了這一臨時辦法，撥付更多的資金幫助在日本和德國的佔領政府以「防止饑餓、疾病和暴亂」，並確保兩國政治穩定。佔領政府利用佔領區治理和救濟獎學金計畫的漏洞，在1949年啟動了一項獎學金計畫，資助了53名日本學生當年前往美國大學學習。佔領區治理和救濟獎學金是於1952年成立的富布萊特獎學金的前身。《美國修訂製定法1947年第80屆議會第一次會議一般法令第一卷第一部分：公共法、重組計畫、憲法修正案提議》(United States Statutes at Large, 80th Congress, 1st Session 1947, Volume 1, Part 1: Public Laws, Reorganization Plans, Proposed Amendments to the Constitution)，華盛頓特區：政府印刷部，1948年：第625頁。

7 1959年9月6日盟軍總部內部備忘錄國民資訊和教育部分：《採訪者手冊基本資訊》，出自佔領區治理和救濟獎學金受助學生採訪手冊文件夾，保存於NARA-College Park第49項5483檔案箱：RG331UD1687。

8 「杜魯門聲明：總統哈里·杜魯門在1947年3月12日召開的議會兩院的聯席會議上的發言」，轉錄在以下網站：www.fordham.edu/halsall/mod/1947TRUMAN.html(登錄日期：2002年4月11日)。

9 馬利·杜德紮伊克(Mary L. Dudziak)，《冷戰時期國民權利：人種與美國民主的形象》(Cold War Civil Right: Race and Image of American Democracy)，Princeto: Princeton University Pres, 2000年：第8-9頁。

10 準確說來，戰後第一位進入美國大學的日本學生是Sawada Mitz，他於1948年9月20日在祂德學院註冊入學。西山是在約一個星期後才在拉法葉學院註冊入學。《戰後第一位留美的日本學生註冊入學》(First Japan Student Since War Registers)，選自《太平洋公民報》，1948年9月25日刊：第1頁。

11 1997年4月22日，電話採訪羅伯特的弟弟布魯斯·約翰斯通。

12 1997年4月16日，電話採訪威爾瑪·約翰斯通；與布魯斯·約翰斯通的電話交談：1945年10月30日拉爾夫·庫珀·哈奇森致羅伯特·約翰斯通的信件，1945年10月1日哈奇森致羅伯特·約翰斯通的信件，存於賓夕法尼亞伊斯頓拉斐爾學院(Lafayette College, Easton, Pa.)大衛·畢曉普·斯基爾曼圖書館(David Bishop Skillman Library)總統文檔約翰斯通獎學金檔案卷宗(以下簡稱為Johnstone-DBSL)。

13 《陣亡士兵捐助者的父母》(Parents of Soldier Benefactor)，選自《費城公報》，1946年1月10日刊，剪報存於Johnstone-DBSL。

14 1945年10月30日，哈奇森致貝爾（名字缺失）的信件，存於Johnstone-DBSL。

15 羅伯特・約翰斯通致哈奇森的信件，存於Johnstone-DBSL。

16 參見Hiromi Chib，《從敵人走向同盟：美國人對日本的輿論和認識，1945-1950》（From Enemy to All: American Public Opinion and Perception about Japa, 1945-1950），Ph.D. diss., University of Hawai, 1990。Chiba的研究只專注於占大多數的信仰基督教的美國人，而對那些不信基督教但也為重建美日關係做出切實努力的美國人沒有進行調查研究。

17 《教育和戰爭》（Education and War），選自《伊斯頓新聞速遞》（賓夕法尼亞州伊斯頓〔Easton, Pa.〕）社論，1946年1月10日刊；《另一邊臉頰》（The Other Cheek），選自《刀鋒》（俄亥俄州托萊多〔Toledo, Ohio〕）社論，1946年1月14日刊；《毫不搖曳的火焰》（A Steadier Flame），選自《信使》（紐約），1946年1月22日刊。剪報存於Johnstone-DBSL。

18 1997年3月2日，羅伯特・西山幸正寫給作者的一封信；1997年4月6日，西山寫給作者的電子郵件；1997年4月12日，西山寫給作者的電子郵件；阿爾文・斯皮瓦克（Alvin Spivak），《日本交換生從太平洋戰爭犧牲的美國士兵父母那獲得拉法葉獎學金》（Exchange Student' Japanese Gets Lafayette Scholarship from Parents of Boy Killed in Pacific），選自《費城公報》，1947年1月3日刊；《日本佬自殺式轟炸機飛行員在1946年獲得約翰斯通獎學金》（Jap Suicide Bomber Awarded Johnstone, '46, Scholarship），選自《拉法葉校友報》，1947年12月刊：第56頁；西山，《美國對我的意義》（What America Means to Me），選自《美國雜誌》，1949年11月刊：第129頁。

19 一位和學院沒有任何關係的紐澤西男性寫到：「我不願想到兒子就這樣白白地犧牲了。」拉法葉學院可能收到來自氣憤的校友的許多信件，但是如果這些信件真的存在，學院的檔案管理員也不會讓作者看到。詹姆士・科比特（紐澤西卡姆登）寫給拉法葉院長的信件，未注明日期（從哈奇森的回信判斷，可能是1946年1月的某一天）。哈奇森寫給科比特的信件，1946年1月16日，存於Johnstone-DBSL。

20 法蘭克・羅哈斯基下士（賓夕法尼亞匹茲堡）寫給拉法葉院長的信件，未注明日期（從哈奇森1947年1月9日的回信判斷，可能是1946年12月末到1947年1月初的某一天），存於Johnstone-DBSL。

21 《致編輯的信件：一個基督教信徒的壯舉》(Letters to the Editor: A Christian Act)，選自《時代週刊》，具體發刊日期不詳，雜誌剪報存於Johnstone-DBSL。

22 1947年1月9日，哈奇森寫給法蘭克・羅哈斯基下士(賓夕法尼亞匹茲堡)的信件，存於Johnstone-DBSL。

23 《致編輯的信件：一個基督教信徒的壯舉》(Letters to the Editor: A Christian Act)，選自《時代週刊》，具體發刊日期不詳，雜誌剪報存於Johnstone-DBSL。

24 W. 約翰斯通；R. 約翰斯通：1997年4月21日西山發給作者的電子郵件。

25 《高尚之舉，時機不對》(Noble Ac, Bad Timing)，選自《費城檔案》，1947年1月11日刊；《人性化的善意》(Good Will Personified)，選自《星條旗》，1948年9月30日刊。

26 社論《超越勝利》(Beyond Victory)，選自《丹佛郵報》，1947年2月15日刊，Johnstone-DBSL。

27 原文中為省略號。保羅・亨斯伯格(Paul Hunsberger)(賓夕法尼亞州里丁市)，《致編輯：「神風特攻隊隊員引起的爭論」》(Letters to the Editor: "Kamikaze Controversy")，選自《生活》，1948年11月15日刊：第16頁。前步兵麥克費登直言自己仍「對日本佬恨之入骨」，另一位退伍軍人布坎南只是抗議「那個有關神風特攻隊飛行員的故事太誇張了！」。約翰・W. 麥克費登(John W. McFayden)(康乃狄克州紐哈芬市耶魯大學)和羅伯特・C. 布坎南(Robert C. Buchanan)(賓夕法尼亞州費城)，《神風特攻隊飛行員》(Kamikaze)，選自《生活》，1948年11月25日刊：第11-12頁。

28 哈威・休納伯格(Harvey Hunerberg)，《神風特攻隊飛行員》(Kamikaze)，選自《生活》，1948年11月25日刊：第11-12頁。在哈奇森宣佈西山獲得獎學金的前一年，休納伯格還是校報的一名撰稿人。

29 瑪麗・艾倫(Mary Ellen)在「西北大學每日新聞」專欄中寫道：「的確，我們在和日本打仗，西北大學為國家安全當然也有自己應盡的責任(明顯的理由是為「安全」考量而拒收日裔美籍學生)。但是應該小心仔細地區分日本軍國政府及其政策和那些現在不幸有日本血統的美國籍學生。」數月後，大學的行政管理部門取消了之前的政策，准許日裔美籍學生入學。《辛德拒絕日裔美籍學生入學》("Synder Refuses Jap-American Enrollments")，選自《西北大學每日新聞》，1942年4月30日刊；盧・海姆斯(Lu Himes)，《我們應該接受日裔美國人》("We Should Accept Nisei")，選自

《西北大學每日新聞》，1942年5月1日刊；瑪麗・艾倫・芒格（Mary Ellen Munger），《西北大學每日新聞》，1942年5月3日刊；《西北大學開始接收日裔美籍學生》，選自《西北大學每日新聞》，1942年11月16日刊。

30 1946年3月1日清水・弗雷德（Fred N. Shimizu）致拉法葉學院的信件；1946年1月19日Isao Tanaka夫婦發給約翰斯通的信件，兩封信都存於Johnstone-DBSL。

31 但是，戰爭期間全國日裔美籍學生重新安置委員會——這是由貴格會教徒發起的一個私人和政府合作的組織——曾說明安置近4,000名日裔美國人從拘禁營到遠離西岸的大學學習。參見Gray Y. Okihir，《故事化的生活：日裔美籍學生和二戰》（Storied Live: Japanese American Students and World War II），西雅圖：University of Washington Pres, 1999年；埃倫・奧斯丁（Allan W. Austin），《從集中營到大學：日裔美籍學生安置委員會的來歷1942-1946》（From Concentration Camps to Campu: A History of the Japanese Aemrican Student Relocation Counci, 1942-1946），Ph.D. diss., University of Cincinnati，2001年。

32 約翰斯通收到的信件，信件來自：1946年1月14日，塞勒斯・馬丁內斯（Cyrus Martinez）；1946年1月14日，賽弗利諾・坎勒斯（Ceferino Canlas）；1946年1月10日，羅薩里奧・博比拉（Rosario Bobila）；1946年1月14日，弗拉蒂諾・福恩特（Florentino F. Fuentes）；1946年1月15日，萊昂納多・阿爾芬特（Leonardo G. Alfuente）；1946年3月28日，耶穌・佩羅伊（Jesus V. Peroy）。1946年1月19日，由派泰瑞奧・雅各（Patricio G. Jacoba）將剪貼的《馬尼拉時報》附於信中。所有的信件出自Johnstone-DBSL。

33 不幸的是，時至今日二戰結束60年後，那些被美國軍隊招募的菲律賓裔退伍老兵仍無人問津。2003年12月，總統喬治・布希簽署了H. R. 2297號令，該檔為菲律賓裔退伍老兵提供部分——而非全部——其他退伍軍人享受的待遇。該書寫作過程中，為菲裔退伍老兵爭取他們應得權利的《H. R. 4574號2006菲裔退伍軍人平等權利案》又一次被在議會上提出。

34 湯瑪斯・麥考密克（Thomas J. McCormick），《美國的半個世紀：冷戰時期及冷戰結束之後美國的外交政策》第二版（America's Half-Centur: United States Foreign Policy in the Cold War and After），Baltimor: Johns Hopkins University Pres, 1995

年：第110頁。美國在1953年陷入朝鮮戰爭僵持戰之前，也曾計畫將作為前殖民地的中國東北和北朝鮮託管，為日本提供原材料。卡明斯，選自戈登編著：第41-42頁。

35 以下是正面肯定的文章和社論：阿爾文・斯皮瓦克（Alvin Spivak），《日本交換生從太平洋戰爭犧牲的美國士兵父母那獲得拉法葉獎學金》（Exchange Student' Japanese Gets Lafayette Scholarship from Parents of Boy Killed in Pacific），選自《費城公報》，1947年1月3日刊；《有遠見的行動》（A Case of Vision），選自《Baltimore夕陽報》，1947年1月4日刊；《一份適宜的請願書》（A fitting Memorial），選自《費城公報》，1947年1月6日刊；《一名士兵樹立的受歡迎的榜樣》（A Soldier Sets a Welcome Example），選自《亞利桑那每日星報》，引自艾麗婭，《電報編年史》1947年1月15日刊；《超越勝利》（Beyond Victory），選自《丹佛郵報》，1947年2月15日刊；《約翰斯通一家稱亞洲人獎學金是增進諒解的嘗試》（Johnstones Call Asiatic Scholarship an Experiment in Understanding），選自《檔案》，具體發刊日期不詳，剪報存於Johnstone-DBSL。

36 《斬獲大學獎學金的日本佬們將面臨一場暴風雨來襲》“Storm Brewing over Jap Getting College Scholarship”），選自《匹茲堡新聞》，1947年2月2日刊；《社論》，選自《拉法葉校報》，1947年1月17日刊。

37 一位衛理公會派的進步主義教徒想寫篇有關獎學金的特寫報導，哈奇森院長拒絕了，他解釋說學院發放獎學金「不是為了做宣傳」，因為「那樣只會引起反對」。1947年1月20日哈奇森致社論助理理查・希斯勒，《動機》（Motive），存於Johnstone-DBSL。

38 《神風特攻隊隊員上大學》（Kamikaze Goes to College），選自《生活》，1948年11月4日刊：第126頁。另外參見《拉法葉招收日本學生》（Lafaette Enrolls Japanese Student），選自《麥基斯波特新聞》（賓夕法尼亞州），1948年9月18日刊；《日裔退伍老兵讚揚美國》（Japanese Vet. Praise US），選自《三藩市考察家報》，1948年9月14日刊；《犧牲的美國大兵確保前敵人學習美國生活方式》（Dead GI Assures EX-Foe Study of US Way of Life），選自《丹佛郵報》，1948年9月11日刊。剪報存於Johnstone-DBSL。

39 賓夕法尼亞伊斯頓拉斐爾學院大衛・畢曉普・斯基爾曼圖書館總統文檔約翰斯通獎學金檔案特管部助理凱薩

琳・史密斯(Kathleen I. Smith)於1996年1月29日寫給作者的電子郵件；馬克・斯特普爾斯(Mark A. Staples)，《難以同化的一夥人》(A Most Unassimilated Bunch)，選自《拉法葉學院校友季刊》58:3(1987年春季刊)：第16-17頁。

40 全部出自拉法葉學院1948-1952年年鑒。2002年6月7日電話採訪特別收藏圖書管理員兼大學檔案管理員戴安娜・溫德姆・肖；2002年6月28日，西山發給作者的電子郵件；2002年7月11日，DBSL特別收藏管理助理艾米麗・喬治發給作者的電子郵件。

41 西山，《美國對我的意義》(What America Means to Me)，選自《美國雜誌》，1949年11月刊：第21頁、129-132頁。

42 1997年3月2日，西山發給作者的電子郵件。

43 勞利・萊斯(Lauri Rice)，《一個日本人對戰爭和拉法葉學院的回憶》(Japanese Man Recalls Wa, Lafayette Days)，選自《晨報》(賓夕法尼亞州伊斯頓)，1989年9月14日刊，剪報存於Johnstone-DBSL。

44 西山上過派拉蒙影片公司拍攝的新聞影片、美國國家廣播公司的一檔很受歡迎的電視節目《我們這個民族》、費城的一個談話節目、伊斯頓地方廣播電臺，還有勞埃德・莫斯主持的WEST。1997年7月6日，西山發給作者的電子郵件。

45 1997年4月21日，西山發給作者的電子郵件。

46 後藤三矢(Mitsuya Got)，《畢業典禮演講：井底之蛙》(Commencement Addres: The Frog in the Well)，選自《瓦貝希學院學士報》，1955年6月[?]：第3頁；《理解的橋樑》(The Bridge of Understanding)，選自《瓦貝希學院公報》，第49期(1953年6月刊)：第1214頁。兩篇文章都來自日本橫濱後藤三矢的收藏。

47 羅伯特・哈威(Robert S. Harvey)，《為和平獻身》(Dedicated to Peace)，選自《印第安那政星報》[1954？-1955？不詳]，來自後藤三矢的收藏。

48 1997年4月21日，西山發給作者的電子郵件。

49 Shigemitsu Kuriyam，《日本的美國助學金計畫》(U.S. Educational Grant Programs in Japan)，選自亞瑟・鮑爾・達登(Arthur Power Dudden)和拉塞爾・戴恩斯(Russell R. Dynes)編著，《富布萊特獎學金的經驗1946-1986：對抗與轉型》

(The Fulbright Experience 1946-1986:Encounters and Transformation)，New Brunswic: Transaction Book, 1987年：第256頁。Kuriyama後來成為IBM公司日本分部的執行總裁，他同樣淡化種族主義。

50 1997年3月8日，後藤三矢寫給作者的信件；1997年7月7日，西山發給作者的電子郵件；1997年5月3日，安積仰也(Azumi Koya)寫給作者的信件。

51 《採訪者手冊基本資訊》(Basic Information for Interviewer's Guide)；《1952年駐日盟軍總部獎學金申請的批准情況》(Acceptance of Applications for 1952 SCAP Scholarships)，該新聞稿該由盟軍總部司令部國民資訊和教育處於1951年11月27日發佈，保存在NARA-College Park檔案組第331號UD1678檔案箱第5484號第21項。

52 有關宮森虎夫(Torao Miyamori)的資訊可參見NARA-College Park檔案組第331號UD1678檔案箱第5484和5486號。引用出自1951年3月1日宮森虎夫寫給國際教育學院院長的信件，紐約市紐約港艾理斯島移民局。國際教育學院是軍方用以管理佔領政府利用佔領區治理和救濟獎學金獲得者安置問題的民間組織。

53 參見有關宮森虎夫的檔案檔。引用出自1951年3月28日的文章《有關遣返佔領區治理和救濟獎學金獲得者宮森虎夫的報導》(M/E Report on Torao Miyamor, Returned GARIOA Student)；1951年2月9日，Testuo Eguchi寫給A. D. 鮑爾斯夫婦的信件：《摘錄自兩位在愛荷華州埃姆斯市愛荷華州立大學日本學生的信件》。

54 約翰·W. 道爾，《擁抱戰敗：二戰後的日本》(Embracing Defea: Japan in the Wake of World War II)，紐約：W. W. NORTO, 1999。

55 1997年3月2日，西山寫給作者的信件；1997年3月8日，後藤三矢寫給作者的信件；1997年4月29日，山本發給作者的電子郵件；1997年5月3日，安積仰也寫給作者的信件。

56 2001年7月5日，電話採訪凱米·吉爾伯森。1961年至1965年，Yamamoto Chiyoko在波士頓地區上大學時只認識另一位日本女學生，這名女生的家庭很富有，她弟弟也在波士頓上大學。1959至1960年，在新罕布夏大學學習的Ebihara Harumi回憶說她在特勒姆期間沒有其他日本女生。2001年7月9日，Yamamoto Chiyoko發給作者的電子郵件；2001年7月13日，Ebihara Harumi發給作者的傳真。

57 1997年5月22日，作者對後藤三矢進行的電話採訪。後藤三矢和妻子與這位戰時日本首相的女兒是朋友。

58 《蘭開斯特新紀元》(Lancaster New-Era)，1948年9月18日刊，剪報存於Johnstone-DBSL。

59 1997年3月2日，西山寫給作者的信件；2002年6月17日和2006年2月12日，西山發給作者的電子郵件。

60 有關這場和維和部隊相關的爭論的詳細情況，參見弗裡茨·費希爾(Fritz Fischer)，《天下大同：20世紀60年代的維和志願者》(Making Them Like U: Peace Corps Volunteers in the 1960's)，Washington, D.C.: Smithsonian Book, 1998年。

Channeling Atomic Guilt

第六章——化解原子彈罪惡

美國在兩個日本城市投放原子彈的一年後，一位遷居紐澤西肯塔基的神父馬文．W. 格林(Marvin W. Green)無意中看到《紐約客》的一期特刊。該雜誌史無前例地用一九四六年八月三十一日整版刊登了約翰．赫西採編的有關六位廣島原子彈爆炸倖存者的報導。在翻看赫西的報導時，格林神父很快發現六位倖存者中的一位竟然是他在喬治亞州埃默里大學(Emory University)神學院的同班同學。格林神父得知谷本清神父倖存的消息深感寬慰和高興，立即給他寫了封信。格林還擔心佔領政府可能會攔截下該信件，但讓人驚喜的是他竟然收到了回信並和谷本清開始了通信聯繫。格林將他重新聯繫上谷本清的喜訊通知了一九三九級的其他同學，並向那些沒有看到赫西文章的同班同學通報了谷本清倖免於難的好消息。谷本清身處向原子彈遇難者施恩佈道的艱難處境，讓他的老同學甚為感動，同學們開始匯款匯物幫助他。他們還請求海外衛理公會傳教團理事會在佔領政府允許日本人出國時，邀請神父谷本清來美國做巡迴佈道演講。一九四八年十月五日，谷本清到達舊金山，開始在全美為期一年半的「福音佈道交流活動」，其間他做了四百七十二場演講，聽眾共計一六〇〇二六人。他共募集了一萬美元善款——足以重建廣島的教堂。衛理公會的教友們和谷本清的接觸聯繫標誌著美國國內人道主義者對原子彈遇難者的早期援助。1

相比之下，美國政府從未正式向原子彈遇難者提供任何援助。儘管美國政府建立了原子彈傷亡處理委員會（ABCC）來調查研究原子彈在日本引發的對人體的傷害和輻射，但美國政府卻嚴禁該委員會的醫生對實驗調查的對象進行醫療救治。美國政府認為給予日本人醫療救助就相當於對投放原子彈的行為表示道歉——這是美國拒不接受的。杜魯門政府正在計畫下一輪威力更大的核彈轟炸，所以擔心國內外普遍存在的對在廣島和長崎投放原子彈的責難聲會阻礙美國未來基於核武器的國防政策。美國對原子彈的敏感性意味著廣島和長崎的原子彈受害者從佔領政府那裡未能得到任何醫療救助。雪上加霜的是，日本政府此時正被其他更為緊迫的問題所困——一九四五年八月中旬的日本，不只廣島和長崎，幾乎所有的城市都是一片廢墟，因此受害者們從日本政府那裡也幾乎沒有得到任何救助。神父谷本清的首次美國演講佈道之旅標誌著在救助原子彈受害者問題上邁出了積極的一步，而此次美國之旅的成功也表明美國人以這種方式——反對官方政策——來減輕他們作為首次使用這種恐怖新武器的民族所懷有的懊悔之情。

在投放核彈轟炸廣島和長崎之後的十年裡，美國人一直對核武器持矛盾態度。在有些美國人認為對日本使用「核彈」非常合理的同時，其他美國人仍為此所困擾——無論他們是否相信前國務卿亨利·史汀生（Henry Stimson）在一九四七年所作的斷言：對日本兩個中心城市的快速毀滅確實避免了「百萬」美國人的死傷。早在美國政府封殺那些記錄核彈爆炸後日本人死亡慘重、生靈塗炭的圖片之前，許多美國人已經在逃避面對這些現實了。美國人更願意「想像著那不可想像的恐怖」場景：有一天美國的城市會遭到原子彈轟炸，而不願面對廣島和長崎過去和現在所遭受的悲慘現實。如果美國沒有在廣島和長崎投放原子彈，那麼只是想像一下這樣的災難場景都覺得不可思議。因此，美國人通過對使用原子彈武器的罪行不置可否的態度間接地承認了自己的錯誤。[2] 儘管一小部分美國人對《基督教世紀》(Christian Century)雜誌中所謂的「美國原子彈暴行」(America's Atomic Atrocity)持有更坦誠的態度，但他們同樣對日本人遭受的災難關注較少，而更關心美國的國際形象或是他們作為基督教信徒的罪惡感。[3]

正像兩項人道主義計畫所例證的那樣，重新建立美國人和原子彈遇難者之間的和睦關係，目的在於將美國人對使用原子彈的罪惡感轉移到美日之間在情感、道德和政治上的和解。這兩項由《星期六文學評論》的編輯諾曼·卡森斯(Norman Cousins)率先發起的人道主義計畫預料之中地選擇了日本女性和孩童作為專案的援助對象。「廣島少女計畫」(Hiroshima Maidens, 1955-1956)為被廣島投放的首枚原子彈「小男孩」毀容的二十五名日本女性在紐約安排進行了整容手術，「精神的養子」計畫(一九四九年至六〇年代中期)救助了三百名原子彈爆炸的遺孤。儘管「精神的養子」計畫開始於「廣島少女計畫」之前，且計畫實施時間更長，但多年來它卻只引起了短暫的關注；相比之下，「廣島少女計畫」卻引起了廣泛的關注，有專門記錄它的著作、文章，甚至還有根據該計畫編成的兒童電影。[4]但兩項計畫都忽視了原子彈爆炸中的成年男性受害者，這也再次證明在戰後觀念框架中，日本人扮演的是一個需要心胸寬大而明智的美國供養人、監護人及家長的從屬者的角色。

由於美國政策嚴禁官方對原子彈遇難者給予救助，於是民間個人的援助對於調和美國人和原子彈受害者之間的關係就顯得極為必要。這取決於像格林神父和諾曼·卡森斯這樣的個人主動通過私人救濟行為幫助美國和日本原子彈受害者「和解」。[5]這種個人的救濟行為沿用了家庭責任的比喻，美國人好像父親一樣，是受害者們的救星，這種比喻至少可以幫助美國人減輕對廣島人民所遭受的「無法想像的恐怖」的內疚感。「廣島少女」和孤兒分別被比作美國「父母」的「女兒」和「孩子」，這樣就順理成章地將美國人的善行連同權威一併加在了日本人身上。家庭關係的比喻通過強調愛和親情的紐帶幫助美國人掩蓋了棘手的社會、政治以及資源的不平等問題。[6]「廣島少女計畫」和「精神的養子」計畫使得和解成為個人行為，並且使得美國自由主義者們對美日之間的不平等關係有了合理的解釋。在國家面臨的與日本原子彈受害者和解的問題上，兩項計畫都給予了獨特的、從情感出發的解決辦法，這有助於美國人以積極的態度疏導他們對原子彈爆炸的罪惡感——具體說就是支持美國核政策的積極態度。

諾曼・卡森斯和「精神的養子」

戰後谷本清神父的首次美國之行中，最有意義的事就是與諾曼的接觸會面。《星期六文學評論》的年輕編輯諾曼．卡森斯對原子彈轟炸事件深感困擾，他曾就此事的嚴重後果發表慷慨激昂的社論，譴責原子彈轟炸事件是美國歷史上的「污點」。他哀歎現代社會人們竟然「願意動用科技和智慧的力量來達到殺戮的目的……卻不願為了民生善用任何這些資源力量」。7三年半後，當卡森斯偶爾聽說谷本清提議在廣島建立一個國際性的、獨立無派系的「世界和平中心」時，他認為自己終於找到了尋覓的目標：那就是積極地維護人的生命權和保護生命。此時廣島已經將每年的八月六日定為紀念日，但谷本清卻籌畫著一個更為大膽的計畫。他想在廣島建立一個慈善教育機構，該機構有雙重任務：一是從身心上對原子彈遇難者進行佈道救助，另一個任務是將廣島這個首遭原子彈轟炸的城市作為先例加以宣傳，警示世界如果人們都不為世界和平而努力，這將是在任何地方都可能發生的惡兆。

卡森斯在一九四九年三月五日的《星期六文學評論》上刊登了神父谷本清的提議，並且大力支持這位日本神父的提議，呼籲美國人幫助建立一個「在全世界進行和平教育」的研究、規劃和傳播機構。谷本清在請求美國時，表現得尖銳直接又不乏技巧，他聲稱「我們相信這個曾在戰爭時期將日本作為實驗室的世界應該會幫助我們尋找和平的途徑」。[8]谷本清將毀滅廣島的罪惡歸咎於「世界」，他用這種間接批評的方式讓美國人受到良知的譴責，還以此表明甚至那些認為要結束戰爭必須使用原子彈的人現在也能為和平做些貢獻。

一九四九年八月，在谷本清發表特約社論的五個月後，諾曼．卡森斯帶著谷本清寫給廣島民政部門領導的介紹信來到了廣島，他來得很及時，正好可以參加在廣島原子彈爆炸四周年舉行的和平紀念公園的奠基儀式。[9]儘管卡森斯是受麥克阿瑟將軍的邀請前來日本調查人權狀況的——就像之前馬克．克拉克將軍邀他去德國的目的一樣——他卻忽略了日本的大部分地區，幾乎只寫了有關廣島的報導。他在用電報發給紐約的一篇文章中，向《星期六文學評論》的讀者描述了他在廣島看到的既令人鼓舞又讓人震驚的一切。讓他佩服不已的是廣島居民「不是充滿怨恨的失敗主義者」，他們已經重建了整個城市，但令他震驚的是他們缺少基本的醫療設施。他參觀的一家醫院的手術室「似乎不比屠宰場好多少」，而且「他在德國或其他地方的（難民營）所看到的情況都不像這裡，人的尊嚴被無視到如此地步」。卡森斯說在他參觀這家醫院的時候，一位母親哭泣著跪在他腳邊求他救救患肺結核的女兒。卡森斯深為觸動，他通過「黑市交易」從東京成功地買到了急需的鏈黴素。教會世界理事會隨後又空運來更多的鏈黴素作為補充，藥物漸漸在女孩身上開始起作用。[10]沒人知道這個女孩最終情況如何，但卡森斯相信自己可能救了她一命，他以此為例證向讀者們展示美國人無私地幫助他人的力量。

在卡森斯訪問期間，他一直都在關注廣島的兒童。在巡訪廣島時，他注意到許多小孩「沒人管沒人問」，於是向浜井信三市長瞭解他們的情況。市長解釋說，許多原子彈爆炸的遺孤缺少應有的照管，是因為所有的孤兒院都已經滿員了。[11] 隨後卡森斯又參觀了一個由山下夫婦開辦的臨時孤兒院，他們一直在照顧那些從街上找回來的無家可歸的孩子們。卡森斯承諾一定要報導他們的艱難處境，還要把在日本採編的最長的文章中的一部分用來報導山下夫人，儘管她自己在原子彈爆炸中也受了傷，但她卻盡可能多地說明那些需要照顧的孩子們。但卡森斯對山下先生卻隻字未提，而實際上如果沒有山下先生的經濟能力和遠見，這個孤兒院是不可能辦起來的。一個山下孤兒院的孤兒回憶說，他和其他孩子「是在山下先生溫暖的照顧下成長的」，但是這位美國編輯卻只關注普遍存在的母愛，在他的描述中，「十來個」小孤兒緊緊依偎著山下夫人，「就像在百貨商店中緊緊抓著媽媽的衣襟的美國小孩一樣」。卡森斯寫道，這個孤兒院的居住條件比廣島其他孤兒院要「好而且明亮」，在這裡孩子們有乾淨的食物、好的教育、足夠的遊戲空間，最重要的是，他們能得到充足的關愛。儘管山下夫婦看上去已經做得很好了，卡森斯仍在文章中寫道「山下孤兒院尚有一點不足，這樣的孤兒院太少，它應該再擴大五倍，如果有外界的善意幫助，山下孤兒院就可以擴建了」。[12]

卡森斯在文中驚歎地表示美國人可以為這些孩子做許多事。他指出美國移民法禁止日本人和朝鮮人移民美國，這樣就造成美國人無法正式收養廣島孤兒。之後他又激勵讀者們加入他稱之為「最好的下一步行動」，在「精神上領養」廣島孤兒。山下孤兒院的一個孤兒每月只需二・二五美元就足夠支付衣食以及教育的開支，和所得相比，這筆支出似乎少得出奇——《星期六文學評論》的讀者群一定能響應號召伸出援助之手。卡森斯提議那些「領養」廣島孤兒的美國家庭應當在經濟上對孤兒們的成長負責。有朝一日如果國會修改了移民法案，那時孤兒們就可以來美國和收養他們的家庭在一起了。卡森斯為了刺激彼此之間產生真正的家庭聯繫——也是為了將來能合法收養做準備——甚至建議孤兒們使用收養家庭的姓氏。

卡森斯提出的精神的養子計畫迅速收到了令人滿意的回應。三個星期內，《星期六文學評論》就刊登了二十三封讀者來信的摘要，並且公佈了另外二十名響應卡森斯的號召向廣島孤兒捐款的美國人的姓名。來信的讀者有一家之主、（來自斯沃斯莫爾〔Swarthmore〕和拉德克利夫〔Radcliffe〕）女大學生、還有稱因為是「老處女」所以在美國不能合法收養孩子的單身女性。儘管是以一種非常有限的方式，但這一計畫使得許多婦女體驗了戰後的「嬰兒潮」。一位在伊利諾州諾斯菲爾德（Northfield）的讀者桃樂西・M.博因頓（Dorothy M. Boyington）在來信中寫道：「你們想像不到，如果有一個哪怕是在精神上可以稱之為『我的』孩子，能年復一年地為他提供一個母親所能給予的一切，我將為此感到幸福而驕傲。」「我也試過在美國領養，但依照法律，單身不允許領養兒童，理由是孩子必須由父母兩個人照顧」。[13]儘管有大部分捐助人通過暗示或直接承認即使移民法修改了，他們也不可能實實在在地領養一個小孩，但也有一些承諾願意收養。一位來自芝加哥名叫R. E. 唐甯（R. E. Downing）的讀者寫道：「我們就相關的義務已認真討論過，在可能的時候，我們願意給一個孤兒提供溫暖的家和援助，讓他多多少少能體會到家庭生活和家庭的關愛。我們經濟條件一般，自己已有兩個孩子，但是我們覺得可以負擔得起每月二．二五美元的費用幫助一個孤兒。」另有一些個人來信表明他們無法做出每月捐款的承諾，但卻隨信寄來了一次性捐款（通常是十美元左右），還有人先暫時寄來一筆捐款，承諾日後若果經濟條件允許會繼續捐款。

到一九四九年十一月五日——僅僅在卡森斯首次提議後的七個星期——一百四十九個個人和家庭就承諾會無限期地捐助孤兒們。「精神上的父母」最終遍佈了美國從鄉村到城市的各個地區。其中甚至包括康乃狄克州威爾遜的羅傑沃爾科特學校（Roger Wolcott School）的兩個移居國外的四年級學生（一個在關島，一個在委內瑞拉），後來，還有個名人海倫．凱勒也加入進來。[14]兩個日裔美國人（從姓名判斷）也成為了精神上的父母：他們是費城的伊迪斯．佐藤（Edith Saito）和芝加哥的詹姆斯．A. 山本（James A. Yamamoto）。其他的一些捐助者都是盎格魯或德國的姓氏，這表明他們中的大部分是來自新英格蘭和紐約州的當地居民。精神父母大多為女性：名單上至少有百分之六十二是單身女性或已婚女性（或寡婦），這些已婚女性雖然使用的是夫姓，但大都沒有將自己的丈夫作為共同捐助人。單身男性捐助者的人數佔據第二，比例是百分之二十五。儘管卡森斯希望領養（精神上到最終法律上）廣島孤兒的是雙親家庭，然而最初的報名單上只有百分之十的領養人是已婚夫婦。[15] 後來的一份新名單上列出了收養父母的職業，這張名單顯示出他們大多是白領而非工人階層，這也反映出了《星期六文學評論》的讀者群。[16]

有關這些精神收養人的資訊很有限，因此無法對他們進行全面分析，但在他們寫給《星期六文學評論》的讀者來信中，可以看出許多人領養孤兒是出於對原子彈轟炸的負罪感。來自紐約州海狸壩（Beaver Dams）的吉納維夫・蒂樂・加蘭（Genevieve Tiller Garland）對自己的祖國竟然「不顧良心的譴責，以必要的軍事行動為由進行大屠殺」感到氣憤，她承諾要收養一個廣島孤兒。她在信中寫道「我隱約地希望」捐款給「在那個可怕的日子受到傷害的孩子能讓我一直以來的情緒得以平復」。[17] 一位曾駕駛B-29空中堡壘轟炸機在日本執行過二十六次飛行任務的前美國飛行員坦言自從戰爭爆發以來，他內心一直飽受折磨，因為「他還有其他飛行員曾不加分辨地對貧民區進行狂轟濫炸」，還曾「在沒正當理由且毫無必要的情況下使用了」原子彈。對他而言，卡森斯的提議「提供了一個簡單的方法來安撫內心難以言說的集體罪惡感」。他承認說「這一點錢無法挽回我少年的純真理想，但時至今日，什麼都值得試一下」。[18]

但也有一些讀者對卡森斯的提議表示不滿。紐約市的貝林達．傑瑞夫（Belinda Jelliffe）寫道：「面對那些善良的人們對廣島孤兒表現出的高尚行為，我覺得自己或許是卑鄙低劣的人，因為在為幫助廣島孤兒四處奔走之前，我想知道那些珍珠港受害者現在怎麼樣了？哪裡能獲得有關他們的資訊？」另有一位紐約人也質疑道：「難道所有的讀者都願意原諒這些試圖靠武力作惡多端的人，原諒他們至少是想在亞洲世界稱霸的詭計，這可能嗎？難道所有的讀者都這麼快就已經忘記了這些日本的奸詐小人是如何虐待戰俘的，這可能嗎？」[19]

卡森斯的批評者中有一位還是他的私交，他指責卡森斯對日本人變得「心軟了」。[20]卡森斯在公開回應朋友以及其他批評者的時候，強調說：「現在美國人要大費周折地幫助這些四年前還嚴重威脅我們的自由和生命安全的日本人，這看上去的確令人難以接受。」但是，他進而解釋說當他把日本人作為個體來看而不是作為敵國的一部分時，他的態度發生了轉變。那些認真誠懇的日本人每天都排隊等候在他賓館門外，向他傾訴自己的政治哲學或是請求他幫忙繼續完成政治教育，卡森斯被這些人的理想追求所感動。卡森斯反問道：「難道和這些人共處，鼓勵他們，推動他們對自由體制的追求就是『心軟』嗎？」他還間接地指出美國人對這些在首枚原子彈爆炸中失去父母的孤兒負有特殊的義務，並補充說孤兒中最小的是在爆炸發生前幾小時剛出生的嬰兒。[21]在一九四九年，要求美國人平等看待日本人有些強人所難；因此美國更多的自由主義者也像卡森斯一樣，設想出一種美國公民同日本人之間的關係，那就是鼓勵美國人對日本人有一種責任感。

卡森斯當時只在山下孤兒院呼籲以精神的養子的形式收養孤兒們，在他的提議發佈後不到一個月，山下孤兒院的孩子就都被收養了。[22]他於是寫信給浜井信三市長表示，他希望人們對這項計畫的熱情能持續增長，這樣美國人將可以為「廣島所有的原子彈爆炸遺留下的孤兒，而非僅僅是山下孤兒院的孤兒」提供救助。[23]「精神的養子」計畫最終在七所孤兒院實施，在大約近十二年的時間裡，共計對六百多名孤兒提供了七萬美元的救助。[24]

美國的「父母」似乎很樂意照顧這些孤兒，有些甚至對此激動萬分。一位名叫木原惠子．斯諾迪的「精神養母」寫道，「和這個胖嘟嘟的小傢伙在一起我們很快樂！」另一位「精神養父」吉川美津子．富森（Mitsuko Yoshikawa Fuson）說收養她「帶給我們的驕傲和快樂，是我們所能想像到的二．二五美元投資能帶來的最高、最令人興奮的回報」。在一九五〇年九月的《星期六文學評論》上刊登的一些精神養子的照片中有一張是滿臉笑容的女孩美津子，旁邊是她「家人」和狗的照片。[25]精神父母也會收到一些令人鼓舞的通訊報導，偶爾還能收到養子們的來信。一個九歲的孩子寫道：「春天就要來了，可我的春天早就來到了，就像在做美夢一樣。我要盡力好好學習，做你們的乖女兒。」在計畫實施的第一年，精神父母不僅捐錢，還寄來了衣服、玩具、初級英語讀物、棒球球棒，甚至還有鋼琴。[26]

對這些一無所有的廣島孤兒來說，這些禮物讓人不可想像，但捐助人的話語中透露出他們也和前B-29轟炸機飛行員一樣，試圖在原子彈受害者那裡「用錢挽回」他們的清白。在精神父母的話語中表示金錢的詞彙數量——利潤、分紅、投資、乃至稅收——多得驚人。而這些「被收養者」似乎就像購買的商品——考慮到只有簡單的金錢交換，或許這也是不可避免的結果。[27]這些美國收養人內心的家長責任感很有限，不僅是因為孩子們遠在千里之外，還因為個體的家庭無法承受這種情況下所需的巨大的經濟花費。但也有較少一部分美國人採取了比「精神父母」更進一步的行動，成為了二十五名被稱之為「廣島少女」的准養父母。這一計畫始於谷本清神父所在教堂對在原子彈爆炸中毀容或受傷的女性進行的援助。

「廣島少女」

在卡森斯著手處理精神的養子計畫的相關事項的同時，谷本清神父在繼續完成他在《星期六文學評論》中描述的和平機構。他於一九五〇年春回到日本，同年八月，他和廣島教會的要人們一起正式建立了廣島和平中心。為了反映出中心名稱由「世界和平中心」改為「廣島和平中心」，這個新成立的機構主要活動是以廣島為中心的——這一關注點的改變最終導致了谷本清和卡森斯關係破裂。[28] 但是更多的麻煩出現在後來谷本清於一九五〇年秋第二次去美國募集善款的時候。谷本清在這次較為短暫的行程中面對的聽眾要比他一九四八到一九五〇年的美國之行少得多，但他通過參與三個電視節目和十五個廣播節目，可能使更多的美國人認識了他。華盛頓以「著名政治家」的待遇接待了他：國會成員會見了他，外交事務委員會成員邀他共進午餐，他還在美國議會的上議院做了會場的開場祈禱，還為國務院的「美國之音」做了廣播節目。[29] 在一九五一年五月，谷本清——和卡森斯還有馬文·格林一起——建立了一個美國組織：廣島和平中心聯合會（HPCA），為廣島和平中心的活動提供幫助支持。賽珍珠（Pearl Buck）、約翰·赫西，哈里·愛默生·富司迪博士（Dr. Harry Emerson Fosdick），紐約河岸教堂（Riverside Church）榮退牧師格蘭特·伊文·霍普金斯博士（Dr. Garland Evan Hopkins），《基督教世紀》副主編、坎德勒神學院（Candler School of Theology）院長H. B. 特林布林博士（Dr. H. B. Trimble）、衛理公會主教G. 布魯姆利·安熙龍（G. Bromley Oxnam）等都同意在廣島和平中心聯合會擔任顧問。[30] 這個新組織的主席諾曼·卡森斯在他紐約市的辦公地點為董事會和行政管理工作提供了辦公場所。《星期六文學評論》的辦公地點——後來成為格林神父所在教會的辦公地點——被用作該組織存放捐贈物的倉庫、接受參觀採訪的場所，並且還是廣島和平中心以及精神領養計畫的聯絡處。

廣島和平中心聯合會成立後，谷本清神父滿載著募集來的款項返回了日本，開始各種各樣的活動。他和HPC的其他負責人一起建立了戰爭遺孀之家、少年犯之家和原子彈受害失聰者之家；他還開辦了像婦女縫紉班這樣的教授實用謀生技巧的培訓課程；並且對精神的養子計畫進行了延伸拓展。谷本清對日本政府無視原子彈受害者的做法非常氣憤，於是他又組織建立了原子彈遇難者聯合會，該組織發起了一場運動，要求頒布國家醫療救治議案。31

在谷本清巡訪廣島期間，他發現許多年輕少女因為帶有大面積疤痕瘤，躲在隱蔽的地方，人們也都故意避開她們。於是他組織了一支援助小組幫助這些少女，讓她們能夠同人交談並討論治療問題。通過小組成員的宣傳，最終有八十八名女性加入（一些疤痕嚴重的男性也曾參加過一兩次集會，但之後就在沒來過）。每個星期一晚上，總有二十多名女性聚集到谷本清神父所在的流川教堂的地下室，谷本清稱它為「紫苑會」。32

谷本清在第一次接觸廣島市政官員和醫療機構，為「疤痕少女們」爭取醫療救治時，他們以種種理由拒絕了他的請求。幾個月後，他又向參加在廣島舉行的日本國際筆會的真杉靜枝發出請求。這位著名的女性小說家兼東京《讀賣新聞》專欄作家答應幫助他，並率先在東京大學為這九位紫苑少女得到救助治療而努力。當這些少女於一九五二年六月六日抵達東京接受前期檢查時，媒體對此廣為報導。報紙將焦點放在她們被毀的美貌上，稱她們是「原子彈少女」；就因為這些女孩在一九四五年八月一個陽光明媚的早晨錯誤的時刻抬臉看了一眼天空，便在臉、脖頸和手上留下了可怕的疤痕，她們也因此失去了婚嫁的機會。[33] 真杉靜枝組織了一個由富有的太太們資助的HPC東京分部，為這些疤痕少女即將在秋天接受的一系列手術募集資金。在日本的第二大城市大阪，富有的女性們也作出了同樣的努力，建立了一個HPC的分部。一九五二年底，大阪分部為另一批廣島婦女安排在大阪接受手術治療。令人傷心的是，在日本做的手術都失敗了：用手術刀割除的疤痕瘤很快又長了出來。由於當時日本的整形手術技術還很有限，日本的醫生也無能為力了。[34]

谷本清神父開始想到可能在美國接受手術是這些女性的唯一希望；但卡森斯表示他對這些「疤痕少女」不感興趣。卡森斯不願再背負另一個重大的責任，而且此時他聽說谷本清和HPC的其他負責人之間在政治上有內部鬥爭，他不想被捲進去。於是谷本清只能懇求每一位來訪的美國人幫助這些女性。松原美代子是紫苑會的一員，她回憶說谷本清利用一切機會向美國傳教團和其他美國人介紹她們這個組織，向他們展示那些疤痕是多麼地「可怕」。[35] 當埃莉諾·羅斯福（Eleanor Roosevelt）在一九五三年訪問日本時，谷本清甚至向她也發出了請求。但這位前第一夫人只表示了同情，卻沒有參與其中。

同時，真杉靜枝給另一位女性小說家賽珍珠寫了封信。信中，她強調了「這些原子彈遇難少女們」「堅強」而「熱情」的天性，並表明廣島和長崎的一些政界人士正在計畫對原子彈傷亡處理委員會（ABCC）拒絕救治原子彈遇難者以及拒絕對日本醫療人員公開調查結果的行為進行抗議。真杉靜枝認為美國人把日本原子彈受害者當成「實驗動物」做科學研究，這樣「只會在美日之間製造敵意，尤其是在日本，此刻日本人民在心理上正處在一個關鍵結合點」——這或許指的是佔領末期和當年年初日本恢復主權的情況。賽珍珠在真杉靜枝的呼籲請求下幾經努力，想激起卡森斯幫助「疤痕少女們」的興趣，但卻一無所獲。[36]

但是，這之後的第二年，卡森斯攜妻子參加萬隆會議的途中，在廣島稍作停留，谷本清抓住機會讓他們接觸了一些紫苑少女。在教堂的地下室，卡森斯面對面地親眼看到了這些女性有的少了一隻耳朵，有的臉部凹陷，有的「鼻子擠變形成了兩個噴孔」，他再也無法無視這些受害者了。谷本清讓好幾個人挽起袖子露出了她們的胳膊，卡森斯看到「她們的肘部和手腕……都好像由於猛力撕扯而錯了位，然後又被類似軟骨的條狀疤痕組織固定在那裡」。一個婦女伸出雙手，「手指彎曲粘連，像攫捉獵物的爪子」。谷本清已經完全引起了卡森斯的注意，於是他有意輕描淡寫地說道：「我可以讓她們有事可做，也可以幫助她們恢復一些做人的尊嚴，但現在最重要的是醫療救治。」他還一再強調這些女性需要在美國接受治療。卡森斯還沒來得及回答，艾倫．卡森斯便看著他說「這可能不像你想像的那麼困難」。37

然而，還是在將近兩年之後，第一批廣島婦女才得以前往美國進行手術治療。精神的養子計畫是相對簡單的向國外捐款捐物，而這個不久被稱之為「廣島少女」的計畫則完全不同，這項計畫需要更詳細的規劃。病人的運送、醫生和醫院床位的安排，還有食宿問題都需要考慮。當卡森斯得知該計畫需要一大筆資金時，他用了六個月的時間向各大基金會尋求幫助。但是，所有他求助的基金會都拒絕了他，因為這些基金會認為該計畫很可能會帶來負面的輿論。卡森斯沒有因此退縮，他轉換了策略，不再找基金會，而是開始尋求一些相關部門的幫助。他和一些願意操刀手術的醫生簽約；在西奈山醫院找到了住院床位；還說服紐約區的貴格會教徒為這些女性提供食宿；並且最終通過中間人協調，美國駐日軍事人力資源部願意幫助運送這些受害女性。

最終這項臨時計畫的細枝末節都一一得到了解決。當卡森斯已經到了廣島，準備護送這些女性前往美國時，該計畫的最後一個關鍵問題解決了：ABC的一名日裔美國雇員自願擔任該計畫的翻譯和「聯絡員」。這位海倫．橫山初子（Hatsuko "Helen" Yokoyama）是加利福尼亞大學柏克萊分校的校友，二戰期間她一直在日本。純粹是靠運氣，她的美國護照獲得批准，只要這些婦女準備好，她隨時可以出發。[38] 這些婦女很快就離不開橫山初子了，在計畫實施過程中乃至隨後的很多年，她一直是她們的知心朋友、顧問和外界聯繫的中間人。

但是，說服貴格會教徒為婦女們提供食宿的確很不容易。儘管卡森斯認為貴格會持有反戰信念，他們應該適合成為戰爭受害者們的資助人，但當HPCA向他們尋求幫助時，他們並沒有欣然接受。貴格會教徒們猶疑不決的原因有很多：他們怎麼和這些外國婦女交流？她們會要求特別的日本食物嗎？這些原子彈受害者需要特殊的照顧嗎？萬一有緊急狀況該如何處理？而且，他們還不確定自己是否想為這些昔日敵國的黃種人提供幫助。

羅德尼．巴克（Rodney Barker）九歲的時候，小島鈴江和神邊美紗子寄宿在他們家裡，但巴克一家開始並不想加入該計畫。因為羅德尼的父親是退役軍人，對此頗有質疑。雖然他同意羅德尼的母親敞開家門歡迎來自「清新空氣基金會」（Fresh Air Fund）夏日計畫的貧困青年和學生，但羅德尼的父親一想到要和日本人住在一起就感到不自在。作為二戰結束時美國軍官的書記員，羅德尼的父親為了找出潛在的日本戰犯，曾會見過許多從日本戰俘營剛被釋放的美國戰俘。日復一日，他聽到的都是日本人那些駭人聽聞的野蠻暴行，這一經歷給他留下了「強烈的反日情緒」。戰爭結束後有近十年的時間，他仍無法釋懷。但是作為一個社會實踐主義者，他決定利用「廣島少女計畫」作為「檢驗自己偏見的機會」。其他許多提供寄宿的貴格會教徒也有對戰爭的「親身感觸」，那時反日的敵對情緒仍相對較高。給遠在世界另一邊的陌生兒童提供每月的資助是一回事，而邀請昔日的敵人在家裡長時間居住完全是另一回事。[39]

一些貴格會教徒對這項計畫的政治目的也存有質疑。他們懷疑這項計畫是否只是為了平息「好運龍」漁船的漁夫受輻射事件帶來的負面輿論而採取的一個策略。一九五四年三月，一艘名為好運龍的漁船無意中駛進了美國在馬紹爾群島的原子彈爆炸實驗基地，三天內，船員們都表現出了受輻射危害的症狀。這一事件在日本引起了恐慌，日本人擔心他們一直以來吃的魚都是受過輻射的，這激起了反美抗議遊行，而隨後一名船員的死亡使得事態愈演愈烈。[40]儘管「廣島少女」計畫的籌備工作早在核輻射事件之前就開始了，但貴格會的教徒們卻不瞭解情況，他們猜測該計畫不是一個像卡森斯所說的那麼「簡單的」人與人之間互相幫助的人道主義計畫，而是隱藏有左傾政治目的。

針對這種擔心，紐約貴格會友中心聯合會給紐約地區的貴格會教友寫了封呼籲書稱該計畫的「危險」在於日本共產主義者在利用這些脆弱無助的「少女們」——「大部分還是孤兒」——進行「反美政治運動」。他們在信中繼續寫道：「蘇聯為許多這樣的女孩提供了免費的治療，用意很明顯，就是要把她們不幸的畸形作為『帝國主義者原子彈侵略』的恐怖後果向全世界展示。好在谷本清先生通過他的社會公益服務計畫讓這些少女體會到了真正的友誼和關心，使得她們沒有成為共產主義政治陰謀的工具和無辜受害者。」[41] 接著他們在信中強調說這些「女孩」絕不是敵人而是戰爭的無辜受害者，紐約貴格會友中心聯合會決定向她們伸出真誠的友誼之手，給予她們父母家人呵護，免受共產主義者的陰謀迫害。信中暗示出貴格會教徒們和共產主義者不同，他們沒有任何秘密的動機，只是一心想和昔日的敵人和解並幫助她們。心情放鬆之後，一些教友最終決定收留這些日本女性；隨後又有一些人也加入進來，自願提供服務。馬文・格林回憶說：「人們的熱情像野火般蔓延，剛接受了費城分部的援助，蒙特克雷爾(Montclair)分部又來了，一直蔓延到康乃狄克州。突然之間，大家都在鬧著『我們也要幫助一些女孩』。」[42]

和貴格會一樣，美國國務院也擔心卡森斯可能有隱藏的左傾目的。但是美國中情局對卡森斯和其他HPCA成員的背景調查顯示他只和像美國公民自由協會和世界聯邦主義者協會(World Federalists)等中央組織的左派人士有聯繫，不是政治激進主義分子。[43] 只要回顧一下卡森斯的主要工作，就會發現比起《工人日報》(Daily Worker)，《星期六文學評論》與德威特・華萊士(DeWitt Wallace)主編的《讀者文摘》有更多的共同點。和《讀者文摘》一樣，《星期六文學評論》也提倡普救說，不認為美國是統世君主。[44] 儘管卡森斯沒有明確地推舉美國作為整個「自由」世界的楷模，但他認為美國人民應該積極參與並接觸更廣闊的世界，他認定更多的瞭解意味著更和諧。他還小心地把握「廣島少女」計畫的發展方向，不讓人產生此計畫和共產主義者有染的印象。他謝絕了由「左傾的」日本教師協會製作的紀錄片《廣島》在紐約播出的票房收入而來的捐助，轉而選擇了一檔大眾電視節目作為該計畫的贊助商。「這就是你的生活」是一個全國性的電視節目，主要講述一些美國人成功的故事，這個選擇歪打正著，獲得了更多的捐助，而且該節目將「廣島少女計畫」演繹成了宣揚「美國式」的寬宏仁慈的故事。

在五〇年代中期，「這就是你的生活」(This Is Your Life)一直排名在十大熱門節目內，每週的觀眾高達近四千萬。每週三的晚上，主持人拉爾夫·愛德華茲(Ralph Edwards)都會以講述來賓的人生故事的方式給這些名人嘉賓或其他重要人士一個驚喜，然後輔以邀請嘉賓的家人、朋友和以前的老師或同學出場。就在卡森斯四處宣傳時，意外地在機場碰到了愛德華茲，並向他講述了「廣島少女」和神父谷本清的故事，兩人都認為谷本清是愛德華茲節目的理想人選。[45]一九五五年五月十一日，就在谷本清和「廣島少女」們到紐約的幾天後，他參加了愛德華茲的節目。愛德華茲給了他一份驚喜，請出了他的妻子和四個孩子(他本以為她們在日本)還有投放「小男孩」的埃諾拉·蓋伊號(Enola Gay)轟炸機的副駕駛員羅伯特·路易斯(Robert Lewis)。節目結束時，愛德華茲介紹了現在的情況並為整形手術計畫發出了呼籲。他告訴電視觀眾捐款可匯至「紐約州紐約市(街)第二〇〇號郵箱，廣島少女收」。路易斯作為第一個捐款人捐助了五十美元，稱捐款是他和機組人員的共同的心意。[46] 一些觀眾來信對埃諾拉．蓋伊號轟炸機的副駕在觀眾面前幾乎落淚的可恥表演表示抗議；另有一些觀眾稱日本人在接受美國人的慈善救濟之前，對珍珠港事件還有許多罪要贖。[47] 但絕大部分來信對該節目都持肯定態度：HPCA收到了二萬三千封支持該計畫的信件，而批評的信件只有十四封。[48] 該電視節目共募集了五二四二二美元，解決了「廣島少女」計畫的資金問題。卡森斯後來回憶說「那真是天降甘霖」。[49]

谷本清在電視節目中出現也讓那些美國核政策的既得利益者警覺起來。一位ABCC的前負責人向負責遠東事務的助理國務卿沃爾特．羅伯遜（Walter S. Robertson）抱怨說這種「懺悔傷感的」片段可能會被共產主義者利用「以加強左傾主義分子對美國人負罪感的宣傳」，並最終「推動反美示威遊行」。[50] 國務院將這封信轉給了卡森斯，他贊同日本共產主義者的確「譴責該計畫是美國人負罪感的表現」，或是認為這是美國政府對好運龍漁船上日本漁夫受輻射事件帶來的「負面影響的補償」形式。他也辯駁說：「但是，各行各業的日本民眾對該計畫努力所做的一切都表現出了極大的熱情，這也讓共產主義者自慚形穢，無言以對。絕大部分日本人已經真正瞭解了這一計畫——它是一些美國人在自己能力範圍內代表那些本可能是無助的人尋求他人幫助的真誠的努力。」[51] 卡森斯堅定地相信美國人寬厚仁愛的力量。[52] 儘管卡森斯對紅色恐慌的極端言論和國務院的做法都持批評態度，但他並沒有與主導的政治宣傳背道而馳，而是在主流的政治宣傳下秉持著冷戰輿論的左翼觀點。

但是，美國國務院對「廣島少女計畫」仍很謹慎，因為擔心該計畫可能會對美國的核政策以及美日安全條約不利。一九五三年，艾森豪上臺後，減少了杜魯門時期的國防預算，試圖通過快速增加原子彈數量這種經濟適用的辦法確保遏制共產主義的目的。日本人經歷過原子彈帶來的毀滅性後果，因此他們對艾森豪的政策深感不安，而且對於自己在東亞身處兩大強國的火線之間的處境也焦慮不已。兩年前，許多日本人都強烈反對簽署美日安全條約，因為美國向同樣危險的蘇聯發動了冷戰，美國的政策實在讓人無法預料，他們害怕和美國這種國家有染可能會給日本帶來另外一場更為嚴重的核災難。[53]美國國務院在意識到日本民眾有這樣的擔心後，推測認為由於「廣島少女」計畫關注的是原子彈受害者，它可能會重新喚起海外的反美情緒。國務院同樣擔心來自國內反對核武器的抗議。「精神的養子」遠在日本，與他們不同的是，「廣島少女」身在美國，正如紐約貴格會友中心聯合會所擔心的，她們更引人注目，有可能被利用，成為展示「核恐怖的展覽室」。因此美國國務院通過電報下達命令，禁止這些女性乘坐的飛機飛離日本，試圖阻止這一計畫的起步。但是為該計畫批准了軍用飛機的約翰．W. 赫爾將軍沒有聽從命令放行了飛機，之後他報告稱飛機起飛已不可逆轉，如果命令她們中途返航可能會引起國際輿論。[54]此次失敗之後，國務院的官員們提高了警惕，成功地阻止了「在美國主要城市的『廣島少女』計畫活動」。[55]

國務院之所以提高了警惕，是因為有傳聞說「廣島少女」計畫可能也會在舊金山、費城以及其他地方同樣實施。但是最具威脅的提議，是要在阿拉巴馬州的墨比爾（Mobile）進行另一個「廣島少女計畫」，國務院設法將這一計畫扼殺在了萌芽狀態。A.卡爾・阿德金斯博士（Dr. A. Carl Adkins）是一位衛理公會傳教士，也是該計畫的發言人，他解釋說該提議得到了墨比爾市領導人的「一致支援」，他們部分的想法是想減弱南部種族主義的形象。阿德金斯稱「墨比爾位於美國的中心地區，在日本人心中，它無疑就是種族歧視的同義詞，讓這些受害少女進入該社區美國人家庭將是表達善意的重大之舉」。[56]國務院官員似乎對該計畫有幫助政府拉攏第三世界國家的潛在可能性並不感興趣。依照這些官員的看法，僅憑核武器就能「阻止共產主義者的侵略進攻」，從而「捍衛自由世界」。[57]州務部副部長馬克斯・畢曉普（Max Bishop）補充說：「人們越快忘記或至少忽視『廣島紀念日』，我們就能越早地在美日兩國之間建立穩固的友好關係。」[58]儘管卡森斯曾報導說長崎的醫療設施是「勉勉強強」而廣島的情況則「堪稱三流」，國務院仍試圖說服阿德金斯相信這些原子彈受害者在日本可以接受很好的醫療整形手術。阿德金斯曾和卡森斯交談過，所以他不相信國務院的說法，但是沒有國務院在如簽證這種基本條件上給予幫助，他對於實施該計畫也無能為力。[59]

卡森斯後來表示他「並沒有理會國務院的想法」，但他也從未讓這些受害女性在全國巡迴宣傳以展示原子彈爆炸帶來的後果。正式的官方說法是原子彈不僅縮短了戰期，挽救了生命，而且它造成的人數傷亡和常規武器帶來的傷亡一樣。甚至在好運龍事件後，國務院仍堅持這一立場，自然很擔心「廣島少女計畫」所選的是「外貌嚴重受損的」女性。[60] 而實際上該計畫並沒有選擇那些面容嚴重受損的女性——例如那位「鼻子被擠變形成兩個噴孔」的少女——因為整形醫生理智地選擇了那些手術成功的可能性較高的女性。卡森斯總是試著照顧這些廣島女性敏感脆弱的心理，他認為「讓這些女性到處去遊行」，展示她們的傷疤——那些她們努力試圖掩飾的傷疤——就好比在「剝削利用」她們。他認為這樣的巡迴宣傳對左右公眾輿論是無效的。儘管卡森斯個人認為原子彈應該被列為非法禁用的武器，但他並不想讓該計畫成為反對使用核武器的幌子。他的首要目的是想說明這二十五名被選中的「少女」，這些因為美國不道德地使用原子彈武器的受害者們。他「也想羞辱」那些制定ABCC政策的「混蛋們」；最後，如果該計畫能喚起人們關注核武器的恐怖後果，那就更好了。[61]

但是卡森斯對這些女性的關照以及該計畫真誠樸素的目的最終是在往國務院的身上貼金。畢竟，這些女性很清楚地瞭解自己所受的傷害。正如一位廣島受害女性回憶所說：「面容被毀實在是令人痛苦，同時也讓人失去了做任何事的動力。不管人們怎麼說，容貌對於一個女人來說是很重要的。」後來另有兩位女性分別承認她們因為自己的容貌而羞於見人，對她們而言，這比為世界帶來和平更重要。[62]這些個人的、女性化的有關美貌和自我價值的態度也對國務院有利。「廣島少女計畫」的重點是修復戰爭的傷痛——關注的是這些女性的未來而不是她們不幸的過去——這和國務院的關注點相一致，同時也符合具有進取性的民族主義精神所宣導的「無所不能主義」。這點也反映在了原子彈受害少女的英語翻譯中，在將「原爆少女」翻譯為「廣島少女」的過程中，「原子彈」被換成了「廣島」。用廣島指代原子彈爆炸這種換喻的手法不僅抹殺了受害城市長崎，還讓英語國家的人們自欺欺人地相信原子彈爆炸只是發生在廣島而將不會發生在其他地方。

如果廣島是原子彈爆炸的代名詞，那些請求美國人援助的廣島原子彈受害者就不得不對美國向廣島投放原子彈的理由表示理解接受。谷本清神父在美國巡迴演講的時候強調說日本人並沒有對原子彈轟炸懷恨在心。他在德州達拉斯演講時曾對聽眾們表示，日本人「認為廣島的悲劇是他們為自己的錯誤所應做出的犧牲。日本人民確信是日本發動了這場戰爭，所以他們覺得在廣島和長崎發生的一切是他們不得不付出的代價」。[63]在前往紐約的途中，「廣島少女」們在夏威夷停留，參觀了珍珠港，以示她們承認是日本挑起了戰爭。[64]正像《紐約先驅論壇》(New York Herald Tribune)報導的一樣，一到美國本土，就有幾個「廣島少女」在事先安排好的採訪中向媒體強調說「她們對自己所受的傷害沒有心懷怨恨」。《先驅論壇報》報導稱一位名叫佐古美智子的少女在談到她們參觀珍珠港時說「在剛剛結束的戰爭中，日本海軍首先發起了進攻。我們這些廣島倖存者因此遭受了毀滅性的打擊，我們本應該心存悔悟而不應心懷仇恨，而且我們開始厭惡一切戰爭」。[65] 佐古美智子對虛擬語氣「本應該」的使用使得她的觀點同谷本清所說的廣島人民認為原子彈轟炸是對他們自己所犯錯誤的懲罰稍有不同，但也說明一些日本人已認識到了自己的罪惡並願意為之贖罪的心理。與此相似，在後來的一次採訪中，小島鈴江對一名助理新聞記者說：「當我想到大家都如此親切時，我慶幸自己從未對原子彈爆炸心懷怨恨。只是希望——不要再有第二個廣島。」[66]

日本人以合理的方式試著喚起美國人的同情以達到自己想要的結果。最初卡森斯就是受到廣島作為和平象徵的感召和吸引才加入谷本清的計畫。谷本清曾試圖促成這些受害女性和前美國總統杜魯門或是現任總統艾森豪的會面，但都未成功，他之所以這樣做可能是對日本贖罪和美日和解太過認真——也可能是因為這樣做會引起更多的輿論關注。[67] 但谷本清還是繼續向美國聽眾表達讚揚之情，讚揚戰後美國對日本的寬容大度以及幫助日本防止「本可能會造成的比戰爭帶來更大傷亡損失的饑荒和磨難」。他向美國人傳達了日本人民對此「飽含感激之情」，並「渴望能表達（他們）的謝意」。[68] 為了讓美國人受到感召而最終解囊相助，谷本清和這些受害女性恰如其分地說了些悅耳的話語。

當然，許多廣島居民因為美國投放原子彈而充滿仇恨。[69]新聞記者克拉克．李一廂情願地為佔領期回憶錄中描寫廣島的一章定名為「廣島不恨美國」，間接地承認了廣島人民是有理由仇恨美國人的。[70]但是戰後的文字記錄中通常都沒有直接明瞭地指明該理由：那就是美國人對大屠殺負有責任。在公眾話語中，更常見的方式是通過推測和設問間接地承認這一點。李若有所思地說：「想像一下在軍事法庭上——如果我們輸了——作為原子彈的發明者和投放者，美國人會遭遇什麼。」[71]

HPCA的財政部長馬文．格林神父是谷本清的老同學，他並不支持這種一廂情願的想法。多年後，他反省說：「我一直覺得全世界人們最痛恨的就是我們（美國人）……我們極少能（從日本人那裡）感受到任何的情感和喜愛。」在格林看來，日本人對美國最好的態度是「冷漠」，「那些日本學生對（美國的）基督教徒只有敵意，這都表現在我們聽到的一些討論和講演中，還有向我們提出的一些問題中……不會有錯。」[72]格林認為谷本清在向美國人表示說廣島人民沒有記恨過去，而是想繼續他們的生活或是為世界和平獻身時，「說的是外交辭令」。格林解釋說：「這並不是說（谷本清）不真誠，只是他覺得這是感召美國人的最好方法」。格林自己也曾使用這一方法，在他為谷本清的女兒可哥爭取獎學金的協調過程中，他談論的不是廣島人民的怨恨而是存在於美日兩國人民之間的基督教之博愛。[73]格林神父並不認為廣島人民是在利用美國人的罪惡感或是寬容大度：「我認為這是源自饑荒、磨難和死亡的絕望。這只是對戰爭惡果表現出的純粹的恐怖。」[74]

對那些在戰爭中飽受蹂躪的人們發出的呼聲，格林想給予回應。他以及和他一樣的人們清楚地知道國內的美國人多麼地幸運，由於兩個大洋的阻隔，他們遠離了戰爭和痛苦。對於這些美國人而言，廣島和納粹大屠殺是他們各自理解的戰爭「表現」中「人對於人的非人道行為」的典型代表，這兩種大屠殺行為同樣吸引了HPCA中人道主義者的關注。[75]例如，卡森斯在首次前往日本的一年前就曾去過德國，並撰寫長文一篇，提名為〈為生而疚〉(An Apology for Living)，表達了對自己幸福生活的內疚之情。這篇有關難民(後來被稱作DPs)的文章集中描寫了年幼的納粹受害者，還刊登了一張大屠殺倖存猶太兒童的照片。[76]約翰．赫西也曾在兩部小說中以士兵的角度審視了戰爭，他不僅創作了《廣島》，還寫了一部有關納粹佔領下的華沙猶太人居住區的小說。[77]

儘管《紐約每日新聞》不無諷刺地重複著「一個尖酸刻薄的笑話……『取得戰爭勝利的途徑就是敗給美國』」，平面媒體對「廣島少女計畫」的一致好評表明，強調廣島人民心無怨恨的策略在很大程度上是有效的。[78]大部分發表的評論文章在談及冷戰時都會以「廣島少女計畫」為據，向人們展示與蘇聯敵人相比美國民族善良和正直的品德。《薩凡納新聞》(Savannah News)稱該計畫的「表現是和美國人最優秀的人道主義傳統相一致的」，「這種寬容大度的表現向世界表明美國希望為了促進文明發展致力於和平事業，以對抗敵人們一貫堅持的戰爭目的。」[79]《代頓新聞》(Dayton News)試著消除該計畫的政治色彩，明確地反對那種認為美國民族使用原子彈是有罪的、錯誤的觀點，並強調說該計畫「不應被理解為美國對投放原子彈以加速血腥戰爭的結束而做的懺悔之舉，也不應被懷疑成是官方政治宣傳的伎倆……它就是一個國家的一些個人向另一個國家的受害個體們表示：『我們很抱歉你們成為受害者——我們想幫助你們！』這樣就足夠了，毋須其他表示就足以表現人們在情誼友愛方面所做的最大膽的嘗試」。[80]這篇報導儘管聽上去有抱歉後悔之意，但它和大部分刊登的輿論宣傳一樣，並沒有做出實際的道歉，還是認同了美國政府對原子彈轟炸所做的解釋，並認為原子彈爆炸受害者只應通過個人的慈善行為得到幫助。

「廣島少女」們作為另一種種族大屠殺的倖存者，在美國猶太人中引起了廣泛的同情。那些為「廣島少女」出資住院治療的富有猶太律師也積極地參與猶太慈善事業，努力為經歷了戰爭大屠殺的倖存者們減輕苦難。[81]《堪薩斯都市猶太新聞》(Kansas City Jewish Chronicle)對「廣島少女計畫」大加褒揚，稱它「修復著戰爭造成的毀壞……一些尚可補救的毀壞」——再一次提醒了讀者關注這些大屠殺的受害者。該報還自豪地指出「猶太人的大度和仁愛」使得該計畫成為可能。和主流媒體一樣，卡森斯低調處理他的猶太民族背景以及猶太慈善機構在「廣島少女計畫」中所起的重要作用，而將該計畫塑造成「美國人」仁愛善行的表現。但是，《堪薩斯都市猶太新聞》的這篇文章不無驕傲地強調西奈山醫院這個「偉大的紐約猶太機構」出資贊助了整形手術，而由猶太人卡森斯為首的「紐約廣島和平會」支付了包括零用錢在內的其他一切花費。「隨著紀念西奈山律法啟示的五旬節的臨近，我們高興地看到一個以埃及沙漠中的這座聖山為名的猶太醫院正在身體力行那些曾在聖山上宣讀的律法以及那些猶太教首次奉獻於世的公正仁慈的理想。」

該報的這篇文章還稱日本曾幫助過猶太難民逃離納粹的迫害，這一說法部分地說來是真實的。當時在考那斯（Kovno）的立陶宛領事館領事杉原千畝不顧日本外事部的指令，於一九四〇年給至少一千六百名波蘭猶太人辦理了前往日本的護照——杉原千畝也因此受到日本外事部的處分。[82] 該報並不瞭解這些，它引用了一份紐約猶太人的報紙並且認為「猶太人通過諾曼·卡森斯還有西奈山醫院，以一種間接的方式表達了他們對日本曾向猶太人表現出的人道主義精神的感激」。[83]

和《坎薩斯城猶太新聞》形成對比的是自由主義無派別基督教刊物《基督教世紀》，該雜誌刊登了一篇少見的評論，評論對「廣島少女計畫」本身未加批評，但對圍繞此計畫所進行的大肆宣傳做出了批評。該雜誌勉強承認「每一位參與了這項友誼與仁慈善舉的人都有權在內心感到寬慰」，但它仍堅持自己在一九四五年所持的觀點，認為轟炸事件是「美國犯下的原子彈暴行」。十年後，該雜誌聲明「我們再一次重申這是一個感人的故事——只是這樣的事情本不應該發生」。它指出「美國人為結束戰爭所採取的方式感到內疚」，這種美國式的內疚感促使美國人實施了這項計畫，力圖將美國侵略留下的「傷疤抹去」。但有跡象表明這樣的努力是徒勞的，因為「有些傷痕是整形手術所無能為力的，廣島原子彈爆炸是深深刻在美國人良知上的一道傷疤」。[84]

在公開發表的評論中，這樣直接坦率地承認美國有罪的言論極為少見，但編輯收到的個人信箋或是寄給HPCA的私人郵件傾向於支持《基督教世紀》所持的美國人有罪的觀點。儘管私人信箋的筆者們有時會重複媒體所呼籲的努力尋求和平而非世界毀滅的主題，但是在信中他們也常常表達出大部分報紙雜誌中所缺失的悔悟和悲痛之情。[85] 這些美國人在他們的言論中頻繁用到「贖罪」一詞。洛伊絲．P. 門羅（Lois P. Munroe）在投稿中寫道：「自從在廣島和長崎投放原子彈以來，作為一個對此懷有罪惡感的美國人，我很高興能盡我的微薄之力彌補錯誤，抹去沾在國家榮譽上的污點。」[86] 還有，這些投稿人在提到原子彈爆炸時常常使用間接的方式，用被動語態或是介詞短語的形式。但在近三十年後，一位八十多歲的老人在為「廣島少女計畫」而致信感謝卡森斯時，卻很直接地談及了這一主題。傑西．博徹斯（Jessie Borchers）寫道：「當我們在廣島投下原子彈時，我說：『這是我幹的——這是我所生活的國家幹的』，我的丈夫聽到這些很是震驚——但是你給了我天賜的良機，成為此項目的一員，向受害者們表示我們對他們的關心」。[87] 或許是遠離事發地的緣故，使得認罪變得簡單多了。然而，所有這些寫信的人們都表達了對這樣一個幫助「治癒」傷痕的機會的感激之情，儘管它只能通過私人管道進行。

在盡力幫助「廣島少女」的人中，紐約地區的日裔美國人與其他人的反應有所不同。他們邀請「廣島少女」們外出散步或是來家裡享用日本料理。他們中的許多人，跟河內山百合一樣曾在二戰時被美國拘禁過。戰爭結束後，她和曾是第442部隊退役軍人的丈夫比爾在哈萊姆區（Harlem）定居養育家庭。河內山百合在回憶參與此計畫時，解釋說因為日裔美國人的經濟狀況不像住在市郊的貴格會寄宿家庭那麼好，所以他們並未被鼓勵做寄宿父母。拘禁事件後的十年，大部分日裔美國人都經濟拮据，支撐著組建不久的家庭——拘禁事件發生時，第二代日裔美國人的中間年齡是十九歲——大部分被拘禁的年老些的第一代日裔美國人沒能獲得補償。河內山百合的參與體現了她的政治同情心，她堅持認為和其他日裔美國人所作的一切相比，她的參與算不了什麼。她後來成為了一名政治和社會活動家，她還是麥爾坎·X.（Malcolm X.）的朋友。赤松晴子，一位紐約日裔美國人聯合教會神父的遺孀，回憶說自己和丈夫之所以受到鼓舞幫助「廣島少女」，是因為他們也認為投放原子彈是錯誤的。她記得自己曾參加過一九五〇年在中央公園舉行的一次和平集會，她從會上的演講中得知美國其實不需要使用原子彈，是「蘇聯威脅論」促使美國將廣島和長崎的民眾當成了測試核武器的「試驗品」。赤松晴子和她已故的丈夫在廣島都有親戚，但並不是這層聯繫促使他們向廣島婦女伸出援助之手的。赤松晴子作為一個不久前才遭受過美國政府不公正對待的日裔美國人——她曾被拘禁在黃玉——認為美國對日本的兩座城市進行轟炸也是「不公正的」。[88]

這項計畫實施十年後，有些人覺得奇怪為什麼該計畫只救助廣島婦女，而不救助男性和長崎的婦女，還有為什麼美方的聯繫協調人用陳舊的說法「少女」（maidens）來指稱這些女性。[89]事實是美國人繼續了一個日本人早就付諸實施的計畫。神父谷本清將這些女性召集起來，真杉靜枝和日本的貴婦們也開始行動，日本媒體稱這些女性為「乙女」（otome），翻譯過來也是「少女」的意思。定名為「廣島少女」暗指這些年僅十七八或二十多歲的年輕女性將永遠是少女之身——也就是說永遠單身——除非她們接受治療，使得自身成為「像樣的」婚配對象。當谷本清第一次嘗試引起卡森斯關注此計畫時，他就強調了這些女性無法婚配的現狀，他想當然地認為美國人能領會他的意思[90]——這種假設毋須證明，因為日本人和美國人有著同樣的觀念，認為女性要依賴男性。兩國文化影響下的許多人認為女性的經濟保障來自對男性供養者的依附，因為戰後，男性更容易找到好工作，在大部分工作中都能掙更多的錢，而女性的要務則是養育子女。一位滿懷同情的同齡人評論說沒有治療救助的話，這些廣島女性「將永遠無法實現所有女性渴望的一切：婚姻、家庭、子女、自己生命的尊嚴」，「隨著她們日漸衰老，誰還會再多看這些悲劇女性一眼？」[91]男性則被期許在專業、手藝，或工作中找到「尊嚴」——在這些角色中，漂亮的容貌通常不是必備條件——因此，人們認為男性原子彈受害者成為男性「悲劇」的危險性相對較小。[92]HPCA記錄了廣島女性在美國接受整形治療後生育子女的情況，似乎這是衡量計畫成功與否的標誌。有人在1969年羅列了這些女性的年齡、職業、婚姻狀況和子女數量的更新資訊上用鉛筆標出了「十九個孩子」這一資訊點。[93]

於是，美國人延續了日本人強調的主題，那就是這些年輕的女性受害者是「善良的女孩」，值得人們幫助和善待。這些女性被描寫成了快樂的個體，讓人覺得她們除了身體上的傷痕，心裡並無怨恨。甚至對那些沒有機會去美國接受治療的女性，美國人也自我安慰，認為她們不會氣憤或嫉妒——這是一個方便的緩和劑，可以減輕他們只救助一小部分女性所可能產生的任何內疚感。據《安娜堡新聞》報導，這些女性「對選拔表現出異常的無私」，整個選拔

圖十．美聯社為該圖片做的說明是：「山下元子，這位日本廣島的少女是世界第一枚原子彈爆炸的受害者，她面部的傷疤在做了一系列的整容手術後幾乎不留痕跡。這批接受整容手術的女性即將返回日本。一九五六年七月十二日，當美國的女友們在紐約艾德威爾德國際機場為她們送行時，山下元子百感交集，眼中飽含淚水。」美聯社/大世界圖片提供

過程都保持著「溫柔」和「快樂」。[94]媒體沒有提及那些不能成行的女性們的失望，尤其是承諾的後續救助之旅也並未實現。[95]相反，美國人大肆渲染這些來自日本的令人同情的年輕女性如何享用大部分在日本見不到的美國消費品：漢堡、吸塵器、電視，還有美國的時尚。據說，這些女性還幫助寄宿家庭做家務，主動幫助照看小孩，甚至還在當地的教堂展示日本的茶道。[96]海倫．横山初子後來回憶說，她曾鼓勵這些女性「表現得就像在

日本和自己的父母相處一樣……飯後幫著收拾餐具；當『美國父母們』顯得疲憊時，給他們按摩；接受幫助時絕不忘記說聲『謝謝』；自己不情願時就不要一味的說『好的』」。[97]這二十五名女性的社會背景和階級地位都不相同，但是美國人卻對此差異視而不見。這些「少女們」作為盡職盡責的女兒，表現極佳，代表了日本文化的精華，她們的表現喚起了美國人根深蒂固的有關父母和女兒之間的相互義務的信念，從而改變了對宿敵的看法。

這些寄宿在貴格會教徒家庭中的日本女性總是兩人一對，以免孤單。而有些寄宿家庭向日本少女敞開大門並非完全出於利他主義，沒有個人私念。一個身為作家的寄宿提供人將寄宿的日本女性當成了他準備創作銷售的系列文章的人物。另一位女主人顯然對太平洋戰爭期間痛失一位親人仍懷恨在心，把「廣島少女計畫」當成了奴役兩名日本宿敵的大好機會。這兩名日本女性悄悄地向橫山初子反映了她們的處境，橫山初子和她們共處了一天，證實了她們所處的困境。於是這兩名女性被安排做緊急住院治療，在不侮辱這位女主人的情況下將她們帶離了這家，很快她們被轉移安置在了一個較和藹親切的寄宿提供人家裡。所幸的是，麻木無情的宿主只占少數；大部分家庭都秉持著他們開明寬容的價值觀。[98]

當然，貴格會教徒家庭和他們的廣島客人之間不可能複製實際的親子關係。每一個人都清楚地認識到，橫山初子在整個計畫實施過程中充當著這些少女們的代理父母。當每位少女進入手術室時，不是她們的宿主「父母」而是橫山初子握著她們的手，在她們打了麻醉針後，是橫山初子大聲地幫她們數數。[99] 但少女和寄宿家庭父母間溫情的通信證明許多少女在計畫結束後的幾十年裡仍和寄宿家庭保持聯繫，有些仍繼續稱寄宿家庭的父母為「爸爸」和「媽媽」。現在倖存的廣島婦女和寄宿家庭之間仍在某種程度上保持著這種聯繫。[100]

可以預知的是，美國人支持對廣島民眾發起慈善義舉的興趣逐漸減退。在谷本清看來這是一系列計畫的開端，而對卡森斯而言卻是他為廣島所做的救助活動的結尾。卡森斯說明建立的美國組織一直關注戰爭期間女性遭受暴力的主題，但該組織卻將谷本清曾參與募集的款項挪作他用。繼「廣島少女計畫」之後，在卡森斯的要求下，HPCA資助了一個相似的計畫，幫助一些被納粹生物實驗在身心上留下傷疤的波蘭婦女。這些女性大部分是受過高等教育的專業人士，年齡從三十到六十歲不等，她們被稱為「拉文斯布呂克集中營的兔子」（「兔子」表明了這些女性身處「實驗動物」的地位）。儘管她們都不符合少女的年齡和身份，格林神父卻稱她們是「波蘭少女」，這表達了他不僅在兩個群體遭受的暴行，還在她們康復的目標中看到了某種聯系。[101]

「少女」計畫之後，HPCA試圖促成美國和日本醫生的合作關係，以治療日本的原子彈受害者。但是日本的醫療機構認為這項計畫暗含著對他們醫術的侮辱，很不舒服，拒絕和

HPCA有進一步的項目合作。用巴克的話說，美國人已經「久住遭人厭了」。當這項建立合作醫療的提議也被否決後，所有計劃就完全陷入了停滯。[102]

HPCA的董事會成員和工作人員也失去了動力。隨著時間的流逝，該機構列印的檔中董事會成員名單中的名字越來越少。[103]格林神父回憶說：「美國人想幫助那些孩子、孤兒和女童。對修繕炸毀的樓房、建築物和機構等不感興趣。」[104]到一九五六年七月，「少女」計畫實施的中期，早先開始的「精神的養子」計畫所獲得的積極支持已經減少了一半還不止。格林發表通訊督促這些懈怠了的「父母們」繼續他們「偉大的工作」，向基金捐款資助這些孤兒。格林解釋說：「就世界友誼以及幫助增進美日兩國的諒解與和平而言，這樣的經濟援助作用很大。」[105]但人們對他的呼籲充耳不聞。到二十世紀六〇年代中期，該項計畫就完全「停止了」。[106]在日本方面，山下一家很早就被迫放棄繼續開辦孤兒院，到一九五四年，他們就已經被受過訓練的社工們代替了。[107]

儘管「精神的養子」計畫聲稱其目標是為原子彈轟炸造成的孤兒提供幫助，但它卻忽視了長崎的孤兒，只資助了一九四五年八月六日和隨後幾天內失去雙親的六千名廣島孤兒。[108]

而且，「精神的養子」計畫沒有正式規定當孤兒長到一定年齡、需離開孤兒院後的資助事宜。諾曼・卡森斯開始就認為「精神的養子」計畫是「負責孤兒的一生」，但事實是，「兒女們」

按照日本法律在十六歲離開孤兒院後，大部分「父母」就停止了資助。[109]儘管一些「精神的父母」曾表示有興趣收養，但在該計畫實行三年、國會再次批准日本人可以合法移民美國後，似乎正式合法的收養也並沒有發生。[110]卡森斯曾極力建議精神的父母們能像他所做的那樣，將他們的精神養子接到美國受教育，或是資助他們在日本繼續受教育。[111]有些精神的父母可能這樣做過，但是沒有可查閱到的記錄顯示這個。這些資料記錄倒是表明這些十幾歲的孤兒們在被放逐廣島街頭後，有些人走上了犯罪的道路。[112]

孤兒們和「精神父母」的聯繫——一開始就細微脆弱的聯繫——最終斷裂了，這並不令人感到驚奇。但是，不管方式方法是多麼的有限，至少這些捐助人們曾試圖為自己的國家給廣島帶來的恐怖罪惡做些補償——只有極少數的美國人有這樣的表示。因為這些參與者的努力，該計畫為六百名兒童和青年帶來了切實的利益。大部分孤兒和他們的「精神父母」從未見過面，彼此語言不通，在當時沒有國際互聯網，甚至國際長途費用高昂的情況下，國際交流非常困難。面臨這樣的挑戰，如果沒有後續的組織支援，要維持這樣的聯繫非常困難。相比之下，一九四九年在大阪「收養了」一名孤兒的美軍「獵狼犬」第27步兵團——同年卡森斯開始了「精神的養子」計畫——在五十多年的時間裡，一直堅持在每年夏天接兩到三名來自神聖之家孤兒院的孤兒前往第27團基地所在地夏威夷的團員的家裡。[113]但是不論這些美國士兵的努力多麼值得稱讚歌頌，總的來說，他們的努力無法和政府對受害者的補償能力相比——前提是如果美國政府願意補償這些原子彈受害者，事實當然並非如此。

但是，也有一些在「少女」計畫過程中結成的親密關係和友誼一直保持著。接受治療的女性中一個和卡森斯關係很好的女孩甚至給自己的兒子起名「諾曼．卡森斯」。其他婦女對她們的美國捐助人也一直很忠誠，不論她們對在美國的經歷可能有什麼樣的不滿，都默不作聲。實際上，參與計畫的每一個人都認為該計畫會成功，之後他們也一直是這麼做的。甚至是充滿質疑的國務院最後也鬆了一口氣，一位官員報導說：「除卻去年春天，伴隨『廣島少女』的到來而引發的不合時宜的宣傳，到目前為止，『廣島少女計畫』在日本為美國贏得了相當多的善意好感。」「該計畫沒有被當成宣傳表演加以利用，也沒被看作是為戰時使用原子彈所做的正式道歉。」[114]國務院可能會將此計畫吹捧成美國人的仁慈之舉，用助理國務卿沃爾特．羅伯遜的話說，此舉表現了「我們理應為之驕傲的美國人道主義精神」。[115]

就道德和親子關係的主題而言，兩項計畫都間接地質疑了投放原子彈的正確性，都指出了美國人對原子彈爆炸中「最無辜的」受害者們所負有的責任。但是，兩項計畫都沒有試圖結束或是公開地批評美國使用核武器的政策。這些計畫代表了與昔日仇恨的敵人重歸於好，它們以令人容易接受的、幫助孩童和婦女的形式，或是對某些人說，以對投放原子彈而進行贖罪和部分補償的形式表現出來。這些「人幫人」的計畫顯然是反種族主義的——鼓勵開明寬容的、熱衷政治的美國人建立一種跨越國界、種族和階級界限的關係，以瞭解他們和更為寬廣的世界所存在的相互依賴的關係。[116]冷戰期間，美國的整體政治目標是清除「滋生共產主義的溫床」，而為廣島的婦女和青年提供一個「健康」環境的計畫恰好和美國人有關責任、同情和人性等深植於心的觀念相吻合。但這些計畫同時也聯繫著戰後美國的「世界民族主義」，該主義是兩種信念的結合，一是相信「美國人是上帝選民，有註定的使命和命運」，另一個是美國有責任向全世界傳播諸如自由、民主、獨立等「普世」價值觀的信念。[117]使用家庭的比喻既合理化了美國人和昔日宿敵之間的等級關係，又將對廣島民眾的照顧責任個體化了。

「精神的養子」計畫和「廣島少女計畫」更多地起到了象徵性作用意義而非其實際作用，這點不論是在當時或是之後對美國人似乎都並不重要。一九五五年，「少女」計畫的開始階段，《安娜堡新聞》(Ann Arbor News)曾熱烈擁護稱：「這些興奮的少女正在踏上一條將為她們帶來新生的旅途。這一切成為可能都有賴於美國和日本一些富有同情心的人們的不懈努力。儘管這項計畫規模並不宏大，但其意義不凡。這絕對是很長時間以來能夠引起我們注意的最令人感動、值得的事業之一。」[118]三十五年後，卡森斯宣稱儘管「廣島少女計畫」規模不大且缺乏後繼影響力，但他對該計畫還是很滿意。他認為「世界可以通過僅僅一個人一次小小的努力而改善」，他的看法改變了記者想從該計畫中挖掘某種宏大意義的企圖。[119] 這兩項計畫改善了二十五名少女的生活，還一度在六百名孤兒無人說明的情況下資助他們並滿足了他們的生活需求。

1 羅德尼·巴克(Rodney Barker),《廣島少女:勇氣、同情和倖存者的故事》(The Hiroshima Maiden: A Story of Courag, Compassio, and Survival),紐約:Viking Pengui, 1985年:第56-58頁。馬文·格林(Marvin Green),《廣島和平中心聯合會簡史概略》(A Bird's-Eye View of a Short History of the Hiroshima Peace Center Associates),未經出版的列印稿,寫作日期不詳(參考書目顯示該書是格林在1955年中期或後期創作的);羅德尼·巴克對格林進行的錄音採訪,採訪日期不詳(巴克回憶是在1970年末或是在1980年);《馬文·格林》是1979年或1980年巴克對格林做的錄音採訪。後三個檔存放在巴克為了研究他的著作而收藏的檔書信裡,其中包括已故格林牧師的一些私人檔。巴克將這些檔書信委託給我保管,我又將它們交由俄亥俄州威明頓的威明頓學院和平資源中心的檔案管理處妥善保管。

2 R. 萊恩·芬裡奇(R. Lane Fenrich),《小規模的大屠殺:美國人是如何成為原子彈爆炸受害者》(Mass Death in Miniatur: How Aemricans Become Victims of the Bomb),選自蘿拉·海因(Laura E. Hein)和馬克·賽爾登(Mark Selden)編著,《接受核彈:核武器時代美日的文化衝突》(Living with the Bom: American and Japanese Cultural Conflicts in the Nuclear Age),紐約Armon: M. E. Sharp, 1997年:第六章。

3 《美國原子彈暴行》(America's Atomic Atrocity),選自《基督教世紀》,1945年8月29日刊:第974-976頁。

4 參見巴克;維吉尼亞·納伊夫(Virginia Naeve),《原子彈爆炸倖存者的朋友們》(Friends of the Hibakusha),丹佛:艾倫·斯沃倫,1964年;麥可·亞萬蒂提(Michael J. Yavenditti),《20世紀50年代中的廣島少女和美國的仁慈》(The Hiroshima Maidens and American Benevolence in the 1950s),選自《美國中部》,第64期,1982年:第29-31頁;Kazuo Chuj 譯,《廣島少女:重述原子彈大屠殺》(Hiroshima Maiden: The Nuclear Holocaust Retold),《朝日晚間新聞》,東京:朝日新聞社,1984年;安·奇澤姆(Anne Chisholm),《廣島面孔:報告》(Faces of Hiroshim: A Report),倫敦:Cap, 1985年;勞倫斯·威特納(Lawrence Wittner),《廣島少女們帶來的威脅:日本原子彈爆炸受害者和美國政府1954-1956》(The Menace of the Maiden: Japaness Atomic Bomb Victims and the U.S. Governmen, 1954-1956),本文在1994年11月2日馬爾他首都瓦勒他舉行的國際和平研究協會會議上宣讀;1988年,瓊·達林(Joan Darling)指導的《廣島少女》由美國公共廣播電視臺奇蹟欄目播出;艾倫·納德爾(Alan Nadel),《遏制政策下的文化:美國話語、後現代主

義和核時代》(Containment Cultur: American Narrative, Postmodernis, and the Atomic Age)，Duke University Pres, 1995年；戴安娜．藤野(Diane Fujino)，《源自內心的革命：亞裔美籍女激進主義者的形成》(Revolutions from the Hear: The Making of an Asian American Woman Activist)，選自索尼婭．沙(Sonia Shah)編著的《女強人：亞裔美籍女性主義者滿腔激情》(Dragon Ladie: Asian American Feminists Breathe Fire)，波士頓：South End Pres, 1997年；卡洛琳．丘恩．辛普森(Caroline Chung Simpson)，《缺席的到場：生活在戰後美國文化中的日裔美國人1945-1960》(An Absent-Presenc: Japanese Americans in Postwar American Cultur, 1945-1960)，Durham: Duke University Pres, 2001年；第四章；克莉絲蒂娜．克萊因(Christina Klein)，《冷戰東方主義：中產階級想像中的亞洲1945-1961》(Cold War Orientalis: Asia in the Middlebrow Imaginatio, 1945-1961)，Berkele: University of California Pres, 2003年；第四章。這些作品中，只有亞萬蒂提和克萊因對「精神的養子」計畫作了詳細的分析。

5 美國研究學者克莉絲蒂娜．克萊因稱此為「種族面對面的話語」。通過講述一些「在政界穿梭的個人跨越種族和國家的界限進行交流」的故事，這種「種族面對面的話語」在冷戰期間製造了對「全球種族融合的想像」，這種想像歌頌多元論者的融合觀點，譴責按人種區分的排他主義。克萊因認為，這樣的情緒讓美國人能「通過非帝國主義的手段而達到帝國主義最終的目的」。克萊因，第83-85頁、208頁。

6 辛西婭．法蘭克林(Cynthia Franklin)，《在反積極賦權行動時代追憶(這座橋)：文選、學術論文集、社會機構自傳》，選自Gloria E. Anzada和安娜露易絲．基廷合著《我們聯繫祖國的橋樑：轉型時期的種族想像》(This Bridge We Call Hom: Racial Visions for Transformation)，紐約：Routledg, 2002年；第429頁。

7 《星期六文學評論》：《荒廢了的現代人》(Modern Man Is Obsolete)，選自1945年8月18日刊：第5頁，引文出自第7頁；《原子彈時代的國家主權》(Sovereignty in an Atomic Age)，選自1945年11月13日刊：第22-24頁。

8 谷本清，《廣島的想法》(Hiroshima's Idea)，選自《星期六文學評論》，1949年3月2日刊：第20-21頁。

9 他在儀式上的演講節選可參見諾曼．卡森斯(Norman Cousins)，《為什麼重建？》(Regeneratin for What?)，選自《星期六文學評論》，1949年9月3日刊：第22-23頁。

10 1980年5月9日羅德尼．巴克對諾曼．卡森斯的採訪錄音，來自巴克的個人收藏；諾曼．卡森斯，《四年後的廣島》(Hiroshima Four Years Later)，選自《星期六文學評論》，1949年9月17日刊：第9-10頁。

11 1996年9月11日，對艾倫．卡森斯(Ellen Cousins)進行的電話採訪。

12 Shigeki Hat，《感謝大家並對大家充滿希望》(With Thanks and Hopes for All)，選自納伊夫，第19頁；卡森斯，《四年後的廣島》。

13 《廣島的「精神的養子計畫」》(Hiroshima "Moral Adoptions")，選自《星期六文學評論》1949年10月15日刊：第23頁；原文為斜體。

14 《星期六文學評論的讀者和「精神的養子計畫」》(SRL Readers and "Moral Adoptions")1949年11月5日刊：第23頁；《致編輯的信件：廣島孤兒》(Letters to Edito: Hiroshima Orphans)，選自《星期六文學評論》，1950年6月3日刊：第24頁。

15 百分比從以下數字中得出：93位女性、38位男性、15對已婚夫婦，另有5位的性別從名字上無法判斷。資料來自前面的引文。

16 凱薩琳．斯普勞爾(Kathleen Sproul)，《種：父親——類：道德》(Genu: Parent—Specie: Moral)，選自《星期六文學評論》，1950年12月23日刊。

17 《廣島的「精神的養子計畫」》(Hiroshima "Moral Adoptions")，選自《星期六文學評論》，1949年11月8日刊：第26頁。

18 信件摘錄來自費城的勞倫斯．馬里斯(Laerence L. Malis)，選自《廣島之罪》(Guilt of Hiroshima)，1949年10月22日刊：第20頁。

19 兩封信都出現在《關於廣島》(Concerning Hiroshima)，選自《星期六文學評論》，1949年11月19日刊：第27-28頁。

20 卡森斯，《關於我是個心軟的人》(On Bing a Softie)，選自《星期六文學評論》，1949年10月1日刊：第20頁。

21 同上，但是卡森斯對日本人並不是完全沒有疑問。他後來對國務院的官員說：「日本人在特定的情況下有種很強的責任感，比如對家庭或是對天皇，但他們在很大程度上缺少利他主義。」DOS備忘錄記錄了卡森斯和下列官員的（電話）談話：負責遠東事務的助理國務卿沃爾特·羅伯遜（Walter S. Robertson）、負責遠東事務的副助理國務卿威廉·西博爾德（William J. Sebald），以及負責日本事務的代理長官理查·芬恩（Richard B. Finn）；1955年6月20日，卡森斯寫給威廉·西博爾德的信件，出自羅德尼·巴克的個人收藏。

22 截止第二年的六月，山下孤兒院已經收容了71個孤兒，他們都以「精神的養子」的形式被收養了，但這些增長的數目可能是精神養子計畫成功的結果。參見山下貞子的信件，出自《致編輯的信件：廣島孤兒》，選自《星期六文學評論》，1950年6月3日刊：第26頁。

23 1949年11月11日，卡森斯寫給浜井信三的信件，存於加利福尼亞大學洛杉磯分校圖書館特殊館藏部第96號檔案箱4號文檔夾（日本相關事務—1950）1385號諾曼·卡森斯相關檔（以下簡稱諾曼·卡森斯相關檔）。

24 巴克，第67頁。葛籣·埃弗里特（Glenn Everett），一名從事宗教新聞報導的記者參予了兩項計畫，捐資豐厚——高達47萬美元——考慮到當時其他的捐贈數額，這個數目似乎讓人不敢相信。埃弗里特於1996年去世，他的妻子稱在事情發生的40年後，他的書作是在沒有任何書面記錄，大部分靠回憶的情況下完成的。葛籣·埃弗里特，《廣島恐怖爆炸後的希望：原子彈爆炸倖存的日本基督教徒和他們祈求原諒、和解和世界長久和平的禱告》（Hope from the Horror of Hiroshim: The Story of the Japanese Christians Who Survived the Bomb and Their Prayers for Forgivenes, Reconciliation and Lasting World Peace），Rutland, Vt.: Academy Book, 1995年；第151頁；1998年1月19日，電話採訪海倫·雷諾茲·埃弗里特。

25 《（星期六文學評論）讀者收養廣島孤兒》（Hiroshima Orphans Adopted by SRL Readers），選自《星期六文學評論》，1950年6月3日刊：第25頁；《廣島孤兒》（Hiroshima Orphans），選自《星期六文學評論》，1950年6月3日刊：第24頁、26頁。

26 斯普勞爾，第26頁。

27 正如歷史學家麥可·亞萬蒂提（Michael J. Yavenditti）所指出的，這個計畫「有個好處就是可以建立父子關係卻不用進撫養義務責任」，麥可·亞萬蒂提，《廣島少女》，第24頁。

28 谷本清，第20頁。

29 格林，《廣島和平中心聯合會簡史概略》；巴克，第57-58頁；參見遞交給國務院日本事務部部長法蘭克·霍利(Frank Hawley)的檔《關於12名原子彈受害者赴美意見徵求和意圖聲明》(Declaration of Intent and Request for Detailed Advice in Bringing to the United States Approximately 12 Victims of the Atomic Bomb)，檔日期不詳，出自巴克個人收藏。(對比參照馬文·格林，《攜廣島疤痕少女赴美必要步驟提綱》〔"Brief Outline of Steps to Be Taken to Bring Keloid Girls to America"〕，1954年1月2日，存於巴克個人收藏，格林在完成此備忘錄後寫了《意圖聲明》)。

30 對格林做的錄音採訪。格林也回憶說衛理公會教派的主教同意參加這個組織，卻從未參加過廣島和平中心聯合會會議，但他的名字卻印在廣島和平中心聯合會信箋抬頭長達數年。

31 格林，《廣島和平中心聯合會簡史概略》；巴克，第58-61頁。

32 1996年春採訪松原美代子。松原是谷本清團隊的一員，不是被選為赴美接受整容手術的婦女。

33 真杉靜枝為一本日本婦女雜誌所作的對廣島少女和谷本清的採訪，部分地關注了紫苑聯合會婦女們「對愛情和婚姻的渴望」。參見《原子彈爆炸受害少女們令人傷心的夢想》(Sad Are the Dreams of the Atomic Bombed Maidens)，譯自《婦人俱樂部》，附在1952年10月1日谷本清寫給卡森斯的信中，存於巴克的個人收藏。

34 巴克，第63頁。

35 對松原美代子進行的採訪。

36 1952年8月11日真杉靜枝從東京發給賽珍珠的信件；1952年7月29日，理查·沃爾什婦人(賽珍珠)發給卡森斯的信件；1952年7月23日伯尼斯·法蘭克爾(卡森斯的助手)發給沃爾什(賽珍珠)的信件；1952年8月11日真杉靜枝發給賽珍珠的信件的副本；1952年8月20日賽珍珠發給卡森斯的信件。所有信件都保存於諾曼·卡森斯的文件：第1386號檔案箱。

37 有關傷情的描寫和引用的談話出自巴克，第65-66頁。

38 1955年4月13日海倫·橫山初子寫給卡森斯的信件，存於巴克個人收藏。

39 1998年2月3日，電話採訪羅德尼·巴克。

40 對好運龍漁船上被激怒的船員進行詳細記述的書作，可參見拉爾夫·拉普(Ralph E. Lapp)，《好運龍的航行記》(Voyage of the Lucky Dragon)，紐約：Harper & Brothers, 1958年。這個事件讓美國處境非常尷尬，以至於最初時一些美國官員都認為這是共產主義者們故意將船開到試驗場附近來羞辱美國的。沃爾特·拉夫伯(Walter LaFeber)，《撞擊：美日關係史》(The Clas: A History of U.S.-Japan Relations)，紐約：W. W. NORTO, 1997年：第311頁。

41 1955年4月5日，C. 法蘭克·奧特洛夫(C. Frank Orloff)時任紐約交友中心聯合會特別委員會主席，威明頓紐約交友中心廣島少女計畫檔附文《廣島少女計畫簡要情況說明書》(An Abbreviated Fact Sheet About the Hiroshima Maidens)。

42 對格林做的錄音採訪。

43 威特納，第4頁。

44 克萊因，第73頁、79-80頁、84頁。

45 對卡森斯做的錄音採訪。

46 《這就是你的生活》節目中對谷本清外貌的描繪出自巴克，312頁。《這就是你的生活》還募集資金建立了亞利桑那戰艦紀念館。1958年國會批准建立紀念館，但沒有撥款。大宗數額的資助金來自：艾維斯(6. 4萬美元)；《這就是你的生活》節目組(9. 5萬美元)；亞利桑那戰艦玩具模型(40000美元)。艾米麗·羅森柏格(Emily S. Rosenberg)，《國恥日：偷襲珍珠港留給美國人的記憶》(A Date Will Liv: Pearl Harbor in American Memory)，Durham: Duke University Pres, 2003年：第72頁。

47 1955年6月20日，卡森斯寫給西博爾德的信件。

48 1955年6月2日，DOS備忘錄。

49 亞萬蒂提，《廣島少女》，第27頁；錄音採訪卡森斯。

50 1955年5月14日，德克薩斯大學醫學研究生院院長格蘭特·泰勒博士寫給副國務卿沃特·羅賓遜的信件，信件已解密，副本存於巴克的個人收藏。

51 1955年6月20日，卡森斯寫給遠東事務副助理國務卿威廉·西博爾德的信件，信件已解密，副本存於巴克的個人收藏。

52 《國務院的辯護人》(An Apologist for the State Department)是一位憤怒的聽眾對卡森斯在世界和平文化科學大會上發表的演講所做的回應。參見卡森斯，《告國內友人書》(Tell the Folks Back Home)，選自《星期六文學評論》，1949年4月9日刊：第20-22頁；《致編輯：告國內友人書》(Letters to the Edito: Tell the Folks Back Home)，選自《星期六文學評論》，1949年5月7日刊：第22頁。

53 沃爾特·拉夫伯，第289-324頁。

54 巴克，第82頁；錄音採訪卡森斯。

55 1955年8月1日，國務院辦公廳下屬馬克思·畢夏普呈送麥卡德爾和羅賓遜的DOS備忘錄；1955年6月2日，DOS備忘錄，存於巴克的個人收藏。

56 1955年7月9日，阿拉巴馬州墨比爾市多芬路衛理公會教堂的牧師A.卡爾·阿德金斯(A. Carl Akins)寫給主教G.布羅姆利·奧克斯納姆(G. Bromley Oxnam)的信件；1955年7月20日，G.布羅姆利·奧克斯納姆寫給約翰·福斯特·杜勒斯的信件。兩封信的副本都存於巴克的個人收藏。

57 1955年6月2日，DOS備忘錄；1955年8月1日，DOS備忘錄，存於巴克的個人收藏。

58 1955年8月1日，DOS備忘錄。

59 1955年8月15日，沃特·羅賓遜發給G.布羅姆利·奧克斯納姆的信件；1955年9月22日，卡爾·阿金斯博士、羅賓遜和芬恩三人談話的DOS備忘錄；1955年6月2日，DOS備忘錄。檔的副本都存於巴克個人收藏。

60 1955年6月2日DOS備忘錄。後來，國務院的說辭又稍有變化，稱美國「對造成傷害的方式……未作區分」，1955年9月22日DOS備忘錄，存於巴克個人收藏。

61 1980年5月9日，巴克對卡森斯的錄音採訪。

62 Chuj，第36頁、108頁。另見第41頁、63頁、104頁、107頁。

63 米基・霍夫曼（Mickey Hoffman），《日本首相（字跡模糊）原子彈戰爭（字跡模糊）》（Jap Minister [illegible] Atom War [illegible]），選自《達拉斯早間新聞》，1955年7月4日刊，剪報存於巴克的個人收藏。

64 卡森斯向國務院官員表明，這次參觀這些「女孩」並不是要讓美國難堪。1955年6月2日DOS備忘錄。

65 保羅・托本金（Paul Tobenkin），《廣島少女來美做手術》（Hiroshima Maidens Here for Surgeries），選自《紐約先驅論壇報》，1955年5月10日刊。引文也出現在艾瑪・哈里森（Emma Harrison），《廣島少女來美做手術》，選自《紐約時報》，1955年5月10日刊。剪報存於巴克個人收藏。

66 喬・米勒（Joe Miller），《廣島少女慶倖自己從未對原子彈爆炸心懷怨恨》（Hiroshima Maiden Happy She's Never Been Bitter About A-Bomb），選自《哥倫布星期日電訊報》（來自俄亥俄州哥倫布市美聯社電訊），1955年7月31日刊。另見《25名廣島少女前往紐約》（25 Hiroshima Maidens on Way to New York），選自《檀香山廣告報》，發刊日期不詳。兩份剪報都存於巴克個人收藏。

67 海門丁傑（Hemmendinger）致西博爾德的DOS備忘錄，參考1956年3月6日《美國總統接見廣島少女的建議》，存於巴克個人收藏。

68 谷本清這樣對埃弗里特說，《廣島原子彈爆炸倖存者作證》，第56頁，存於巴克收藏。

69 有關廣島人民對美國人的敵意和怨恨的討論，參見羅伯特・傑伊・利夫頓（Robert Jay Lifton），《雖生猶死：廣島倖存者》（Death in Life: Survivors of Hiroshima），1967年初版，紐約：BasicBook, 1982年：第242頁、298頁、317-326頁、414-426頁。

70 克拉克・李（Clark Lee），《最後一瞥》（One Last Look Around），紐約：Duell, Sloan and Pearc, 1947年：第76頁、83頁。

71 同上，第117頁。甚至卡森斯也採用迂回提問的方式。參見卡森斯，《論俘獲人心》（On Acquiring a Soul），選自《星期六文學評論》，1948年4月17日刊：第31頁。

72 錄音採訪格林。但是卡森斯堅持說他訪問廣島時，沒有注意到人們有仇恨的情緒。錄音採訪卡森斯。

73 可哥．谷本獎學金基金委（紐約東奧蘭治）執行委員長馬文．格林博士，宣傳冊《比原子彈威力更強的力量》(A Power Greater Than the Atom Bom，日期不詳），存於巴克個人收藏。內容表明格林是在1963年寫作該宣傳冊。

74 同上。但是，卡森斯被谷本清越來越直白的索要資金的請求激怒了，而谷本清也因卡森斯控制資金的方式感到沮喪。1956年9月16日，谷本清發給卡森斯的信件副本；1956年9月27日，卡森斯寫給谷本清的信件副本，兩個文件都存於巴克個人收藏。

75 正如以上引用的信件中表現的一樣，作為第一個使用核武器國家的「原罪」觀念和人道主義衝動都讓美國人心理負擔沉重不堪。

76 卡森斯，《為生而疚》(An Apology for Living)，選自《星期六文學評論》，1948年11月9日刊：第912頁，54-58頁。

77 赫西在紀實作品中描述了太平洋戰爭的軍隊：《進入海谷：海軍遭遇戰》(Into the Valle: A Skirmish of the Marines)，紐約：Knop, 1944年。他還著有描寫在義大利作戰士兵的小說《阿丹諾之鐘》(The Bell for Adano)（紐約：Knop, 1944年），獲普立茲獎。他的小說《牆》(The Wall)在《廣島》出版後四年，即1950年出版。約翰．赫西《牆》，紐約：Knop, 1950年。

78 《廣島1945，紐約1955》，選自《紐約每日新聞》，1955年5月5日刊，剪報存於諾曼．卡森斯文件1300檔案箱剪貼簿。該剪貼簿上的許多其他剪報和《每日新聞》苛刻無禮的觀點形成了強烈的對比。

79 《為了日本原子彈受害者》(For Jap Bomb Victims)，選自《薩凡納新聞》（喬治亞州），1955年5月10日刊，剪報存於諾曼．卡森斯文件1300檔案箱。更多例證參見該檔案中的其他剪報。

80 《手足情之最》(Acme of Brotherhood)，選自《代頓新聞》（俄亥俄州），1955年5月10日刊，剪報存於諾曼．卡森斯文件1300檔案箱。

81 湯瑪斯．恩尼斯(Thomas W. Ennis)，《阿爾弗雷德．L. 羅斯，95》，選自《紐約時報》，1981年11月26日刊，D14版；1995年1月24日，電話採訪威廉．羅斯二世。

82 以色列後來稱杉原千畝(Sughiara)為「正義之士」，他成為最近一場「生命簽證」展覽的主角，該展覽首場於1995

年在洛杉磯西蒙・維森塔爾中心的寬容博物館開展。他還是一本新書的主角：希勒爾・李雲(Hillel Levine)，《尋找杉原千畝：冒死拯救一萬名猶太人的神秘日本人》(In Search of Sugihar: The Elusive Japanese Who Risked His Life to Save 10000 Jews)，紐約：Free Pres, 1996年。更為保守的資料來自大屠殺紀念中心的網站：www.holocaustcenter.com/sugihara.shtml(登錄日期：2003年6月8日)。

83 《廣島和西奈山》(Hiroshima and Sinai")，選自《堪薩斯都市猶太新聞》，1955年5月20日刊，剪報存於巴克個人收藏。此處提到的猶太人對日本人的感激之情是有一定真實性的。作者的父親在60年代末期到紐約時曾遇到一位猶太房東，他說一個日本人給他辦了簽證救了他一命，所以他一直想租房子給日本房客。

84 《美國的原子彈暴行》(America's Atomic Atrocity)，第974頁；《一些傷痕永遠無法抹去》(Some Scars Will Never Be Erased)，選自《基督教世紀》，1955年5月25日刊：第613頁。

85 例證參見：盧斯・凱伍什(Ruth F. Kavesh)的來信，存於諾曼・卡森斯的文件第330號檔案箱「HPCA/SR的貢獻」文件。

86 1957年12月18日，洛伊絲・P. 門羅(Lois P. Munroe)寫給HPCA的信件。另見1957年11月5日，漢斯・伊林(Hans A. Iling)(洛杉磯)寫給HPCA的信件；1957年11月14日，馬貝爾・丹紐舍(Mabel Danuser)(華盛頓特區)寫給HPCA的信件。丹紐舍除了首次的捐贈外，又將自己收到的聖誕禮物25美元捐了出來。她解釋說「我想沒有比把這筆錢捐給廣島和平中心更好的使用方式了」。1958年2月3日，馬貝爾・丹紐舍寫給HPCA的信件。所有信件都存於諾曼・卡森斯的文件第330號檔案箱「HPCA/SR的貢獻」文件。

87 1983年9月27日，羅蘭・博徹斯夫人(Roland Borchers)(紐澤西州蒙特克雷爾賽丁女修道院長住所)寫給卡森斯的信件，存於諾曼・卡森斯的文件第1386號檔案箱「廣島少女，通訊，1983」文件；原文中為強調部分。

88 2004年1月15日，電話採訪家山由利；2004年1月24日，家山由利的來信；2004年11月6日，電話採訪赤松晴子。更多有關家山由利的資訊，參見戴安娜・藤野(Diane C. Fujino)，《心跳的鬥爭：家山由利革命的一生》(Heartbeat of Struggl: The Revolutionary Life of Yuri Kochiyama)，Minneapolis: University of Minnesota Pres, 2005年。

89 希拉・詹森（Sheila K. Johnson），《美國人眼中的日本人》（The Japanese Through American Eyes），Stanfor: Stanford University Pres, 1988年：第48-49頁。

90 1952年11月1日，谷本清寫給卡森斯的信件，存於諾曼・卡森斯文件第1386號檔案箱。

91 引自亞萬蒂提，《廣島少女》，第29頁。威廉・希奇格博士（William Hitzig）在談到廣島少女計畫之後廣島和平中心資助拯救拉文斯布呂克集中營婦女的計畫時，就清楚地表達了這種情緒；他記述了一位「被當做實驗品的女士已被剝奪了做女性的權利」，也被斷絕了「結婚生子這種完整生活的可能性」，因為納粹對她實施了絕育手術。1958年10月20日，威廉・希奇格寫給卡森斯的信件，存於諾曼・卡森斯文件第272號檔案箱一號文件夾第23頁。

92 一名駐日美國人在報導中稱日本人對將男性排除在救助計畫之外感到「很煩惱」，建議採取措施「一定要樹立一種觀念：救助計畫絕無性別歧視的意圖」。1955年6月6日，美國議員塞西爾・金（Cecil King）寫給助理國務卿瑟斯頓・莫頓（Thurston B. Morron）的信件，信件已解密，副本存於巴克的個人收藏。

93 出自諾曼・卡森斯文件第2號檔案箱檔「廣島少女名單」和第1272號檔案箱檔「日本T. H. 1953」。這份名單是1969年更新的版本，因為有人在檔上標注了「69年12月」。

94 《廣島少女計畫讓所有美國人都開心》（Hiroshima Maidens Project Pleasing to All Americans），選自《安娜堡新聞》，1955年5月7日刊，存於諾曼・卡森斯文件第1300號檔案箱。

95 對松原的採訪。認為Tomoko Nakabayashi的死（手術時突發心臟病）導致這些計畫的終止，但是卡森斯的文件檔案和巴克的檔收藏證據表明實際上是贊助者們對此不感興趣而致使計畫停止。

96 亞萬蒂提，《廣島少女》，第28頁。

97 Chuj，第7072頁。

98 電話採訪巴克。

99 Chuj，第72頁。

100 參見威明頓和平中心廣島少女計畫檔案檔中的信件。

101 1958年10月20日，威廉．希奇格寫給卡森斯的信件，存於諾曼．卡森斯文件第272號檔案箱1號文件夾第23頁；1998年1月26日，與珍妮．本恩森．盧因森(Jeanne Benenson Lewisohn)的電話交談；巴克錄音採訪格林，存於巴克個人收藏。另見卡森斯寫作的有關拉文斯布呂克婦女集中營的文章草稿，存於諾曼．卡森斯文件第272號檔案箱。

102 錄音採訪卡森斯；電話採訪巴克。另見傑克．佩恩(Jack Penn)和卡森斯的往來信件，存於巴克和卡森斯的文件收藏中。

103 格林、本恩森和迪特勒都是自願參與HPCA的活動，這些志願者要麼逐漸淡出(本恩森在1964年再婚)，要麼就是不再能負擔得起義務服務(如迪特勒和格林)，因為他們不像卡森斯和伊達．戴那樣富有，伊達．戴是一名貴格會教徒，和廣島少女計畫聯繫緊密。資料來自諾曼．卡森斯文件第330號檔案箱，文件夾「捐助100美元以上贊助人名單」，檔「1957年4月1日至1958年3月31日財政年度向HPCA捐資100美元以上的捐贈人名單」；1998年1月26日，電話採訪珍妮．本恩森．盧因森；1957年1月2日，迪特勒交給珍妮的備忘錄；1955年5月11日，馬文寫給卡森斯的信件，存於諾曼．卡森斯文件第1386號檔案箱。

104 錄音採訪格林。

105 財務主管格林，1956年7月通訊位址：奧蘭治30537紐澤西州東奧蘭治伯查德大道62號廣島和平中心聯合會拯救孤兒計畫，存於巴克個人收藏。格林列舉了227對「積極主動的父母」和264對「不積極的」父母。

106 具體計畫持續實施了多久，很難判斷。現存的檔都沒有確鑿的計畫結束日期，健在的計畫參與者也不記得或不知道確切的時間。1998年1月26日，電話採訪盧因森；1998年1月23日，電話採訪90歲高齡的赫爾伯特迪特勒，他的妻子艾德娜(Edna)住在養老院；1998年1月30日，薩里．盧．科伊爾(Sallie Lou Coyle)寫給作者的信件。

107 1957年3月28日，迪特勒給本恩森的備忘錄，1958年8月11日，迪特勒給本恩森的備忘錄，兩本備忘錄都存於諾曼・卡森斯文件第1386號檔案箱文件夾「5759年與孤兒們的往來信件」；1998年1月26日，電話採訪珍妮・本恩森・盧因森；卡森斯撰寫的報告，出自小冊《廣島和平中心通訊》(Hiroshima Peace Center Newsletter)，1954年4月，小冊由和平中心聯合會出版，存於巴克個人收藏。

108 小冊《廣島和平中心基金會的史料》(The Story of the Hiroshima Peace Center Foundation)，存於巴克個人收藏。

109 有關《一生的承諾》(Life-Time Commitment)，參見1949年10月11日卡森斯寫給浜井信三的信件，存於諾曼・卡森斯文件第96號檔案箱4號文件夾(日本事務—1950)。

110 1952年麥卡倫國內安全法在嚴格配額的情況下允許日本移民加入美國國籍，但是該法案設定的是允許美國的年邁日本人——特別是二代日裔美國人的父母，第一代日本移民——取得美國國籍。法案的支持者們試圖讓反對者放心，嚴格的配額限制將阻止日本移民大批湧入美國，而法案的主要受益者是年邁的第一代日本移民，他們已經沒有繁衍子孫的能力了。參見Yukiko Koshir，《大洋彼岸的種族主義：美國的對日佔領》(Transpacific Racism: The U.S. Occupation of Japan)，紐約：Columbia University Pres, 1999年。

111 參見卡森斯在小冊《廣島和平中心通訊》中撰寫的報導，存於巴克個人收藏。

112 1956年9月16日，谷本清寫給卡森斯的信件副本，存於巴克個人收藏；另見利夫頓，第253-269頁。

113 休・奧賴利在夏威夷退休養老，2004年8月已到90歲高齡，但每年神聖之家孤兒院的開學典禮上，他還會問候孤兒們。

114 麥克勒金(McClurki，名字不詳)給羅伯遜的DOS備忘錄記錄著：1955年12月16日「回覆卡森斯1955年12月8日的來信」，存於巴克個人收藏。卡森斯寫信要求當局繼續批准為該計畫輸送醫生。國務院讓卡森斯向國防部申請。

115 1955年8月15日，沃爾特・羅伯遜寫給G. 布羅姆利・奧克斯納姆(G. Bromley Oxnam)的信件，存於巴克個人收藏。

116 克萊因，第83-85頁。

117 約翰・福塞克（John Fousek），《領導自由世界：美國民族主義和冷戰的文化根源》（To Lead the Free Worl: American Nationalism and the Cultural Roots of the Cold War），Chapel Hil: The University of North Carolina Pres, 2000年：第7頁。

118 《「廣島少女」計畫讓所有美國人都開心》（Hiroshima Maidens Project Pleasing to All Americans），選自《安娜堡新聞》，1955年5月7日刊，存於諾曼・卡森斯文件第1300號檔案箱。

119 錄音採訪卡森斯。

Hollywood's Japan

第七章——好萊塢影片中的日本

一九五七年十二月5日，華納兄弟公司在攝影中心舉辦了一場奢華壯觀的首映禮，所為影片是公司竭力推舉的由馬龍．白蘭度和高美以子出演的「年度最受期待的影片之一」：《再見》。當應邀嘉賓和國際媒體從華納兄弟公司的北門紛紛入場時，撲面而來的是一個「龐大的佈景」，其中有「熱帶植物、織錦掛毯、東方書畫和其他展現日本文化的物品……大量五顏六色的燈籠被當作聚光燈」點綴在北門兩邊二十三英尺高的牆上。入場後，迎候大家都是穿著「日本傳統服裝」的「十六名有著日本血統的最美麗的加州南部少女」，其中包括一九五七到一九五八年度日裔美國小姐宮美津。這些身著和服的日裔美國少女引領嘉賓分別就坐於舉辦此次盛會的十個攝影棚，此次盛會由傑克．林克萊特連同安迪．格里菲斯和埃德．溫共同主持。為了讓「影迷觀眾能一覽無遺這個星光閃耀的盛會」，華納兄弟公司在攝影棚停車場搭建了十六個露天看臺區，並用一萬個一百瓦的燈泡將這個星期四的夜空照耀得燈光燦爛。

儘管影片《再見》的首映禮光鮮亮麗、浮華鋪張，同時還期許著影片能帶來豐厚的利潤回報，但是影片的製作團隊也懷著促進美日兩國友誼這一更為崇高的目標。《再見》的導演約書亞．洛根（Joshua Logan）在介紹影片的深層目的時說：「我們想讓人們充分關注美國大兵和日本女性之間的跨國婚姻的問題——以說明現代的交流手段已經永遠地摒棄了老舊的觀念：『東方就是東方，西方就是西方，兩者永不交匯』。」[1] 影片《再見》改編自詹姆斯．A. 米切納的同名暢銷書，講述了美空軍少校勞埃德・格魯夫（白蘭度飾）在和日本首席舞女阿儂（hana Ogi）相愛的過程中如何逐漸克服對日本人的種族歧視。華納兄弟投拍的這部電影為公司盈利一千零五十萬美元，成為當年票房收入排行第三的影片。[2] 該片還獲得包括最佳影片獎、最佳導演獎等在內的十項奧斯卡提名，並最終贏得其中四項，儘管這四項不是主要獎項。

《再見》一片憑藉其高成本製作、多項奧斯卡提名和一流的演員陣容，或許時至今日仍是同類題材影片中最令人難忘的影片。它的確稱得上是一類題材。從一九四九年到一九六七年，好萊塢製作了十幾部以日本為背景的電影——其中一些是給人印象不深、容易遺忘的二流影片，如《夜幕下的東京》（Tokyo After Dark, 1959）和《啼笑姻緣路》（Cry For Happy, 1961）。但也不乏一些由一流知名演員出演的影片，如約翰・韋恩出演的《蠻夷與藝伎》（The Barbarian and the Geisha, 1958），當然還有另外一部由馬龍・白蘭度成功出演的影片《秋月茶室》（The Teahouse of the August Moon, 1956）。[3] 在美國劇院上映的還有十幾部和亞洲相關的、以冷戰東方主義為背景的電影——如表現日裔美國人的影片《全力以赴》（Go For Broke!, 1951）和《黑岩喋血記》（Bad Day at Black Rock, 1955）；將東西方愛情故事搬上螢幕的《愛情多麼美好》（Love Is a Many-Splendored Thing, 1955）和《蘇絲黃的世界》（The World of Suzie Wong, 1960），還有包括《桂河大橋》（The Bridge on the River Kwai）在內的近二十幾部以亞洲為背景的影片。

這類題材的出現存在著多種因素。美國在亞洲戰場的經歷讓美國的製片人和觀眾更加關注亞洲、亞洲人，甚至亞裔美國人。從一九三一年至一九八〇年，《紐約時報書評》(New York Times Book Review)和《出版者週刊》(Publisher's Weekly)上刊登的一周暢銷書榜表明以發生在中國、日本、韓國、緬甸、太平洋和東南亞的戰爭為背景的小說和紀實文學一直是有關亞洲的暢銷書。[4]對美國作家而言，在創作有關駐日美國人的故事時，很自然地就會延續他們所熟悉且也為大眾接受的美國英雄主義的情節主線。同時，好萊塢電影公司開始打破了電影不能涉及種族歧視的禁忌。二戰前，電影公司——基本上由對社會歧視深有體會的猶太人掌控——顧慮到大多數的觀眾對支持少數種族和少數族裔權益的電影可能會反應冷淡。但戰後，電影公司改弦更張，調整了對種族的看法——越來越多的美國人認識到種族主義缺少科學依據，並且他們認為這種「幼稚的」想法和行為妨礙了美國政府為國內所有公民提供平等權利的能力以及在冷戰期間與有色人種國家維持同盟關係的能力。[5]因此，和二戰前電影中跨國婚姻的悲劇結局不同，在戰後影片中，跨國相愛的戀人們——如果是亞洲女性和白人男性的話——就能有一個幸福圓滿的結局。電影審查委員會最初認為米切納於一九五三年創作的小說《再見》是「對不正當兩性關係的令人無法接受的描寫」，建議對劇本進行調整，表明這對戀人想結婚。[6]電影審查委員會的約瑟夫·I. 布林(Joseph I. Breen)這位羅馬天主教徒擔心的是通姦而不是種族通婚。[7]對米切納小說的結尾部分進行修改，讓男女主角結婚生子的結局，既滿足了電影審查部門，又可以讓華納兄弟公司的宣傳機器聲稱：「自『蝴蝶夫人』以來，種族間的愛情和通婚可謂歷經曲折。」[8]

米切納的小說立刻被戰後急於彌補觀看電影人數下滑的電影業看中，認為該小說具有改編成熱門影片的潛力。[9]一九五四年甚至該書尚未出版前，就有個體影視製作人和電影公司向米切納出價購買《再見》一書的影視版權。當時，電影製作人約書亞·洛根在資金和藝術技巧上都具有投拍與日本相關影片的優勢。洛根胸懷大志，想把日本的劇場藝術展示給廣大的美國觀眾，通過《再見》一片突出歌舞伎和木偶戲。他運用新的科技手段在彩色印片上展現了日本園藝、風景、建築和服飾的華麗景象——這點和當時好萊塢所有有關日本的影片如出一轍。

這些戰後影片顯示了自二戰結束以來美國人對日本人的看法轉變的程度。像《紫心勳章》這樣的戰時影片突出表現的是日本人的邪惡；而現在好萊塢影片宣傳的是和善溫柔的日本人形象。[10]甚至有關太平洋戰爭的戰後影片本身也常常流露出將日本敵人人性化的訊息。例如《桂河大橋》一片——《再見》上映那年的票房冠軍——它的故事主線表現的就是盟軍戰俘內部的矛盾；而與日本人的鬥爭則是次要的。[11]影片表達了對日本士兵的理解同情：他們似乎懼怕代表了「軍國主義日本」的傲慢專橫的長官齋藤上校（早川雪州飾）。該片反映了戰後美國媒體和回憶錄中對「普通」日本民眾和像東條那種邪惡狂熱的「軍國主義分子」做出的區分。[12]

二十世紀五〇年代中期至六〇年代早期，這些以日本為背景的電影代表了戰後將昔日宿敵塑造成同盟國這一過程的頂點。當然，美國人絕不會完全忘記日本人曾是戰時的敵人，曾犯下過窮凶極惡的暴行。但是，戰後好萊塢影片中一幕幕表現櫻花爛漫的日本、和善的日本婦女和討人喜歡的、笑臉盈盈的日本兒童的景象都讓美國人逐漸適應了更寬容地看待日本人。儘管美國觀眾對這些表現日本的溫和場景並不陌生，但戰後這類形象的廣為傳播和影片中比喻手法的反覆使用，有助於在美國大眾文化中塑造一個不同於戰前的轉型形象。

戰爭期間，二戰美國作戰新聞處招募了一些電影公司來動員民眾支持戰爭，但是一九四五年後作戰新聞處被撤銷了。[13]戰後，儘管沒有來自華盛頓的指令或是電影公司內部之間的有意合作，好萊塢仍繼續出品一些反映美國民眾態度以及支援美國外交政策目標的電影。以日本為背景製作電影的製片人試圖在刻畫一個親善、人性化的日本人形象的同時能大賺一筆。因此在好萊塢製片人的手下，所有試圖將日本人描繪成美國朋友的努力都徹底地商業化了——當然，這也完全符合決策者們支援日本成為遠東地區對抗共產主義的民主「堡壘」的目標。[14]憑藉其受過教育、訓練有素的勞動力、公司資本的基礎設施和中央集權的政府，日本不僅有現成的工業基地，還處於東北亞的有利位置——靠近中國和蘇聯——這些使得日本在美國冷戰地理戰略中有著重要的作用。艾森豪政府在繼續杜魯門政府加強日本這個亞洲「工廠」，使其「繼續站在自己一邊」的政策同時，推動國內及國際向日本商品開放市場。[15]

好萊塢出品的任何主題的大製作影片都會讓觀眾眼花繚亂、頭暈目眩，導致觀眾忘記了現實，並且會 那間產生時空錯亂感。[16] 以日本為主題的好萊塢電影就在鼓勵觀眾遺忘或是對殘存的敵意置之不理，引導他們相信眼前螢幕上日本的異域美景和結局幸福的浪漫愛情故事。電影公司配合影片宣傳做的「商業廣告」鼓勵觀眾購買日貨及去日本旅遊。這樣，好萊塢就把將二戰美國宿敵重塑成戰後同盟所作的努力以影片的方式進行包裝推向了市場。但是，這些製片人也沒能擺脫他們自認為在挑戰反對的東方主義觀念。正如華納兄弟公司為《再見》舉辦的首映禮所表明的那樣，好萊塢推動種族寬容的做法是將日本作為一個被西方觀眾欣賞的異國美景兜售，並給日本賦予了一個想像的、神秘的、女性化的「東方」形象。因此，日本人——甚至是在《再見》首映禮上，美國出生的日裔女主持——在好萊塢的觀念中，仍是文化上疏遠陌生的角色。

好萊塢拍攝的以日本為背景涉及種族通婚的影片都是浪漫的愛情故事，旨在傳遞令人鼓舞的訊息：愛可以克服看似不可逾越的阻礙，彌合美日兩國之間的種族分歧和敵意。各種慈善活動和美國資助計畫改善了「廣島少女」、廣島孤兒以及像羅伯特・西山幸正一樣在戰後受到資助的日本學生的生活，和這些活動計畫的作用一樣，戰後影片中這些浪漫的愛情故事將國家之間的雙邊關係弱化成為個體個人層面上的關係，這樣既簡化了美國實施的當代亞洲政策，又可以自我吹捧該政策明智而又充滿人道。這些影片掩飾了兩國之間社會和經濟的不確定性這些更廣層面上的矛盾關係，並把「愛」的結合描繪成是組建國際種族「大家庭」的紐帶。戰後表現日本的影片不僅表明了美國要復興日本，將其納入自由資本主義框架的政策，還表達了美國人有資格有能力領導日本的信念。

跨越種族的愛情

美國大兵和日本女性之間的愛戀關係令一些國內的美國人感到神秘而又不安。「美國國內的人們」能接受士兵們給日本孩童散發口香糖和巧克力：因為這樣的接觸是微小的，這樣的行為也符合美國人自以為的和善大度的形象。那些體諒年輕男性性欲的美國人甚至能夠接受美國大兵和日本婦女之間暫時的性關係，但大多數美國人——包括許多駐日工作的美國人——

不理解為什麼一個美國士兵想和「日本佬」結婚並共度一生。二戰剛結束，佔領區的回憶錄和大眾媒體的文章就試圖回答這些問題。五〇年代，好萊塢開始在大螢幕上解釋這一現象，使用了老套的說法——愛情戰勝一切——來解釋冷戰期間這種跨國跨種族的關係。具體而言，這些電影還是以傳統的文學手法在處理這種愛情故事。故事裡，男性奮鬥、學習，在人與人的關係中脫穎而出——通常是和一個女性保持的兩性關係——成為一個開明而強大的獨立個體。這些種族間的愛情故事所表現的人的轉變和成熟，旨在說明歐美男性通過和日本人建立的關係，漸漸變得更開明、更善解人意、更明智——簡言之，更成熟。連續幾年有三部電影相繼公映——《太陽中的三條紋》(Three Stripes in the Sun, 1955)、《秋月茶室》和《再見》——這些影片的故事情節表現的都是美國白人男主角通過學習成為一家之主，在承擔男性責任方面變得更加出色。

儘管以沖繩為背景拍攝的《秋月茶室》以諷刺的手法表現了美國佔領日本，向觀眾呈現了一個模糊不清的觀點：誰是管理者而誰又該教導誰，但影片中的沖繩民眾天真而又勤勞，為瑣事爭論不休，不關心民主的意義卻最關心建造一個供他們休閒娛樂的茶室。[17] 日本翻譯崎二(馬龍．白蘭度飾)可以稱得上精明，但他的知識能力範圍明顯只局限於日本南部一角的一小撮島嶼。[18] 傑夫．菲斯比上尉(Jeff Fisby，格倫．福特飾)是一名認真但不勝任的駐日軍官，他不僅逐漸懂得欣賞沖繩的文化，還學會了在異國文化中成功地交流和管理。他以一名美國軍官的身份在沖繩學到了可以放之四海的技能。儘管影片中人物的塑造加強了美國軍人和沖繩人民或者日本人民之間的等級關係，但電影的結尾似乎對美國佔領日本進行了合理化的解釋。沖繩的民眾邀請浮躁專橫的美國人來茶室共同慶祝——沖繩民眾對在自己的國土而受制於人的從屬地位並沒有怨恨。影片以美國士兵們夾雜在歡快舞蹈的沖繩人民之間的場景結尾，這是保留至今最好的一幅表現美國佔領沖繩時樂觀而溫馨的景象。作為一部諷刺喜劇，《秋月茶室》和其他由駐日美國人所寫的回憶錄和文章一樣，目的是減少削弱美國佔領日本這一嚴峻冷酷的事實。[19]

《太陽中的三條紋》是根據軍士長休·奧賴利和他妻子裕子的真實故事改編。「三條紋」指的是美軍中士的軍銜，「太陽」指的是日本的紅日。電影的開幕鏡頭神奇地將象徵中士軍銜的三條紋投射疊加在日本標誌式的紅日之上。電影對兩人的浪漫故事做了修改，「裕子」成了一名漂亮的翻譯（木村美津子飾），她向奧賴利（奧爾多·雷飾）介紹了一個由天主教修女開辦的急需幫助的大阪孤兒院，奧賴利所在的「獵狼犬」團部收養了孤兒院的孤兒作為他們的慈善事業。[20] 影片很快打造好了軍士長奧賴利的人物背景：他是珍珠港事件的倖存者，痛恨日本人，不願前往被占日本執行軍事任務，因此隨後他很快就請求調離日本。[21] 但是他的長官（菲力普·嘉莉飾）批評他心胸狹隘，駁回了他的請求，並教導他說國家需要軍人們能「隨機應變」，這樣佔領結束美軍離開日本時，日本人會成為他們的「親善盟友」。在影片結尾時，一個嶄新的奧賴利向同一位長官提出了與之前相反的請求：他要求能讓自己在日本就地退役，留在日本。這位現已升為將軍的前陸軍上校——這一晉升說明了該人物具有的權威、能力和智慧——問奧賴利之所以有這樣的請求是否是因為他和裕子的戀人關係。當奧賴利承認了這點，希望長官表揚他正式化這種戀人關係的高尚意圖時，出乎他的意料，將軍教訓了他一頓，還含沙射影的表示軍士長奧賴利有潛在的種族主義：

將軍：奧賴利，一個男人如果有幸能找到一個好妻子，一個像這個女孩這樣可愛聰明的妻子，他應該是世上最幸福的男人了，他應該驕傲地帶著她周遊世界並且可以和任何人為伍。

軍士長奧賴利肯定回答道：長官，我深愛著這個女孩。我絕沒有以她為恥，我願意帶她去任何地方。

將軍：除了你的祖國，美國。這就是為什麼你想就地退役，對嗎？

軍士長奧賴利辯解說：長官，這有可能。但這是因為我愛他，我不願帶她回國後，人們因為她是日本人就對她任意擺佈或是譏諷嘲笑。

將軍：你真的認為美國人是這樣的，還是說你會這麼對娶日本人為妻的美國人？

（將軍帶著激怒的口吻）奧賴利，你是個懦夫。儘管……你還是個懦夫。你從來沒想過這個女孩的感受，你所考慮的只有你自己。你知道只要你願意是可以帶她回國的，但你卻讓我替你做決定，好，那我就來做。請求不予批准，這是你想聽到的吧？

軍士長奧賴利生氣地說：不是。

將軍再次平靜下來說：但是你內心裡感到解放了，是吧？軍士長，我不羨慕你。

（將軍走開了）。22

在這之後很快，奧賴利似乎頓悟了；他急忙向裕子求婚並邀她一同去美國生活。奧賴利現在堅定而充滿自信，他確定地向裕子說只要一家人「在一起」，他們和將來的孩子們就能夠處理一切遇到的困難。裕子接受了他的求婚，決定信任他、依靠他。當兩人來到裕子家裡接受裕子父親的祝福時，螢幕上的字幕向觀眾說明奧賴利現在正「和妻子裕子」在西點過著他們的浪漫幸福生活——西點的確是奧賴利繼日本之後被派駐的地方。

影片《太陽中的三條紋》所傳遞的資訊是美國人必須撇開戰時的仇恨，摒棄對日本人的種族歧視，這一資訊贏得了國務院、國防部和軍方的支持首肯。哥倫比亞電影公司為了保證影片在日本拍攝期間能得到軍方的合作支援，將劇本呈送給了以上三個部門接受審查。國務院遠東事務辦公室的負責人寫道：「（我部）對該劇可能發揮的潛力非常看好，相信該劇定會大大促進美日兩國之間的互解互諒。」為推進雙邊理解，正需要此片所宣傳的一切：調和減弱讓日本人敏感的美國種族主義，大肆吹捧美國士兵在日本的善行，為國內的美國人樹立正面的榜樣。因為該片的主題對美國對日政策頗有助益，因此國務院不僅批准了該片的拍攝，還督促國防部要積極配合哥倫比亞電影公司。軍方同意合作並承諾會在影片首映和後續的全國巡演以及同美國大使館和美國新聞署代表協調在海外「為該片開拓市場」方面都會給予「適當的配合」。23

《再見》傳達了一個類似的主題，影片中由馬龍．白蘭度飾演的男主角經歷了和影片人物奧賴利一樣的轉變：學會了摒棄仇恨，逐漸成熟，並在和一名日本女孩的戀愛過程中克服了種族歧視。影片《再見》中第一段深入持久的對話表明，勞埃德．「埃斯」．格魯夫（Lloyd "Ace" Gruver，白蘭度飾）是一個懷有偏見、冷淡、不成熟的空軍戰鬥機飛行員，他試圖阻止飛行員喬．凱利（Joe Kelly，列．畢頓飾）和日本未婚妻勝美（梅木三吉飾）的婚事。情景設置突出了「埃斯」和這位長相老成的屬下凱利的不同。儘管在米切納的小說中，凱利是個只有十幾歲的「叛逆無知的」小混混，導演洛根和製作人威廉．戈茨（William Goetz）卻讓一個年近四十的演員和年輕的白蘭度演對手戲，這樣做是為了在自信的上級襯托下讓凱利顯得經驗豐富而又睿智。白蘭度飾演的格魯夫是個過分自信、舉止動作誇張的人，此段談話發生時，他就是岔開兩腿隨意地坐在簡易機場辦公室的桌子上。正如博斯利．克勞瑟（Bosley Crowther）在該片的影評中所說，在影片的開始，白蘭度表現的格魯夫「像個十幾歲情感尚不成熟的男孩」。[24]而和他形成對比的是畢頓飾演的凱利，談話的大部分時間，他都站在另一張桌子後，肩背英挺，肢體動作很少。這一幕將凱利塑造成「成年人」——堅持自己的立場，確切地知道自己的目標，不像那個似乎並不急著和未婚妻結婚的年輕不成熟的長官。[25]

但到了影片結尾，格魯夫已經成長為一個成熟的成年人，他決定和日本愛人結婚生子，面對異族通婚可能帶來的困難，他和荻花決定起而反抗試圖拆散他倆的種族主義勢力。在一群支持者和記者面前，荻花表達了他們的決心並懇請人們的理解：

（我的未婚夫）知道在他的祖國有人會對此感到困擾不安。我也知道我國的民眾也會感到震驚。但我希望有一天他們能理解並贊成。我們不畏懼，因為我們知道這樣做是正確的。

《星條旗》的記者：少校，你的上級長官會對此狂怒不已。日本人對此也不會贊成。你有什麼要對他們說的嗎？

格魯夫停頓了一下，思索著恰當的措辭：那就告訴他們「再見」吧。

這個帶著反抗挑戰意味的「再見」和米切納小說中表現的意義不同，小說中的「再見」意指格魯夫和荻花之間苦樂參半的分離之情。米切納筆下的格魯夫決定放棄荻花返回美國，回國後他可以得到晉升，還有將軍的女兒愛琳．韋伯斯特（Eileen Webster）在等他回國完婚。據《再見》一片的導演洛根說，影片結尾所作的修改是馬龍．白蘭度提議並堅持的結果。白蘭度起初拒絕出演格魯夫，因為他認為故事情節有種族主義色彩。白蘭度曾宣稱「我不會拍攝像《蝴蝶夫人》那種以美國人傲慢地拋棄日本女孩為結局的影片」。為了和這個有個性的男主角簽約，洛根和戈茨答應了白蘭度的要求，修改了結尾部分。為了突出強調格魯夫轉變成一個成熟寬容的男性，白蘭度還假裝模仿南方口音（一個影評人寫道「黏稠的像原油一樣的德州口音」）以說明格魯夫是個南方人——這又和米切納小說中塑造的主角人物不同。[26] 米切納證實了洛根所說的有關白蘭度所要求的情況，並且他記得自己也同意了製片人修改「我所寫的悲傷結局」的決定。電影上映後，白蘭度寫信給洛根——在拍攝期間，他和洛根的關係很緊張——表示有十幾個亞洲朋友都讚揚該片是首部在西方故事中將亞洲人塑造成「一等公民」的好萊塢電影。27

儘管白蘭度關注到了種族主義，但他對女性卻缺乏同樣的敏感，在現實生活中，他要求男性應受到好萊塢主流影片中表現的日本女性對歐美男性國王般的侍奉。白蘭度在影片《再見》的宣傳期間娶了一位南亞女孩為妻，他在接受一本電影雜誌採訪時說他更喜歡外國女性，因為美國女性表現得過於強勢獨立——「習慣於為了自己的利益而變幻不已」。而外國女性清楚地知道「何時該鼓勵（他們的愛人），何時又該保持沉默」，用影片《再見》的男主角的話說，現代美國女性很少「給男性展現男性情感和行為的機會」。白蘭度喜歡外國女性「想要取悅娛樂他，而對他卻沒有同樣的要求」——這正像《再見》中的女主角表現的一樣。28 影片中，隨著格魯夫從偏執頑固轉變為寬容大度，荻花同時也經歷了轉變，從一個由仰慕的助手照顧一切、舉止男性化的，喜歡異性裝扮的名媛變成了一個願意服從愛人意志的女人。白蘭度在種族問題上表現出的進步觀點以及在性別問題上表現出的倒退思想反映了《再見》及其他有關日本的冷戰電影為了兜售種族寬容而對保守的性別角色表示的贊同。29

角色挑選過程中體現的性和種族政治

因為異族通婚是影片《再見》的核心內容，洛根和電影公司要確保挑選一個他們認為對歐美男性有吸引力的女演員。他們花了數月尋找女主角人選。在一直找不到更好的人選前，華納兄弟公司和洛根曾一度想讓奧黛麗．赫本飾演該角色。當洛根飛往巴黎和赫本商量此事時，赫本拒絕出演該角色，她對洛根說：「我無論如何也演不了東方人，沒人會相信我，觀眾會笑的。」[30] 最終他們決定，讓一個「日本女孩」扮演「這個日本人角色」會顯得不那麼「帶有偏見」。電影公司在日本和夏威夷沒有找到合適的人選，之後電影公司聯繫了日裔美國公民同盟（JACL）尋求幫助，他們最終在一家洛杉磯旅行社找到了一名第二代日裔美國婦女貝蒂．石元（Bette Ishimoto）飾演該角色：拍攝時她使用的藝名是高美以子。[31] 為了激勵民眾欣賞高美以子的美貌，擔心她的美不為人們所注意，電影公司大作宣傳，稱她是「像夏娃一樣具有所有女性特質」或是說她「幾乎是女性特質和優雅氣質的典型象徵」。一份新聞稿甚至表示「一個男性如果對她這種高貴的美沒有反應的話，那他應該去看醫生了」。[32]

華納兄弟公司試圖保持這個新星的神秘感。在日本文化中，電影公司讓高美以子在巡迴宣傳中所穿的色彩豔麗的長袖和服意味著穿著的人尚未結婚。儘管影片《再見》的宣傳人員可能並不瞭解這一區別，但他們想營造一個高美以子仍是個年輕單身女性的假像。他們公佈了高美以子的一些重要資料，宣稱她只有二十四歲，這樣一來，她在十二年前嫁給戴爾·石元(Dale Ishimoto)時就只有十二歲了。[33]電影公司的宣傳人員有意不提高美以子的婚姻狀況就更不足為奇了，因為他們知道公眾，尤其是異性戀的男性們，如果知道影片中這個「身著異國服裝的東方小姐」(引自露西·克羅克特)[34]實際上已婚並且是兩個孩子的母親，他們對該片的反應就不會熱情高漲了。但電影公司卻讓高美以子在一次影片的巡迴宣傳中展示了作為家庭主婦應該具有的藝術和技巧。於是在美國首府舉行的宣傳性質的才藝表演中，高美以子「為新聞、廣播以及影視媒體的代表們製作了道地的日本牛肉火鍋」。為該片宣傳的報紙刊登了四幅高美以子烹製天婦羅的照片(其中一張是她將生蝦浸入麵糊的場景)，這次她仍身著長袖和服，這樣的裝扮完全不適合下廚。[35]

比起高美以子的真實年齡和婚姻狀況更讓人幻想破滅的是戰爭期間她曾被拘禁在亞利桑那的拘禁營中。當記者在一次電話採訪中問到此事時，她假裝信號不好，回避了這個問題。[36]電影公司可能有也可能沒有授意她要掩飾自己的過去。在好萊塢，日裔美國人的拘禁事件並不是忌諱的話題；例如，《全力以赴》這部比《再見》早六年拍攝的影片在宣傳過程中有一段清楚的採訪原稿，其中影星范·詹森(Van Johnson)指出片中的日裔演員——許多實際上是第442部隊的退役軍人——是「從有帶刺鐵絲網的拘禁營中出來」自願加入軍隊的。[37]無論電影公司是否曾明確示意高美以子掩蓋自己的過去，她的所作所為和戰後許多日裔美國人一樣，只是想繼續他們的生活而不願宣揚自己曾受拘禁的歷史，因為他們知道許多美國同胞仍對他們抱有懷疑態度。《再見》是高美以子的第一部電影，她希望能繼續從事演藝事業，因此強調痛苦的過去並不在她的計畫之內。[38]作為一個少數族裔女演員，高美以子的人生經歷和事業目標在不經意間讓她成為了日本女性的典型代表——從不抱怨卻殷切地取悅他人。[39]

儘管華納兄弟公司和洛根費盡周折才找到了飾演荻花的日本婦女，但在為唯一重要的日本男性角色「中村」挑選歌舞伎男演員時，卻沒費多少工夫。演員裡卡多．蒙特爾班出演了這一角色，該角色對格魯夫遺棄的未婚妻愛琳．韋伯斯特（派翠西亞．歐文斯飾）懷有曖昧的愛戀之情。[40]影片的宣傳在表現這位英俊的日本男性時，有意突出了這點所謂的進步，一則新聞報導「引用」洛根的話說：「我認為現在是時候改變對日本男性的看法了，他們不都是齙牙士兵和強姦犯或是用喉音說話的暴眼偵探。我們聽到過對日本女性魅力的無盡讚歎，並且信以為真，那麼可憐的日本男性又怎樣呢？」儘管洛根有著很好的意圖，他還是讓一個拉美演員而非日本演員甚至是亞洲演員扮演該角色。這篇新聞報導在解釋為何選用蒙特爾班飾演該角色時說，導演曾找了許多會跳舞的日本男演員，但是沒有一個「外表看上去是足夠成熟的」。[41]或許是無法抹去對日本男性的刻板印象，洛根後來解釋說他之所以挑選蒙特爾班是因為他在日本找不到「一個具有男子氣概，能讓美國女性感興趣」，同時英語表達還很流利的男性。[42]沒有一個日本男性夠「成熟」或是夠有男人味來出演這一角色，儘管這個角色本身是一個喜歡穿著女性服裝，散發著女性氣質的人物。在這些落選者中有曾是第442部隊退役的日裔美籍軍人戴爾·石元，他當時是該片女主角高美以子的丈夫。[43]

儘管洛根沒有承認，但他——如同許多美國人一樣——或許也發現看到亞洲女性和白人男性在一起比看到亞洲男性和白人女性在一起更容易讓人接受。這一時期，好萊塢至少製作了三部影片正面描寫有色人種男性和白人女性之間的關係——《櫻橋夢》(Bridge to the Sun)、《深紅色和服》(The Crimson Kimono)、《天涯知己》(A Majority of One)——但三部影片都傳達了矛盾的資訊。[44]在《櫻橋夢》中，日本男主角最終命隕黃泉——和早期的電影《凋謝的花朵》(Broken Blossoms, 1919)、《袁將軍的苦茶》的結局相似——《櫻橋夢》蘊含著「保守的觀點，即白人女性對有色人種男性的愛戀不管怎樣最終都會無疾而終」。[45]山謬·富勒導演的《深紅色的和服》中，喬·江若(Joe Kojaku, 詹姆斯·重田飾)贏得了漂亮的歐美女孩克裡斯·唐斯(Chris Downes, 維多利亞·蕭爾飾)的愛慕，但影片中江若對種族主義的敏感，不是表現為合理的擔憂而是偏執多疑。[46]在《天涯知己》中，遺孀伯莎·雅各比(Bertha Jacoby, 羅莎琳·羅素飾)通過和日本商人淺野光一(亞歷·堅尼斯飾)的友誼，克服了她對日本人的仇恨，但她拒絕了淺野光一的求婚。在該影片中，堅尼斯出演黃種人淺野光一的事實更進一步破壞了影片呼籲種族寬容的目的。一篇影評中寫道：堅尼斯面部化著濃妝，眼上貼著假眼皮，讓他看上去就好像「眉毛上吊著兩片厚厚的餛飩皮」。[47]儘管這三部影片另有意圖，但都或多或少地強化了種族等級的觀念。

好萊塢的影片強烈地暗示出：日本女性都像荻花一樣，如果有機會，比起和亞洲男性在一起更願意和白人男性結合。儘管一些非好萊塢出品的影片不接受有關日本女性的刻板印象，不認為她們是很滿足於依戀並侍奉美國男性的溫順的女性，但這些影片都沒能在美國廣泛發行。例如，在日本製片人今村昌平製作的影片《豬與軍艦》(Buta to Gunkan, 1951)中，女主角更喜歡她的日本戀人，但她迫於母親和姐姐的壓力成了美國男人的情婦，因為他送的禮物可以減輕家裡極度貧窮的狀況。在今村攝製的影片中，對日本女性來說，白人男性並不是不可抗拒的。《豬與軍艦》長長的片頭以快速移動的場景表現了十幾個美國男人像捕獵的狼一樣進入在海軍軍事基地橫須賀的一家妓院。今村特寫了這些美國男人長滿肌肉健碩的大腿和肚臍，表現了他們在和性工作者爬上雙層床時臉上急不可待的笑容。[48]約瑟夫·馮·斯坦伯格(Josef von Sternberg)拍攝的《安納塔漢》(The Saga of Anatahan, 1953)也沒有像主流好萊塢電影那樣表現溫柔順從的日本女性。該片基於一個真實的故事：一群日本人被困在了孤島上，不知道戰爭已經結束了。影片刻畫了一位堅強的日本女性。但是馮·斯坦伯格卻走上了另一個極端，該影片中的「藝伎」成了使用性控制男性，進而挫敗男性的女性力量象徵。[49]今村的影片在美國一直無人關注，曾導演過《藍色天使》(Blue Angel, 1930)的知名導演馮·斯坦伯格的最後一部影片《安納塔漢》，用他自己的話說，是他「最失敗的一部作品」。該片在日本不受歡迎，在美國的上映率也非常有限。[50]因此，電影中對日本女性特質的占主流地位的闡釋遠遠壓倒了其他可能的解讀，尤其是在美國，非主流闡釋的影片似乎完全沒有市場。

推銷同盟觀念

但是，那些表現了溫順、「異國裝扮的小姐」或是「無憂無慮的美女」時刻都在縱容滿足美國男性的作品卻總能找到現成的市場。早在十九世紀晚期，櫻花樹下坐在黃包車中的藝伎形象通過《蝴蝶夫人》中標誌性的表演早已深植於美國文化。當大量的美國人來到被占日本工作服役時，這些形象就更加廣為流傳了。原有的東方主義觀念不僅推銷了戰後拍攝的有關日本的好萊塢電影，還向美國消費者宣傳了日本——日本的風景、特產和日本女性。於是，電影製片人推銷電影的商業目標和美國政府援助日本經濟的目標相吻合，美國政府希望在某種程度上通過讓美國人（可能的話甚至全球觀眾）克服反日情緒，能夠去日本旅遊並從前二戰敵人那裡購買商品。[51]換句話說，好萊塢通過再次演繹東方主義推銷了日本和日本民族。

電影公司在影片宣傳過程中大肆宣傳白人男性輕而易舉就可得到日本女性的觀點。例如有關十九世紀美國大使湯森・哈里斯（Townsend Harris，約翰・韋恩飾）和他的日本情婦（安藤榮子飾）兼帶有歷史性的影片《蠻夷與藝伎》，該片的海報就宣揚了日本女性心甘情願地對歐美男性謙恭順從。慵懶的安藤和服滑落、香肩半露地說道：「我原本是被派來監視你……刺殺你的——現在我願意隨你處置。」[52]類似對日本女性謙恭順從的宣傳也出現在影片《竹屋》（House of Bamboo）、《夜幕下的東京》和《啼笑姻緣路》的海報中。在這些對日本女性的描寫中，她們毫無自主權——只有選擇和歐美男性在一起。好萊塢不厭其煩地演繹著這個自以為是的看法：土生土長的有色人種女性總是會選擇白人男性而不是土生土長的有色人種男性，甚至可能因此而背棄自己的家人。

除了將日本女性描繪成心甘情願與白人男性為伴，好萊塢——考慮到大批的異性戀女性觀眾——還啟用了美國消費主義觀念。一個在耶誕節前為影片《再見》推出的宣傳報導把女配角梅木三吉比作節日貨架上的人偶，稱該女演員是「一個真正的日本人偶……日光斜視，時而跳動著歡樂的眼神，時而流露出哀傷的情緒」。[53]通過將梅木三吉和高美以子（主要是梅木）比作人偶，影片《再見》的新聞宣傳稿援引了有關日本女性的陳舊刻板印象，認為她們樂於被白人男性作為玩物操縱或是被白人女性當作裝飾物擺弄。這種將日本女性比作人偶的做法顯得她們似乎是可供出售買賣的，就像戰前的「日本玩偶」或是美國軍人和其他駐日的美國人在日本買的裝在玻璃盒裡身穿和服的日本人偶紀念品一樣。

電影公司為了宣傳以日本為背景的影片，大力建議劇場經理使用配有真實產品的商業廣告。對像《再見》和《櫻橋夢》這種由小說改編而成的電影，電影公司建議劇場聯繫當地的書店，設立一些對雙方都有利的櫃檯或展示窗來宣傳影片。還有人建議和銷售日本產品的商家合作經營，例如和出售日式拉門的傢俱店或「當地的日式火鍋店」合作。當然，最多的建議是和日本航空公司或當地的旅行社進行商業廣告合作，宣傳日本之旅——這是個合理的建議，因為實際上所有冷戰時期有關日本的電影都是一部旅遊記錄影片。[54]

好萊塢認為影片中體現的旅遊日誌特色是此類電影吸引美國觀眾的很重要的一部分，這一看法很正確。《生活》雜誌上發表的對影片《再見》的影評充滿了贊許：「影片歡快地徜徉在日本的美景風物之中——岩石搭建的庭院和小橋、京都皇家花園的松林、風格姿態各具的文樂木偶戲人偶、傳統的舞者、背部按摩、茶道、大量的日本米酒和日式火鍋。」[55]諸如東京的廟宇和神社、鎌倉大佛像、富士山、禪院、身著和服用十三弦古箏演奏櫻花調的少女這樣的風光景物圖片對美國觀眾而言已變得非常熟悉——數量之多使得電影公司在六〇年代為影片《我的藝伎》(My Geisha)和《名叫多美子的女孩》(A Girl Named Tamiko)做宣傳時，宣稱要從新的視角將日本刻畫成一個「有血有肉有生氣的民族，而非老套的明信片風景」，電影公司還自誇稱它們的影片中不會出現富士山。[56] 日本旅遊日誌式的影片鼓勵觀眾忘卻殘酷的戰爭，取而代之去「歡樂地徜徉」在魅力十足的異國土地的奇觀異景中。當觀眾們受到激發親自去日本旅遊時，他們就為日本經濟注入了急需的能量。日本人也很欣賞好萊塢電影宣傳日本的這種方法：影片《再見》受到了來自日本旅遊局和「其他政府部門」的協助，其他在日本當地拍攝的影片也受到了同樣的待遇。[57]

但是，好萊塢電影公司只會強調日本的異國情調、物化日本女性，或是以某種方式貶低亞洲人，除此之外它就不知如何宣傳推廣自己的影片了。這點在電影公司給劇場經理的「宣傳建議」中表現得尤為明顯。米高梅電影製片公司為影片《蠻夷與藝伎》發佈的新聞稿表示會有一些日裔美國女性「妝點」該片的首映式，「為了添光加彩」，她們還會打著陽傘坐在黃包車上。其他一些來自米高梅電影製片公司的建議有雇用「苦力」拉著黃包車在市區為該片大做宣傳，或者雇用少女，讓她穿上和服、戴上藝伎的假髮，在「熱鬧的購物區或是在商場的入口」分發傳單。[58]毫無疑問，雇用「苦力」拉黃包車會破壞影片製作人所說的賦予日本人以人性情感的目的，但他們卻成功地讓吉卜林詩句中的東方和西方會合了。美國人和日本人彼此「相遇」，可以友好相處，但他們之間的地位不一定就平等。例如，《綜藝》雜誌在一九五七年十二月報導稱以日本為背景的影片驅使富有的紐約人紛紛「急召精於藝伎表演藝術的日本表演者」在私人聚會上表演；但是，人們可以看出這些影片並沒有促使美國人和日本人個人做朋友或是邀請日本人來家裡做客。[59]人們對另一個民族以及他們的文化有興趣、有密切聯繫或是有敬佩感，並不意味著就會把他們視為能主宰國家和自己命運的平等主體。

金錢換來的寬容

為數不多的資料顯示一些美國觀眾贊同戰後以日本為主題的電影所傳達的有關種族寬容和國際友誼的資訊。奧克拉荷馬州荷登維爾(Holdenville)的W. 拉塞特(W. Lasiter)在給電影製作公司巨頭傑克·華納(Jack Warner)的信中稱讚影片《再見》：「還有什麼更好的媒介能比這部電影在推進美日兩國人民關係上發揮的作用更大？」住在德州達拉斯的尤拉·M. 麥克納布(Eula M.

McNabb）女士也給華納公司寫信讚揚影片《天涯知己》：

電影提供了無窮的機會讓易受影響的觀眾從中受益。那些格調低俗、給觀眾施加負面影響的影片是不可饒恕的。在理智上，有關戰爭（現在這是試圖判定對錯的古老而無能的方法）、（以各種形式存在的）恃強淩弱或種族容忍的幼稚想法必須提升到一個在理智上更為成熟的層面。感謝你們為此所做的極具價值的努力。

好萊塢努力將種族容忍和理智成熟的概念相聯繫，這種努力至少得到了一些觀眾的共鳴。在二十世紀中期的公眾輿論中，美國人常常使用「成熟」和「幼稚」的說法來分析社會問題——表明即使是在二戰的恐怖過後，美國人仍堅持現代主義者的信仰，認為社會是以線性方式向更高層發展——用來信者的話說，向一個「更……成熟的層面」發展。和知名學者哈里·艾倫·歐威爾斯特利一樣，這位女士將種族狹隘——以及戰爭——視為是「不成熟」、幼稚的狀態，是美國人和世界上所有民族在逐漸成熟的過程中都需擺脫的狀態。現在隨著美國成為美國人所謂的「自由世界」的無可爭議的領導者，美國人意識到他們自己還需要繼續「成長」，但基本上，他們感覺良好，甚至自認他們註定要成為世界導師、世界員警和衛士。好萊塢通過日本主題的電影進一步確定並加深了這一信念，尤其是當這些影片在有線電視上播出後，好萊塢更是繼續朝著這個方向努力。在戰後以日本為主題的電影中，美國男主角在逐漸認識到種族偏見是錯誤的同時，也深入地瞭解自己和日本民族。有了這種新的認識，男主角，更確切地說是美國人作為「負責人」的角色就確定無疑了。

以日本為主題的電影關注的是種族偏見而非種族主義，它們試圖說明種族偏見並非源於美國社會整體運作中的等級制度，相反這種偏見反映了一些個人和心胸狹窄的民族的錯誤想法。例如在影片《黑岩喋血記》中，抱有種族主義觀念的惡棍不僅謀殺了日裔美籍農場主，還無緣無故地、冷血地殺害了年輕、誤入歧途又輕信他人的白人女孩。在二十世紀五〇年代的美國觀眾中，很少有人會認同這樣的惡人，更不用說將自己視為這樣的惡人，於是他們就能夠心安理得地認為自己不是那麼偏執狹隘。因為戰後拍攝的影片表明開闊的胸襟和善意可以消除種族偏見——這只需要改變固執狹隘的心胸，變得更寬容，從「情感不成熟的……小男孩」成長起來——對那些早已自認為成熟、有著開闊心胸和善意的觀眾，這些電影對他們的要求並不高。影片《再見》的結局也只是希望觀眾接受美國軍人和日本女性的親密關係，並沒有更多的要求。電影結束之際，觀眾得知美國國會正在找時機修改禁止駐日美國軍人攜日本配偶回國的移民法案——國會確實於一九五二年在修正麥卡倫國內安全法時對此做了修改。因此電影製片人表示美國政府早已修改了帶有種族主義色彩的法案，觀眾們毋須做任何事情。

與冷戰時期以日本為主題的影片相關的自由主義言論觀點轉移了美國人認真解決國內和國際種族主義的視線。影片集中關注對日本的種族偏見，而忽視了更令人困擾的、根深蒂固的美國社會經濟體系和法律秩序，這些體系和秩序以膚色為標準系統地否決了部分美國人的機會和政治權利。敏銳的歐美觀眾承認並認可這一點。影評家在給《紐約客》雜誌的稿件中稱影片《再見》「比其他影片都更容易令人接受」，因為它不像其他以描寫種族關係為主題的影片那麼「犀利直接」。這些反映歐美人和日本人或日裔美國人關係的影片集中表現了日本「傳統家庭生活和傳統藝術的有趣場景」，這樣就可以很容易掩蓋美國國內和國外長期存在的種族主義影響。[60]

戰後大部分的電影製片人懷著真摯的理想，希望世界各國友好親善，他們也信心滿滿地認為自己國家的所作所為是為了全世界人民的最高利益。要培養這樣的友好關係就意味著充當非官方的親善大使——即在國外嘗試建立合作關係和友誼的同時，仍要保持以國家民族為重。但是，這種「友誼」和文化交流所帶來的明顯的互惠性使得人們忘記考慮這一過程中美國在經濟、政治、軍事力量上的主導地位。[61]和其他冷戰自由主義者一樣，好萊塢的電影製片人並沒有要求美國「撤退海外軍事基地，或是解除和殖民地政權以及和後殖民政府之間的政治聯盟，或是限制對外貿易」。[62]他們表示就像影片《秋月茶室》中表現的那樣，要想平穩順利地和亞洲人建立友好關係，需要改變的只是態度而非各種體制。儘管製片人宣揚種族寬容，但戰後影片卻並沒有完全改變對日本人、亞洲人或亞裔美國人的東方主義偏見。因此，他們只是對美國的對日政策做了補充，最終也只是希望美國人願意接受日本作為盟友、購買日本商品，並沒有更多的要求。美國的政策並沒呼籲美國人拒絕等級差異，無論是種族、性別還是地緣政治上的等級差異。相反，美國的政策號召美國人民忘卻仇恨，消費和好萊塢拍攝的有關日本的華麗影片非常相稱的商品。

男藝伎

派拉蒙電影公司信心十足地相信美國人會對日本奇觀異景十分著迷，於是在一九五八年底公映了一部名為《男藝伎》(The Geisha Boy)的喜劇。這部傑瑞．路易斯(Jerry Lewis)出演的影片涉及到一個出身卑微、失意落魄的美國魔術師和一個上層階級的日本男孩之間的友誼。該片無足輕重、意義不大，但它卻能引導我們瞭解二十世紀中期美國人對一些重大問題的想法：例如和前二戰敵國間的關係、美國成為世界領導者的能力、複雜的國內社會關係等。[63]這部電影不僅揭示了美國人對這些重大問題的擔憂何在，還揭示了美國人是如何成功解決這些問題的。

影片《男藝伎》表現了「偉大的伍利」(The Great Wooley，路易斯飾)通過和一個日本男孩的友誼成長發展為一個成功的娛樂演藝者。伍利滿懷希望能通過取悅駐日的美國軍隊來重振他每況愈下的演藝事業，他急切地幾乎是跌跌撞撞地下了飛機，踏上了日本的土地。他隨行還帶了個傲慢的金髮小明星，一起為台下等候的人群表演，在人群中有七歲的渡邊三男(羅伯特．平野和義〔Robert Kazuyoshi Hirano〕飾)，自從雙親去世後，這是他第一次露出笑容。渡邊三男的阿姨式田喜美(諾布．亞斯姆．麥卡錫〔Nobu Atsumi McCarthy〕飾)看到他笑了很驚奇，於是她安排他和伍利見面。當渡邊三男見到伍利時，他非常大膽又相當令人不可理解地對伍利說：「請當我的爸爸。」[64]那之後，伍利和渡邊三男彼此都喜愛對方，儘管他們知道伍利在日本的演出結束後，他們就會永遠分開。但伍利後來返回了日本，顯然是要在日本定居，這樣就避免了悲傷的結局。渡邊三男對伍利的尊重和愛戴讓伍利重拾信心，扭轉了人生，於是一個在美國國內自嘲為「頭等傻瓜」的失敗者卻成功地登上了東京的頭條新聞，給電影一個美滿的結局。像影片《再見》中的勞埃德．格魯夫一樣，伍利因為和日本人的情感關係而成長為一個「男人」。伍利這個美國人在劇中是日本男孩的監護人又是他的良師益友，因此該片也象徵性地表明瞭戰後日本作為年輕的同盟國281需要美國引導的美日雙邊關係。

身為導演兼劇作家的法蘭克．塔許林（Frank Tashlin）拍攝的影片《男藝伎》大體是根據一本原名為《皮特先生》（Pete-San）的電影劇本改編而成的。和《再見》一片的製片人一樣，為了商業和藝術的考慮，塔許林對原作進行了較大的修改。《皮特先生》講述的是一個朝美混血孤兒從美國孤兒院逃跑後，跟著一個失敗的雜耍演員生活的故事。這位雜耍演員無趣的表演在讓皮特加入演出後，突然開始吸引大批的觀眾。電影結尾時，這個演員意識到他必須放棄表演事業，為皮特提供一個更穩定的家庭生活。他那位受盡苦頭的女友接受了他的提議，承諾放棄演藝事業，於是兩人一起收養了皮特。65 塔許林將皮特和那位女友的國籍改成了日本，還改變了故事發生的背景，這樣《男藝伎》一片大部分場景不是發生在美國而是在日本。

值得注意的是，皮特有一半的血統來自朝鮮，但塔許林並沒有將故事的背景設在朝鮮。他出於商業利益考慮做出關注日本而忽視朝鮮的決定，大致和美國在遠東集中扶植日本使其成為主要同盟的政策相一致。塔許林不願將此片拍成一部有關朝鮮戰爭遺留下的被人忽視的種族通婚後裔的紀實片，他決定選擇了一個更為簡單的主題：美國成年男性和日本男孩體現的國際友好以及種族友誼關係。這一抉擇使得塔許林完全避開了棘手的社會問題，同時導演和派拉蒙電影製作公司還可以使用藝伎這種美國觀眾早已熟悉的標誌性景觀，這樣就可以用派拉蒙公司現存的日本景物電影膠片製作一個低成本的旅遊日誌。[66] 影片《男藝伎》展示了一系列人們熟悉的鏡頭：東京的廟宇和神社、鎌倉大佛、富士山、禪院，甚至有藝伎的居所藝伎院。塔許林還為渡邊三男設定來自上層階級，這樣電影就可以展示一個帶有日本式大花園的精緻傳統家庭。因為種種歷史原因，美國人對朝鮮文化較陌生，而且這個遭受戰爭蹂躪分裂的國家，經濟仍很落後——大部分原因是由於它是日本的前殖民地——不像日本那樣容易創造商業奇蹟。

和其他戰後有關日本的電影一樣，影片《男藝伎》的行銷策略也試圖向美國消費者推銷日本產品，採用的也是性別主義和東方主義的賣點。派拉蒙電影製作公司為《男藝伎》發行的新聞宣傳冊鼓勵劇場經理通過和當地的商場或傢俱店建立商業廣告聯繫以宣傳該影片：它建議將電影海報和劇場以及商場對「現在熱銷的日式推拉門」的優惠一起登出，進行互為有利的促銷。[67] 儘管影片不是表現藝伎少女，但影片開場一連串的鏡頭卻展示了「可愛的藝伎少女」(正如塔許林在劇本中描述的那樣)，她們笑容羞澀，玉體若隱若現，手中打開的扇面上印著演職員表。[68] 這樣的開場，就如同片名一樣，設定了影片發生的場景，但它同時也讓塔許林有理由搭建精緻的佈景和攝影棚，有理由安排身著和服的女侍者出現在影片的首映式上。而影片首映式上出現的拉黃包車的「苦力」則是影星傑瑞．路易斯親自上陣。路易斯戴著厚瓶底眼鏡、無邊帽，假齙牙，穿著「火紅」的日本寬鬆外衣，扮成蠢笨的「東方」角色，用黃包車拉著合作演員諾布．麥卡錫（喜美）來到在好萊塢舉行的影片開幕盛會上。[69]

和影片《再見》一樣，影片《男藝伎》的情節設置也有日本女性和歐美女性之間為贏得美國男性的芳心而進行的競爭，而且最終都是日本女性獲勝。喜美的競爭者是女子後備空軍的士官皮爾遜（Pierson，蘇珊妮．普萊薛特飾）；令人費解的是，這兩個漂亮、看似聰明的女人竟會被頭腦不清的伍利所吸引。而伍利對她倆卻不太在意，但他確實注意到了喜美的美貌。在見過喜美之後，伍利感歎道：「哇！我願意時時刻刻陪在她身邊！我知道為什麼白蘭度喜歡這個地方了。」[70] 皮爾遜士官是一位職業女性，電影中沒有提及她的名字，影片中她一直身著生硬筆挺的軍裝，而喜美卻換過許多更女性化、更漂亮的服裝，其中還包括一件分體式泳衣。皮爾遜士官會批評指責伍利這裡不對那裡有錯，而喜美卻總是一直支持伍利，和顏悅色，不加評判。喜美沒太在意皮爾遜士官，而皮爾遜士官卻立刻將喜美當成了自己的勁敵。皮爾遜士官認為伍利太關注喜美，對此很是嫉妒，於是質問伍利：「你們這些美國男人到底看上這些女人什麼了？美國女性和這些東方女性到底有什麼大的不同？」她後來對此次情緒爆發表示歉意，並解釋說此前她的一位男友就曾因愛上了一個日本女人而離她而去。但她繼而又信誓旦旦的說：「相信我吧，下回再遇到心儀的男士，我會忘掉所謂的美國女性解放贏得的獨立，而像日本女性那樣與他相處。」皮爾遜士官顯然認識到那些對「美國女士」滿腹抱怨的駐日美國士兵們希望她們能吸取教訓；那些在好萊塢拍攝日本主題電影的製片商們似乎也在建議更多的美國女性應當向日本女性學習。（但是就薪酬而言，歐美女性仍舊比日本女性佔有優勢。儘管皮爾遜士官這個角色是蘇珊妮．普萊薛特的螢幕處女作，但她所得的報酬卻比已有三部影視作品的諾布．麥卡錫要高。）71

在好萊塢的影片中，日本男性對於歐美男性贏得日本女性的愛慕威脅很小。但是，伍利卻碰到了一個白蘭度飾演的勞埃德．格魯夫所未曾遭遇的情敵——喜美的未婚夫，一個身材高大、脾氣火爆的棒球運動員。未婚夫一郎這個角色（出村龍三飾）被塑造成了一個有蠻力而無頭腦的巨獸。他交流的方式不是說話而是低沉的咕嚕哼叫，似乎他每次看到伍利，災難就會發生。他的性格就像只發瘋的大猩猩，不禁讓人想起戰爭早期美國宣傳畫報上日本人在東南亞和亞洲大陸勢不可擋的侵略擴張時的形象。72 當年的宣傳畫報暗示日本的瘋狂行為最終會使日本人一事無成，現在，這位未婚夫的情況亦是如此。喜美對她未婚夫的行為深感困窘，為此向伍利道歉並和未婚夫解除了婚約。

儘管好萊塢並沒有忘記戰爭時期狂熱的日本軍人形象，但戰後拍攝的影片傾向於通過對日本人不同程度的人性化的塑造而削弱他們給人的盲目狂熱印象。塔許林戲仿了另一部幾年前的影視佳作《桂河大橋》的主題，他讓在《桂河大橋》中飾演傲慢專橫的日本軍官的演員早川雪州出演喜美的父親和渡邊三男的外公式田。在影片《男藝伎》中，觀眾首先看到的是他身著軍裝，雙手叉腰，僵直地站著檢查他後院裡池塘上小橋的修建情況。與此同時，勞工們哼著和影片《桂河大橋》中一樣的曲調。當勞工們稍有懈怠，式田就尖利地咆哮使得他們只能加快勞作，一邊還吹著《波基上校進行曲》(Colonel Bogey's March)。式田那令人異常熟悉的斷斷續續的發火讓伍利感到畏懼退縮。式田則會走近伍利向他軍禮致敬，之後和他熱情地握手感謝他讓外孫重新找回了快樂。這位愛孫心切的爺爺解釋說修建小橋也是為了哄渡邊三男開心，但只有伍利讓他外孫的臉上重新出現了笑容。在談到小橋時，他說道「現在我知道了那毫無作用，只不過是浪費時間而已」——再一次暗示影片《桂河大橋》中那座命運悲慘的大橋。在伍利的一再追問下，式田承認自己和「那位演員」具有相似性，但他堅持說「我早在他之前就開始修橋了」。當伍利跟隨式田前往他的住所時，演員亞歷・堅尼斯在影片《桂河大橋》中飾演的尼科爾森上校的形象在螢幕上一閃而過；伍利試圖將這個畫面從腦海中清除，但卻不由自主的吹起了《波基上校進行曲》。套用馬克思的話說：即便是電影中的歷史，在第二次重演時也是鬧劇；原先那位日本軍官被馴化了——成了一個像天皇裕仁一樣的「家居男士」——發生在日本盟軍戰俘營的殘暴行為也成了笑話。甚至皇家日本的象徵也進行了同樣的處理：在影片《男藝伎》

的海報中，「日不落帝國」現在成了「樂不停帝國」。

儘管伍利曾說過想和喜美像「筷子」一樣親密，但影片《男藝伎》中真正的感情是發生在伍利和渡邊三男之間。伍利基本上對喜美渴望的眼神視而不見，一心撲在渡邊三男身上。他確實曾和喜美有過激情一吻，但那是在和男孩而不是和喜美「約會」之後。而且親吻之前和之後，伍利都沒有看喜美，他顯得很疲憊，滿心想的都是第二天就不得不離開日本離開渡邊三男了。這是分離與不得實現的熱望相交織的苦澀中帶著甜蜜的一吻——伍利的愛偏離了方向，卻以一種看似合理的方式得以釋放。派拉蒙電影製作公司不但沒有忸怩地避開同性戀話題，相反它還建議劇場影院對此大加利用。在給劇場經理的影片宣傳冊中，公司建議可使用持續播放四天的「廣告詞」：

第一天：「GEISHA（藝伎）讀作GAY（同性戀）-SHA！」

第二天：「GEISHA讀作GAY-SHA，重音在『GAY』上！」

第三天：「GEISHA讀作GAY-SHA，重音在『GAY』上……就是傑瑞．路易斯那樣！」

第四天：「GEISHA讀作GAY-SHA，重音在『GAY』上……看看傑瑞．路易斯在

《男藝伎》裡什麼樣。」[73]

電影公司意識到這一同性戀性傾向特徵是路易斯的一個賣點。路易斯通過畫面展示了一個完全缺乏自製和自主的軀體，他扮演的伍利再一次加強了有關男性氣質和成熟度的既有觀念——兩個在美國人看來是不可分的特質。影片《男藝伎》中的「男孩」可能指的並不是那個日本男孩——因為以渡邊三男所屬的社會階級和性別，如果他是藝伎，以日本人的情感理解來說是很荒謬的——而很可能暗示是路易斯本人。[74] 導演塔許林在隨後拍攝的從《穿裙子的中尉》(The Lieutenant Wore Skirts, 1956)到《煤炭工狂想曲》(Cinderfella, 1960)連續幾部影片中繼續探討了性傾向的主題——後者也是路易斯出演——塔許林和路易斯合作的電影還借助利用了路易斯之前與迪安·馬丁合作的歌舞表演、電影和電視作品中廣受歡迎的「笨小孩」角色。通過「笨小孩」這一角色，路易斯向觀眾呈現了「與觀眾接受的形體、成熟度和男性特質的普遍標準截然相反的形象」。[75]「同性戀式的」傑瑞·路易斯的笑點和較早時期傑克·本尼的笑點一樣：兩者都讓觀眾在從他們「最恐懼的」事物中取樂的同時自我安慰：即使「最無能無用之人」也仍有可愛之處。[76] 就像格倫·福特在影片《秋月茶室》中飾演的菲斯比一樣，路易斯在影片《男藝伎》中飾演的這位好心但卻冒冒失失的美國人那滑稽古怪的表演可以被視作是在諷刺美國為日本這個年輕的盟友提供堅定、正確領導的能力。

但是在結尾，影片回避了同性戀和男性性別錯亂可能帶來的威脅，重新確定了美國進行家長式領導的能力。甚至是一個無能的美國男人在前往日本，做出正確的選擇後也能變得有男子氣。畢竟有兩個漂亮的女士在路易斯的性格中看到了「男子氣」。影片中的日本男孩在依賴伍利的同時，也通過兩種其他方式說明伍利成長為「男人」——一是承擔父親的角色，另一個是取得事業上的成功。渡邊三男的孤兒身份順理成章地使得伍利所承擔的角色沒有逾越父子關係。渡邊三男就像是被佔領的日本，需要引導說明——在影片中，他甚至要求伍利做他的父親。影片的最後一幕，伍利、喜美和渡邊三男三人同台表演——但後兩人是配角——暗示他們已形成了一個在父親有力控制下的核心家庭。因此，通過影片的結尾，伍利潛在的破壞性、性向偏離的表現都受到了控制：影片的故事情節找到了解決問題的辦法，確定了二十世紀五〇年代美國男性的特質和成熟的標準。[77] 這個冒冒失失的美國男人已經成長為世界的領導者。

1 南加利福尼亞大學多漢尼圖書館華納兄弟影業公司檔案第2卷「再見」文件夾第706頁（以下簡稱華納兄弟影業公司檔案）。

2 蘇珊・薩基特（Susan Sackett），《好萊塢記者報之票房冠軍》修訂版（The Hollywood Reporter Book of Box Office Hits），紐約：Billboard Book, 1996年：第910頁、128-129頁、131頁。

3 其他在美國上映的日本主題的英語影片包括：《東京風雲》（Tokyo Joe）（1949）、《東方邪惡》（Oriental Evil）（1950、1952）、《日本戰地新娘》（Japanese War Bride）（1952）、《藝伎女》（Geisha Girl）（1952）、《永遠的愛人》（Forever My Love）（1952）、《太陽中的三條紋》（Three Stripes in the Sun）（1955）、《竹屋》（House of Bamboo）（1955）、《海軍夫人》（Navy Wife）（1956）、《美國大兵的蝴蝶夫人》（Joe Butterfly）（1957）、《男藝伎》（The Geisha Boy）（1958）、《櫻橋夢》（Bridge to the Sun）（1961）、《天涯知己》（A Majority of One）（1961）、《敵後任務》（Operation Bottleneck）（1961）、《名叫多美子的女孩》（A Girl Named Tamiko）（1962）、《我與藝伎》（My Geisha）（1962）、《櫻都春夢》（Wal, Don't Run）（1966）、《雷霆谷》（You Only Live Twice）（1967）。另外兩部儘管意義不大但也是宣揚種族寬容的20世紀50年代電影是《南太平洋》（South Pacific）（1958）和《國王與我》（The King and I）（1956）。有關《國王與我》和類似影片的歷史分析闡釋，參見克莉絲蒂娜・克萊因（Christina Klein），《冷戰東方主義：中產階級想像中的亞洲1945-1961》（Cold War Orientalis: Asia in the Middlebrow Imaginatio, 1945-1961），Berkele: University of California Pres, 2003年：導言和第五章。

4 只有菲律賓人被忽視的事實或許反映了戰後美國在亞洲優先扶持日本而非美國以前的殖民地。美國人過去和現在都喜歡那些描述美國人為自由和民主而英勇戰鬥的故事，但是任何有關美國人扶助菲律賓人的故事都因美國剝奪菲律賓人的政治自由長達50年的事實而黯然失色。參見丹尼爾・拉姆斯德爾（Daniel B. Ramsdell），《傾斜的亞洲：美國有關亞洲的暢銷書1931-1980》（Asia Aske: U.S. Bestsellers on Asia 1931-1980），選自《亞洲相關問題學者通報》15:（1983）：2-25。

5 隨著戰後美國種族矛盾的升級，百老匯在影片中也面臨黑人和白人的種族問題，例如影片《根深蒂固》（Deep Are the Roots）、《安娜・盧卡斯》（Anna Lucas）、《奇異果》（Strange Fruit），這些影片在1945年上映。在將鏡頭對準更難把握的黑人與白人種族關係的主題前，好萊塢在1947年出品了兩部開創性的反猶太主義影片《交叉火網》(Crossfire)、《君子協定》(Gentlemen's Agreement)。之後，在1949年好萊塢拍攝了一大批有關白人對非洲裔美國黑人抱有種族主義態度的影片：《忠義之家》(Home of the Brave)、《蕩姬血淚》(Pinky)、《我是黑人》(Lost Boundaries)，一部改編自威廉·福克納作品《趁火打劫》(Intruder in the Dust)的影片。一年之後又拍攝了《無路可走》(No Way Out)，這是西德尼·波蒂埃(Sidney Poitier)螢幕的首次亮相。所有影片都在《生活》雜誌上獲得了好評：參見《交叉火網》1947年6月30日刊：第71-74頁；《君子協定》1947年12月1日刊：第95-100頁；《忠義之家》1949年5月23日刊：第143-146頁；《蕩姬血淚》1949年10月17日刊：第112-115頁；《我是黑人》1949年7月4日刊：第64-66頁；《趁火打劫》1949年12月12日刊：第149-153頁；《無路可走》1950年9月4日刊：第44-45頁。

6 E. G. 多爾蒂(E. G. Doughtery)，《關於米高梅影片(風自由地吹)檔備忘錄》(Memo for the Files In R: WIND BLOWS FREE-MGM)，1953年8月10日；1953年8月11日，約瑟夫·布林(Joseph Breen)寫給多爾·沙裡(Dore Schary)的信件副本，《關於影片(風自由地吹)的34頁梗概》(r: 34 "page synop of WIND BLOWS FREE")，[雖然1958年英國根據同名小說拍攝的影片名稱是《春風不識字》，米高梅公司為他們投拍的《再見》選定的名稱似乎是《風自由地吹》]；1953年9月1日，E. G. D.「有關《再見》相關文件的備忘錄[與出演威廉·戈茨製作影片的演員威廉·戈登的談話]」(Memo for the Files In R: Sayonar, [conversation with William Gordon acting for William Goetz Productions])；1953年9月1日約瑟夫·布林寫給福斯電影公司的法蘭克·麥卡錫信件的副件，「關於即將面世的小說《再見》的50頁故事梗概，標注日期為1953年8月16日」；1953年9月2日，E. G. D.「關於《再見》相關檔的備忘錄[與福克斯影業公司的大衛·賽爾茲尼克的談話]」。以上所有檔均存於洛杉磯影視文理學院瑪格麗特·赫裡克圖書館《再見》的密碼檔(以下簡稱AMPAS)。

7 愛爾蘭天主教徒布林是個反猶太主義者，他在給另一位天主教徒的信中稱這些掌管影業公司的猶太人是「蝨子」、「害蟲」，他所在的工作部門和退伍軍人協會不在乎維護種族主義或是反對它。

8 新聞稿《特別報導阿曼德·馬克德的主要特色》(Special for Armand Marcher, King Features)由「卡萊爾」(Carlile)發佈，出自華納影業公司檔案《再見》#706第一冊。

9 二戰期間，出於經濟和社會習俗的因素，炫耀享樂性的消費不多，漫長的工作日使得許多渴望娛樂的美國人只有一點時間擠進影院看一場90或100分鐘時長的電影。戰後，更多的消費選擇、建房熱潮和縮減了的工作時間都為美國人提供了更多的時間在更廣泛的娛樂活動方式中選擇消費。儘管在電視走入多數美國家庭之前，電影的票房就已經開始下降了，但電影業仍將電視當做它們的首要競爭對手。及至20世紀50年代早期，電影公司開始使用新的技術技巧，通過絢麗的色彩、更逼真的音效和加寬加大的螢幕拍出比電視更精彩壯觀的影片，試圖扭轉戰後下滑的票房。約翰・貝爾頓(John Belton)，《寬螢幕電影》(Widescreen Cinema)，紐約：Cambridge University Pres, 1992年：69-75頁；約翰・伊佐德(John Izod)，《好萊塢和票房：1895-1986》(Hollywood and the Box Offic, 18951986)，紐約：Columbia University Pres, 1988年：第134頁、138141頁；大衛・伯德維爾(David Bordwell)、珍妮特・斯泰格(Janet Staiger)、克里斯汀・湯普森(Kristin Thompson)，《好萊塢經典影片：1960年影片風格和發行方式》(The Classical Hollywood Cinem: Film Style and Mode of Production to 1960)，紐約：Columbia University Pres, 1985年：第331-332頁、358-361頁。

10 路易斯・邁爾斯通(Lewis Milestone)導演的影片《紫心勳章》(The Purple Heart)在1944年由20世紀福斯電影公司出品。有關好萊塢和戰爭題材的結合，參見湯瑪斯・多爾蒂(Thomas Doherty)，《戰爭的影像：好萊塢、美國文化和二戰》(Projections of Wa: Hollywoo, American Cultur, and World War II)，紐約：Columbia University Pres, 1993年；克萊頓・科普斯(Clayton R. Koppes)、葛列格里・布萊克(Gregory D. Black)，《好萊塢參戰：政治、利潤和宣傳如何塑造二戰影片》(Hollywood Goes to Wa: How Politic, Profit, and Propaganda Shaped World War II Movies)，紐約：Free Pres, 1987年。

11 《桂河大橋》比影片《再見》的盈利高出39個百分點，為哥倫比亞電影公司帶來1. 72千萬美元的收益。大衛・連(David Lean)導演的《桂河大橋》在1957年由哥倫比亞電影公司出品；薩基特，第9-10頁、128-129頁、131頁。影片《桂河大橋》還囊括了奧斯卡的主要獎項，奪得八項提名中的七項奧斯卡獎項：例如最佳影片獎，最佳演員獎(亞力克・基尼斯・Alec Guinness)，最佳導演獎(大衛・連・David Lean)。儘管桂河是在今天的泰國，但影片中卻沒有泰國人。因此該影片具有同樣的意圖，那就是從影片中抹煞日本殖民主義受害國的亞洲國家。

12 1965年，好萊塢出品的一部戰爭影片人性化地、充滿同情地刻畫了日本敵軍。法蘭克．辛納屈（Frank Sinatra）的螢幕處女作《斷魂島》（None But the Brave）是和一位日本劇作家以及另一個日本人合作完成的。這部反戰影片將日本士兵描繪成愛國但又渴望回家與家人團聚的軍人。《斷魂島》，1965年華納兄弟電影公司出品。

13 但是，美國駐日政府對進入德國和日本的電影進行審查，出於複雜的目的，甚至還鼓勵好萊塢為兩個戰敗國的觀眾拍攝帶有親美色彩的通俗商業影片。有關最高統帥部試圖為美國製片人控制日本電影業、佔有日本電影市場的種種嘗試，參見Kyoko Hiran，《史密斯先生進東京：駐日時期的日本電影：1945-1952》（Mr. Smith Goes to Tpky: Japanese Cinema under the Occupatio, 1945-1952），Washington, D.C.: Smithsonian Book, 1992年；蘇珊．斯馬揚（Susan Smulyan），《作為宣傳工具的電影：駐日時期重新定位和娛樂的較量》（Film as Propagand: Reorientation versus Entertainment during the Occupation of Japan）。

14 參見《生活》雜誌上的大幅報導：《遠東的壁壘》（BULWARK IN THE FAR EAST），1950年8月28日刊：第8490頁，原文標題字母為大寫。

15 1951年1月18日，約翰．阿利森（John M. Allison）記錄的DOS備忘錄，總結了約翰．福斯特．道爾日本之行出發前在與國務卿的一次會面時所表達的觀點。《美國的外交關係》（Foreign Relations of the United States），1951年：第六卷，805頁。更多有關美國對日經濟政策的討論，參見威廉．博登（William Borden），《太平洋同盟：美國對外經濟政策和日本商業貿易復甦：1947-1955》（The Pacific Allianc: United States Foreign Economic Policy and Japanese Trade Recover, 1947-1955），Madison: University of Wisconsin Pres, 1984年；阿倫．福斯伯格（Aaron Forsberg），《美國與日本奇蹟：1950-1960冷戰時期日本戰後的經濟復甦》（America and the Japanese Miracl: The Cold War Context of Japan's Postwar Economic Reviva, 1950-1960），Chapel Hil: The University of North Carolina Pres, 2000年；Sayuri Shimiz，《創造一個富有的民族：美國和日本經濟抉擇》（The United States and Japan's Economic Alternative, 1950-1960），Ken: The Kent State University Pres, 2001。「工廠」這個常被引用的評論出自國務卿迪安．艾奇遜於1947年春在密西西比州克利夫蘭的三角洲委員會所作的一次廣為宣傳的演講。演講的全文重印在美國國務院《通報》第61期，1947年

5月18日刊：第991-994頁。

16 邁克·保羅·羅金(Michael Paul Rogin)，《快活度日：帝國政治中大片所起的健忘症效應》(Make My Day!: Spectacle as Amnesia in Imperial Politics)，選自《表像》29(1990年冬季刊)：99-123頁，特別參見106108頁。另見德蕾莎·德勞倫提斯(Teresa De Laurentis)，《性別術語：有關理論、電影和小說的文集》(Technologies of Gende: Essays on Theor, Fil, and Fiction)，Bloomington: Indiana University Pres, 1987年：吉納·馬凱蒂(Gina Marchetti)，《浪漫故事和「黃禍論」：好萊塢影片中的種族、性以及主題不清的策略》(Romance and "Yellow Peril": Rac, Se, and Discursive Strategies in Hollywood Fiction)，Berkele: University of California Pres, 1993年：莫利·哈斯克爾(Molly Haskell)，《從尊敬到強暴：女性在電影中的遭遇》第二版(From Reverence to Rap: The Treatment of Women in the Movies)，Chicag: University Of Chicago Pres, 1998年。

17 丹尼爾·曼(Daniel Mann)導演的《秋月茶室》(The Tea House of August Moon)，1956年華納兄弟電影公司出品。

18 從另一層面，美國觀眾知道故事中家喻戶曉的角色「Sakini」是一個由白人扮演的黃種人。馬龍·白蘭度努力地賦予該角色聽上去較真實的口音並準確地模仿了一個粗俗的沖繩男性應有的舉止。他死記硬背下日語台詞，並通過聽日本當地人讀台詞的錄音然後跟著日語老師反覆練習來模仿日語的音調。儘管如此努力，他還是無法避免所飾演的角色看上去有點像是對日本男性或沖繩男性的譏諷醜化。雷·福爾克(Ray Falk)，《在日本露宿沖繩人的「茶室」》(Bivouac at an Okinawan "Teahouse" in Japan)，選自《紐約時報》1956年6月10日刊：第125頁。

19 參見朱莉安娜·伯頓(Julianne Burton)，《達克先生和無意識的宗主家長統治：迪士尼電影公司、睦鄰政策和拉美國家的包裝》(Don Duck and the Imperial-Patriarchal Unconsciou: Disney Studio, the Good Neighbo, and the Packaging of Latin America)，出自安德魯·派克、馬利·拉索、桃莉絲·薩默、派泰瑞夏·耶格爾(Andrew Parke, Mary Russ, Doris Somme, and Patricia Yaeger)編著，《民族主義和性別區分》(Nationalism and Sexuality)，紐約：Routledg, 1992年：第21-40頁。

20 木村美津子在劇作家兼導演的保羅·斯隆拍攝的影片《永遠的愛人》(Forever My Love)(1952)中飾演了一個類似的角色。她飾演了另一位和由克裡斯·德雷克(Chris Drake)飾演的美國大兵相愛的日本女人。

21 真實的休．奧賴利和由二戰退伍海軍軍人奧爾多．雷(Aldo Ray)飾演的螢幕形象相差甚遠。雷是一個身材健壯，聲音刺耳的男性，他專門飾演那種外表舉止粗俗而內心善良的工人階級形象。儘管奧賴利是海軍作戰部隊的退伍軍人，據他說年少時的他在布朗克斯也是個愛闖禍的毛頭小夥子，但和雷飾演的壯碩的軍士還是有很大差別的。現在奧賴利已九十多歲高齡，已不再是當年和齋藤裕子結婚的那個又瘦又高的小夥子，但仍文雅有禮，言辭風趣。奧賴利不是個不善言辭的人，相反，他言語流利，就像人們瞭解的那種有著軍事生涯，又善於公共關係和宣傳推銷的人一樣。奧賴利不是珍珠港事件的倖存者，同樣由菲爾．凱裡所飾演的將軍的原型也不是。這位將軍也沒有因為奧賴利種族狹隘的觀點而批評他，在奧賴利開始從事神聖之家孤兒院計畫後，他們倆實際上還見過面，而且，奧賴利在前往大阪前就認識到了草根組織和種族和諧的重要性。1949年，當奧賴利作為一名工會活動家重新加入軍隊時，他已幫助紐約市公交司機選舉了他們的首位黑人工會會長。2004年6月22日對休．奧賴利的採訪。

22 對話出自理查．默菲導演的電影《太陽中的三條紋》，1955年哥倫比亞電影公司出品。

23 1954年11月5日，國防部畫刊分部影視科主管唐納德．巴魯克(Donald E. Baruch)遞交國務院遠東事務部主管約翰．斯泰格梅爾(John L. Steigmaier)的備忘錄；1954年11月8日，陸軍部公共資訊科代理主管陸軍上校詹姆士．切斯納特(James G. Chestnut)遞交國防部公共資訊處處長的備忘錄；1955年11月14日，陸軍部士兵交流科常規資訊。以上所有檔存於喬治城大學圖書館特別收藏科國防部影視收藏5號檔案箱7號文件夾。

24 博斯利．克勞瑟(Bosley Crowther)，《再見》(Sayonara)，選自《紐約時報》，1957年12月6日刊。

25 米切納的小說比電影表現得更清楚，凱利也通過他的日本妻子轉變了觀念。勝美讓自稱是「一無是處的混混」的凱利變成了一個沉穩，愛家的男人，他宣稱「如果我失去了勝美，我死也不會再變好了」。因此在無法改變回美國的命令或是帶勝美一同回美國時，他們會有雙雙自殺的絕望舉動。詹姆士．米切納(James A. Michener)，《再見》(Sayonara)(1953年初版，1954年再版)紐約：Fawcett Cres, 1990年，引文出自第196頁。

26 《在東方的浪漫故事》(Romance in the Orient)，選自《新聞週刊》，1957年12月9日刊：第96頁。電影評論剪報存於

27 華納兄弟電影公司檔案《再見》#14587A。
約書亞・洛根(Joshua Logan)，《電影明星、真實人物和我》(Movie Star, Real Peopl, and Me)，紐約：Delacort, 1978年：第96-98頁、120頁；1996年3月28日，詹姆士・米切納寫給作者的信件。

28 克雷爾・普賴默斯(Clair Primus)，《馬龍・白蘭度：為什麼他更喜歡日本女孩》，選自《電影鏡》，1957年刊(月份缺失)：第28-33頁、5253頁，剪報存於華納兄弟電影公司檔案《再見》#14587A。

29 參見馬凱蒂對《我與藝伎》(1962年)的拓展分析；20世紀50年代和60年代，其他表現日本女性比白人女性更適合作伴侶的影片有：《竹屋》(1955年)、《男藝伎》(1958年)、《蠻夷與藝伎》(1958年)、《夜幕下的東京》(1959年)、《啼笑姻緣路》(1961年)、《名叫多美子的女孩》(1962年)、《雷霆谷》(You Only Live Twic, 1967年)。

30 洛根，《電影明星》，第97頁。

31 1956年7月24日，華納兄弟電影公司日本分部的J. E. 達蓋爾(J. E. Dagal)遞交華納兄弟電影公司紐約分部沃爾夫・科恩(Wolfe Cohen)的備忘錄；1956年7月23日，索利・貝阿諾(Solly Baiano)從日本發給傑克・華納上校的信件；1956年11月6日，索利・貝阿諾發給Hagiwara先生的信件；1956年12月24日，貝阿諾發給傑瑞・奧布林傑(Jerry Orbringer)的部門間通訊電報。以上檔存於華納兄弟電影公司檔案《再見》#2752。

32 新聞稿《莫特・利基特的特別報導》(For Mort Lickete, Special Services)，由「卡萊爾」(carlile)發佈，存於華納影業公司檔案《再見》#706第一冊；新聞稿《特別報導阿曼德・馬克德的主要特色》(Special for Armand Marcher, King Feature)由「卡萊爾」發佈，存於華納影業公司檔案《再見》#706第一冊。

33 很可能是高美以子自己向電影公司謊報了年齡。「費雷羅」(Ferrero)發佈的新聞稿，存於華納影業公司檔案《再見》#706第一冊；《女演員高美以子申請離婚》(Actress Miiko Taka Files Divorce Suit)，選自《洛杉磯考察家報》，1958年9月8日刊；《女演員高美以子離婚案勝訴》(Actress Miiko Taka of Movies Wins Divorce)，選自《洛杉磯先驅報》(存疑)，1958年11月18日刊，剪報存於AMPAS的高美以子檔案。

34 露西・赫登・克羅克特(Lucy Herdon Crockett)，《銀座的爆米花：漫畫戰後日本》(Popcorn on the Ginz: An Informal Portrait

of Postwar Japan)，紐約：William Sloane Associate, 1949年：第146頁。

35 「格斯道夫」(Gersdorf)發佈的新聞稿，存於華納影業公司檔案《再見》#706第一冊；《展現高美以子小姐……》(Presenting Miss Miiko Taka…)，存於華納影業公司檔案《再見》#715新聞簿。

36 卡斯帕・莫納漢(Kaspar Monahan)，《環球漫談會：高美以子與莫納漢》(Globaloney Gab Sessio: Miikc vs. Monahan)，選自《匹茲堡新聞》1957年9月22日刊：第9頁、第5節，剪報存於華納影業公司檔案《再見》#14587A。

37 《有關影片(全力以赴)廣播採訪範・詹森的記錄》，存於華納電影公司檔案米高梅影片收藏《全力以赴》文件夾二。

38 除了《啼笑姻緣路》，《再見》似乎是唯一一部高美以子在好萊塢出演的影片。

39 「接下來我該怎麼辦？這個漂亮、才華出眾的女演員想知道自己作為日裔美國人將來是否能一直從事演藝事業，還是說這對她只曇花一現的角色」，出自《影迷》，1958年2月刊：第20-21頁，剪報存於華納兄弟電影公司檔案《再見》#14587A。

40 不同於米切納在小說中既沒著力描寫歌舞伎也沒重點刻畫角色中村的做法，洛根著重表現了這種日本戲劇形式，並且將日本展現為一個對美國女性來說也是令人好奇，充滿冒險之地。愛琳一改電影版中為不忠的未婚夫痛苦憔悴的形象，轉而在一位「日本」男性的幫助下開始了對日本的自我發現之旅。

41 「費雷羅」(Ferrero)發佈的新聞稿，存於華納影業公司檔案《再見》#706第一冊。

42 洛根，《電影明星》，第98頁。

43 飾演「中村」的可能的演員人選名單，1956年11月26日公佈，存於華納影業公司檔案《再見》檔案箱2271，S-196。

44 山謬・富勒(Samuel Fuller)導演的《深紅色的和服》(The Crimson Kimono)，由哥倫比亞電影公司1959年出品；埃林尼・佩樂(Etienne Perier)導演的《櫻橋夢》(Bridge to the Sun)由米高梅電影公司1961年出品；默文・勒魯瓦(Mervyn LeRoy)導演的《天涯知己》(A Majority of One)由華納兄弟電影公司1961年出品。

45 馬凱蒂，第165頁。

46 影片的一份海報的確展現了不同尋常的一幕：一名有色人種的男性親吻一名白人女性，但這個畫面非常小而且排在比它大得多的文字下面，這是段旨在製造詼諧而非提供教導的文字：「是什麼不可抵擋的魅力讓她投入了日本男孩的懷抱！」《深紅色的和服》宣傳冊，存於AMPAS。

47 《亞力克的愛爾蘭員警》(Alec's Irish Roz)，選自《時代週刊》，1962年1月19日刊，剪報存於華納影業公司檔案《天涯知己》#2953。

48 Toichi Nakat，《採訪今村昌平》(Interview of Shohei Imamura)，選自詹姆士．匡特(James Quandt)編著的《今村昌平》，多倫多：多倫多國際電影節組委會，1997年：第116-117頁。

49 《安納塔漢的故事》(The Saga of Anatahan)，導演約瑟夫．馮．斯坦伯格(Josef von Sternberg)，1953年由大和電影公司出品；布萊恩．阿倫(Blaine Allan)，《世界上唯一的聲音：講述〈安納塔漢的故事〉》(The Only Voice of the Worl: Telling The Saga of Anatahan)，選自皮特．巴克斯特(Peter Baxter)編著，《斯坦伯格》(Sternberg)，英國肯特郡敦橋：英國電影協會，1980年：第119-129頁。

50 布萊恩．阿倫，《世界上唯一的聲音》，第119頁。

51 日本也通過展示日本女影星推銷本國電影。1958年紐約電影節上，日本電影業派出了八名女演員，但沒派一名男演員。《日本電影業吸取上屆紐約電影節的教訓，面臨本屆電影節挑戰，商業前景有望改善》(Learning From Last Yr.'s N. Y. Fes, Japanese Face January Test Hopeful Commercial Outlook Will Improve)，選自《綜藝》，1957年12月11日刊：第5頁、70頁。

52 有關影片《蠻夷與藝伎》的全套新聞報導評論，存於AMPAS。

53 由「瓦特」發佈的新聞稿，存於華納影業公司檔案《再見》#706第一冊(有關高美以子的資訊)。由「格斯道夫」發佈的新聞稿，存於華納影業公司檔案《再見》#706第一冊。第二篇有關梅木的新聞稿在文中有六次將她稱為「玩偶」或「洋娃娃」。

54 影片《再見》、《蠻夷與藝伎》、《櫻橋夢》的新聞宣傳冊，存於華納兄弟電影公司檔案；影片《竹屋》、《男藝伎》、《名叫多美子的女孩》的新聞宣傳冊，存於AMPAS。

55 《勇士在美妙勝地度假》(Warriors on Leave in a Lovely Land)，選自《生活》，1957年12月2日刊：第69頁。

56 《我與藝伎》的製片記錄和大綱(史蒂芬．派克為派拉蒙電影公司出品)，存於AMPAS的《我與藝伎》文件；「鮑特耶特」發佈的新聞稿，存於AMPAS的派拉蒙製片和預算記錄中《名叫多美子的女孩》11號文件夾。

57 由「格斯道夫」發佈的新聞稿，存於華納影業公司檔案《再見》#706第一冊。

58 影片《蠻夷與藝伎》、《櫻橋夢》的新聞宣傳冊，存於華納兄弟電影公司檔案；米高梅電影公司非常喜歡「東方」女性坐著黃包車宣傳影片的想法(或許只是缺乏想像力)，於是支持使用該計畫宣傳《櫻橋夢》這部歐美女性和日本男性的愛情故事。

59 在安排預定好「日本藝伎表演者」後，這位預訂人又聯繫了一家日本料理店提供食物。《想要和服，就要旅日》(Have Kimon, Will Travel)，選自《綜藝》，1957年12月11日刊：第1頁、70頁。

60 約翰．麥卡坦(John McCarten)，《時下的電影：普契尼作品的變體》(The Current Cinem: Variation on the Puccini Caper)，選自《紐約客》，1957年11月14日刊：第89-90頁；亞瑟．奈特(Arthur Knight)，《再見》，選自《星期六文學評論》，1958年1月4日刊。但是《新聞週刊》評論影片《再見》是「一個有關東西方會面的乏味故事……該影片批判了現在已撤銷的排斥亞裔的移民法案」。後兩篇評論存於華納兄弟電影公司影片檔案《再見》#14587A。

61 當然，展示美國最好的一面就意味著製片人不能表現日本人對駐日結束後美國軍隊依然駐留日本的怨恨不滿。這種怨恨不滿的情緒在1957年發生的一件著名事件中暴露無遺——同年影片《再見》首映。來自伊利諾奧塔瓦市23歲的士兵威廉．S. 吉拉德開槍射殺了一位46歲的日本婦女，她當時正在美軍駐日打靶場撿用過的銅彈殼。這場吉拉德稱之為意外事件的謀殺在日本激起了民憤，在國際上引發了一場關於吉拉德應在日本法庭還是在美國法庭受審的爭論。最終，吉拉德在日本受審並從輕處罰。為防止吉拉德事件對美日雙邊關係不利，《紐約時報》試圖弱化日本民眾的憤怒，堅持說他們的憤怒不是因為對美軍駐留日本不滿，而是因為他們對美國人對該事件的反應和態度不滿。《紐約時報》稱「美軍和日本民眾的日常關係在美軍和國外當地民眾的關係中是最好的」。文章登了一幅美國大兵——身穿軍裝——和一戶身穿傳統服裝的日本人家共同慶祝耶誕節的照片，照片中，一位美國大兵抱著一個日本小女孩觀賞著聖誕樹上的裝飾品。參見羅伯特・特朗布林(Robert Trumbull)，《一個「陌生」而友好的國度》(A "Strange" but Cordial Land)，選自《紐約時報》，1957年12月30日刊：第5頁。

62 克萊因，第134-135頁。正如克萊因所指出的那樣，那些挑戰美國全球政策的美國人——保羅・羅伯遜、W. E. B. 杜・博伊斯、賽珍珠——遭到了封殺。

63 人類學家艾倫・鄧迪斯(Alan Dundes)曾指出「哪裡有憂慮，哪裡就有表達這種憂慮的笑談」，他還寫道「記住，人們只調侃最嚴肅的事情，這就是為什麼有大量關於死亡和民族刻板印象的笑話」。艾倫・鄧迪斯(Alan Dundes)《爆笑：病態幽默系列和老套話研究》(Cracking Joke: Studies of Sick Humor Cycles and Stereotypes)，Berkele: Ten Spee, 1987年：第7、第8章。

64 法蘭克・塔許林(Frank Tashilin)導演的影片《男藝伎》由派拉蒙電影公司1958年出品。但是，他的阿姨將他的要求逐字逐句的翻譯成了虛飾做作的英語，這樣聽上去比他的日語原話顯得更有禮貌：不知您能否屈尊作我敬愛的父親？

65 盧迪・梅考爾(Rudy Makoul)拍的原版電視劇《皮特先生》(Pete San)，存於AMPAS《男藝伎》影片檔案#3616。

66 1958年6月3日修改後的最終電影劇本，存於AMPAS《男藝伎》影片檔案#3616：第82-94頁。

67 《男藝伎》新聞宣傳冊，存於AMPAS派拉蒙電影公司1958-1959新聞宣傳稿發佈季檔案A18組文件。

68 1958年5月9日的最終電影劇本，存於AMPAS《男藝伎》影片檔案#3616。

69 李・貝斯勒(Lee Besler)，《男藝伎首映式奢侈、宏大又滑稽》(Geisha Boy Premiere Hig, Wide and Zany)，選自《洛杉磯鏡報新聞》，1958年12月31日刊，剪報存於AMPAS的《男藝伎》製片文件。

70 影片台詞中對白蘭度的評價可能是路易斯即興加上的，因為在電影最終的修訂腳本中沒有這句。出自1958年6月3日最終修訂腳本第45頁，該腳本存於AMPAS《男藝伎》影片檔案#3616。

71 出自AMPAS的派拉蒙製片和預算記錄《男藝伎》5號檔案檔。普萊薛特(Pleshette)每週酬金是500美元，而麥卡錫每週的酬金只有300美元。

72 例證參見約翰·W. 道爾(John W. Dower)，《無情的戰爭：太平洋戰爭中的種族與權力》，紐約：Pantheo, 1986年：第187頁。

73 AMPAS派拉蒙電影公司19581959新聞宣傳稿發佈季檔案A-18組文件。

74 甚至是1958年5月9日最終修訂的電影劇本還繼續稱日本女性為「Sing-Sing Sikota」——在20世紀50年代這樣一個混搭的名字在美國人聽來一定像是日本人或「東方人」的名字，這反映了美國人對準確的東方名字並不在乎。1958年6月3日最終修訂的劇本嘗試著為這個角色定了個更為接近日本人名的名字：Kimi Sikita。「Kimi」通常是作為「Kimiko」的縮寫形式，在日本是個很普通的女性名字，但由於日語中沒有「si」這種發音，「Sikita」聽上去和原來的「Sikota」一樣不理想。出自AMPAS的《男藝伎》影片檔案#3615。

75 法蘭克·克魯特尼克(Frank Krutnik)，《傑瑞·路易斯：喜劇的畸變》(Jerry Lewi: The Deformation of the Comic)，選自《電影季刊》，48期(1994年秋季刊)：第1226頁。

76 瑪格麗特·麥克法登(Margaret T. McFadden)，《找不到女友的美國男孩：傑克·本尼計畫中的性別、種族和文化世界，1932-1946》(America's Boy Who Can't Get a Dat: Gende, Rac, and the Cultural World of the Jack Benny Prgra, 1932-1946)，選自《美國歷史期刊》，80期(1993年6月刊)：第118頁。

77 但是，另一則有關性別錯亂的笑話的確突出了電影的結局，再一次動搖了伍利對局面的控制。節日表演期間，當十幾隻小兔從他的帽子裡蹦出來的時，伍利發覺他忠實的夥伴公兔哈里竟是隻母兔。

結語　朝陽復昇——

一九六〇年《紐約時報》的一篇書評寫道：「十五年前，許多美國人認為大部分日本人是血腥殘暴的野蠻人、狂熱盲從的軍國主義分子、愚昧無知的天皇崇拜者。而今大部分美國人在想到日本人時似乎都認為他們中的絕大多數是令人愉悅的文明中奇趣迷人的一員，這種文明富有比西方文明更稀有更敏銳的直觀認識和文化傳統。」《重返日本》(Return to Japan)是伊莉莎白·格雷·瓦伊寧繼《為皇太子開啟的窗戶》之後所寫的續集，通過對該書的研究評論可以看出，作者將「美國人的仇恨之心得以快速轉化為欣賞之情」的原因部分歸功於許許多多在日本愉快生活過的駐日美國人，而另一部分歸功於「那些對昔日宿敵改變看法的美國人所寫的大量有關日本的著作」。[1] 此刻，地緣政治、消費主義和國內憂患相互融匯，這種狀況促使美國人接受昔日宿敵作為美國施捨、保護和指引的最佳受惠國。美國媒體和政府中的自由主義者已經成功地調整了有關成熟度和性別的既有的意識形態，以製造出一種新的話語輿論來促進同日本的友好親善關係。

及至一九六四年，日本似乎完成了從種族敵人到重要的年輕盟友的轉變過程。同年，在

圖十一・這幅藝伎打保齡球的圖片是《生活》雜誌於一九六四年九月發行的日本特刊採用的封面。Getty Images。

美國的極力遊說下，日本加入了經濟合作發展組織（OECD）。這一事件象徵著麥克阿瑟口中的「十二歲男孩」現在在經濟上已經足夠發達，成為了一個可以加入其他「成熟的」民族國家之中的「成年人」。同樣是在一九六四年，日本成為了亞洲第一個承辦奧運會的國家。日本政府斥資二十八億（以一九六四年美元幣值計算）新建或翻新了運動設施、補貼新建酒店、更新了東京的交通系統，同時日本商界在日本商品和日本風土上投入重金，以顯示日本對於廣大國際遊客的吸引力。《商業週刊》報導稱日本政府希望「這筆投資的即刻首要的回報」是「國際聲望」——即日本能夠被其他國家當作一個蓬勃發展的現代經濟體而認真看待。但是該雜誌給日本的這一系列舉動套上了熟悉的性別框架：「東京就像一個在物色物件的女士，為了奧運會，手忙腳亂地試圖把自己裝扮得漂亮可人些。」儘管《商業週刊》發現自己很難抵制這個女性化日本的觀念，但它刊登的文章主要還是關注成熟的日本科技消費品產業。該雜誌稱鐘錶公司日本精工株式會社將為奧林匹克運動會提供官方計時裝置，並且該公司正在「大造聲勢」要打破鐘錶業「瑞士壟斷」的局面。[2] 正如瑞士在較早時期成功地扭轉了人們對「瑞士品質」的輕蔑態度，日本人也開始扭轉美國人的對日本貨的認識，「日本製造」不再是假冒偽劣產品的代名詞。

東京奧林匹克運動會成為美國自由主義者自戰爭結束後回顧諸多變化的契機。諾曼・卡森斯在一九六四年重訪廣島，並給《星期六文學評論》的讀者發回報道稱「廣島少女」們和「精神的養子」們都過著幸福美滿的生活——他們中的一些已經有了自己的孩子。[3]《生活》雜誌往日本派出了一批職員，駐紮近一年，準備發行一期有關日本的專刊。亨利・盧斯在特刊的社論中反思一九四五年以來日本的巨大變化時寫道：「在所有的歷史記錄中，很難找到與美日之間短暫而緊張的關係相類似的情況，它們之間充滿了極端的讚譽和仇恨、背叛和信任、合作與暴力。」兩國關係曾從友好走向戰爭，之後又恢復到親善友好且互相依靠的關係：「今天的日本和美國被兩國間的貿易、國防政策和政治體制錯綜複雜地聯繫在一起——兩國甚至在進行一場貌似文化間的浪漫情事。」日本仍舊在繼續「美國化」，而在美國，日本人的美學也在影響著新一代的藝術家和設計師。為了集中體現這場「文化情事」，《生活》雜誌的封面照片刊登了一個身著傳統服裝的「藝伎」——象徵著日本——正在打保齡球。[4]美國人是現代保齡球的創新者；此項運動在戰後的美國非常流行，並迅速風靡全球。日本人很少穿著和服打保齡球，但這樣的傳統服裝對《生活》雜誌的編輯很重要，因為它對照了傳統的日本的和現代的日本——這一直是攝影師所鍾情的對照佈局，尤其在日本被占之後更是如此。照片上「藝伎」拋球的瞬間暗示著「日本」在行動，在重振旗鼓。美國人通常採用年輕日本男性的形象代表行動中的日本，但是現在出於編輯銷售雜誌的願望以及特刊有關美日之間「文化情事」主題的考慮，需要一名身著和服的女性。

這種傳統與現代之間的對照體現了美國是如何繼續視日本為異國的、東方的他者的。儘管《生活》雜誌的編輯們要求撰稿人和攝影師避免重蹈「人們熟知的旅遊觀光套路」，編輯們還是在特刊中選用了許多像櫻花爛漫的日本這樣眼熟的圖片。他們甚至沒能抵制住誘惑，選取了最慣常使用的日本浴女圖（少女在以富士山全貌為背景的舒適溫泉中沐浴）。5 從總體上看，《生活》雜誌特刊中選用的圖片分為兩種，對應美國人對日本的矛盾情緒。一種表現的是靜默的僧侶消失在通往森林的甬道上那依稀的背影或是沐浴中的少女，這類圖片突出地表現了美國人對日本文化的欣賞之處：日本人的靜思冥想、條理有序還有美學上的特徵。另一種則反映了美國人對日本人負面的認識：他們缺乏自主性、缺乏理性並且潛藏著敵意。這類圖片通常表現的是一群日本人混雜在一起，象徵著混亂，引起人們的排斥厭惡或恐懼感——例如一大幅彩照所表現的正在進行不知是何種儀式的一大群裸體男性那掙扎扭動的軀體。大使賴肖爾意識到這種具有雙重性的觀點，聲稱日本和美國在共同關心的問題上會成為「必然的夥伴關係」，而盧斯則斷言在這樣的關係中，美國人仍對美日之間「現在的友好狀態懷有深深的疑慮」。6

儘管冷戰自由主義者致力於宣傳種族寬容，許多美國人仍持有帶有種族主義色彩的恐懼感，認為神秘莫測的日本人和其他「東方人」在本質上就和「西方人」不同，所以是不可信任的。因此十年之後，當尼克森政府稱日本是導致美國金融災難的經濟敵人時，美國民眾立刻

圖十二・一九六四年左右，一個全新的、人性化的天皇攜妻子和一群普通日本人同坐一艘船前去觀察海洋生物。Getty Images。

就相信了。[7] 比起將經濟上遇到的困難歸咎於美國經濟的結構調整或是美國在東南亞歷時漫長、花費巨大的災難性戰爭而言，指責日本人要容易得多。日本人曾向美國發動過一場軍事戰爭；現在，他們似乎正在發動一場經濟戰爭。當「經濟泡沫」在二十世紀九〇年代的早期尚未破滅之前，日本似乎一直處於「優勢」。據稱日本人善用他們仿造的技巧，並且精明能幹，在美國的地盤上和美國人奮戰，他們將日本製造的車輛和電子產品大量輸入美國市場，並且還高調收購美國地產和企業。美國工商管理學的學生們在學習如何同日本人競爭時，仔細研讀了大量的資料，例如埃茲拉．沃格爾（Ezra Vogel）的《日本第一》（Japan as Number One, 1979）、威廉．大內（William Ouchi）的《Z理論》（Theory Z, 1981），甚至還有前現代的日本武士宮本武藏的名作《五輪書》。8 儘管德國在同一時期也崛起為經濟強國，但它的成功在美國並沒有引起同樣的關注或擔憂。

在大眾文化中，像《滾球大戰》（Rollerball, 1975）和《巴西》（Brazil, 1985）這樣的影片刻畫了崇尚軍國主義的反面角色「武士」惡棍。但是這些惡棍像機器人一樣受人操控，這種形象正適合日本作為科技強國的新地位，還會讓人回想起法蘭克．卡普拉（Frank Capra）的話：日本士兵是「同一張底片的複製品」。同時，帶著相機的日本遊客成為了另一新的固定形象。這一時期拍的照片似乎代表了日本的優勢，而美國人對日本人地位上的優勢感到不適，這可能是造成二十世紀七八十年代日本那種可笑刻板形象廣泛流行的原因。這種對日本成為經濟強國的恐懼——現在日本被認為是雄壯有力、剛愎固執又神秘莫測的——在日本經濟衰退前，一直存在於美國大眾文化中，這點從當時的暢銷書中可見一斑，例如克萊夫．卡斯勒（Clive Cussler）的《龍》（Dragon, 1990）和邁克．克萊頓（Michael Crichton）的《朝陽》（Rising Sun, 1992）。由於這是一場比喻性的「戰爭」，不是實際發生的戰爭，所以這些形象得以同那些櫻花爛漫的日本形象共存。例如，整個這一時期，洛杉磯的看板上都有身著和服、優雅的日本航空公司的空姐們宣傳日本友善、柔和的形象。美國人並沒有簡單地將藝伎的形象替換成武士形象；他們繼續使用這兩種比喻形象以表明他們和日本的雙邊關係。

換言之，美國人仍舊從兩方面看待日本：日本引人著迷的同時又令人厭惡排斥，和善的同時又具有威脅性，親善的同時又不懷好意，是美國年輕的盟友又是狡詐奸猾的敵人。這種赤裸裸的兩面性讓美國人理解接受了簡單易懂的輿論宣傳，例如有關「開明」、熱愛和平的天皇威懾壓制了「封建的」軍國主義戰爭販子，這種輿論宣傳解釋了為何戰後美國與日本結成了聯盟。這種具有兩面性的觀點一方面使得美國人可以繼續對像自負的東條英機或是「變態的」、心懷怨恨的川北友彌那種「邪惡的日本佬」表示種族仇恨，另一方面，讓美國人在戰後輿論中為「親善的日本人」留有餘地：比如美國化的、心胸寬廣的西山、恭敬順從的「廣島少女」們或是無辜的戰爭孤兒們。這種對日本人的雙重看法在戰前就存在，現在美國人仍舊可以信手拈來解釋目前的狀況。視政治環境而定，這兩方面此消彼長，快速輪換——因為它們是同一現象的兩個對立面——但在沒有危機的情況下，通常對立的兩面同時存在。

誠然，輿論為轉變日本人形象而作出的努力並沒有說服所有的美國人；一些人仍舊認為日本人狡猾可疑。[9]但輿論的努力也對許多美國人產生了作用——產生了些預料之中的混合結果。一九九五年，在關於使用原子彈的亞洲史研究的辯論中，一個使用原子彈的堅定支持者在給作者的電子郵件中寫道：「日本人總的來說是一個親善偉大的民族，我欣賞這樣的民族……他們有優雅的女性、可愛的孩子，還有包含有趣的娛樂和運動的令人著迷的文化。」但是，他仍對這樣的一個民族感到不安，因為他們「(實際上)仍是一個帝制統治的社會，有1億為生計殘酷競爭的人們擁擠在」一片相對貧瘠、地質條件不穩定的島嶼上。他對「日本人那種像旅鼠一樣急切地自我結束生命的行為」感到恐懼。他強調說「我實在不希望在日本有人啟動『世界末日裝置』，結束這個星球上所有的生命，僅僅因為他們感到自己——或是人類——有不可饒恕的自我羞恥感！」[10]

露絲．潘乃德有關日本人恥感文化的理論已經進入了美國人對日本的主流觀念，這一點清楚地表現在跟作者通電子郵件的這個歷史愛好者的觀點之中，甚至也表現在像伊恩．布魯瑪這樣的日本專家的著作中。[11] 潘乃德認為她的研究將有利於建立「一個差異共存的世界」，但結果卻將這些差異實質化、具體化，從而加劇了種族主義。[12] 當時，像潘乃德這樣的戰後自由主義者堅信，通過強調文化比生物特徵重要以及有色人種也有「發展成熟」為現代社會的潛力，他們在和以往種族主義者的思維方式脫離、決裂。但是，如本書所示，戰後自由主義者們儘管是出於好意，結果卻在其他領域重新構建了種族主義。他們的作為使得種族主義對許多美國人而言不易辨識，其影響一直延續至今。因為這些代表大多數人意見的自由主義者們非但沒有改變，反而加劇了本質差異這一觀念，所以他們最終沒能改變種族主義者的觀念想法。

戰爭結束六十年後，美國人在瞭解日本時，種族主義以及東方化的「他者」觀念仍占重要地位。[13]儘管反種族主義對話和教育都一直在進行，但時至今日，很少有人會採用成熟度這一術語來鼓勵美國人「成長起來」，改善他們和美國的少數族裔或是世界上有色人種之間的種族關係。自由主義者的輿論宣傳逐漸消亡了，隨之而去的還有自由主義者對美國人發展「成熟心智」能力的信心。許多美國人仍舊認為其他民族需要發展成熟；他們甚至嘲笑其他民族幼稚；但現在他們沒有將這種話語應用於自身。

在冷戰自由主義者的世界觀中，成熟度和發展這兩個舊有的、具有強大說服力的觀念不僅被賦予了性別化色彩，還受到了嚴格的限定。今天，或許有人會帶著懷舊的心理回顧這些自由主義者的觀點，嚮往他們曾懷著發自內心的衝動和物質承諾要建造的那個美好世界。但是重要的一點是，我們同時還要記得這些觀點又是怎樣破壞了他們所宣稱的創造一個更平等、更民主的全球化社區的目標。

1 奧維爾·普萊斯考特（Orville Prescott），《時代巨著》（Books of the Times），選自《紐約時報》，1960年4月27日刊：第35頁。

2 《日圓參賽》（A Yen for the Games），選自《商業週刊》，1964年9月26日刊：第39頁。

3 以下文章均選自《星期六文學評論》：《廣島1964》（Hiroshim, 1964），1964年4月18日刊：第24-27頁；《孤兒與少女》（The Orphans and the Maidens），1964年4月25日刊：第20-22頁；《日本：緣於勤勞能幹亦是命運使然》（Japa: Of Dynamo and Destiny），1964年5月9日刊：第24-25頁。

4 盧斯，《獨特的時代，現在又如何？》（The Unique Er, but What Now?），選自《生活》，1964年9月11日刊：第3頁。

5 順便說明一下，像這種有著極佳景致的溫泉浴通常是在日本聞名的溫泉療養地為男性顧客服務。

6 盧斯，《獨特的時代》；愛德溫·賴肖爾（Edwin Reischauer），《必然的夥伴》（Inevitable Partners），選自《生活》，1964年9月11日刊：第27-28頁。

7 尼克森政府的政策在麥可·巴恩哈特（Michael A. Barnhart）的文章中有所描述，《從賀喜牌巧克力到汽車：1945-1976年美國對日經濟政策》（From Hershey Bars to Motor Car: America's Economic Policy Toward Japa, 1945-1976），選自入江昭、羅伯特·萬普樂（Robert A. Wampler）編著《夥伴關係：1951-2001年的美國和日本》（Partnershi: The United States and Japa, 1951-2001），東京/紐約：講談社，2001年：第201-222頁。

8 埃茲拉·沃格爾（Ezra F. Vogel），《日本第一：美國的教訓》（Japan as Number On: Lessons for Aemrica），Cambridge, Mass.: Harvard University Pres, 1979年；威廉·烏奇（William G. Ouchi），《Z理論：美國的商業如何能迎接日本的挑戰》（Theory: How American Business Can Meet the Japanese Challenge），Reading, Mass.: Addison-Wesle, 1981。

9 2001年夏初，作者與匿名檔案管理員的電話談話。在計畫前往馬里蘭州派克學院的美國國家檔案與檔管理署之前，我用帶著美國口音的英語向這位 檔案管理員解釋了我的題目，他說了一大套有關他如何蔑視日本人的言論，令我大吃一驚。在我們談話結束時，他輕鬆地問我「那你打算什麼時候來？」我沒有明確答覆，沒說我的真實姓名，也沒問他的姓名。這名盟軍總部檔案管理員或許每天都在為日本學者服務，因為僅次於美國研究者，日本學者是最常來派克學院的美國國家檔案與檔管理署的訪客。

10 1995年8月1日，路易士・科特尼(Louis Coatney)發給作者的電子郵件。科特尼寫到：「你可以隨意將我們之間的談話和任何人分享」。另外可在H-Asia網站參見他對埃諾拉・蓋伊號轟炸機是否應投放原子彈的爭論所發表的看法：www.h-net.org/ asia/threads/thrdenola.html.

11 伊恩・伯盧瑪(Ian Buruma)《罪惡的報應：德國和日本戰爭回憶錄》(The Wages of Guil: Memories of War in Germany and Japan)，紐約：Farrar, Straus and Girou, 1994年。他指出德國人對他們犯下的戰爭罪行更坦白，因為他們覺得自己有罪，而日本人只是感到羞恥而已。

12 克里斯多夫・香農(Christopher Shannon)，《一個差異共存的世界：露絲・潘乃德的〈菊與刀〉》(A World Made Safe for Difference: Ruth Benedict's The Chrysanthemum and the Sword)，選自《美國季刊》47:7(1995年12月)：659-680頁。

13 布魯斯・卡明斯(Bruce Cumings)，《視差：探尋美國與東亞的關係》(Parallax Vision: Making Sense of American-East Asian Relations)，Durham: Duke University Pres, 2002年。

致謝——

我記得某本書中曾說，所有的歷史學家都在尋找他們自己的歷史。而我決定書寫此書的緣由以及該書的創作過程的確與我的身世有部分的聯繫。作為一個流亡的日本銀行家的女兒，整個上世紀的七〇年代，我的少女時代是在德州休士頓一個幾乎完全與外界隔離的中上階層社區度過的。太平洋戰爭及其災難性後果一直陪伴著我的童年。在回日本省親期間，祖父母給我描述了美國空襲東京的情形；回到美國休士頓，每每母親哄我入睡時，會給我講述天皇是如何地勇敢，要求麥克阿瑟將軍不能傷害他的子民。在一個個悶熱潮濕的星期六下午，我在電視上看到了些有關日本的陌生老電影。通過閱讀珍妮·若月·休斯頓(Jeanne Wakatsuki Houston)的著作《告別曼扎那》(Farewell to Manzanar)，我瞭解到那些和我一樣的日裔美國人在戰爭期間曾遭受的拘禁。我明白了對美國人而言，「我們」曾一度是敵人，現在我們卻成了朋友。但是，這種信任忠誠之約並不牢固穩定——這點甚至連一個孩子也能一目了然。

該書的寫作過程與大部分歷史研究有所不同，我在這一過程中得到了許多人的幫助。首先，我要感謝那些慷慨地分享他們個人經歷的人們，他們是：羅伯特·西山幸正，後藤三矢，安積仰也，Steve Yamamoto，Harumi Ebihara，Chiyoko Yamamoto，Shelly Mydans，Yuri Kochiyama，Haruko Akamatsu，Miyoko Matsubara，Bruce 和Betty Johnstone夫婦，Hugh 和Yuko O'reilly夫婦。

在此我還要感謝Mchael Sherry，Laura Hein，還有已故的Robert H. Wiebe。Mike是一位理想的良師益友，給人以鼓勵的同時，對學術要求嚴謹。Laura對該書寫作計畫所提出的深刻敏銳的建議，多年來我時刻銘記，受益匪淺。Bob雖已過世，但每每想起他對我寫作計畫和出版事宜的持續不斷的、有時甚至堪稱嚴厲的鞭策，內心仍感激不已。自研究生階段起，我一直得益於Andrew J Rotter廣博的專業知識和研究範圍，對Andy一直以來給予的支持和睿智的建議心存感激。

我在西北大學的研究合作夥伴們不顧自己學業繁重，幫助我拓展思維，並校讀了本書部分章節，在寫作過程中幫助我保持良好的心理狀態，享受生活。在此，要特別感謝Fritz Fischer，David Futrelle，David Ruth，Lane Fenrich，Kate Lucey，Jennifer Hicks，Mikki Ray，Jacalyn Harden，Leslie Dunlap和Seth Jacobs。Petra Goedde是不可多得的朋友和合作夥伴。Michele Mitchell一直是我所珍惜的眾多好人中的一員。

在夏威夷的George Akita、 Robert Perkinson和Mimi Henriksen也對該書的部分章節

給予了校讀指正。我時常想起和Akita的爭論，對他給予的鼓勵一直感激在心。我和Robert同是夏威夷大學的年輕新教授，我想他或許還不知道我曾從他那裡獲益不少，直至現在仍在向他學習。我尤其要感謝Mimi，她是我多年前在柏克萊大學的研究生導師，是她最先給我的建議最終指引我成為了一名歷史學者。

我同樣還要感謝在夏威夷大學的其他同事：Karen Jolly，Marcus Daniel，Paul Varley，John Stephan和Mark Mcnally。他們或是對我的書稿章節提出了寶貴的建議，或是在我對日本歷史的思考中給予助益。承蒙Gwen Agina，Susan Abe，Pauline Sugiura，Margaret Hattori，Ryan Nakagawa，Jodie Mattos和Tiana Kwan的幫助，我在夏威夷大學的工作和研究才得以成為可能，在此對他們表示誠摯的感謝。

我最為感激的人還有跨學科創作團隊的女士們，Monisha DasGupta，Cindy Franklin，Linda Liercheimer，Laura Lyons，Kieko Matteson和Mari Yoshihara年復一年地逐章幫我推敲改進書作的語言和分析。從有關文體的細小問題到章節結構的調整和理論的加強，她們敏銳的洞察力和建設性的批評建議從方方面面對本書起到了提高改善的作用。我為自己是這樣一群出色的知識女性中的一員而感到幸運。

在此我還要向Lon Kurashige表達謝意，感謝他給本書的評論，更重要的是感謝他不吝賜教。

在布朗大學期間，我有幸和另一個充滿活力的大學知識份子團體共事。同事Bob Lee，Jim McClain，Kerry Smith和Susan Smulyan慷慨相助，仔細校讀了書稿，提出了寶貴的建議，使我免於犯錯。我還從研究生的回饋中獲益不少，他們是Jin-Suk Bae、Jane Hong、Jessica Johnson、Danielle Kntor、Jooyoung Lee、Ben Leff、Amy Marshall、Julia McCombs、Ani Mukherji和Shiri Sandler。在英語表達上，我要特別感謝同事Dan Kim，他仔細閱讀了整部書稿，並作了最後修改，他的幫助使得本書表達更準確、更專業。

沒有朋友、親人以及其他人這些年的說明，為我收集資料、查找選取圖片、在調研的旅途中為我提供食宿，我就不可能開展研究並最終完成書稿，所以特此感謝：Donna Alvah，Joe Henning，Richard Minear，Jayson Chun，Brain Niiya，Julie Fry，Minako Saburi，Mieko Saburi，Ken Shibusawa，Chris Wasden，Tomoko Shibusawa，Kevin Turbitt，Yoshiaki和Kieko Shibusawa夫婦，還有Sheila Martinez-Lemke。特別感謝Rodney Barker與我分享他收集的有關「廣島少女」的研究資料。我的研究助手Samantha Schoeller幫助我取得了書中圖片的使用權，感謝她總能保持良好的心情完成這項挫人士氣的任務。

我得益於Andrew W. Mellon/ACLS青年教工研究基金會部分資助，得以休假一年完成此書的寫作。Karen Mota、Cherrie Guerzon、Mary Beth Bryson、Julissa Bautista和Holly Snyder的協助使我能順利地調往布朗大學，並通過各種方式說明我完成了此項寫作計畫。我同時還要感謝Beth Bailey和其他兩位圈外的讀者，感謝他們給予的鼓勵、肯定和積極的建議——尤其是Beth，感謝她百忙之中抽時間與我討論她撰寫的報導。我極其幸運能夠和哈佛大學出版社的兩位傑出的編輯合作：一位是審稿編輯Mary Ellen Geer；一位是與眾不同的編輯Joyce Seltzer，他至今仍用紅筆編校。

最後，我想向三位最親密的人表達謝意。其中兩位將終身與此書為伴，而另一位是專業的經濟社會歷史學家，他傾力確保此書文化歷史的真實性。對他們的耐心包容和濃濃的愛意，我感激不盡，謹以此書獻給我的丈夫Andy Lohmeier，女兒Arisa和Miya。